应用型本科院校"十二五"规划教材/经济管理类

E-Marketing

网络营销

主 编 张新彦 李建军
副主编 王 松 曲慧梅
　　　 马 玲 王纳威

哈尔滨工业大学出版社
HARBIN INSTITUTE OF TECHNOLOGY PRESS

内容简介

本教材介绍了网络营销的基本概念、基本理论及网络营销策略等相关知识。全书共分11章,分别为网络营销概述、网络营销环境、网络消费者特征与购买行为分析、网络市场调研、网络营销的常用工具和方法、网络营销产品策略、网络营销价格策略、网络营销渠道策略、网络营销促销策略、网络营销服务、网络营销经营风险控制。

本书体系完整、结构严谨,突出实用性、前沿性和创新性和实践性,便于读者学习掌握网络营销的基本理论和实际运用的方法和手段。

本书可作为应用型本科院校电子商务、市场营销及其相关专业的教学用书,也适用于从事网络营销工作的相关人员阅读。

图书在版编目(CIP)数据

网络营销/张新彦,李建军主编. —哈尔滨:
哈尔滨工业大学出版社,2010.7(2015.6 重印)
ISBN 978-7-5603-3057-0

Ⅰ.①网… Ⅱ.①张… ②李… Ⅲ.①电子商务-市场营销学 Ⅳ.①F713.36

中国版本图书馆 CIP 数据核字(2010)第 138945 号

策划编辑	赵文斌 杜燕
责任编辑	费佳明
封面设计	卞秉利
出版发行	哈尔滨工业大学出版社
社　　址	哈尔滨市南岗区复华四道街10号 邮编150006
传　　真	0451-86414749
网　　址	http://hitpress.hit.edu.cn
印　　刷	哈尔滨市石桥印务有限公司
开　　本	787mm×960mm　1/16　印张19　字数408千字
版　　次	2010年8月第1版　2015年6月第2次印刷
书　　号	ISBN 978-7-5603-3057-0
定　　价	32.80元

(如因印装质量问题影响阅读,我社负责调换)

《应用型本科院校规划教材》编委会

主　任　修朋月　竺培国

副主任　王玉文　吕其诚　线恒录　李敬来

委　员　(按姓氏笔画排序)

丁福庆　于长福　王凤岐　王庄严　刘士军

刘宝华　朱建华　刘金祺　刘通学　刘福荣

张大平　杨玉顺　吴知丰　李俊杰　李继凡

林　艳　闻会新　高广军　柴玉华　韩毓洁

藏玉英

序

哈尔滨工业大学出版社策划的"应用型本科院校规划教材"即将付梓,诚可贺也。

该系列教材卷帙浩繁,凡百余种,涉及众多学科门类,定位准确,内容新颖,体系完整,实用性强,突出实践能力培养。不仅便于教师教学和学生学习,而且满足就业市场对应用型人才的迫切需求。

应用型本科院校的人才培养目标是面对现代社会生产、建设、管理、服务等一线岗位,培养能直接从事实际工作、解决具体问题、维持工作有效运行的高等应用型人才。应用型本科与研究型本科和高职高专院校在人才培养上有着明显的区别,其培养的人才特征是:①就业导向与社会需求高度吻合;②扎实的理论基础和过硬的实践能力紧密结合;③具备良好的人文素质和科学技术素质;④富于面对职业应用的创新精神。因此,应用型本科院校只有着力培养"进入角色快、业务水平高、动手能力强、综合素质好"的人才,才能在激烈的就业市场竞争中站稳脚跟。

目前国内应用型本科院校所采用的教材往往只是对理论性较强的本科院校教材的简单删减,针对性、应用性不够突出,因材施教的目的难以达到。因此亟须既有一定的理论深度又注重实践能力培养的系列教材,以满足应用型本科院校教学目标、培养方向和办学特色的需要。

哈尔滨工业大学出版社出版的"应用型本科院校规划教材",在选题设计思路上认真贯彻教育部关于培养适应地方、区域经济和社会发展需要的"本科应用型高级专门人才"精神,根据黑龙江省委书记吉炳轩同志提出的关于加强应用型本科院校建设的意见,在应用型本科试点院校成功经验总结的基础上,特邀请黑龙江省9所知名的应用型本科院校的专家、学者联合编写。

本系列教材突出与办学定位、教学目标的一致性和适应性,既严格遵照学科体系的知识构成和教材编写的一般规律，又针对应用型本科人才培养目标及与之相适应的教学特点，精心设计写作体例，科学安排知识内容，围绕应用讲授理论，做到"基础知识够用、实践技能实用、专业理论管用"。同时注意适当融入新理论、新技术、新工艺、新成果，并且制作了与本书配套的PPT多媒体教学课件，形成立体化教材，供教师参考使用。

"应用型本科院校规划教材"的编辑出版，是适应"科教兴国"战略对复合型、应用型人才的需求，是推动相对滞后的应用型本科院校教材建设的一种有益尝试，在应用型创新人才培养方面是一件具有开创意义的工作，为应用型人才的培养提供了及时、可靠、坚实的保证。

希望本系列教材在使用过程中，通过编者、作者和读者的共同努力，厚积薄发、推陈出新、细上加细、精益求精，不断丰富、不断完善、不断创新，力争成为同类教材中的精品。

黑龙江省教育厅厅长

2010年元月于哈尔滨

前　言

随着现代电子技术和通信技术的应用与发展,网络化的浪潮正在席卷全球,企业的生存竞争空间正逐步从传统市场转向网络空间市场,企业的营销方式也从传统的市场营销转向网络营销。网络营销是以互联网为媒体,以新的方式、方法和理念实施营销的活动,具有跨时空、多媒体、交互式、人性化、成长性、整合性、超前性、高效性、经济性和技术性等特点。网络营销作为新的营销方式和营销手段实现企业营销目标,它的内容非常丰富。一方面,网络营销要针对新兴的网上虚拟市场,及时了解和把握网上虚拟市场的消费者特征和消费者行为模式的变化,为企业在网上虚拟市场进行营销活动提供可靠的数据分析和营销依据。另一方面,网络营销通过在网上开展营销活动来实现企业目标。网络营销的出现为企业提供了适应全球网络技术发展与信息网络社会变革的新的技术和手段,是现代企业走入新世纪的营销策略,它能更有效地促进个人和组织交易活动的实现。企业如何在如此潜力巨大的市场上开展网络营销、占领新兴市场,对企业既是机遇又是挑战。

网络营销作为一种新的营销方式,是建立在传统营销理论基础上的,但是由于网络的自身特点必然对传统市场营销理论产生巨大的影响和冲击,面对新型的网络市场,如何运用网络营销的理论和方法,开展网络营销已经成为企业共同关注的问题。因此,必须加强网络营销理论的研究,不断探索网络营销的本质和规律,以适应全球性的网络经济时代的剧烈竞争的需要。

网络营销是电子商务专业的核心课程之一,是市场营销、管理学等经济管理类专业的主干课程。国内目前大多数网络营销教材,多偏重理论研究,不适合应用型本科院校的学生使用。因此,我们在借鉴其他学者研究成果的基础上,结合多年来教学成果,组织多位教师经过数次研究探索、切磋讨论和大胆尝试,编写了这本应用型本科《网络营销》教材,根据应用型本科院校学生的特点,更加突出实用性、前沿性、实践性和创新性。

本书由张新彦、李建军主编,由王松、曲慧梅、马玲、王纳威任副主编。具体分工为:张新彦(第1、10、11章),王松(第2、6、7章),曲慧梅(第3、4、9章),马玲(第8章),王纳威(第5

章),由张新彦、李建军对全书进行了统稿,李建军在内容的搜集、整理上做了大量的工作。在编写过程中,我们参考并引用了大量文献资料,在此向这些文献资料的作者深表谢意。

由于编者水平有限,书中难免有错误和疏漏之处,恳请各位专家、读者批评指正,以便我们作进一步的修改和完善。

编 者

2010 年 4 月

目 录

第一章 网络营销概述 … 1
- 第一节 网络营销的内容与特点 … 1
- 第二节 网络营销与传统营销 … 9
- 第三节 网络营销理论基础 … 15
- 第四节 网络营销的发展趋势 … 23
- 思考题 … 25

第二章 网络营销环境 … 30
- 第一节 网络营销环境概述 … 30
- 第二节 网络营销的宏观环境 … 33
- 第三节 网络营销的微观环境 … 41
- 思考题 … 45

第三章 网络消费者特征与购买行为分析 … 48
- 第一节 网络市场分析 … 48
- 第二节 网络消费者购买行为分析 … 54
- 思考题 … 68

第四章 网络市场调研 … 85
- 第一节 网络市场调研概述 … 85
- 第二节 网络市场调研的内容与步骤 … 89
- 第三节 网络市场调研的方法 … 93
- 思考题 … 111

第五章 网络营销的常用工具和方法 … 116
- 第一节 网络营销的基本职能与常用方法 … 116
- 第二节 企业网站与网络营销 … 122
- 第三节 许可 E-mail 营销 … 132
- 第四节 搜索引擎营销 … 139
- 第五节 网络营销的其他工具和方法 … 147
- 思考题 … 152

第六章 网络营销产品策略 … 157
- 第一节 网络营销产品概述 … 157

  第二节 网络品牌策略 …………………………………………… 161
  第三节 网络营销新产品的开发 …………………………………… 169
  思考题 ………………………………………………………………… 173
第七章 网络营销价格策略 …………………………………………………… 176
  第一节 网络营销定价概述 ………………………………………… 176
  第二节 网络营销定价方法 ………………………………………… 181
  第三节 网络营销定价策略 ………………………………………… 184
  思考题 ………………………………………………………………… 191
第八章 网络营销渠道策略 …………………………………………………… 196
  第一节 网络营销渠道概述 ………………………………………… 196
  第二节 网络直销 …………………………………………………… 201
  第三节 网络市场中的中间商 ……………………………………… 202
  第四节 网络营销中的渠道建设与管理 …………………………… 209
  第五节 网络营销中的物流 ………………………………………… 213
  思考题 ………………………………………………………………… 214
第九章 网络营销促销 ………………………………………………………… 216
  第一节 网络营销促销概述 ………………………………………… 216
  第二节 网络营销站点推广 ………………………………………… 223
  第三节 网络营销广告 ……………………………………………… 229
  第四节 网络营销公共关系 ………………………………………… 248
  第五节 网上销售促进 ……………………………………………… 253
  思考题 ………………………………………………………………… 256
第十章 网络营销服务 ………………………………………………………… 259
  第一节 网络营销服务的分类与特征 …………………………… 259
  第二节 网络营销个性化服务 ……………………………………… 265
  第三节 网络营销服务的工具 ……………………………………… 268
  思考题 ………………………………………………………………… 274
第十一章 网络营销风险控制 ………………………………………………… 276
  第一节 网络营销经营风险控制 …………………………………… 276
  第二节 网络营销风险的消费者保护 …………………………… 282
  第三节 网络营销的信用管理 ……………………………………… 284
  思考题 ………………………………………………………………… 286
参考文献 …………………………………………………………………………… 289

第一章 Chapter 1

网络营销概述

【学习目标】
1. 掌握网络营销的内容、特点及网络营销产生的基础。
2. 掌握网络营销与传统营销比较与整合。
3. 熟悉网络营销的理论基础。
4. 了解网络营销的发展趋势。

随着现代电子技术和通信技术的应用与发展,网络化的浪潮正在席卷全球,企业的生存竞争空间正逐步从传统市场转向网络空间市场,企业的营销方式也从传统的市场营销转向网络营销。如何利用网络平台开展网络营销已经成为各企业共同关注的问题。

第一节 网络营销的内容与特点

网络营销作为一个以现代信息技术为依托的新生事物,在市场营销中具有很多传统营销不具备的优势,并受到人们越来越多的关注。

一、网络营销概念

网络营销同许多新兴学科一样,由于研究人员对网络营销的研究角度不同,对网络营销的概念有不同的描述。

从"营销"的角度出发,我们将网络营销定义为:网络营销(e-Marketing)是企业整体营销战略的组成部分,是以互联网(Internet)网络为基础,通过数字化的信息和网络媒体的交互性来更有效地满足顾客的需求和欲望,从而实现企业营销目标的一种新型的市场营销方式。

网络营销仍然属于市场营销的范畴,但与传统营销的手段和理念又有了很大的变化,因此,网络营销的内涵可以从以下几个方面来理解。

1.网络营销离不开现代信息技术

网络营销是借助互联网络、通信技术和数字交互式媒体进行的营销活动,它主要是随着信息技术、通信卫星技术、电子表交易与支付手段的发展,尤其是国际互联网的出现而产生的,并将随着信息技术的发展而进一步发展。

2.网络营销是一种新型的直销营销模式

网络营销是一种新型的直销营销模式,但网络营销不单纯是网上销售,它是企业现有营销体系的有利补充,是将传统的营销手段应用到网络上去,减少营销成本,开拓新市场。

网络营销的效果可能表现在多个方面,例如企业品牌价值的提升,加强与客户之间的沟通,作为一种对外发布信息的工具等,网络营销活动并不一定能实现网上直接销售的目的,但是,很可能有利于增加总的销售,提高顾客的忠诚度。

网上销售的推广手段也不仅仅靠网络营销,往往还要采取许多传统的方式,如传统媒体广告、发布新闻、印发宣传册等。

3.网络营销的本质是满足顾客和企业的需求

网络营销的本质仍然是通过商品交换来同时满足企业与消费者的需求。消费者需求内容与需求方式的变化是网络营销产生的根本动力,网络营销的起点是顾客需求,最终实现的是顾客需求的满足和企业利润最大化,因此,网络营销必须以追求顾客满意为中心。如何利用作为提供商品交换手段的网络技术,来满足企业与消费者的需求,是网络营销的本质所在。

4.网络营销贯穿营销活动的全过程

网络营销包括从产品生产之前到产品售出之后全过程中的所有活动,其实质是利用互联网对产品的售前、售中、售后各环节进行即时、双向的信息沟通和跟踪服务。它自始至终贯穿于企业经营的全过程,包括市场调查、客户分析、产品开发、销售策略、客户服务与管理等方面。信息发布、信息收集、客户服务以及各种网上交易活动,都是网络营销的重要内容。

5.网络营销建立在传统营销理论基础上

网络营销建立在传统营销理论基础之上的,不是简单的营销网络化。4P(产品策略 Product、价格策略 Price、渠道策略 Place 和促消策略 Promotion)等市场营销理论对于网络营销来说都是值得借鉴的经验,网络营销理论是传统营销理论在互联网环境中的应用和发展。

作为一种新的营销方式或技术手段,网络营销活动不可能脱离一般营销活动而独立存在,网络营销是企业整体营销战略的一个组成部分,是利用互联网开拓市场并满足客户需要的活动,在实际运用中网络营销要与传统营销结合起来才能收到良好的效果。

二、网络营销的内容

网络营销作为新的营销方式和营销手段,其内容非常丰富。一方面网络营销要为企业提供有关网上虚拟市场的消费者的特征和个性化需求;另一方面网络营销要在网上开展营销活动以实现企业的目标。网络营销的主要内容可以概括为以下几点。

(一)网络市场调研

网络市场调研作为一种新的调研方式已经受到国内外企业的广泛重视。网络市场调研是企业利用各种网络技术资源进行信息收集、整理与分析的过程。其途径为直接在网上通过问卷进行调查,还可以通过网络来收集市场调查中需要的一些二手资料。网络市场调研的内容主要包括对消费者、竞争对手以及整个市场情况的及时报道和准确分析。

利用网上调查工具,可以提高调查效率和加强调查效果。可以利用网络的互动性,通过顾客参与使企业更好地了解市场的需求,由于网络的传输速度快,可以保证市场调研的及时性,网络调研者可以及时发布其调查问卷,被调查者可以方便地回答各种问题,调研者可以快速便捷的对反馈的数据进行整理和分析,可以在信息海洋中获取想要的信息和分辨出有用的信息,大大地降低市场调研的人力和物力耗费。

(二)网络消费者行为分析

网络消费者作为一个特殊群体,它有着与传统市场群体截然不同的特性,因此要开展有效的网络营销活动必须深入了解网络消费群体的需求特征、购买动机和购买行为模式。通过互联网这个信息沟通平台,许多有相同兴趣和爱好的消费者聚集和交流,在网上形成了一个个特征鲜明的虚拟社区,了解这些不同虚拟社区的消费群体的特征和偏好,是网络消费者行为分析的关键。

(三)网络营销策略制定

不同企业在市场中所处的地位是不同的。为了实现企业营销目标在进行网络营销时,必须采取与企业相适应的营销策略。因为网络营销虽然是非常有效的营销工具,但企业实施网络营销时是需要进行投入并且具有风险的,企业在制定网络营销策略时,还应该考虑到各种因素对营销策略制定的影响。

(四)网上产品和服务策略

网络作为信息有效的沟通渠道,它可以成为一些无形产品(如软件和远程服务)的载体,改变了传统产品的营销策略,特别是渠道的选择。网上产品和服务营销策略的制定,必须结合网络特点,重新考虑产品的设计、开发、包装和品牌等传统产品策略的研究。快速反应是网络营销竞争的利器之一,如何对顾客的需求迅速做出反应,提高网上顾客的满意度和忠诚度是十分重要的,所以,快速反应有可能成为网上产品和服务的营销策略。

(五)网上价格营销策略

网络作为信息交流和传播工具,从诞生开始实行的便是自由、平等和信息免费的策略,而且互联网技术创造了降低交易成本的机会,因此,网络市场上推出的价格策略大多是免费和低价策略。所以在制定网上价格营销策略时,必须考虑到互联网对企业定价影响和互联网本身独特的免费特征。

(六)网上渠道选择与直销

互联网对企业营销影响最大的是对企业营销渠道的影响。美国Dell公司借助互联网交易双方可以直接互动的特性建立的网上直销模式获得了巨大成功,改变了传统渠道中的多层次的选择、管理与控制问题,最大限度降低了营销渠道中的费用。但企业建设自己的网上直销渠道必须要进行一定的前期投入,还要考虑到与之相适应的经营管理模式的问题。

虽然网络营销较之传统营销具有非常大的优势,但在当前情况下,它并不能完全取代传统营销。企业传统的分销渠道仍然是宝贵的资源,互联网所具有的高效及时的双向沟通功能可以大大加强制造商与分销商的联系。

(七)网上促销与网络广告

Internet作为一种双向沟通渠道,最大优势是可以实现沟通双方突破时空限制直接进行交流,而且简单、高效、费用低廉。因此,在网上开展促销活动是最有效的沟通渠道,但网上促销活动开展必须遵循网上一些信息交流与沟通规则,特别是遵守一些虚拟社区的礼仪。网络广告作为网络营销最重要的促销工具,目前得到迅猛发展,具有传统的报纸杂志、无线广播和电视等传统媒体发布广告无法比拟的优势,具有交互性和直接性。

(八)网络营销管理与控制

由于网络传播速度非常快,网络营销作为在互联网上开展的营销活动,它必将面临许多传统营销活动无法遇到的新问题,如网上销售的产品质量保证问题、消费者隐私保护问题以及信息安全与保护问题等。这些问题都是网络营销必须重视和进行有效控制的问题,否则不但可能会降低网络营销的效果,甚至可能会产生很大的负面影响。

三、网络营销的特点

网络营销除了具有市场营销的共性之外,还呈现出以下一些特点。

(一)跨时空

网上的市场是虚拟的市场,网络营销是在没有实物和现场环境的气氛下进行的商业活动,网络营销的虚拟性突破了传统工业化社会时空界限以及企业经营活动范围的束缚,能够超越时间约束和空间限制进行信息交换,企业有了更多时间和更大的空间进行营销,可每周7天,每天24小时随时随地的在一种无国界的、开放的、全球的范围内提供营销服务,从而能够尽可能多地占有市场份额。

网络营销利用互联网的广泛性,可以联络世界各地的人,且无时间、地域限制,可以充分发挥营销人员的才能,使企业效益最大化。

（二）多媒体

在网络空间上，公司介绍、产品资讯、图片等大量想要提供给客户的资料，都能够通过互联网进行传输，所以互联网传输的是多种媒体的信息，如文字、声音、图像等，从而使为达成交易进行的信息交换可以用多种形式进行，这样能够充分发挥营销人员的创造性和能动性。

（三）交互式

在网络营销中，企业可以随时随地地通过互联网和顾客进行双向互动式的沟通。可以在互联网上展示商品目录、联结资料库提供有关商品信息的查询、可以收集市场情报、可以进行产品测试与消费者满意调查等，网络在向消费者提供信息的同时也在如实地接受他们的反馈，可以使顾客参与产品的设计、生产与宣传推广，参与服务和咨询以及对问题展开讨论等。

互联网是产品设计、商品信息发布、提供服务的最佳工具，提高了企业的快速的应变能力。

（四）个性化

互联网络上的促销可以是一对一的、理性的、消费者主导的、非强迫性的、循序渐进式的，而且是一种低成本与人性化的促销，避免推销员强势推销的干扰，并通过针对用户的主动查询来进行的信息传递与交互式交谈，与消费者建立长期良好的关系。

消费者可以根据自己的个性特点和需求通过互联网在全球范围内寻找满意的商品，企业可以通过网络迅速收集资源情报与技术，完全按照消费者的需要来设计生产，满足顾客的个性化要求，使企业的营销决策有的放矢，不断提高顾客的满意度。

（五）成长性

互联网络使用者数量快速成长并遍及全球，使用者多属年轻的、具有较高收入的，并且一般受教育程度较高，由于这部分群体购买力强而且具有很强市场影响力，因此是一项极具开发潜力的市场渠道。

（六）整合性

网络营销可以使商品信息的发布、交易操作和售后服务等连为一体，因此也是一种全程的营销渠道。另一方面，企业可以借助互联网络将不同的传播营销活动进行统一设计规划和协调实施，以统一的传播咨询向消费者传达信息，避免不同传播中的不一致性产生的消极影响。在网络营销的过程中，对多种资源进行整合，对多种营销手段和营销方法进行整合后，将产生巨大的增值效应。

（七）超前性

互联网络是一种功能强大的营销工具，它同时兼有渠道、促销、电子交易、互动顾客服务以及市场信息分析与提供等多种功能。它所具备的一对一营销能力，正是符合企业定制营销与直复营销的未来趋势。

(八)高效性

互联网的可储存的信息量大,可以帮助消费者进行查询的特点,决定了网络营销可传送的信息数量大和精确度高,远远超过其他媒体,大大增强了企业营销信息传播的效果,并且企业可以根据市场需求的不断变化,及时更新产品陈列或调整产品价格,因此能及时有效了解并满足顾客的需求,给顾客带来更大的利益。

(九)经济性

网络营销具有明显的经济性。企业可以在全球范围内寻找最优惠价格的资源、最先进的技术进行生产,以更低的成本满足顾客需求;交易双方通过互联网络进行信息交换,代替以前的实物交换,既可以减少印刷与邮递成本,又因为无店面销售,免交租金,也节约水电与人工成本;同时网络营销能帮助企业减轻库存压力,减少由于迂回多次交换所带来的损耗;还有网络营销具有极好的促销能力,使广告等市场开拓费用的锐减,都将极大地降低经营成本,给企业带来经济利益,增强了企业的竞争优势。

(十)技术性

网络营销是建立在高技术作为支撑的互联网的基础上的,网络营销的信息传递及服务都是通过强大的技术性支持来完成的,网络营销的成熟与否在很大程度上取决于其技术使用的范围和先进程度,同时要改变传统的组织形态,提升信息管理部门的功能,引进掌握营销与计算机技术的复合型人才,提高企业在网络市场上的竞争能力。

四、网络营销产生的基础

20世纪90年代初,互联网的飞速发展在全球范围内掀起了互联网应用热潮,世界各大公司纷纷利用互联网提供信息服务和拓展公司的业务范围,并且按照互联网的特点积极改组企业内部结构和探索新的营销管理方式,网络营销应运而生。网络营销是以互联网为媒体,以新的方式、方法和理念实施营销的活动。

网络营销的出现为企业提供了适应全球网络技术发展与信息网络社会变革的新的技术和手段,是现代企业走入新世纪的营销策略,它能更有效地促进个人和组织交易活动的实现。企业如何在如此潜力巨大的市场上开展网络营销、占领新兴市场,对企业既是机遇又是挑战。

网络营销的产生有其在特定条件下的技术基础、观念基础和现实基础,是多种因素综合作用的结果。具体地分析其产生的根源,可以更好地理解网络营销的本质。

(一)互联网的发展是网络营销产生的技术基础

互联网是一种集通信技术、信息技术、时间技术为一体的网络系统,在互联网上,任何人都可以享有创作发挥的自由,所有信息的流动皆不受限制,网络的运作可由使用者自由地连接,任何人都可加入联网,因此网络上的信息资源是共享的。由于互联网从学术交流开始,人们习惯于免费,当商业化后,各网络服务商也只能采取低价策略。这些因素促使了互联网的蓬勃发展。

互联网自 1969 年诞生以来,得到了迅速的普及和广泛的应用,CNNIC(中国互联网络信息中心)2010 年 1 月发布的《第 25 次中国互联网络发展状况统计报告》中表明,到 2009 年底世界互联网普及率的平均水平已达到了 25.6%,其中美国、韩国及日本的互联网普及率都已超过了 70%,如图 1.1 所示。

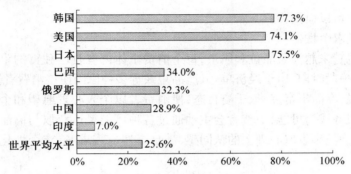

图 1.1　2009 年 12 月部分国家的互联网普及率

随着经济的快速增长,中国互联网也得到了巨大的发展,网民规模不断扩大,据 CNNIC 资料分析,截至 2009 年底,中国网民规模达到 3.84 亿人,较 2008 年增长 28.9%,在总人口中的比重从 22.6% 提升到 28.9%,互联网普及率在稳步上升,如图 1.2 所示。

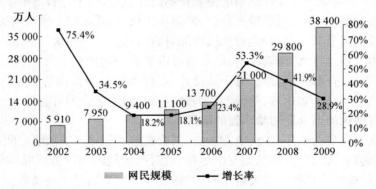

图 1.2　中国网民规模与增长率

互联网上各种各样的服务,体现出连接、传输、互动、存取各类形式信息的功能,使得互联网具备了商业交易与互动沟通的能力。企业利用互联网开展营销活动,显示出越来越多的区别于传统营销模式的优势,它不再局限于传统的广播电视等媒体的单向性传播,而且还可以与媒体的接受者进行实时的交互式沟通和联系。网络的效益也随之以更大的指数倍数增加,网络市场发展速度非常迅猛,机会稍纵即逝。

(二)消费者价值观的改变是网络营销产生的观念基础

市场营销的核心问题是满足消费者的需求,随着科技的发展、社会的进步、文明程度的提高,消费者的观念在不断地变化,这些观念的改变为网络营销奠定了观念基础。企业如何利用网络营销为消费者提供各种服务,满足消费者更多的、不同的、不断变化的需求,是取得未来竞争优势的重要途径。

这些观念变化可以概括为:

1. 消费更加追求个性化

现代人的消费越来越注重品位和质量,每个消费个体都有自己独特的审美观念和心理意愿,在过去的很长一段时期,由于经济单一、产品短缺等多种原因使得消费者缺乏个性,而当今市场经济充分发展,商品丰富多彩、千姿百态,使消费者以个人心理愿望和个性特点为基础挑选和购买商品或服务成为可能,消费者会主动通过各种可能渠道获取与商品有关信息进行比较,增加对产品的信任和争取心理上的认同感,满足个性化需求、追求个性化消费已成为社会时尚和消费主流。

网络营销为消费者的个性化消费追求创造了机会,利用网络的信息跨区域优势,大大增强顾客对商品的选择性,能够更多的为顾客提供个性化定制信息和定制商品。

2. 消费主动性的增强

随着商品经济的发展,消费者越来越呈现出理性消费的趋势,要求主动性消费的意识越来越强,对传统的营销沟通模式往往感到厌倦和持不信任态度,会千方百计的主动通过多种渠道获取购买所需要的信息,并对信息进行分析、评估和比较,在此基础上做出购买决策,以此规避购买风险和降低购买后对商品的不满意度,增加对商品的信任感和认同感。

网络营销由于信息量大、精确度高,消费者可以进行即时的信息查询,而且网络沟通具有互动性,顾客可以通过网络提出自己对产品设计、定价和服务等方面的意见,大大方便了顾客收集信息及其信息的分析和比较,使顾客的消费主动性的增强成为可能。

3. 对购物方便性的追求及购物乐趣的满足

由于现代人工作负荷较重、生活节奏加快,消费者愿意把更多的闲暇时间用到有益于身心的活动上,希望购物方便,时间和精力支出尽量节省,而传统的购物方式除购买过程需要花费的时间较长外,往返购物场所也需要付出较多时间,显然不能满足顾客高效快捷的购物要求。

网络营销能够提供消费者的购物效率,通过网络消费者能够获得大量的信息,足不出户通过点击鼠标就能瞬间轻松地完成购物,满足了顾客对购物方便性的追求。同时通过网上购物可以使顾客加强与社会的联系,在网上购物的过程中获得享受,增加购物乐趣,受到了消费者的欢迎。

4. 价格仍然是影响购买的重要因素

虽然支配和影响消费者购买行为的因素很多,但是价格仍然是影响购买的重要因素。现代市场营销倾向于以各种策略来削减消费者对价格的敏感度,但价格对消费者产生的重要影响始终不能忽视。只要价格削减的幅度超过消费者的心理预期,难免会影响消费者既定的购物原则。

网络营销具有明显的价格优势,网络营销由于大大降低了生产、流通等环节的成本,降低了人工和市场开拓等费用,减少了中间环节,使产品价格的降低成为可能,消费者可以在全球的范围内寻找最优惠价格的产品,能以更低的价格实现购买,满足消费者对低价的追求。

综上,网络时代的发展,不断改变消费者的价值观,消费者对方便快捷的购物方式和服务的迫切追求及消费者最大限度的满足自身需求的需要,催生了网络营销,也促进了网络营销的快速发展。

(三)激烈的竞争是网络营销产生的现实基础

当今的市场竞争日趋激烈,企业为了取得竞争优势,总是想方设法吸引消费者,传统的营销已经很难有新颖独特的方法来帮助企业在竞争中出奇制胜了。市场竞争已不再依靠表层的营销手段,企业迫切需要更深层次的方法和理念武装自己。

网络营销能够创造一种竞争优势,通过降低成本和提供差异化的产品和服务,争取更多的现实顾客,获取更大的商机。企业通过网络营销,可以节约大量店面租金、减少库存商品资金占用,可以减少场地的制约和限制,可以方便的采集客户信息等,使得企业经营的成本和费用降低,运作周期变短,增加盈利。同时,通过网络营销可以提供适合顾客个性特点的产品,满足顾客的个性化需求,极大地提高了企业的竞争力。

因此,网络营销的产生是科技发展、商业竞争、消费者价值观的改变等综合因素作用的结果。

第二节 网络营销与传统营销

网络营销作为一种新的营销方式,是建立在传统营销理论基础上的,但由于网络的自身特点必然对传统营销产生巨大的影响和冲击,但网络营销又不能完全取代传统营销,企业必须把网络营销和传统营销融合在一起,使其相互影响、相互补充、相互促进,使网络营销真正为企业目标服务。

一、网络营销不可能完全取代传统营销

(一)网络营销以传统营销为基础

网络营销是一种新的营销方式或技术手段,不可能脱离一般营销活动而独立存在,网络营销是企业整体营销战略的一个组成部分。传统营销和网络营销之间没有严格的界限,网络营销理论也不可能脱离传统营销理论基础,传统营销的许多思想、内容同样适合网络营销。网络营销与传统营销都是企业的一种经营活动,且都需要通过组合运用来发挥功能,而不是单靠某一种手段就能够达到理想的目的,两者都把满足消费者的需求作为核心和一切活动的出发点,现代企业无论采用什么样的营销手段,首先要解决的问题是如何千方百计的满足现实顾客的需求。网络是一种营销手段,而并不是营销的全部,必须将网络营销与传统营销结合起来,利用互联网的独特优势大幅度的降低交易成本,向消费者提供优质的服务,才能更好地实现企业的战略目标。所以,网络营销是以传统营销为基础的,是传统营销的进一步发展。

(二)网络营销不可能完全取代传统营销

网络营销作为一种新的营销模式以其独特的优势给传统营销方式带来了巨大的冲击,但这并不意味着网络营销能够完全取代传统营销模式,传统营销的许多优点是网络营销所不具备的,其原因如下:

1. 网络市场的覆盖面还不是很大

随着互联网迅速发展,依托互联网的网络营销发展很快,但是网络市场仅是整个商品市场的一部分,覆盖的群体只是整个市场中某一部分群体,其他许多群体由于种种原因还不能或不愿意使用互联网。

2. 消费者不愿意接受或者使用新的沟通方式

互联网作为一种有效的营销渠道有着自己的特点和优势,但是由于个人生活方式、个人偏好和习惯等原因,消费者不愿意接受或者使用新的沟通方式和营销渠道,仍愿意选择传统的沟通方式和营销渠道。据 CNNIC 资料分析,45.3%网民由于不习惯使用而不使用网络购物。

3. 网络营销活动不能面对有灵性的人

消费是一种行为,消费者的消费行为不仅仅是购买,而是为了享受消费的过程,互联网只是一种工具,不能面对有灵性的人,无法满足消费者享受消费过程的需要,不具备传统以人为本的营销策略所具有的独特的亲和力。

4. 消费者购物往往习惯于"亲临现场"

消费者购物已经习惯于亲自到商场仔细查看所需商品的各个方面是否符合自己的要求,自主的进行选择和决策。而网络营销方式的商场是虚拟的,仅凭网上的信息,消费者无法对所需商品的进行全面了解,更不可能亲眼见到商品的实物,因此,消费者在购买商品时就会有一种不踏实的感觉,感到风险较大,往往采取观望的态度甚至放弃购物,所以,网络营销还不能完全取代传统营销。

5. 网络营销还需要面对网络安全等问题

虽然网络营销系统日趋完善,但依然存在着网络安全等问题。网络安全体系不完善,不能适应网络营销的要求,网络安全措施不健全,由此给消费者带来烦恼甚至财产损害的事情时有发生,无法消除顾客对交易安全性的顾虑,同时网上支付、网上信用、物流配送等也是网络营销需要面对和解决的问题,所以,网络营销不能取代传统营销。

网络营销和传统营销在相当长的一段时间内是相互并存的、相互补充的、相互促进的。

二、网络营销对传统营销的冲击

随着互联网在全球的迅速发展,依托互联网特性的网络营销,必然对企业的传统营销方式形成了巨大的冲击。

(一)网络营销市场要素发生了变化

营销市场是由消费主体、购买力和购买欲望等三个主要因素构成,在网络信息时代这些要素发生了变化。

1. 消费主体的变化

网络条件下,消费主体发生了变化,网络消费者开始从社会大众中分离出来,他们会上网主动搜寻商品信息,一般是年轻化、知识型、有主见和有较高经济收入的人,他们具有比较重视自我、追求个性化、遇事头脑冷静、思维理性、兴趣爱好广泛、喜欢追求新鲜事物等特点。

2. 消费者购买力的改变

近年来,随着改革开放的成功,我国人均国民收入大大的提高,网络市场的消费者大多具有较高的文化程度,经济收入高,拥有较多的可任意支配的收入,具有较高的购买力。

3. 消费者购买欲望的改变

购买欲望是消费者购买商品的动机、愿望和需求,是消费者将潜在购买力变为现实购买力的重要条件,购物动机要受到社会的政治、经济、文化、科技等因素的影响和制约,带有时代的特征。网络营销的独特优势必然会吸引越来越多的消费者,使得网络市场消费者的购买欲望发生变化。

企业要关注网络消费者的特征、购买能力和购买欲望,制定与之适应的营销策略,提高自己在网络市场上的竞争力。

(二)网络营销对传统营销的冲击

网络营销是随着互联网的产生和发展而产生的新的营销方式,由于现代信息技术和互联网技术的介入,网络营销的发展必然对传统营销产生巨大冲击。

1. 对传统营销策略的影响

(1)对产品策略的冲击

网络营销对传统的标准化产品产生了冲击,通过互联网企业可以迅速获得关于产品概念和广告效果测试的反馈信息,也可以测试不同顾客的认同水平,从而更加容易对消费者行为的方式和偏好进行跟踪。在网络条件下,消费者一定程度上占据了主动权,他们可以发出自己具有个性的需求信息,企业则按照他们的要求,对不同的消费者提供不同的商品,能够有效地满足消费者各种个性化的需求。

著名的Dell公司在网上进行的计算机设备直销,并不规定统一的内在配置,而是可以由顾客自己按照需要提出一个设备的配置方案和要求,公司根据客户的需求进行生产,再卖给相应的客户,Dell公司因而成为世界上成长速度最快的电脑公司之一。

(2)对定价策略的冲击

网络营销由于可以大大降低经营成本,企业可以完全按照顾客心理价位定价,更好的满足顾客的需求。

互联网还将导致国际间的价格水平标准化或至少缩小国别间的价格差异。因为如果企业某种产品的价格标准不统一或经常改变,客户会通过网络认识到这种价格差异,并因此而产生不满,相对于目前的各种媒体来说,互联网的先进的网络浏览和服务器会使变化不定的且存在差异的价格水平趋于一致,这对于执行差别化定价策略的企业来说确实是一个严重问题。

(3)对传统营销渠道的冲击

通过互联网,生产商可与最终用户直接联系,中间商的重要性因此有所降低。这造成两种后果:

一是由跨国公司所建立的传统的国际分销网络对小竞争者造成的进入障碍将明显降低;二是对于目前直接通过互联网进行产品销售的生产商来说,其售后服务工作是由各分销商承担,但随着他们代理销售利润的消失,分销商将很有可能不再承担这些工作。如何在现有的渠道下为顾客提供售后服务是企业要解决的问题。

(4)对传统促销活动的冲击

网络营销主要通过互联网发布网络广告进行促销,网络广告将消除传统广告的障碍。

首先,相对于传统媒体来说,由于网络空间具有无限扩展性,因此在网络上做广告可以较少地受到空间篇幅的局限,有可能将必要的信息充分展示出来。

其次,网络的特点使得广告的表达形式更加生动、形象,通过网络做广告可以比传统媒介的广告对消费者更具冲击力和吸引力。

第三,迅速提高的广告效率也为网上企业创造了便利条件。例如,企业可以根据其注册用户的购买行为很快地改变向访问者发送的广告;有些企业可以根据访问者的特性,如硬件平台、域名或访问时的搜索主题等方面有选择地显示其广告。

2.对传统营销方式的冲击

随着网络技术迅速向宽带化、智能化、个人化方向发展,用户可以在更广阔的领域内实现声、图、像、文一体化的多维信息共享和人机互动功能,"个人化"把"访问到家庭"推向了"服务到个人"。正是这种发展将使得传统营销方式发生革命性的变化,它将导致大众市场的终结,并逐步体现市场的个性化,最终应以每一个用户的需求来组织生产和销售。

(1)对顾客关系的影响

网络营销可以使企业重新营造顾客关系,网络营销的企业竞争是一种以顾客为焦点的竞争形态,争取新的顾客、留住老顾客、扩大顾客群、建立亲密的顾客关系、分析顾客需求、创造顾客需求等,都是摆在企业面前的最关键的营销课题,如何与分散在全球各地的顾客群保持紧密的关系并能掌握顾客的特性,通过塑造企业形象和加强对顾客的引导,建立顾客对于虚拟企业与网络营销的信任感,是企业网络营销成功的关键问题。网络时代的目标市场、顾客形态、产品种类与以前传统的相比发生了很大的变化,企业要通过多种创新营销行为,去跨越地域、文化、时空的差距再造顾客关系。

(2)对营销战略的影响

一方面,互联网具有的平等、自由等特性,使得网络营销将降低跨国公司所拥有的规模经济的竞争优势,从而使小企业更易于在全球范围内参与竞争。另一方面,由于人人都能掌握竞争对手的产品信息与营销行为,因此胜负的关键在于如何适时获取、分析、运用这些自网络上获得的信息,来研究并采用极具优势的竞争策略。同时,策略联盟将是网络时代的主要竞争形态,如何运用网络来组成合作联盟,并以联盟所形成的资源规模创造竞争优势,将是未来企业经营的重要手段。

(3)对企业跨国经营战略影响

网络时代企业开展跨国经营活动是非常必要的,互联网所具有的跨越时空连贯全球的功能,使得进行全球营销的成本低于地区营销,企业不得不进入跨国经营的时代,企业要根据不同国家市场的顾客的特点,满足他们的需求,用优质的产品和良好的服务赢得他们的信任,同时,还要通过网络安排好跨国生产、运输与售后服务。

3.对营销组织的影响

网络营销带动了企业理念的发展,也相继带动企业内部网的蓬勃发展,形成了企业内外部沟通与经营管理均离不开网络作为主要渠道和信息源的局面。这必然给传统的企业组织形式带来了很大的冲击,使企业的内部机构发生变化,销售部门人员的减少,销售组织层级的减少和扁平化,经销代理与分店门市数量的减少、营销渠道缩短,虚拟经销商、虚拟门市、虚拟部门等企业内外部的虚拟组织的相继出现,都将促使企业对于组织再造工程的需要更加迫切。

企业内部网的兴起,改变了企业内部作业方式以及员工学习成才的方式,个人工作室的独立性与专业性将进一步提升。因此,个人工作室、在家上班、弹性上班、委托外包、分享业务资源等行为将十分普遍,企业有必要对组织结构顺势进行调整。

三、网络营销与传统营销的整合

网络营销作为新的营销理念和策略,凭借互联网特性对传统经营方式产生了巨大的冲击,但这并不等于说网络营销将完全取代传统营销,企业的任务是如何实现网络营销和传统营销之间的整合,使网络营销与传统营销相互促进、相互补充和相互支撑。

(一)网络营销中顾客概念的整合

网络营销所面对的顾客与传统营销所面对的顾客并没有什么太大的不同,只是在网络条件下有许多传统营销模式所不能顾及的潜在顾客,企业开展网络营销应该进行全方位的、战略性的市场细分和目标市场定位。

但是,网络社会常被形象地比喻为浩瀚的信息海洋,在互联网上,面对全球数以百万个站点,每一个网上消费者只能根据自己的兴趣浏览其中的少数站点,为了节省大量的时间和精力,消费者往往利用搜索引擎寻找自己有用的信息,在网络营销中企业必须改变原有的顾客概念,把搜索引擎作为企业的特殊顾客,因为它是网上信息最直接的受众,它的选择结果直接决定了网上顾客接受的范围,以网络为媒体的商品信息,只有在被搜索引擎选中时,才有可能传递给网上的顾客。所以,企业在设计广告或发布网上信息时,不仅要研究网上顾客及其行为特点,也要研究计算机行为,掌握作为企业特殊顾客的各类引擎的搜索规律。

(二)网络营销中产品概念的整合

市场营销学中认为产品是能够满足人们某种欲望和需要的任何事物,提出了产品的整体概念由核心产品、形式产品和附加产品构成。

网络营销将产品的定义扩大为:产品是提供到市场上引起注意、需要和消费的东西,同时还进一步细化了整体产品的构成,用核心产品、一般产品、期望产品、扩大产品和潜在产品五个层次描述了整体产品的构成。

核心产品与原来的意义相同。扩大产品与原来的附加产品相同,但还包括区别于其他竞争产品的附加利益和服务。一般产品和期望产品由原来的形式产品细化而来,一般产品是指同种产品通常具备的具体形式和特征,期望产品是指符合目标顾客一定期望和偏好的某些特征和属性。潜在产品是指顾客购买产品后可能享受到的超出顾客现有期望、具有崭新的价值的利益或服务,但在购买后的使用过程中,顾客会发现这些利益和服务中总会有一些内容对顾客有较大的吸引力,从而有选择的去享受其中的利益或服务,可见,潜在产品是一种完全意义上的服务创新。

(三)网络营销中营销组合概念的整合

在网络营销中,随着产品性质不同营销组合概念也不相同。

对于知识产品,企业可以直接在网上完成其经营销售过程,市场营销组合与传统营销相比发生很大的变化。首先,传统营销 4P 组合中的产品、渠道和促销,由于摆脱了对传统物质载体的依赖,已经完全电子化和非物质化了。因此,对知识产品来说,网络营销中的产品、渠道、促销本身纯粹就是电子化的信息,它们之间的分界线已经变得相当模糊,而且三者之间密不可分。其次,价格不再以生产产品为基础,而是以顾客意识到的产品价值来计算。第三,顾客对产品的选择和对价值的估计很大程度上受网上促销的影响,因而网上促销非常受重视。还有,由于网上顾客普遍是高知识、高素质、高收入,因此网上促销的知识、信息含量比传统促销大大提高。

对于有形产品和某些服务,虽然不能以电子化方式传递,但企业在营销时可以利用互联网完成信息流和商流,在这种情况下,传统的营销组合没有发生变化,但这时,价格则由生产成本和顾客的感受价值共同决定,促销及渠道中的信息流和商流则由可控制的网上信息代替,由于网上简便而迅速的信息流和商流最大限度的减少了中间商的数量,渠道中的物流则可实现速度、流程和成本最优化。

在网络营销中,市场营销组合本质上是无形的,是知识和信息的特定组合,是人力资源和信息技术综合的结果。在网络市场中,企业通过网络市场营销组合,向消费者提供良好的产品和企业形象,获得满意的回报和产生良好的企业影响。

(四)网络营销对企业组织的整合

为了顺应网络营销的发展,企业组织要进行整合,对于组织进行再造工程已经成为一种迫切的需要。在企业组织再造的过程中,在销售部门和管理部门中将衍生出一个负责网络营销和公司其他部门协调的网络营销管理部门,与传统营销管理不同,它主要负责解决网上疑问、解答新产品开发以及网上顾客服务等事宜。同时网络的发展,也要求企业改变内部运作方式,提高员工的素质,形成与之相适应的企业组织形态。

网络营销作为企业整体营销策略中的组成部分,必须与传统营销整合,才能发挥网络营销的优势,更好的满足消费者的需求,促进企业的快速发展。

第三节 网络营销理论基础

网络营销与传统营销相比有其显著的特点,这使得传统营销理论不能完全适应于网络营销,因此,要在传统营销理论的基础上,从网络的特点和消费需求的变化这两个角度出发,去探讨营销理论的发展和创新,但是,网络营销理论仍属于市场营销理论的范畴,只是在某些方面强化了传统市场营销理论的观念,有些地方改写了传统市场营销理论的一些观点。

网络营销的理论基础主要是直复营销理论、关系营销理论、网络软营销理论、网络整合营销理论和数据库营销理论。

一、直复营销理论

直复营销理论是 20 世纪 80 年代引人注目的一个概念。根据美国直复营销协会(ADMA)为直复营销下的定义是:直复营销是一种为了在任何地方产生可度量的反应和(或)达成交易而使用一种或多种广告媒体的相互作用的市场营销体系。直复营销中的"直"是指不通过中间分销渠道而直接通过媒体连接企业和消费者;直复营销中的"复"是指企业与顾客之间的交互,顾客对企业的营销努力有一个明确的回复,企业可统计到这种明确回复的数据,由此可对以往的营销效果做出评价,可以及时改进以往的营销努力,从而获得更满意的结果。

直复营销与传统的分销方式相比具有减少中介、能提供充分的商品信息、减少销售成本、无地域障碍、优化营销时机、方便顾客信息反馈并以此来开发和改善产品和评价营销效果等优点。

网络作为一种交互式的可以双向沟通的渠道和媒体,它可以很方便为企业与顾客之间架起桥梁,顾客可以直接通过网络订货和付款,企业可以通过网络接收订单、安排生产,直接将产品送给顾客。

与传统营销相比,直复营销的特点在网络环境下表现的更加鲜明,网络营销活动更加符合直复营销的理念,所以,直复营销理论对网络直复营销更具指导意义,同时网络信息技术也促进了直复营销的发展。

互联网上的网络直复营销有下面几个方面的具体表现。

(一)互动性

直复营销作为一种相互作用的体系,特别强调直复营销者与目标顾客之间的"双向信息交流",以克服传统市场营销中的"单向信息交流"方式的营销者与顾客之间无法沟通的致命弱点。在网络营销中,企业可以利用互联网开放、自由的双向式的信息沟通网络,实现与顾客之间的双向互动式交流和沟通。企业在向消费者提供信息的同时接受消费者的信息反馈,顾客可以通过网络,向企业直接表达自己的需求提出自己的建议。企业可以根据通过网络上了解的目标顾客需求,进行生产和营销决策,使营销活动更加有的放矢,可在最大限度满足顾客个性化需求的同时,提高营销决策的效率和效用,增强企业的竞争力。

(二)一对一服务

通过直复营销活动可以为每个目标顾客提供直接向营销人员反应的渠道,企业可以凭借顾客反应找出不足,为下一次直复营销活动做好准备。网络营销的独特优势使得顾客可以方便的通过互联网直接向企业提出建议和购买需求,也可以直接通过互联网获取售后服务。企业也可以从顾客的建议、需求和要求的服务中,掌握顾客的消费特征,准确把握消费者的个性需求和找出企业的不足,按照顾客的需求进行经营管理,减少营销费用,有效地满足顾客的特色需求,最大限度地提高顾客的满意度。

(三)跨时空性

直复营销活动中,强调在任何时间、任何地点都可以实现企业与顾客的"信息双向交流"。利用互联网的全球性和持续性的特性,企业可以实现低成本的实现跨越空间约束和突破时间限制与顾客的双向交流,顾客也可以在任何时间、任何地点直接向企业提出要求和反映问题,根据自己的时间安排任意上网获取信息,所以,企业能够通过直复营销活动,创造超越时空限制与目标顾客进行营销互动,赢得更多的营销机会。

(四)效果可测定

直复营销活动最重要的特性是直复营销活动的效果是可测定的。互联网作为最直接的沟通工具,企业可以很好地与顾客沟通和交流,方便的实现与顾客的交易,由于互联网的沟通费用和信息处理成本非常低廉,通过数据库技术和网络控制技术,企业可以很方便的处理每一个顾客的订单和需求,而不用管顾客的规模大小、购买量的多少。因此,通过互联网可以实现以最低成本最大限度的满足顾客需求,同时还可以了解顾客需求,细分目标市场,提高营销效率和效用。

网络营销作为一种有效的直复营销策略,说明网络营销具有可测试性、可度量性、可评价性和可控制性。因此,利用网络营销这一特性,可以大大改进营销决策的效率和营销执行的效用。

二、关系营销理论

关系营销是 20 世纪 80 年代中期由美国市场营销学者巴巴拉·本德·杰克逊提出的一种新的营销主张。它主要包括两个基本点:在宏观上认识到市场营销会对范围很广的一系列领域产生影响,包括顾客市场、劳动力市场、供应市场、内部市场、相关者市场,以及影响者市场(政府、金融市场);在微观上,认识到企业与顾客的关系不断变化,市场营销的核心应从过去的简单的一次性的交易关系转变到注重保持长期的关系上来,通过建立、维持和加强与客户的关系,以保证参与各方的目标得以满足。

企业处在社会经济大系统中,企业的营销目标要受到众多外在因素的影响,企业的营销活动是一个与消费者、竞争者、供应商、分销商、政府机构和社会组织发生相互作用的过程,正确理解这些个人与组织的关系是企业营销的核心,也是企业成败的关键。

关系营销的核心是保有顾客,以使企业拥有稳定的客户资源。企业通过为顾客提供高度满意的产品和服务价值,加强与顾客的联系,保持与顾客的长期关系,并在此基础上开展营销活动,实现企业的营销目标。根据调查,一个不满意的顾客会影响 8 笔潜在的生意,一个不满意的顾客会影响 25 个潜在顾客的购买意愿。研究表明,争取一个新顾客的营销费用是老顾客费用的 5 倍。因此加强与顾客的关系并建立顾客的忠诚度,是可以为企业带来长远的利益的,它提倡的是企业与顾客双赢策略。

互联网作为一种有效的双向沟通渠道,企业与顾客之间可以实现低费用成本和高效率的沟通和交流,它为企业建立和加强与顾客的长期关系提供了有效的保障。这是因为,首先,利用互联网企业可以直接接收顾客的订单,顾客可以直接提出自己的个性化的需求,企业根据顾客的个性化需求利用柔性化的生产技术最大限度满足顾客的需要,为顾客在消费产品和服务时创造更多的价值。企业还可以从顾客的需求中了解市场、细分市场和锁定市场,最大限度降低营销费用,提高对市场的反应速度。其次,利用互联网企业可以更好地为顾客提供服务和与顾客保持联系。互联网的不受时间和空间限制的特性能最大限度方便顾客与企业进行沟通,顾客可以借助互联网在最短时间内以简便方式获得企业的服务。同时,通过互联网交易企业可以实现从产品质量、服务质量到交易服务等整个过程的全程质量的控制。还有,通过互联网企业还可以与相关的企业和组织建立协作伙伴关系,实现双赢发展。

三、网络软营销理论

软营销理论是针对工业经济时代的以大规模生产为主要特征的"强势营销"提出的新理

论,该理论认为顾客在购买产品时,不仅满足基本的生理需要,还要满足高层的精神和心理需求,所以,企业在进行市场营销活动的过程中,必须要尊重消费者的感受和体验,使消费者能够心情愉悦地主动接受企业的营销活动。

(一)网络软营销与传统强势营销的区别

强势营销是以企业为主动方的,传统营销活动中的传统广告和人员推销两种促销手段最能体现强势营销特征。在传统广告中,传统广告企图通过不断的信息灌输在消费者心中留下深刻印象,它根本就不考虑消费者需要不需要这类信息,喜欢不喜欢它的产品或服务,消费者处于被动从属地位,常常是被迫的被动的接收广告信息的"轰炸"。在人员推销中,推销人员根本不考虑被推销对象是否愿意和需要,事先并不征得推销对象的允许或请求,只是推销人员主动地敲开客户的门,根据自己的判断强行展开推销活动。

与之相对应的软营销是指在网络环境下,企业不再向顾客强行的灌输,而是向顾客传递合理的信息,实现信息共享与营销整合。网络软营销恰好是从消费者的体验和需求出发,采取拉式策略吸引消费者关注企业来达到营销效果。消费者不喜欢任何方式的商业广告和推销,他们喜欢在个性化需求的驱动下,自己寻找相关信息,软营销广告见缝插针,慢慢蚕食,细水长流,用"润物细无声"的方式让你不知不觉地慢慢发掘了解,正是迎合了消费者这种需求。

软营销和强势营销的一个根本区别就在于软营销的主动方是客户而强势营销的主动方是企业。消费者在心理上要求自己成为主动方,而网络的互动特征又使他们变为主动方成为可能。软营销是变"要你买、请你买、求你买"为"我要买"的一种营销法则,是一种基于柔和、关怀、双赢和多赢基础上的营销方式。

传统的强势营销和网络的软营销并不是完全对立的,企业要根据不同的产品、时机、条件将二者合理结合,往往会收到意想不到的效果。

(二)网络软营销理论的两个重要概念

网络社区和网络礼仪是网络营销理论中所特有的两个重要的基本概念,是实施网络软营销的基本出发点。

1.网络社区

网络社区是随着网络以及人们网络社会行动的扩展而出现的人类社会活动的新型空间,是指人们为了满足某种需要而在网络空间中相互交流而形成的具有共同目标的社会群体。

网络社区包括 BBS/论坛、贴吧、公告栏、群组讨论、在线聊天、交友、个人空间、无线增值服务等形式在内的网上交流空间,同一主题的网络社区集中了具有共同兴趣的访问者,他们具有相同兴趣和目的,经常相互交流展开讨论,形成了如程序员、游戏、户外旅游、摄影爱好者等社区。网络社区存在于网络空间,网络是网络社区的载体,但是需要指出的是网络社区是用户自己创建的而不是网络本身创建的。网络社区具有相应的组织对社区进行管理和维护,同时,为社区居民提供服务,以满足社区居民的基本需要。网络社区内的每个成员享有充分的参与自由,人与人、人与群体、群体与群体以合作、竞争、同化、冲突、适应等各种形式互动,他们在共同目标的驱使下,追求某种情感、兴趣或者利益。

网络社区也是一个互利互惠的组织。在互联网上,人们去解答别人提出的各种问题,同时也会从别人那里得到自己所需要获得的问题答案,网络社区成员之间的了解是靠他人发送信息的内容,而不像现实社会中的两个人之间的交往。在网络上,如果你要想隐藏你自己,就没人会知道你是谁、你在哪里,这就增加了你在网上交流的安全感,因此在网络社区这个公共论坛上,人们会就一些有关个人隐私或他人公司的一些平时难以直接询问的问题而展开讨论。基于网络社区的特点,不少敏锐的营销人员已在利用这种普遍存在的网络社区的紧密关系,使之成为企业利益来源的一部分。

2. 网络礼仪

网络礼仪是指在网上交往活动中形成的被赞同的礼节和仪式。换句话说就是人们在互联网上交往所需要遵循的礼节,是互联网自诞生以来所逐步形成与不断完善的一套良好、不成文的网络行为规范,如不使用电子公告牌 BBS 张贴私人的电子邮件,不进行喧哗的销售活动,不在网上随意传递带有欺骗性质的邮件等。网络礼仪是网上一切行为都必须遵守的准则,网络营销也不例外,网络营销的经营者也必须树立网络礼仪意识,遵循网络礼仪规则,如广告不能随意闯入人们的生活,当顾客需要网络上寻找产品或服务信息时,企业则应能提供易于导航、易于搜索有效信息的服务工具,为消费者提供方便、快捷、高效的服务,满足消费者的需要,企业在网络营销活动中必须坚持以消费者为中心,在遵循网络礼仪规则的基础上获得良好的营销效果。

四、网络整合营销理论

整合营销是网络营销理论中的一个新理念,是传统的市场营销理论为适应网络营销的发展而逐步转化形成的。网络的发展不仅使得整合营销更为可行,而且充分发挥整合营销的特性和优势,使顾客这一角色在整个营销过程中的地位得到提升。网络互动的特性使消费者能真正参与到整个营销活动的过程中,消费者不仅增强了参与的主动性,而且其选择的主动性也得到了加强。所以,网络营销必须要把顾客整合到整个营销过程中来,从他们的需求出发开展营销活动,并且在整个营销过程中要不断与顾客互动,每个营销决策都要从顾客需求出发。在满足用户个性化消费需求的驱动下,企业也在设法探求一种现代市场营销的思想,以适应这一消费市场的变化,满足消费者的需求,从而赢得市场,基于这一点网络整合营销理论应运而生。

网络整合营销理论离开了在传统营销理论中占中心地位的 4P(产品策略 Product、价格策略 Price、渠道策略 Place 和促销策略 Promotion)理论,逐渐转向以 4C 理论(顾客策略 Consumer、成本策略 Cost、方便策略 Convenience 和沟通策略 Communication)为基础和前提,其所主张的观念是:先不急于制定产品策略(Product),而以研究消费者的需求和欲望(Consumer wants and needs)为中心,不要再卖你所生产、制造的产品,而卖消费者想购买的产品。暂时把定价策略

（Price）放到一边，而研究消费者为满足其需求所愿付出的成本（Cost）。忘掉渠道策略（Place），着重考虑给消费者方便（Convenience）以购买到商品。抛开促销策略（Promotion），着重于加强与消费者沟通和交流（Communication）。企业从 4C 出发，在此前提下去寻找最佳的营销决策，能够实现在满足消费者需求的同时实现企业利润最大化的营销目标。网络营销中，可以利用传统的 4P 营销组合理论，使其更好地与以顾客为中心的 4C 组合理论相结合，逐步形成和完善网络营销中的整合营销理论。

在网络营销中顾客的个性化需求不断的得到越来越好的满足，顾客对企业的产品和服务越来越认同直至形成了顾客的忠诚，在这种新营销模式之下，企业和客户之间的关系变得非常紧密，甚至牢不可破，这就形成了"一对一"的营销关系（One-to-one Marketing），这种营销框架称为网络整合营销，它始终体现了以客户为出发点及企业和客户不断交互的特点。

1. 产品和服务以顾客为中心

由于互联网络具有很好的互动性和引导性，用户通过互联网络在企业的引导下对产品或服务进行选择或提出具体要求，企业可以根据顾客的选择和要求及时进行生产并提供及时服务，使得顾客所要求的产品和服务能跨时空的得到满足；另一方面，企业还可以及时了解顾客需求，并根据顾客要求组织及时生产和销售，提供企业的生产效益和营销效率。

如美国销售电脑的 Dell 公司，在 1995 年还是亏损的，但在 1996 年，它们通过互联网来销售电脑，业绩得到 100% 增长，由于顾客通过互联网，可以在公司设计的主页上进行选择和组合电脑，公司的生产部门马上根据要求组织生产，并通过邮政公司寄送，因此公司可以实现零库存生产，特别是在电脑部件价格急剧下降的年代，零库存不但可以降低库存成本还可以避免因高价进货带来的损失。

2. 以顾客能接受的成本定价

网络营销中价格应是以顾客能接受的成本来制定，并依据顾客能接受的成本来组织生产和销售。企业以顾客为中心定价，必须测定市场中顾客的需求以及对价格认同的标准，企业在互联网络上则可以很容易实现这一点，顾客可以通过互联网络提出自己能够接受的价格，企业根据顾客能够接受的成本提供柔性的产品设计和生产方案供用户选择，直到顾客认同确认后再组织生产和销售。在网络营销中，所有这一切都是顾客在企业的服务器程序的导引下完成的，不需要有固定的销售场所，也不需要专门的工作人员，同时也不需要巨额的广告费用，因此成本也极其低廉。

以美国通用汽车公司为例，目前，美国的通用汽车公司允许顾客在其网站上（http://www.gm.com），通过公司的有关导引系统自己设计和组装满足自己需要的汽车，用户首先确定接受价格的标准，然后系统根据价格的限定从中显示满足要求式样的汽车，用户还可以进行适当的修改，公司最终生产的产品恰好能满足顾客对价格和性能的要求。

3. 产品的分销以方便顾客为主

网络营销是一对一的分销渠道，是跨时空进行销售的，顾客足不出户就可以浏览成千上万的产品信息。在众多产品中进行选择,随时随地利用互联网络订货和购买产品,企业通过方便快捷的配送系统在最短的时间内安全地把商品送到消费者手中,节省了消费者的时间和精力,大大地方便了消费者。

以法国钢铁制造商犹齐诺-洛林公司为例,该公司因为采用了电子邮件和世界范围的订货系统,从而把加工时间从 15 天缩短到 24 小时。目前,该公司正在使用互联网络,以提供比对手更好、更快的服务。该公司通过内部网与汽车制造商建立联系,从而能在对方提出需求后及时把钢材送到对方的生产线上。

4. 从强制式促销转向加强与顾客沟通和联系

传统的促销是企业为主体,通过一定的媒体或工具对顾客进行压迫式的灌输,加强顾客对公司和产品的接受度和忠诚度,顾客是被动接受的,缺乏与顾客的沟通和联系,同时公司的促销成本很高。互联网络上的营销是一对一和交互式的,顾客是主动方,顾客可以参与到公司的营销活动中来,因此互联网络更能加强与顾客的沟通和联系,更能了解顾客和需求,更易引起顾客的认同。

如美国的新型明星公司雅虎(Yahoo!)公司,开发了一种能在互联网络上对信息分类检索的工具,由于该产品具有很强交互性,用户可以将自己认为重要的分类信息提供给雅虎公司,雅虎公司马上将该分类信息加入产品中供其他用户使用,因此不用做宣传其产品就广为人知,并且在短短两年之内使公司的股票市场价值达几十亿美元,增长几百倍之多。

网络整合营销理论把顾客的利益最大化要求和企业的利润最大化要求整合为一体,是对传统营销理论的创造性改进,是适应现代市场需求特征的新营销理论。

五、数据库营销理论

所谓数据库营销,就是利用企业经营过程中收集而形成的各种顾客资料,经分析整理后作为制定营销策略的依据,并作为保持现有顾客资源的重要手段。

数据库营销是计算机信息技术、通信技术与以客户为中心的整合营销理念的一种综合应用,是近些年逐渐兴起和成熟起来的一种市场营销推广手段,在企业市场营销行为中具备广阔的发展前景。它不仅仅是一种营销方法、工具、技术和平台,更重要的是一种企业经营理念,也改变了企业的市场营销模式与服务模式,从本质上讲是改变了企业营销的基本价值观。通过收集和积累消费者大量的信息,经过处理后预测消费者有多大可能去购买某种产品,以及利用这些信息给产品以精确定位,有针对性地制作营销信息达到说服消费者去购买产品的目的。网络营销的特点使企业的数据库营销更具有优势,是先进的营销理念和现代信息技术的结晶,必然是企业未来的选择。

(一)数据库营销的基本作用

1. 更加充分地了解顾客的需要,为顾客提供更好的服务

通过互动沟通,维护客户关系,提高重复购买率,为企业带来更高利润率。顾客数据库中的资料是个性化营销和顾客关系管理的重要基础。关系营销强调与顾客之间建立长期的友好关系以获取长期利益。实践证明,进行顾客管理,培养顾客忠诚度,建立长期稳定的关系,对企业是十分重要的。

2. 对顾客的价值进行评估

通过区分高价值顾客和一般顾客,利用数据库的资料,可以计算顾客生命周期的价值,以及顾客的价值周期,对各类顾客采取相应的营销策略。

3. 分析顾客需求行为,预测顾客需求趋势

根据顾客的历史资料不仅可以预测需求趋势,还可以评估需求倾向的改变。

4. 市场调查和预测

数据库为市场调查提供了丰富的资料,根据顾客的资料可以分析潜在的目标市场。

(二)网络数据库营销的独特价值

与传统的数据库营销相比,网络数据库营销的独特价值主要表现以下方面:

1. 动态更新

在传统的数据库营销中,无论是获得新的顾客资料,还是对顾客反映的跟踪都需要较长的时间,而且反馈率通常较低,收集到的反馈信息还需要繁琐的人工录入,因而数据库的更新效率很低,更新周期比较长,同时也造成了过期、无效数据记录比例较高,数据库维护成本相应也比较高。网络数据库营销具有数据量大、易于修改、能实现动态数据更新、便于远程维护等多种优点,还可以实现顾客资料的自我更新。网络数据库的动态更新功能不仅节约了大量的时间和资金,同时也更加精确地实现了营销定位,从而有助于改善营销效果。

2. 顾客主动加入

仅靠现有顾客资料的数据库是不够的,除了对现有资料不断更新维护之外,还需要不断挖掘潜在顾客的资料,这项工作也是数据库营销策略的重要内容。在没有借助互联网的情况下,寻找潜在顾客的信息一般比较难,要花很大代价,比如利用有奖销售或者免费使用等机会要求顾客填写某种包含有用信息的表格,不仅需要投入大量资金和人力,而且又受地理区域的限制,覆盖的范围非常有限。

在网络营销环境下,顾客数据增加很方便,而且往往是顾客自愿加入网站的数据库。最新的调查表明,为了获得个性化服务或获得有价值的信息,有超过50%的顾客愿意提供自己的部分个人信息,这对于网络营销人员来说,无疑是一个好消息。请求顾客加入数据库的通常做法是在网站设置一些表格,在要求顾客注册为会员时填写。但是,网上的信息很丰富,对顾客资源的争夺也很激烈,顾客的要求是很挑剔的,并非什么样的表单都能吸引顾客的注意和兴趣。顾客希望得到真正的价值,但肯定不希望对个人利益造成损害,因此,需要从顾客的实际利益出发,合理地利用顾客的主动性来丰富和扩大顾客数据库。在某种意义上,邮件列表可以认为是一种简单的数据库营销。数据库营销同样要遵循自愿加入、自由退出的原则。

3.改善顾客关系

顾客服务是一个企业能留住顾客的重要手段,在电子商务领域,顾客服务同样是取得成功的最重要因素之一。一个优秀的顾客数据库是网络营销取得成功的重要保证。在互联网上,顾客希望得到更多个性化服务,比如,顾客定制的信息接收方式和接收时间、顾客的兴趣爱好、购物习惯等都是网络数据库营销的基本职能,因此,网络数据库营销是改善顾客关系最有效的工具。

网络数据库由于其种种独特功能而在网络营销中占据重要地位。网络数据库营销通常不是孤立的,应当从网站规划阶段开始考虑,列为网络营销的重要内容。另外,数据库营销与个性化营销、一对一营销有着密切的关系,顾客数据库资料是顾客服务和顾客关系管理的主要基础。

第四节　网络营销的发展趋势

随着计算机网络技术的发展,网络营销的发展前景十分广阔。

一、网络营销的发展趋势

根据网络发展的特点及市场营销环境的变化,可以预测网络营销将呈现如下趋势。

(一)网络技术将广泛用于产品销售方面

随着网络的防火墙技术、信息加密技术的进一步完善,电子货币等网上支付方式的安全推行,收付款问题也就迎刃而解,网络系统在商品销售方面的效率将大大提高,网络商品销售将会快速发展。

(二)电子商场兴旺发达

通过网络,顾客可以看到商品的图像、文字介绍、技术参数指标、同类产品比较等,还可看到价格和售后服务,大大节省了时间和精力。与传统商品相比,电子商场具有很多优点:不必承担商场的租金;减少商品库存的压力;降低销售、管理、发货等环节的成本;不受场地规模的限制等。电子商场的前景必是兴旺发达,网络购物将成为一种时尚追求。

(三)网络广告日新月异

与传统广告相比,网络广告具有的优势是显而易见的:一是它的空间是无限的,其传播范围远远大于传统广告;二是与传统媒体的广告相比,网络广告成本低廉;三是网络广告实现了即时互动,使发送者与受众之间的相互交流成为可能;四是网络广告主要靠逻辑、理性的说明促成消费者采取行动,具有更高的效率。网络广告的这些优点拓展了它的生存空间,必将成为未来网络营销中主要促销方式之一。

(四)信息中心与互联网结合

在网络上分销产品、服务的企业,其每次产品报价的变动,每次新产品的发布等信息均通过互联网来进行。利用网络,企业的信息中心可以削减大笔的发布成本,而顾客也能即时获得更新的信息。

二、中国网络营销的发展趋势

我国网络营销专家冯英健指出,今后中国网络营销的发展可能呈现以下六个方面的趋势。

(一)纵深化趋势

网络营销的基础设施日趋完善,高速宽带互联网将扮演越来越重要的角色,制约中国网络营销发展的网络瓶颈有望逐步解决。我国网络营销的发展将具备良好的网络平台和运行环境,网络营销的支撑环境逐步规范和完善,企业与个人参与网络营销的深度进一步拓展。

(二)个性化趋势

互联网的发展和普及将使人的个性得到解放,个性的张扬和创造力的发挥有了一个更加有利的平台。个性化信息需求和个性化商品需求将成为发展方向,消费者将把个人的偏好参与到商品的设计和制造过程中去。对所有面向个人消费者的网络营销活动来说,能否提供多样化的、个性化的服务,是决定今后成败的关键因素。

(三)专业化趋势

专业化趋势可以分为两个方面。

1. 面向个人消费者的专业化趋势

要满足消费者个性化的要求,提供专业化的产品线和专业水准的服务至关重要。今后若干年内我国上网人口仍将是以中高收入的人群为主,他们购买力强,受教育程度高,消费个性化需求比较强烈。所以相对而言,提供一条龙服务的垂直型网站及某一类产品和服务的专业网站发展潜力更大。

2. 面向企业客户的专业化趋势

对 B2B(Business to Business,企业对企业之间的营销关系)网络营销模式来说,以大的行业为依托的专业网络营销平台前景看好。

(四)国际化趋势

中国网络营销必然走向世界,同时也面临着世界网络营销强手的严峻挑战。互联网最大的优势之一就是超越时空的限制,能够有效地打破国家和地区之间各种有形和无形的壁垒,对于促进每个国家和地区对外经济、技术、资金信息等交流起到了革命性的作用;网络营销将有力地刺激我国对外贸易。因此,我国网络营销企业将随着国际网络营销环境的规范和完善逐步走向世界。网络营销为我国中小企业开拓市场、利用好国外各种资源提供了一个有利时机。

同时,国外网络营销企业也在努力开拓中国市场。

(五)区域化趋势

中国网络营销的区域化趋势与前面强调的国际化趋势并不矛盾。区域化趋势是就中国独特的国情而言的。中国是一个人口众多、幅员辽阔的大国,社会群体在收入、观念、文化水平等很多方面都有不同的特点。我国地区经济发展的不平衡和城乡差距所反映出来的经济发展的阶梯性、收入结构的层次十分明显。在可以预见的今后相当长的一段时间内,上网人口仍将以大城市、中等城市和沿海经济发达地区为主,网络营销企业在进行资源规划、配送体系建设、市场推广等方面都必须充分考虑这一现实。只有采取有重点的区域化战略,才能最有效地扩大网上营销的规模和效益。

(六)融合化趋势

网络营销网站在最初的全面开花之后必然走向新的融合。

1. 同类网站之间的兼并

目前大量的网站定位相近,业务内容趋同。激烈竞争的结果只能是少数企业最终胜出,处在弱势状态的网站最终免不了被吞并或倒闭的结局。

2. 不同类别网站之间互补性的兼并

那些处于领先地位的网络营销企业在资源、品牌、客户规模等诸多方面虽然有很大优势,但与国外著名网络营销企业相比还不是一个数量级的,这些具备良好基础和发展前景的网站在扩张的过程中必然采取收购策略,主要模式将是互补性收购。

3. 战略联盟

由于个性化、专业化是网络营销发展的两大趋势,每个网站在资源方面总是有限的,客户的需求又是全方位的,所以不同类型的网站以战略联盟的形式进行协作将成为必然。

思考题

1. 什么是网络营销?
2. 与传统营销相比,网络营销有哪些优势和特点?
3. 网络营销的发展对企业网络营销管理会形成哪些冲击?
4. 怎样整合网络营销与传统营销?
5. 网络营销的基础理论有哪些?你是如何理解的?
6. 作为网络营销产生基础的消费者观念的转变表现在哪些方面?

【阅读资料】

海尔成功的网络营销

海尔集团是世界第四大白色家电制造商,在全球 30 多个国家建立了本土化的设计中心、制造基地和贸易公司,全球员工总人数超过 5 万人,已发展成为大规模的跨国企业集团。

2008 年,随着全球化合信息化的突飞猛进,海尔开始了信息化流程再造。海尔通过从目标到目标、从用户到用户的端到端的流程,打造卓越运营的商业模式。海尔的信息化革命,意味着"新顾客时代"的开始。海尔通过流程机制的建立和卓越商业模式的打造,创造和满足全球用户需求。海尔已经启动"创造资源,美誉全球"的企业精神和"人单合一,速决速胜"的工作作风,通过无边界的团队整合全球化的资源,创出中国人自己的世界名牌。海尔集团的网络营销是非常成功的。

一、网络营销是海尔的必由之路

网络经济时代的到来,企业如何发展,是一个崭新而迫切的问题。1999 年达沃斯"世界经济论坛"提出了"企业内部组织适应外部变化、全球知名品牌的建立、网上销售体系的建立"三条原则。今年的达沃斯会议又提出了人类在新世纪将面临"网络革命和基因革命"的观点,对应于这种新趋势,首先,海尔从 1999 年 4 月就开始了"三个方向的转移"。第一是管理方向的转移(从直线职能性组织结构向业务流程再造的市场链转移);第二是市场方向的转移(从国内市场向国外市场转移);第三是产业的转移(从制造业向服务业转移)。这些都为海尔开展网络营销奠定了必要的基础。其次,进军网络营销是海尔国际化战略的必由之路。国际化是海尔目前一个重要发展战略。而网络营销是全球经济一体化的产物,所以,我们必须要进入,而且要进去就得做好,没有回头路。第三,中国企业如果在网上没有拓展,传统业务与网络挂不上钩,在网络经济时代就没有生存权。在由网络搭建的全球市场竞争平台上,企业的优劣势被无情的放大,因为新经济时代下,企业就是在(信息)高速公路上行驶的车辆,车况好的车,能够在信息高速公路上发挥优势,而破旧的车,即使在高速公路上,也只有被远远抛在后面的结局。

新经济下海尔的特点,从我们对 HAIER 五个字母所赋予的新含义体现出来:

H:Haier and Higher

A:@网络家电

I:Internet and Intranet

E:www.ehaier.com(Haier e-business)

R:haier 的世界名牌的注册商标

这五个字母的新含义,涵盖了海尔网络营销的发展口号、产品趋势、网络基础、网络营销平台、品牌优势五大方面。

海尔的网络营销的特色由"两个加速"来概括,首先加速信息的增值:无论何时何地,只要用户点击 www.ehaier.com,海尔可以在瞬间提供一个 E+T>T 的惊喜;E 代表电子手段,T 代表传统业务,而 E+T>T,就是传统业务优势加上电子技术手段大于传统业务,强于传统业务。其次是加速与全球用户的零距离,无论何时何地,www.ehaier.com 都会给你提供在线设计的平台,用户可以实现自我设计的梦想。

二、海尔与众不同的网络营销模式

1.三个月增长 10 倍的海尔网络营销,做有鲜明个性和特点的垂直门户网站以通过网络营销手段更进一步增强海尔在家电领域的竞争优势,不靠提高服务费来取得赢利,而是以提高在 B2B 的大量的交易额和 B2C 的个性化需求方面的创新。

2000 年 3 月 10 日,海尔投资成立网络营销有限公司。4 月 18 日海尔网络营销平台开始试运行,6 月份正式运营。截止到 12 月 31 日,B2B 的采购额已达到 77.8 亿,B2C 的销售额已达到 608 万。海尔的网络营销为什么魅力四射?用户为什么会有如此大的热情,可以看这样几个例子:

例 1:我要一台自己的冰箱

青岛用户徐先生是一位艺术家,家里的摆设都非常富有艺术气息,徐先生一直想买台冰箱,他想,要是有一台表面看起来像一件艺术品但又实用的冰箱就好了。徐先生从网上看到"用户定制"模块,随即设计了一款自己的冰箱。他的杰作很快得到了海尔的回音:一周内把货送到。

例 2:从网上给亲人送台冰箱

北京消费者吴先生的弟弟下个月结婚,吴先生打算买一台冰箱表达当哥哥的情意。可是弟弟住在市郊,要买大件送上门,还真不太方便。海尔作为国内同行业中第一家做网络营销的信息传来后,吴先生兴冲冲地上网下了一张订单,弟弟在当天就收到了冰箱。弟弟高兴地打来电话说,他们家住 6 楼,又没有电梯,但送货人员却把这么大的冰箱送到了家里,太方便了,今后他买家电也不用跑商场了,就在海尔网站上买!

2.优化供应链取代本公司的(部分)制造业,变推动销售的模式为拉动销售模式,提高新经济的企业的核心竞争力

海尔网络营销从两个重要的方面促进了新经济的模式运作的变化。一是 B2B(企业对企业)的网络营销来说,他促使外部供应链取代自己的部分制造业务;通过 B2B 业务,仅给分供方的成本的降低就收益 8%～12%。从 B2C 的网络营销的角度,它促进了企业与消费者的继续深化的交流,这种交流全方位提升了企业的品牌价值。

一位供应商在通过 Internet 与海尔进行业务后给海尔来了一封信:我是一家国际公司的中国业务代表,以前我每周都要到海尔,既要落实订单,还要每天向总部汇报工作进展,非常忙碌。有时候根本顾不上拓展新的业务。自从海尔启用网络营销采购系统后,可以在网上参加招投标、查订单、跟踪订单等工作,大大节省了人力、物力和财力,真是一个公开、公平、高效的平台。而且我也有更多的时间来了解海尔的需求,并为公司又谈下了一笔大生意,得到了公司的表扬。更重要的是,我作为中国人也为海尔而自豪:我们总部也是刚刚采用类似的系统,而在中国海尔已经运作起来了,与海尔合作体现了国际的先进手段和效率!

3.把商家也变成设计师,"个性化"不会增加成本

海尔网络营销最大的特点就是个性化。我们在内部就提出了与客户之间是零距离,而此前客户的选择余地是有限的,现在一上网,用户就能定制他自己的产品,这并不是所有企业都能做到的。要做到与客户之间零距离,不能忽视商家的作用。因为商家最了解客户需要什么样的商品,要与客户之间零距离,就要与商家之间零距离,让商家代替客户来定制产品。B2B2C 的模式符合实际情况,也帮我们培养了一大批海尔产品用户的设计师。

海尔提出的商家、消费者设计商品理念,是有选择的,海尔不可能让一个普通的商家或消费者代替专家纯粹从零开始搞设计,这样他们不知从何下手,我们也难以生产。我们现共有冰箱、空调、洗衣机等 58 个门类的 9 200 多个基本产品类型,这些基本产品类型,就相当于 9 200 多种"素材",再加上提供的上千种"佐料"——20 000 多个基本功能模块,这样我们的经销商和消费者就可在我们提供的平台上,有针对性地自由地将这些"素材"和"佐料"进行组合,并产生出独具个性的产品。当然,我们这种 B2B 的模式若只定位在某一地方就肯

定不行,因为成本太大了,我们是着眼于全球市场,这样需求就大大地增加,成本就大大地降低。一般来讲,每一种个性化的产品如产量能达到3万台,一个企业就能保证盈亏平衡,而事实上海尔的每一种个性化的产品的产量都能达到3万台以上。这成本平摊下来,商家和消费者所得到的产品价格的增长是很微小的。

三、海尔实施网络营销的优势

张瑞敏首席执行官提出海尔实施网络营销靠"一名两网"的优势:"名"是名牌,品牌的知名度和顾客的忠诚度是海尔的显著优势,"两网"是指海尔的销售网络和支付网络,海尔遍布全球的销售、配送、服务网络以及与银行之间的支付网络,是解决网络营销的两个难题答案。

首先,在产业方向转移方面,海尔已实现了网络化管理、网络化营销、网络化服务和网络化采购,并且依靠海尔品牌影响力和已有的市场配送、服务网络,为向网络营销过渡奠定了坚实的基础。在管理转移方面,传统企业的金字塔式的管理体制绝不适应市场发展的需要,所以在管理机制上把"金字塔"扳倒建立了以市场为目标的新的流程,企业的主要目标由过去的利润最大化转向以顾客为中心,以市场为中心。在企业内部,每个人要由过去的"对上级负责"转变为"对市场负责"。海尔集团还成立了物流、商流、资金流三个流的推进本部。物流作为"第三利润源泉"直接从国际大公司采购,降低了成本,提高了产品的竞争力,商流通过整合资源降低费用提高了效益;资金流则保证资金流转顺畅。

海尔拥有比较完备的营销系统,在全国大城市有40多个电话服务中心,1万多个营销网点,甚至延伸到6万多个村庄。这就是为什么有些网站对订货的区域有限制而海尔是可以在全国范围内实现配送的原因。

四、海尔网络营销平台的搭建

海尔是国内大型企业中第一家进入网络营销业务的公司,率先推出网络营销业务平台。我们不是为了概念和题材的炒作,而是要进入一体化的世界经济,为此海尔累计投资1亿多元建立了自己的IT支持平台,为网络营销服务。

目前,在集团内部有内部网、有ERP的后台支持体系。我们现在有7个工业园区,各地还有工贸公司和工厂,相互之间的信息传递,没有内部网络的支持是不可以想象的。各种信息系统(比如物料管理系统,分销管理系统,电话中心,C^3P系统等)的应用也日益深入。当然,进行网络营销并不是一厢情愿的事,不仅要有各方面的基础准备,还要让经销商和消费者接受,这样才能顺利实现。我们为经销商、供应商和消费者提供了一个简单、操作性强的网络营销平台,而且进行了循序渐进式的培训,而且在平台设计的时候就考虑到如何为应用者提供方便和帮助,就连网络营销平台的设计我们也遵循了以客户为中心的原则。这样才可以让我们的业务伙伴和我们一同发展和成长。

五、利用信息进行发展

以"一名两网"为基础,与用户保持零距离,快速满足用户的个性化需求网络时代是信息爆炸的时代,海尔要利用信息进行发展。通过网站,海尔可以收集到大量的用户的信息和反馈。这些用户对海尔的信任和忠诚度是海尔最大的财富。目前在海尔的网站上,除了推出产品的在线订购销售功能之外,最大的特色就是有面对用户的四大模块:个性化定制、产品智能导购、新产品在线预定、用户设计建议。这些模块为用户提供了独到的信息服务,并使网站真正成为海尔与用户保持零距离的平台。

六、利用网络放大海尔的优势,降低成本和培植新的经济增长点

　　海尔将利用系统,进一步优化分供方。如果上网,就可以加快这种优化的速度。一个小螺丝钉到底世界上谁生产最好？一上网马上就会知道。这不仅仅是简单的价格降低,关键是找到了最好的分供方。正是这种交流,海尔在短时间内建立了两个国际工业园,引进了国际上最好的分供方到青岛建厂,为海尔配套生产。

资料来源:乌跃良.网络营销[M].大连:东北财经大学出版社,2009.

第二章
Chapter 2

网络营销环境

【学习目标】
1. 掌握网络营销环境的概念、特征与分类。
2. 了解网络营销宏观环境因素。
3. 了解网络营销的微观环境因素。

企业的活动离不开营销,而营销离不开一定的环境和条件,并受到营销环境的影响和制约。网络营销的产生有其在特定条件下的技术、观念和现实基础,将有助于企业在网络市场上获得更广的商机。

第一节 网络营销环境概述

一、网络营销环境的概念

网络营销环境是指影响企业网络营销开展和效果的各种因素和条件的总称。营销环境是一个综合的概念,它有多种分类,由多方面的因素组成。环境的变化是绝对的、永恒的,环境的稳定则是相对的。随着社会的发展,特别是网络技术在营销中的应用,使得环境更加复杂多变。对于营销主体而言,环境及环境因素是不可控制的,但却可以通过营销环境分析对其发展趋势和变化进行预测和事先判断,因为其具有一定的规律性。因此,充分认识环境因素对于网络营销活动的影响,更好的把握网络营销的本质,可以为企业制定网络营销战略与策略提供指导。

互联网络自身构成了一个市场营销的整体环境,要进行网络营销环境的分析,首先必须掌握构成网络营销环境的五要素。

(一) 资源

信息是市场营销过程的关键资源,互联网作为载体能为企业提供所需的各种信息,指导企业的网络营销活动。

(二) 影响

环境要与体系内的所有参与者发生作用,而非个体之间的互相作用。每一个上网者都是互联网的一分子,可以无限制地接触互联网的全部,在这一过程中要受到互联网的影响,同时互联网又与每一个上网者发生作用。

(三) 变化

互联网信息的更新速度是所有媒体中最快的。几乎所有现实世界的最新动态都可以迅速出现在网上,信息的不断更新是互联网的生命力之所在。整体环境在不断变化中发挥其作用和影响。不断更新和变化正是互联网的优势所在,因此,网络营销的各种活动都是在动态状态下完成的。

(四) 因素

整体环境是由互相联系的多种因素有机组合而成的,涉及企业活动的各因素在互联网上通过网址来体现,如企业、金融、服务、消费者等,它们通过鼠标的点击相互联系。另外还可以通过电子邮件、电子公告栏、邮件列表等方式来实现的。

(五) 反应

环境可以对其主体产生影响,同时,主体的行为也会改造环境。企业可以将自己企业的信息通过公司网站存储在互联网上,也可以通过互联网上的信息,调整自己的决策。信息处理是互联网络的反应机制,各种各样的浏览、搜索软件工具使互联网络能实时提供人们所需的各类信息,而且可以高效率地网上完成信息交流。

因此,互联网已经不是传统意义上的电子商务工具,而是独立成为新的市场营销环境,它以范围广、可视性强、公平性高、交互性优、能动性强、灵敏度高和易运作等优势给企业市场营销创造了新的发展机遇与挑战。

二、网络营销环境的特征

互联网的迅猛发展使得传统的有形市场发生了根本性的变革,企业面临的是一个全新的营销环境,呈现出新的特征。

(一) 全球化

互联网打破了时空界限,扩展了营销半径,将全球市场连接成为一个整体。在这种背景下,各国、各地区的经济联系更加紧密,交易的规模和范围更广,形成了统一的大市场、大流通、大贸易。企业可以将自己的商品与服务送到世界各地,有利于实现生产要素的最佳配置。因为交易中个体的信息搜寻超出了国界,可以在全球范围内进行,所以,市场交易规模、范围和环境的改变要求新的交易方式与之相适应,网上交易就是人们的选择结果。

(二)个性化

消费者是企业服务的对象,满足消费者需求是企业营销活动的宗旨。在网络营销环境下,消费者的需求特征、消费行为和消费心理发生了变化,逐渐呈现出差异化、个性化的趋势。消费个性化要求生产厂家与消费者建立一对一的信息沟通,随时了解消费者的需求变化和差异。互联网提供了一个平台,信息传递更快捷、更透明,为消费者的差异化需求提供了良好的平台和路径。

(三)信息化

经济的发展,信息的激增,要求企业具备更迅速地信息处理速度和更准确地分析预测能力。计算机的出现和普及为信息的处理提供了高效的手段,这使得对于信息收集活动也具有高效率的特点。面对传统信息搜集方法范围小、效率低的不足,互联网的出现改变了这一状况,网上收集信息来源广、传递快,由于这些信息都是数字化的信息,更加方便计算机的处理,使企业作出更灵活的反应,制定更准确的策略。

三、网络营销环境的分类

网络营销环境可以从不同的角度分类,见表2.1所示。

表2.1 网络营销环境的分类

分类标准	网络营销环境
网络营销的影响范围	微观环境、宏观环境
是否与互联网性质有关	网络环境、现实环境
网络营销的应用角度	内部环境、外部环境

(一)按网络营销的影响范围划分

1.网络营销微观环境

网络营销微观环境是指与企业网络营销活动联系紧密,并直接影响其营销能力的各种因素的总称,主要包括供应商、营销中介、消费者或用户、竞争者等。

2.网络营销宏观环境

网络营销宏观环境是指对企业网络营销活动影响较为间接的各种因素的总称,主要包括政治法律、人口、经济、社会文化、科学技术等环境因素。

(二)按是否与互联网特性有关划分

1.网络营销的网络环境

网络营销的网络环境是指在营销活动中应用互联网络,使企业的市场营销行为具有新的特征和规律,进而为企业带来更多的营销机会和广阔的市场空间。

2.网络营销的现实环境

网络营销的现实环境是指企业充分认识网络对营销活动的影响,在营销与网络完美结合后,对网络营销活动造成直接或间接影响的各种因素的总称。

(三)按网络营销的应用角度划分

1.网络营销内部环境

网络营销的内部环境是指所有从内部影响企业的因素的总称,主要包括员工、资金、设备、原料和市场。这些因素一方面对网络营销活动起到制约作用,造成企业网络营销的劣势局面;另一方面,对网络营销活动发挥保障作用,形成企业网络营销的优势地位。因此,企业内部条件分析是企业科学规划营销战略、合理制定营销策略的基础。

2.网络营销外部环境

网络营销外部环境是指对企业生存和发展,对企业网络营销活动的开展而产生的影响,可以分为网络营销环境机会和网络营销环境威胁。网络营销的外部环境不仅可以为网络营销提供潜在的用户,还可以向用户传递营销信息的各种手段和渠道。

第二节 网络营销的宏观环境

企业网络营销宏观环境是错综复杂的,是企业营销活动大的社会背景,在当今时代变化莫测的前提下,给企业正确地制定网络营销战略和策略带来了困难。因此,随着市场环境的不断变化,企业应随之改变以适应激烈的市场竞争。

一、政治和法律环境

政治和法律环境是指一个国家或地区的政治制度、体制、政治形势、方针政策、法律和法规等方面。它们对企业的生产经营构成了复杂的环境,直接影响着企业的各项决策。政府作为政治和法律环境的制订和执行者,对企业起这两方面的作用:一是规范作用。通过制约并规范企业经营,约束企业从事合法生产经营活动,以保护劳动者、消费者和社区的利益。二是保障作用。政府根据市场和产业结构目标,制订一系列的方针和政策,以刺激或抑制经济的发展和扩张,实现国家产业结构优化,使国民经济持续、健康、稳步、快速发展。

(一)政治环境

政治环境是指影响企业市场营销活动的政治因素和条件,包括国内政治环境和国际政治环境。国内政治环境主要指政治局势、经济体制与宏观政策以及地方政府的方针政策。国际政治环境主要包括国际政治局势、国际关系和目标国的政治环境。政治局势指企业市场营销活动所处的国内政治稳定状况以及国际政治气候等。经济体制是一个国家组织整个经济运行的模式,是一国基本经济制度的具体表现形式,也是一国宏观政策制订和调整的依据。它不仅直接影响企业的行为规范,而且还会影响消费需求甚至人们的观念和生活方式,从而间接地影响企业的营销活动。

世界各国企业的网络营销活动要顺利发展就要遵循统一的"游戏规则",而各个国在社会制度、政治状况、法律法规、经济发展程度以及传统文化背景等方面千差万别,因此,各国之间的相互合作和协调就极为重要。因此,在网络营销环境中,政府要积极制定发展网络营销的总体方案,营造适宜的政策、法律环境和适合国情的社会发展环境,以促进电子商务和网络营销的健康发展。

(二)法律环境

法律环境是指影响企业营销活动的法律因素和条件,它是国家意志的强制性体现,也是市场营销环境的重要组成部分。法律、法规是企业营销活动的准则,企业应该自觉遵守各种经济法规,在法律允许的范围内开展营销活动;同时企业要学会运用法律武器来维护自身的正当权益,因为企业的合法经营是受到法律保护的。法律可以为企业营造一个公平竞争的、规范的外部营销环境。在国际市场营销活动中,企业要遵守东道国的经济法律、法规和国际通用规则;同时,企业还要学习东道国的法律和法规及国际法规来保护自身的合法经营。

网络营销作为崭新的商务活动方式,涉及大量传统的商务活动涉及不到的问题。例如:电子合同的订立、数字签名的法律效力、网上消费者的权益、网上知识产权的保护、网络贸易中的争议等,都需要一个完整健全的法律法规体系加以认定、规范和保障。近几年,为了推动网络营销的发展,联合国、欧盟和各国政府相继颁布了许多法律规范。1996年联合国国际贸易法委员会提出的《电子商务示范法》蓝本,为世界各国电子商务立法提供了一个范本;1997年7月美国政府正式发布"电子商务政策框架";欧盟于1997年提出《欧洲电子商务行动方案》,为规范欧洲电子商务活动制定了框架,1998年又颁布了《关于信息社会服务的透明度机制的指令》;2004年8月28日,中国十届全国人大常委会第十一次会议上表决通过了《中华人民共和国电子签名法》,于2005年4月1日起执行,这标志着我国首部真正意义的信息化法律的诞生;2007年3月,中国商务部发布实施了《关于网上交易的指导意见》。这些法规的颁布,结束了互联网信息服务业中网站管理无章可循、无政府的状态。随着政府相关立法的越来越多,执法的会越来越严,企业的网络营销活动的法律环境也会越来越完善。

二、经济环境

经济环境是指网络营销过程中所面临的各种经济条件、经济因素、经济特征的总称。它是影响网络营销的众多因素中最直接、最根本的因素。考察经济环境时,企业首先要考虑现实的网络营销经济环境的水平,包括经济发展状况、经济体制、产业结构、社会购买力水平、对外贸易状况等。因为网络商业环境与一个国家地区现实的经济基础是紧密相连的。一方面信息化建设需要投入大量的资金;另一方面,信息化的普及以及电子商务的发展也要求经济水平的相对发达。其次,企业还要考虑网络经济对网络营销所产生的特有的影响和作用。

(一)网络经济的概念

网络经济是建立在网络基础之上并由此产生的一切经济活动的总和,包括对现有经济规律、产业结构、社会生活的种种变革,是信息化社会的最集中、最概括的体现。初级阶段的网络经济是以信息技术产业、服务产业为主导的,以计算机网络为核心,与互联网有关的经济,它是一种狭义的网络经济。高级阶段的网络经济是一种广义的网络经济,它是指由于计算机互联网络在经济领域的普遍应用,使得经济信息成本减少,从而导致信息替代资本在经济中的主导地位,并最终成为核心经济资源的全球化经济形态。从本质上看,网络经济是一种以信息技术为基础,知识要素为主的驱动因素,网络为基本工具的新的生产方式。

(二)网络经济的特征

1. 全球化经济

互联网打破了时空界限,扩展了营销半径,将全球市场连接成为一个整体,基于网络的经济活动把空间因素的制约降低到了最小限度,使整个全球化的经济进程大大加快,世界各国的经济相互依存性加强了。另一方面,由于信息网络24小时都在运转中,因此基于网络的经济活动受到时间的制约就越来越少,实现了全天候连续地进行运行。

2. 直接经济

由于网络的发展,经济组织的结构趋向扁平化,处于网络端点的生产者与消费者可以直接联系,这使得生产与消费之间的联系更为直接、更加协调,减少大量的中间环节,从而极大地降低了经济与社会活动成本,提高了运行效率。因此,网络经济既是高水平的直接经济,又是社会化了的直接经济。

3. 虚拟化经济

虚拟经济是指在信息网络所构筑的虚拟空间当中进行的经济活动,是网络经济本身所创造一个崭新的经济形式。经济虚拟性源于网络的虚拟性,当信息从模拟信号变为数字信号时,信息传播只存在于网络而非具体的物理实体,这将改变以往所有经济形态所依赖的机构类型、经济行为本身。人们可以通过网络进行合作而不是必须到特定的地方参加工作,公司本身也不一定需要一个实际的场所,网络就是办公室。

4. 创新性经济

网络经济源于高技术和互联网,但又超越高技术和互联网。由于网络技术的发展日新月异,网络经济就更需要强调研究开发与教育培训。技术创新的同时还需要制度创新、组织创新、观念创新的配合。网络经济时代,产品的生产周期大大缩短,产品的更新换代速度越来越快。因此,企业要在创新的速度上展开激烈的竞争以追求市场的垄断。

5. 竞争和合作并存的经济

信息网络不仅使得企业间的竞争与合作范围扩大,也使竞争与合作之间的转化速度加快。世界进入了大竞争时代,竞争中有合作,合作则是为了更好的竞争。在竞争的合作或合作的竞争中,企业的活力增强了,应变能力提高了,不遵守这个规则就会被迅速地淘汰。因此,企业可持续的竞争优势,不再主要依靠自然资源或可利用的资金,而是更多地依赖信息与知识。

三、科技环境

科技环境是指影响企业营销活动的科技因素与条件。科学是人类认识自然和改造自然的知识体系,是潜在的生产力;技术是生产过程中劳动手段与工艺方法,是现实的生产力。因此,科学技术是社会生产力最新、最活跃的因素,作为营销环境的一部分,它不仅直接影响企业的劳动效率、经营管理水平和经济效益,同时还与其他环境因素相互作用、相互依赖。近几年,以电子、光纤、生物工程、信息技术为代表的新兴科学的发展,将人类各领域带入了一个崭新的阶段,传统的经济模式也正向着知识经济模式转变。

(一)科技的变革给企业带来了营销的机会和发展的威胁

科学技术是一种"创造性的毁灭力量",它本身创造出新的东西,同时又淘汰旧的东西。科技的不断发展与进步促进了新行业的诞生,使原有老行业改善企业自身的经营管理模式与技术水平,大大提高社会劳动生产率。另一方面,新技术的出现,也会给某个行业的企业带来威胁,甚至带来灭顶之灾。因此,企业要学会适应迅速变化的竞争环境,学会新技术、新知识的生产和应用,同时实施产业联合的发展战略,以求共同发展。

(二)科技的变革为企业改善经营管理提供了有力的技术保障

社会生产力水平的提高主要依靠设备技术开发、创造新的生产工艺和新的生产流程。同时,技术开发也扩大并提高了劳动对象的利用广度和深度,不断创造新的原材料和能源。这些不仅为企业改善经营管理提供了物质条件,也对企业经营管理提出了更高的要求。随着网络技术在企业经营管理中的应用,电子商务系统日益完善,使得企业的经营管理工作变得效率更高,效益更好。

(三)科技的变革为企业创造了新的网络营销方式

网络技术的发展和应用为买卖双方的沟通提供了众多的网络工具和方式,如网上交易、电子支付和网上拍卖等。但就目前来看,还存在一些问题。例如,网络宽带速度问题,信息及时的反馈问题,物流配送的问题,电子支付的安全问题等等,这些对网络营销的推广都属于技术性的障碍。因此,企业应密切关注网络新技术,并将其积极运用到网络营销的实践中,不断创造网络营销的新方式。

四、社会文化环境

社会文化环境是指影响企业营销活动的社会文化因素和条件。企业作为社会成员的一个小团体,不可避免地受到社会环境的影响和制约。而网络营销活动面临的社会文化环境是一种软约束,它虽不像其他环境因素那样显而易见,但却深刻地影响着企业营销活动。网络社会文化是一种没有国界、不分地区、建立在互联网基础之上的文化,它包括了人们在参与信息网络应用与技术开发中所建立的价值观念、思想意识、行为方式、语言习惯、知识符号和社会关系等。所有触及网络的人触及的不仅是技术,还是一种以网络为媒体、以信息为标志的新的生活方式。虚拟的社会形成了一种独特的网络文化。

(一)网络文化是信息数字文化

网络技术作为网络文化的载体,实现了各种信息的数字化,各种文字、声音、图像等都能以数字信号的形式储存和传输。数字化信息最大特点就是传播速度快、保真度高、复制能力强。因此,数字化信息可以被反复利用,多次传递。在网络空间中,数字化的信息为人们虚拟出一个现实的空间,即用互不见面通过网络间接的"人机交流"代替了面对面直接的"人际交流",是人的意识的主观能动性的体现。数字化信息文化最主要的代表就是出现了数字虚拟企业、数字虚拟市场和数字虚拟社团等。数字信息化不仅模糊了小企业和大企业的差别,使得企业间的竞争更加激烈。同时还迫使企业要根据不同的网络文化环境制定与之相适应的营销方案。

(二)网络文化是速度文化

网络文化又被称为是"快餐文化",这种文化快捷性的原因就在于网络交往自身的特点。网络社会靠的就是信息,而网络信息传递及更新的速度是非常快的,一种文化现象、一个观点或一个大家感兴趣的东西可以在瞬间到达网络世界的各个角落。在网上,速度已经在人们头脑中成为一种判断产品优劣、决定是否购买的尺度。因此,企业在进行网络营销时,一定要不断地强调自己的产品是最新的,能够在最短的时间内送到消费者手中,这样才能被广大消费者所喜爱。

(三)网络文化是创新文化

"互联网文化"、"网络文学"等现象在网上产生之后,其中最主要的代表就是互联网用语的出现,如注意力经济、眼球经济、网络经济、ICQ、QQ、网虫等新字眼。网络文化的这种创新氛围大大激发了全球企业家的创新精神。如硅谷的示范作用在于它的文化氛围是奖励冒险和创新,推动企业文化从保守、迟缓、等级森严改造成为现代、快捷和平共处。这既是网络技术在企业内应用的结果,也是网络文化对企业组织形式潜移默化的影响。网络文化从经营理念和创新机制等方面对企业产生影响,这使得企业在网络营销方面不断应用各种创新手段,产品标新立异,进而赢得在网络环境下决定企业胜负的注意力资源。

(四) 网络文化是个性文化

以世界性的信息资源共享为前提,网络文化显然具有较强的全球性色彩。然而,网络空间自身又是非中心化,这使得网络文化的多元化得以保证,利用多媒体技术和超文本技术的沉浸性和交互性,网络文化中消费者具有更强的主动性,以前所未有的自由度搜索高度个人化信息,并直接介入文化的生产过程。在其中,每个人的个性得到了尽情发挥,从而推动网络文化创造性地发展。所以,网络文化也是彰显个性的文化。

(五) 网络文化是礼仪文化

网络社区是按一定的行为准则组织起来的一个具有社会、文化、经济三重性质的团体。网络社区中的行为准则就是网络礼仪。目前,网络礼仪中已被普遍接受的部分规则完全来自于用户自身的常识,但实际上其包括的内容和涵盖的范围还是相当广阔的。网络上有专门的站点(http://www.fau.edu)提供各种主题的网络礼仪知识。对网络营销人员来说,必须牢记的第一条网络礼仪就是:"不请自到的信息不受欢迎"。因为人们已经厌倦了电视广告、广播广告的强制"灌溉",所以在网络营销中,当人们在网上寻找产品和服务、查询有关市场营销信息、征求问题答案时,网络营销者要能提供易于导航和搜索、内容丰富、有价值的信息静候浏览者的访问,当他们不想查找时,企业的有关信息最好不要私闯他们的生活,否则会激怒网上居民,使企业失去一大批潜在的消费者。因此,网络营销者在实施网络营销规划的过程中一定要遵循这些网络礼仪的规则。

五、人口环境

市场是由消费者构成的,企业营销活动直接的、最终的对象就是人,所以人口环境是影响企业网络营销活动中最重要的因素之一。在其他条件固定或相同的情况下,人口的规模决定着市场容量和潜力,人口的结构影响着消费结构和产品结构。因此,企业开展网络营销不仅可以通过对用户的数量、结构等内容的分析发现营销机会,还可以根据了解的人口环境的情况制定行之有效的营销策略。

我国上网计算机数、用户人数、用户分布、信息流量分布等方面的统计信息对国家和企业动态掌握互联网在我国的发展情况以及提供决策依据有着重要的意义。

人口环境对企业网络营销的影响主要表现在以下几个方面。

(一) 网络用户的数量及其增长速度决定网上市场的规模

从总体上讲,网络用户的总量与网络营销市场的规模大小是成正比的。因此,要想了解一个国家或地区网络营销的市场潜在量有多大,可以通过统计该国或地区网络用户的数量及人均国民收入来得出。根据 CNNIC 资料分析,截止到 2009 年底,中国网民规模达到 3.84 亿人。中国网民速度增长迅速,2009 年比 2008 年增加 8 600 万人,互联网的普及率在稳步上升。目前,我国的网民数量居于世界首位,这为我国网络营销企业提供了大量潜在的消费者源。

(二)网络用户的结构决定网络营销产品及服务的需求结构

网络用户结构包括性别结构、年龄结构、地理结构、职业结构、学历结构、收入结构等几个方面的内容。

1. 性别结构

2009年中国男性网民占54.2%,比2008年上升1.7%;女性网民占45.8%,比2008年下降了1.7%。

2. 年龄结构

与2008年相比,中国网民年龄结构更为优化,网民的年龄结构更加均衡。中国网民仍以30岁以下的年轻群体为主,占61.5%,达到网民的2/3,30岁以上年龄段人群所占比重攀升,占到总体网民的38.5%。这部分人群更为成熟,消费能力较强,是互联网经济发展的重要用户群。

3. 学历结构

中国网民群体继续向低学历人群渗透。2009年,小学及以下网民群体增长超过整体网民增速,目前占到网民整体的8.8%,年增幅3.4个百分点。初、高中学历网民占67%,比去年略微提升。大专及以上学历网民占24.2%,网民学历结构更为均衡。

4. 职业结构

2009年,中国学生网民群体所占比重明显下降,由2008年的33.2%降到28.8%,这一变化显示出我国网民群体更加成熟,商业价值日益提升。规模居于第二位的是企业或公司职员,占15%。此外,无业人员、农民群体等网民比重也小幅度上升。越来越多的弱势群体开始使用互联网络。

5. 收入结构

网民中无收入群体比重继续上升,目前达到10%,这与无业人员越来越多地被吸纳到网民群体中有关。同时,月收入在2 000元以上的网民群体占比也在增大,如图2.1所示,互联网消费的用户基础更为坚实。

6. 地理结构

CNNIC研究发现,互联网发展程度与地区经济发展水平正相关,即地区经济越发达,其互联网也就越发达。目前,网络用户主要集中在大城市及沿海发达地区,广东是我国网民最多的地区,山东、江苏紧随其后。北京网民占本市人口比重最高。表2.2是CNNIC统计的2009年我国各省网网规模及增速情况。

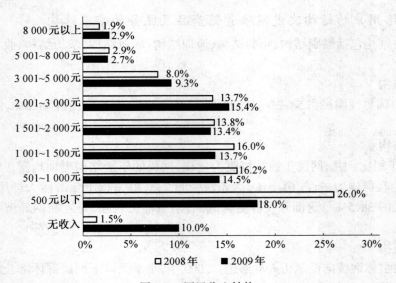

图 2.1 网民收入结构

表 2.2 2009 年各省网民规模及增速

省份	网民数/万人	普及率	增长率	普及率排名	网民增速排名
北京	1 103	65.1%	12.6%	1	28
上海	1 171	62.0%	5.5%	2	30
广东	4 860	50.9%	6.7%	3	29
天津	564	48.0%	16.3%	4	24
浙江	2 452	47.9%	16.3%	5	25
福建	1 629	45.2%	18.1%	6	23
辽宁	1 595	37.0%	40.2%	7	10
江苏	2 765	36.0%	32.7%	8	17
山西	1 064	31.2%	29.9%	9	19
山东	2 769	29.4%	39.6%	10	12
海南	244	28.6%	13.0%	11	26
重庆	803	28.3%	34.3%	12	16
青海	154	27.7%	18.5%	13	22
新疆	634	27.5%	1.4%	14	31
吉林	726	26.6%	39.6%	15	13

续表 2.2

省份	网民数/万人	普及率	增长率	普及率排名	网民增速排名
陕西	995	26.5%	25.9%	16	21
河北	1 842	26.4%	38.1%	17	15
湖北	1 469	25.7%	39.9%	18	11
黑龙江	912	23.9%	47.1%	19	7
内蒙古	575	23.8%	49.4%	20	4
宁夏	141	22.8%	38.2%	21	14
湖南	1 406	22.0%	40.7%	22	8
广西	1 030	21.4%	40.3%	23	9
河南	2 007	21.3%	56.4%	24	2
甘肃	535	20.4%	63.6%	25	1
四川	1 635	20.1%	48.2%	26	5
云南	844	18.6%	54.0%	27	3
西藏	53	18.6%	12.8%	28	27
江西	790	18.0%	29.5%	29	20
安徽	1 069	17.4%	47.9%	30	6
贵州	573	15.1%	32.3%	31	18

第三节　网络营销的微观环境

微观环境是由企业及周围的活动者组成，直接影响企业为消费者服务的能力。主要包括企业内部环境、供应商、营销中介、竞争者、消费者或用户等因素。构成微观环境的各种力量与企业形成了协作、竞争、服务和监督的关系，这些因素比宏观环境的影响更为直接，它直接影响企业网络营销的成败。

一、企业内部环境

企业内部环境是指对企业网络营销活动产生影响而营销部门又无法直接控制或改变的各种企业内部条件因素的总称，包括企业内部各部门之间的关系及协调合作。因为企业系统是由一系列部门构成的有机整体，除了营销部门外，还包括财务部门、人力资源管理部门、采购部门、生产部门和物流配送部门等，这些部门之间是相互联系、相互制约和相互影响的。所以，企业内部环境是企业科学规划营销战略,合理制定营销策略的基础。一方面,它们对网络营销活动起着制约作用,造成劣势局面。另一方面,对网络营销活动发挥保障作用,形成优势地位。

企业内部环境包括广义的内部环境和狭义的内部环境。广义的内部环境包括产品特征、财务状况、企业领导对待网络营销的态度和拥有网络营销人员的状况等因素。狭义的内部环境主要指企业网站的发展和建设。企业网站是企业开展电子商务和网络营销的基础,网站的建设水平直接决定了企业网络营销的效果。目前,我国企业网站普遍存在专业水平不高的问题,因此建立企业网站建设指导规范,全面提升企业网站的专业性对网络营销的发展具有重要的现实意义。

二、供应商

供应商是指向企业及其竞争者提供生产经营所需原料、设备、能源、资金等生产资源的公司或个人。企业与供应商之间的关系既有合作又有竞争,这种关系不仅受宏观环境的影响,还制约着企业的营销活动。

企业一定要注意与供应商搞好关系,因为供应商对企业的生产经营有着实质性的影响。它向企业提供资源的价格和供应量,直接影响产品的价格、销量和利润。供应短缺,可能影响企业按期完成交货任务。从长期来看,将损害企业的形象和信誉;从短期来看,企业会损失销售额。因此,企业应从多方面获得供应,而不应该依赖于单一的供应商,以免受其控制和限制。

在网络营销环境下,企业可以选择的供应商的数量增加了,但对其依赖却丝毫没有减弱,反而加强了。这是因为,企业为了达到降低成本、发挥企业优势、增强应变的敏捷性,会对企业的组织结构和业务流程进行重组或再造。企业通常会保留具有核心竞争力的业务,而将不擅长的外包出去,这使得企业所面临的供应商数量增加,对供应商的依赖也日益增强。随着企业和供应商之间的关系越来越密切,其共享信息、共同设计产品、合作解决技术难题在网络环境中变得更加容易,企业和供应商之间也因此建立了长久的合作关系。

三、营销中介

营销中介指的是协调企业促销和分销其产品给最终购买者的公司。包括中间商,即销售商品的企业,如批发商或零售商;代理中间商;服务商,如运输公司、仓库、金融机构等;市场营销机构,如产品代理商、市场营销企业等。

随着互联网的应用,生产者、批发商或零售商通过建立网站来销售商品,消费者可以通过网络选择所需的商品,这使得一部分商品不再按原来的产业或行业进行分工,也不再遵循传统的购进、储存、运销等流程。因此,网络销售一方面可以使企业间、行业间的分工逐渐模糊,形成了产销合一、批零合一的销售模式;另一方面,随着凭单采购、零库存运营、直接委托送货等新业务的出现,服务与网络销售的各种中介机构也应运而生。这些与营销企业合作的中介机构不仅组织多、服务能力强、业务分布广泛合理,还可以协助企业进行推广销售和分配产品等。

总之,每个企业都需要掌握和了解目标市场,力求发挥优势扬长避短,抓住有利时机,不断开辟新的市场。

四、竞争者

竞争是当今社会的主旋律,企业竞争则表现得更加激烈,企业要在竞争环境中取胜,就必须研究其所处的环境,针对竞争对手采取更多的优化方案与手段。在市场营销实践中,市场竞争策略通常是针对竞争对手的。因此,企业必须了解竞争对手是谁,他们的目标是什么,具有哪些优势和劣势,现期采取和将来可能采取的竞争策略是什么等,在此基础上采取相应的对策,有效地化解危机,应对竞争赢得优势。

企业对竞争者的研究主要包括两个方面:一是竞争者的识别,即通过所收集的信息来判断行业内当前的竞争对手和潜在的对手。二是竞争者的研究,即通过分析来研究竞争者的策略,判断竞争者的目标,进而评估竞争者的优势和劣势,判断竞争者的反应模式,并由此确定自身的竞争策略。

(一)竞争者的识别

从市场方面看,企业的竞争者包括以下几种。

(1)一般竞争者:指以不同种类产品和服务来满足消费者统一需求的竞争者。

(2)产品形式竞争者:指提供同类产品和服务的竞争者。

(3)品牌竞争者:指能满足消费者某种需要的同种产品的不同品牌的竞争者。

(4)愿望竞争者:指满足消费者目前各种愿望的竞争者。

从行业方面看,企业的竞争者主要包括:现有厂商、潜在竞争者和替代品厂商。企业只有充分了解所在行业的竞争机构,才能识别企业所面临的现实或潜在的竞争者。

(二)竞争者的研究

确定了企业的竞争者后,就要对其进行具体的研究,主要包括以下几个方面。

1.研究竞争者策略

在大多数产业中,企业通常根据竞争者采取不同的策略,把竞争者分为不同的策略群体,采取相同或相似策略的竞争者属于同一策略群体。当企业进入某一群体时,该群体中的成员就成为了企业的主要竞争对手。竞争者之间采用的策略越相似,竞争就越激烈。同时,群体之间也存在着竞争,因为不同策略群体可能以同一市场为营销目标,或者属于某个群体的企业可能改变策略进入另一群体。

2.判断竞争者目标

竞争者通常会有多个目标,如追求利润、市场占有率、技术领先、服务领先、信誉领先、低成本领先等。对着这些目标,不同的企业在不同时期有着不同的侧重点,因此也形成了不同的目标组合。对于企业而言,及时了解竞争者的侧重点,就可以预知竞争者的反应,进而采取适当的对策进行防御或进攻。

3. 评估竞争者的优势和劣势

评估竞争者的优势和劣势,是研究竞争者的重要方面。企业可以通过对竞争者的资源和经营状况进行分析对比来指出竞争对手的强项和弱项。主要包括:品牌情况、公司产品、服务及其政策;各种营销工具的使用情况;财务情况;网络技术能力;网络运营商和设备供应商状况;营销管理人员的素质和网络营销管理制度等方面。

4. 判断竞争者的反应模式

在竞争中,竞争者的反应模式也各有不同。

(1)"从容不迫"竞争者:他们对某一特定竞争者的行为没有迅速反应或反映不激烈。

(2)选择型竞争者:他们对竞争对手在某些方面的进攻做出反应,对其他方面则不加理会。

(3)强烈型竞争者:他们对竞争对手的任何攻击都会做出迅速而强烈的反应。

(4)随机型竞争者:他们对竞争对手的反应具有不确定性,因此反应模式难以捉摸。

五、消费者

消费者是企业产品销售的市场,是企业直接或最终的营销对象。企业的一切营销活动都要以满足消费者的需求为中心,因此,消费者是企业最重要的环境因素之一。在传统的市场营销中,由于技术手段的制约,企业无法了解每个消费者的实际需求。但是在网络时代,由于技术的发展消除了企业与消费者间的时空限制,创造了一个让双方更容易接近和交流的空间,真正实现了经济全球化和市场一体化。一方面,网络不仅给企业提供了广阔的市场营销空间,也扩大了消费者选择商品的范围。另一方面,消费者通过网络可以及时了解更多的信息,增强了商品购买行为的理性。因此,在网络营销活动中,企业不仅可以通过网络树立良好的形象,处理好与消费者的关系,还可以促进产品的销售。

六、社会公众

企业的经营还包括社会公众。社会公众是指对企业实现营销目标具有实际或潜在影响的团体和个人。互联网本身既是一个庞大的信息数据库,也是一个跨时空的超媒体,它的开放性和共享性决定了公众对企业的影响在不断增大。因此,明智的企业会采用有效的方法建立并保持与社会公众间友好的公共关系。企业的公众除了包括前面谈到的消费者、营销中介、竞争者外,还包括:媒体公众,即报纸、杂志、广播、电视和网络等具有广泛影响的大众传媒;融资公众,即银行、投资公司、保险公司等对企业提供有力保障的金融机构;政府公众,即经贸委、工商局、税务局等负责管理企业营销行为的有关政府机构;内部公众,即企业组织机构的内部成员;公众利益团体,即保护消费者权益、环保及其他群众性团体;社区公众,即与企业同处某一区域的居民与社会组织;一般公众,即与企业无直接利害关系,但其言论对企业网络营销有潜在影响的公众。在这些公众中,有的可能永远不会成为企业的消费者,但企业的行为直接或间接影响到他们的利益,企业的营销成效也或多或少地受到这些公众舆论与行为的制约。因此,企业应加强与公众的沟通和了解,以得到各类公众的理解与支持。

思考题

1. 什么是网络营销环境?
2. 网络营销环境具有哪些特征?
3. 网络营销的宏观环境包括哪些?
4. 网络营销的微观环境包括哪些?

【阅读资料】

7-Eleven 便利店的网络营销战略分析

当今世界经济正以势不可挡的趋势朝着全球市场一体化、商业竞争国际化的方向发展,以互联网、知识经济、高新技术为代表,以满足消费者的需求为核心的新经济迅速发展。新经济的发展要求营销手段必须满足市场发展的新需要,市场营销需要识别消费者的需求和欲望,确定某个组织所能提供最佳服务的目标市场,设计适当的产品、服务和计划方案以满足这些市场的需要,其目的是通过与重要的客户建立有特定价值倾向的关系,创造消费者满意并获取利润。网络营销是借助联机网络、计算机通信和数字交互式媒体来实现营销目标的一系列市场行为,它的本质是排除或减少障碍,通过网络引导商品或服务从生产者转移到消费者的过程,它是新经济的必然产物。

1927年创立于美国德州达拉斯的7-Eleven,初名为南方公司,主要业务是零售冰品、牛奶、鸡蛋。到了1964年,推出了当时便利服务的"创举",将营业时间延长为早上7点至晚上11点,自此,"7-Eleven"传奇性的名字诞生。1972年5月,日本7-Eleven的第一家门店在东京开业。从此,日本的7-Eleven便进入了高速成长期,当年就开设了15家门店,而与此同时的美国7-Eleven却是处在命运的十字路口,首先是在都市市场开发的失败,接着失去理性的参与投机浪潮,最为关键的是20世纪80年代便利店竞争的白热化和郊外大型购物中心和折扣店的涌现,使之错误地采取价格折扣的形式仓促应战,结果必然是使便利店的竞争优势丧失殆尽。作为"儿子"的日本7-Eleven在很短时间内,迅速变得强大起来,1987年生命垂危的美国7-Eleven为了走出困境,将特许契约抵押给租赁公司,1989年又不得不恳请有偿转让夏威夷和加拿大的美国7-Eleven店铺给这个曾经不屑一顾的日本7-Eleven公司。1992年,作为加盟者的日本7-Eleven正式当家做主,完全接手了其总部的一切工作。现在,它业务遍及四大洲二十多个国家及地区,共设立23 000多个零售点,每日为接近3 000万的消费者服务,稳踞全球最大连锁便利店的宝座。

是什么原因使得日本7-Eleven公司取得如此骄人的成绩呢?其主要原因是7-Eleven能与客户进行电子沟通的e战略的应用。

一、迅捷易用的计算机网络

20世纪80年代中期7-Eleven已经使用能够监控消费者购买行为的POS系统,取代了老式的现金出纳机。7-Eleven自己开始建立这样一个系统时,硬件设备由NEC公司生产,由于创建这样一套复杂的软件系统是如此困难,最后,它求助于美国软件巨头微软公司,帮助它建立了一个基于Windows的定制系统。1996年该

45

软件安装到大约 6.1 万台计算机上,这些计算机分散在 7-Eleven 公司的商店、总部和供应商那里。1998 年耗资 600 亿日元(4.9 亿美元)的系统更新工作完成,一条直通微软公司西雅图办公室的专线为新系统提供实时技术支持,软件支持情况处于不间断的监控状况下,如果系统瘫痪就会自动修复,如果发生超过两次瘫痪状况就会及时通知当地的维修企业。若干年后分析,把软件开发交给微软来做,是一个英明之举,因为随着微软在全球 PC 机上成为必备之品,这使得 7-Eleven 的网络系统和消费者之间的联系变得轻而易举。7-Eleven 的网络平台充分地发挥了它的功能。

现在每一家 7-Eleven 商店都安装了一个卫星接收器,使用卫星接收不仅比使用地面光缆成本更便宜,而且对于郊区商店来说,这是唯一可行的选择,处于地震高发地带的日本,卫星接收器还为商店提供了两套有保障的电话线路,其主机分别在东京和大版。

这种能密切联系供应商、商店、员工和银行的内部网络系统,对许多零售企业来说,甚至在互联网技术已经降低了系统建设成本和复杂程度的今天仍然是个梦想,这一新技术系统与日本其他连锁零售商相比有着四大优势。

第一,可以监控消费者的需求情况。"我们认为,竞争的本质就是变化。企业要做的不是将商品推销给消费者,而是要让消费者的需求推动企业的发展。"7-Eleven 公司信息系统部门总监 Makoto Usui 如是说。

第二,7-Eleven 公司可以使用销售数据和软件改善企业的质量控制、产品定价和产品开发等工作。有了这个系统,7-Eleven 公司可以一天三次收集所有商店的销售信息,并在 20 分钟内分析完毕。这就使 7-Eleven 公司更快分辨出哪些商品或包装吸引消费者。"7-Eleven 的销售和产品开发的能力是令人生畏的。它感受新趋势并研制出高质量产品的能力远远高出其他的制造商。"现在 7-Eleven 公司正利用这些技能来增加有更高利润的自有品牌产品的开发。

第三,通过新系统可以帮助预测每年的市场趋势。消费者越来越善变,产品生命周期普遍缩短成为新的发展潮流。盒装午饭、饭团和三明治几乎构成了一家便利店一日销售额的一半曾是一种普遍的现象,但这种潮流持续的时间却非常短。7-Eleven 公司宣称它可以与潮流保持同步的部分原因在于它一直关心天气的变化。来自数百个私人气象中心报告,每天 5 次到达所有的商店,每一个中心覆盖 20 公里半径内的地区,这在日本是非常有用的,因为相距 40 公里远的小镇,气温能够相差 5 度。每份报告都会将今天与昨天的气温进行比较。

第四,7-Eleven 公司的电子投资提高了公司供应链的效率。订单流动加快了,早上 10 点钟订货,下午 4 点取货,订单的电子处理过程不超过 7 分钟。这些货物被送往专为 7-Eleven 公司服务的 230 家配送中心。运货的卡车司机都携带着有条形码的卡片,当他们到达运货点就可以将卡放在商店的计算机扫描。如果某位司机总是迟到,调度员就会考察其行走的路线或者增加其他的卡车以减轻其运载数量,同样,7-Eleven 公司还帮助供应商和制造商控制他们的补货。

7-Eleven 不满足于这套基于企业网技术的系统,基于互联网技术的发展计划已在进行中,它正计划安装一个 Ariba 日本公司提供的电子商务软件用来进行办公用品等的大宗采购,以降低费用。这方面它已尝到甜头,过去 10 年中 7-Eleven 致力于成为一家"无纸"公司,现在每年减少 700 亿日元的管理费用,互联网技术的应用将使公司能节省更多。此外,在其庞大的连锁便利店基础上,7-Eleven 要把自己变成在线交易的支付点和提货点。E-shop! books(一家在售书公司)的许多消费者就选择在 7-Eleven 提货和支付。这些应用还帮助吸引了客流,使得 7-Eleven 平均每天的销售是对手的 1.5 倍。

二、利用切合实际的支付方式,不断扩展自己的业务范围

1987年安装了条形码识别系统后,7-Eleven公司把它的商店变成了支付公用品(水、电、煤气等)账单的地方。差不多15年后,这一改变(只需要在软件系统方面增加很少的投资)使7-Eleven公司在这个巨大的市场上占有3%的份额,而在这个市场的竞争对手中包括银行和邮局。

现在,公司正通过将商店改造为网络购买、取货点付账来增加其客流量。在一个消费者对互联网上使用信用卡心存疑虑、更愿意在商店支付现金的国家来说,这是一个聪明的举动。确实,就像7-Eleven公司所说,大约75%的网上购物者,是从现实的由砖瓦构成的商店里提货付款的。7-Eleven商店每日销售额大约比它最大的竞争对手要高出50%。它的网站7Dream.com在2001年七月开通,网站的合作企业有另外七家,其中包括NEC公司和Nomura研究所,该网站提供范围极为广泛的商品和服务,包括书籍、CD、音乐会门票和旅游服务。

7-Eleven南中国区总经理马世豪先生在总结这方面的管理经验时也谈到:在广州,7-Eleven成为首家设立"好易"自助缴费终端的24小时零售店铺,该终端除了提供缴纳各种费用的功能以外,还可以为消费者购买保险及订购机票。而在深圳,7-Eleven则通过一系列的市场调查,发现深圳消费者比较喜欢以现金缴费付手机话费,鉴于此,7-Eleven开辟另类缴费途径,积极在深圳拓展手机现金缴费服务平台,成为首家24小时"实时"代收中国移动话费的零售网络。消费者只需到深圳全线7-Eleven分店的收银台前说出所需缴费的电话号码,付款后即完成整个缴费手续。

为满足广大网民的需要,7-Eleven利用现在的账单缴费服务平台,扩大了应用范围,为网站提供"e-currency"网点预付服务。而首个利用这项服务的是拥有庞大浏览量和注册会员的新浪网(sina.com)。新浪网自2003年推出网上收费平台"SinaPlay"后,广受网民欢迎,注册用户不断提升,为使这项服务更为普及,新浪网透过7-Eleven的零售网络,整合这项崭新的网点预付服务,让用户更容易购买到"SinaPlay";与商务网上书店CP1897.com合作中学教科书订购及提取服务,目的主要为家长及中学生提供一站式书店的购物便利;与吉仕科技gipex.com组成策略联盟,为7-Eleven提供全新冲晒及数码影像服务。

近年来,7-Eleven根据消费者要求,不断补充服务内容,更利用7-Eleven店铺网络之便,扩展八大项24小时便民服务,包括:①电讯有关服务:包括各类电话卡、手机充值卡、补换SIM卡及提供手机充电等;②互联网相关服务:上网卡、游戏点数卡及网站点数卡等;③票务服务:包括体育彩票、彩票投注卡、各类演唱会、展览会及讲座门票,以及泊车卡等;④代收报名服务:代办各类培训的报名手续;⑤订购服务:代订考试教材、潮流用品、礼品等;⑥送货上门服务:根据不同区域的消费者需要,提供送货上门服务;⑦传统便民服务:出售邮票、复印、传真等;⑧除了利用店铺网络优势之外,7-Eleven还利用柜台处理交易的特点,成为首家在市场提供另类缴费途径的网络,发展缴费服务。

资料来源:电子商务直通车(http://www.ectook.com/Archives/200410/000707.asp)

第三章 Chapter 3

网络消费者特征与购买行为分析

【学习目标】
1. 了解网络的市场的发展与特征。
2. 掌握网络消费者的需求特征、购买过程。
3. 掌握影响网络消费者购买行为的主要因素。

第一节 网络市场分析

企业开展网络营销活动的空间是网络市场。网络市场是指交易双方借助现代计算机网络技术,实现信息沟通、交易谈判、合同签订,最终实现买卖交易的经济整体。借助于信息技术和互联网的应用,网络市场的信息流将更为通畅,信息不对称程度、消费者的搜索成本、商家的运营成本大大降低。而且网络市场的扩张速度和发展将直接影响电子商务的发展速度和前景。

一、网络市场的特征

随着互联网的发展,利用无国界、无区域界限的互联网来销售商品或提供服务,成为买卖通路的新选择,互联网上的网络市场成为21世纪最有发展潜力的新兴市场,从市场运作的机制看,网络市场具有如下五个基本特征。

(一)无店铺的经营方式

运作于网络市场上的是虚拟商店,它不需要店面、装潢、摆放的货品和服务人员等,它使用的媒体为互联网络。如1995年10月18日"安全第一网络银行"(Security First Network Bank,世界首家网络银行)在美国诞生,这家银行没有建筑物,没有具体的物理地址,只有网址,营业厅就是首页画面,所有的交易都通过互联网络进行,整个银行员工只有10人,1996年存款金额达到1 400万美元,1999年存款金额达到4亿美元。

(二)无存货的经营形式

运作于网络市场上的虚拟商店,无需存货。网络商店在接到顾客订单后,再向制造厂家订货,而无须将商品陈列出来以供顾客选择,只需在网页上列出货物菜单。这样一来,店家不会因为存货而增加其成本,商品的售价比一般的商店要低,这有利于增加网络商家和"电子空间市场"的魅力和竞争力。

(三)成本低廉的竞争策略

运作于网络市场上的虚拟商店,其成本主要涉及网站建设成本、软硬件费用,网络使用费以及以后的维持费用。而普通商店需要昂贵的店面租金、装潢费用、水费、电费、营业税及人员工资等。因此开设互联网虚拟商店的成本远远低于普通商店的成本。

(四)无时间限制的全天候经营

虚拟商店不需要雇佣经营服务人员,可不受劳动法的限制,也可摆脱因员工疲倦或缺乏训练而引起顾客反感所带来的麻烦。网络市场还是一个全天候的市场,网络营销活动可使企业每天24小时、一年365天的进行各种营销活动,企业可以在全天24小时内发布信息、签订合同、进行电子交易和提供服务。用户也可以随时在网上寻找自己需要的信息及服务,购买自己需要的产品或服务。

(五)无国界、无区域界限的经营范围

现今世界上大多数国家都已接入互联网,只要有网络的地方,企业就可以直接与用户一对一地进行各种商务活动,从而彻底消除了地理区域对企业营销活动的限制,极大地拓展了企业目标市场的地理空间。面对提供无限商机的互联网,国内的企业可以加入网络行业,开展全球性营销活动。

由武义县柳城畲族镇农民潘金土于1995年创办的金山茶业有限公司,以生产有机茶为主,研制开发了牛头山牌有机茶系列产品,产品投放市场后十分畅销。1998年12月,潘金土把武义金山茶业有限公司"搬"上了国际互联网,引起了国际茶商的关注。潘金土已与美国、德国、日本等国的茶商签订了有机茶的销售合同。

(六)精简化的营销环节

通过互联网,消费者在网络商店下订单,购买其所需的商品,商家依据消费者的订单立即通过网络与厂家联系并订货,而且消费者可不必等商家回复电话,可自行查询订单的状态。这样,卖方和买方可快速交换信息,精简了营销环节。

总之,网络市场具有传统的实体化市场所不具有的特点,这些特点正是网络市场的优势。

二、网络市场的发展

(一)网络市场演变的阶段

从网络市场交易的方式和范围看,网络市场经历了三个发展阶段。

1. 生产者内部的网络市场

20世纪60年代末,西欧和北美的一些大企业用电子方式进行数据、表格等信息的交换,两个贸易伙伴之间依靠计算机直接通信传递具有特定内容的商业文件,这就是所谓的电子数据交换(Electronic Data Interchange,EDI)。后来,一些工业集团开发出用于采购、运输和财务应用的标准,但这些标准仅限于工业界内的贸易,如生产企业的EDI系统,收到订单后,会自动进行处理,检查订单是否符合要求,向订货方发出确认报文,通知企业内部管理系统安排生产,向零配件供应商订购零配件,向交通运输部门预定货运集装箱到海关、商检部门办理出口手续,通知银行结算并开EDI发票,从而使整个订货、生产、销售过程贯穿起来,形成生产者内部网络市场的雏形。

20世纪70年代以来,美国认可标准委员会陆续制定了许多有关EDI的美国国家标准。80年代,计算机辅助设计、辅助工程技术和辅助制造系统的广泛应用,使工程师、设计师和技术人员得以通过公司内部通信网传送设计图纸、技术说明和文件。当时,由于互联网还没有普及,大多数企业,甚至使用EDI的企业也没有意识到该网络的威力,仍然主要依赖传真和电话方式与其他企业进行联络和沟通。由于EDI在传送过程中不需要再输入,因而出错率几乎为零,大大节约了时间和经费(可节约企业采购成本的5%~10%)。1996年美国公司通过EDI方式的企业贸易额达5 000亿美元(包括通过EDI方式采购,但经其他方式支付的活动),1997年全球企业通过EDI方式的商品劳务贸易总额为1 620亿美元(只包括经电子方式完成从购买到支付全过程的贸易活动)。

2. 国内的、全球的生产者网络市场和消费者网络市场

企业用互联网对国内的或全球的消费者提供商品和服务,其发展的前提是家庭个人电脑(PC)的普及,升高"虚拟购物商品区"的商业空间魅力,同时利用信用卡连线来清算,以加速"虚拟购物"的进展。目前,应用互联网络的邮购,其最大特征是消费者的主动性,选择主动权掌握在买方的手里,它从根本上改变了传统的推销方法,即演变为消费者的"个人行销"导向。"在线浏览、离线交易"阶段是我国和全球现阶段主要的网络交易方式,其基本特征是用户通过互联网络浏览网上商品,将感兴趣的商品放入网络上的"购物篮",确定购买的物品之后,根据"购物篮"所载内容自动生成订单,网络企业会通过电话与顾客确认此份订单及顾客的身份、送货地址等资料,并在规定的时间内送货到顾客指定的地点,顾客收货时付款交易。

3. "在线浏览、在线交易"阶段

这是网络市场发展的最高境界,网络不再仅仅被用来进行信息发布,而是实现在线交易。这一阶段到来的前提条件是产品和服务的流通过程、交易过程、支付过程实现数字化、信息化,其中最关键的是支付过程的电子化即电子货币、电子银行、电子支付系统的标准化及其可靠性和安全性。

(二)网络市场的现状

目前,从网络市场交易的主体看,网络市场可以分为企业对消费者(B2C)、企业对企业(B2B)、消费者对消费者(C2C)及国际性交易四种类型,企业对消费者的网上营销基本上等同于商业电子化的零售商务;企业对企业的网络营销是指企业使用互联网向供应商订货、签约、接收发票和付款(包括电子资金转移、信用卡和银行托收等)以及商贸中的其他问题(如索赔、商品发送管理和运输跟踪等);消费者对消费者的网络营销是通过为个人买卖双方提供在线交易平台来帮助其实现网上自由拍卖、竞价和销售等活动;国际性的网络营销是不同国家之间,企业对企业或企业对消费者的电子商务。互联网的发展,国际贸易的繁荣和向一体化方向的发展,为在国际贸易中使用网络营销技术开辟了广阔前景。

具体说来,从网上交易的业务看,网络的应用主要有六种类型:

(1)企业间从事购销、人事管理、存货管理、处理与顾客关系等。

(2)有形商品销售,指买卖双方交易的是有形的实物。交易双方先在网上做成交易,然后送货上门,如花卉、电视、书籍、电脑等。

(3)通过数字通信在网上销售数字化的商品和服务,使顾客直接得到视听等享受,目前主要销售的是音乐、电影、游戏等产品。

(4)银行、股票、保险等金融业务。

(5)广告业务,中国2009年网络广告收入为206.1亿元,比2008年呈现21.2%增速,预计2010年将达到300亿元。

(6)交通、通信、卫生服务、教育等业务。

(三)网络市场的发展趋势

随着电子商务的发展,我国网上市场日益成熟,其发展趋势为:

(1)互联网技术正走向成熟,企业间或企业与消费者之间的电子商务已加速普及。

(2)各国政府、社会和消费者对加快信息化建设表现出了极大的热情,采取各种适合本国的措施。

(3)世界经济的全球化和网络化的形成。

(4)全球消费者的网络购物观念和网际生活方式正在快速地形成。

(5)"电子空间商场"已成为诱人的、高利润的投资方向。

总之,随着信息时代的到来,人类的生产方式与生活方式将以开放型和网络型为导向,这是社会发展的必然结果。21世纪,将是一个全新的、无接触的、网络化的市场时代,网络营销将是每一个商家的必然选择。

三、网络市场的客户资源

(一)我国网络市场的客户资源现状

1. 我国网络市场的规模

虽然我国互联网起步较晚,但自从1994年接入互联网后我国的网络市场也得到快速增长,并已形成了一定的网络市场规模。根据中国互联网络信息中心(CNNIC)的调查,截至2009年12月31日,我国网民规模达到3.84亿人,普及率达到28.9%,网民规模较2008年底增长8600万人,年增长率为28.9%,同1997年10月第一次调查结果的62万网民人数相比,现在的网民人数已是当初的619.4倍。可见我国网民总量的发展势头良好。

2009年底IPv4地址已经达到2.3亿,数量仅次于美国,是全球第二大IPv4地址拥有国,有力地保障了中国互联网的稳步发展。目前IPv4地址数量仍旧增长迅速,年增长率为28.2%。2009年底域名总数为1682万,其中80%为.CN域名。域名数量保持平稳,域名利用率正在增加,网站数量达到323万个,网站数量继续平稳增长。

2. 我国网民的基本情况

在网络用户中男性占54.2%,女性占45.8%,女性网民占比略低于全国人口中女性的比例。网络用户群体继续向低学历人群渗透,2009年小学及以下网民群体增速超过整体网民增速,目前占到网民整体的8.8%,年增幅3.4个百分点;初中学历占26.7%;高中学历网民占比也略微提升,由2008年39.4%上升到40.2%;大专及以上学历网民占比继续降低,由2008年的27.1%下降到24.3%。网络用户的年龄主要集中在10~39岁,占81.9%,其中10~19岁占31.8%,20~29岁占28.6%,30~39岁占21.5%。学生(28.8%)、企业/公司一般职员(15%)比其他职业从业者上网人数要多,教育、公共管理和社会组织、制造业、批发和零售业以及IT行业是上网人数比较集中的行业。网络用户中低收入占据主体,收入在千元以下的网络用户占42.5%,其中500元以下的占28%,1 001~1 500元的占13.7%。

3. 我国网民的网络使用特征

随着家庭计算机的普及,越来越多的用户选择在家中上网,占用户总数的83.2%,有35.1%的网络用户选择在网吧上网,有30.2%的网络用户选择在单位上网。网络用户每周平均上网时间为18.7小时,上网时段主要集中在下午和晚上,其中14~16点、20~21点是两个上网高峰时段。

网络用户经常使用的网络服务排名前三甲分别是网络音乐(83.5%)、网络新闻(80.1%)、搜索引擎(73.3%),见表3.1。但从发展速度上看,商务交易类应用遥遥领先,商务交易类应用平均年增幅68%。其中,网上支付用户年增幅80.9%,在所有应用中排名第一。2009年是商务类应用大发展的一年,中国互联网应用的消费商务化特征走强趋势明显。

表 3.1　各类网络应用使用状况及用户增长

类型	应用	2008年使用率	2009年使用率	用户增长率	使用率排名	增长率排名
网络娱乐	网络音乐	83.7%	83.5%	28.8%	1	11
信息获取	网络新闻	78.5%	80.1%	31.5%	2	9
信息获取	搜索引擎	68.0%	73.3%	38.6%	3	7
交流沟通	即时通信	75.3%	70.9%	21.6%	4	13
网络娱乐	网络视频	67.7%	62.6%	19.0%	6	14
交流沟通	博客应用	54.3%	57.7%	36.7%	7	8
交流沟通	E-mail	56.8%	56.8%	29.0%	8	10
交流沟通	社交网站	—	45.8%	—	9	—
网络娱乐	网络文学	—	42.3%	—	10	—
交流沟通	论坛/BBS	30.7%	30.5%	28.6%	11	12
商务交易	网络购物	24.8%	28.1%	45.9%	12	5
商务交易	网上银行	19.3%	24.5%	62.3%	13	4
商务交易	网上支付	17.6%	24.5%	80.9%	14	1
商务交易	网络炒股	11.4%	14.8%	67.0%	15	3
商务交易	旅行预订	5.6%	7.9%	77.9%	16	2

4. 上网企业的使用目的

与国外发达国家相比，我国上网企业的规模还较少，利用互联网开展商业应用还不够普及。企业上网除了作为信息用途外，还用于销售产品与服务、购买产品与服务和为顾客提供服务与支持活动。

(二)网络市场的客户特征

网络客户是网络营销的主要个体消费者，也是推动网络营销发展的主要动力，它的现状决定了今后网络营销的发展趋势和道路。要做好网络市场营销工作，就必须对网络客户的特征进行分析，以便采取相应的对策。网络客户主要具备以下几个方面的特征。

1. 网络客户更加注重自我

由于目前网络客户多以年轻人为主，他们拥有不同于他人的思想和喜好，有自己独立的见解，对自己的判断能力也比较自负。他们之间可能有同样的兴趣，但是具体要求往往不同，趋向越来越独特，越来越变化多端，个性化越来越明显。因此，从事网络营销的企业决不能像过去那样一概而论。今天的商家要帮助他们满足独特的需求，而不是寻找一个大众化的标准来满足大批的消费者。消费者不仅仅能够做出选择，而且还渴望有很多的选择空间，这向商家提出了很大的挑战。今天,网络消费者能以很低的价格买到名牌产品,但其中的意义并不仅在于此,更重要的是,他们有了自己独立的想法,对自己的判断力非常自信。

2. 网络客户头脑冷静,擅长理性分析

网络客户不会轻易受舆论左右、受潮流影响,对各种产品宣传有较强的分析判断能力,因此从事网络营销的企业应该加强信息的组织和管理,加强企业自身文化的建设,以诚信待人。

3. 网络客户喜好新鲜事物,有强烈的求知欲

这些网络客户爱好广泛,对于新鲜事物和未知的领域,有永不疲倦的好奇心。他们喜欢时不时地到网上冲浪,无论对各类新闻、股票市场还是网上娱乐都具有浓厚的兴趣。他们对事物喜欢追根究底。

4. 网络客户的共同特征是好胜而缺乏耐心

因为这些客户以年轻人为主,因而比较缺乏耐心,当他们搜索信息时,经常比较注重搜索所花费的时间,如果链接、传输的速度比较慢的话,他们一般会马上离开这个站点。在搜寻某一类信息时,他们往往只看首先搜索到的信息,如果一家企业在搜索引擎中不是排在前面十几位,就很容易被他们忽视。并且,他们希望立刻就能查到所需内容。他们的时间单位是以秒计算的,如果路径繁琐、连接和传输的速度不尽如人意,就会愤然离开这个站点。

5. 网络客户的品味越来越高

网络客户的品位越来越高,无论是产品设计,还是外形与服务,他们要求的质量和精细程度都相当高。越来越多的家庭有较高的收入,这就使得他们在购物时有自己的标准,并且标准越来越高。他们的需求更多了,变化也更多了,逐渐地成了消费者在制定法则。

网络客户的这些特点,对于企业加入网络营销的决策和实施过程都是十分重要的。营销商要想吸引客户,保持持续的竞争力,就必须对本地区、本国以及全世界的网络客户情况进行分析,了解他们的特点,制定相应的对策。

第二节 网络消费者购买行为分析

消费者是企业的根本,满足消费者的需求是企业营销取得成功的关键。网络消费者是网络社会的一个特殊的群体,与传统市场上的消费群体的特性是截然不同的,因此要开展有效的网络营销活动必须深入了解网络消费者的需求特征、购买动机和购买行为模式。

一、网络消费者的特征

(一)网络消费者需求的层次

网络消费者的需求分为多个层次,每个层次的需求满足的程度越好就越能推动下一个层次的需求。研究网络消费者的需求层次是为了更好把握消费者的消费心理需求特征,帮助企业建立与消费者的密切关系,实现网络营销过程中的双向提升。网络消费者的需求包括了解企业产品和服务的信息,需要企业帮助解决问题,与企业人员接触、了解全过程信息等四个方面的内容如图 3.1 所示。

1. 了解企业产品及服务的信息

网络时代,消费者需求呈现出个性化和差异化特征,消费者为满足自己个性化的需求,需要全面、详细了解企业产品和服务信息。现今,越来越多的企业利用互联网的优势开展附加的或纯粹的网络营销服务,消费者也越来越多地养成了在互联网上查询产品和服务信息的习惯。在一项消费

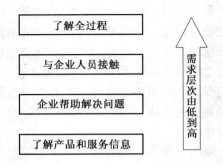

图 3.1 网络消费者需求层次图

者测试中,消费者按照自己认为的重要程度对产品信息、服务信息和产品订购这些网络的主要功能进行排序,结果显示人们对于详细的产品和服务信息更感兴趣。这是因为人们已经拥有了众多的订购方式,如电话、传真、邮购等,唯独缺乏可以随要随到的产品和服务信息。现代企业利用互联网络能为消费者提供前所未有的个性化服务。

2. 需要企业帮助解决问题

消费者在购买及使用商品过程中往往会遇到很多普遍性问题,包括产品的购买、产品的安装、调试、使用和故障排除以及有关产品系统的知识等,所有的这些问题,在传统营销中往往只有通过企业设立专门的部门和人员面对面为消费者解决,这样大大增加了企业的运营成本,而且许多问题是重复和简单的,消费者通过自我学习完全可以自行解决。采用网络营销的企业,可以利用互联网为消费者提供服务,以此来解决这一问题。在企业网络营销站点上,许多企业的站点提供技术和产品服务,以及常见的问题解答(FAQ)。有的还建设有消费者虚拟社区,消费者可以通过互联网从其他消费者处得到帮助。因此,通过网络营销站点提供解决消费者问题的支持服务时,企业只需要将问题归类,对新的问题进行解答,对于一些简单重复的问题,可以通过 FAQ 和虚拟社区,由消费者通过自己学习,自己解决。这样,既提高了消费者对产品的了解程度,同时消费者可以及时得到服务;企业也可以减少大量不必要的简单重复劳动,将精力放在一些新问题和难以解决的问题上,更好地为消费者服务。

3. 接触企业人员

消费者在消费过程中往往会遇到一些比较难以解决的问题,或者消费者难以通过网络营销站点获得解决方法的问题,消费者也希望企业能提供直接支援和服务。这时,消费者需要与企业人员进行直接接触,向企业人员进行咨询,反馈信息,企业人员根据消费者的特定情况帮助解决问题。与消费者进行接触的企业人员,在解决消费者问题时,可以通过互联网获取企业对技术和产品服务的支持。

4. 了解全部过程

网络消费者为满足个性化需求,不仅仅是通过掌握信息来选择产品和服务,还要求直接参

与产品的设计、制造、运送的整个过程。消费者了解产品越详细,他们对自己需要什么样的产品也就越清楚。企业要实现个性化的消费者服务,应将他的主要消费者的需求,作为产品定位的依据纳入产品的设计、制造、改造的过程中。让消费者了解全过程实际上就意味着企业与消费者之间一对一关系的建立,这种关系的建立为小企业挑战大企业独霸市场的格局提供了有力的保证。小企业对市场份额的不断占领是大规模市场向细分市场演变的具体表现。这种市场局面正在形成,比如在计算机市场或软件市场上,最大的份额不再是 IBM,而是无数的小企业群体。

网络消费者需求的四个层次之间的关系是由低到高,层层递进的。分别体现了消费者不同的需求程度,本层次的需求满足得越好,就越能推动下一层次的需求,对消费者的需求满足得越好,企业与消费者之间的关系就越密切。企业应该把握网络消费者的需求层次,建设起与网络消费者之间密切的联系,并不断强化与消费者之间的整合,把消费者作为战略同盟中的一员来对待,重视与消费者的互动,尽力满足其各方面的需求,这才能为企业在网络市场上树立坚实的地位奠定基础。

(二)网络消费者类型

麦肯锡咨询公司的研究表明,目前活跃在互联网上的消费者可以分为六种:简单型、冲浪型、交易型、联系型、定期型和运动型,区分的依据主要是消费者的在线行为,如他们上网的时间、浏览的网页和网站数、每个页面浏览多长时间、浏览哪些网站等。营销者面临的挑战就是每个细分市场的需求都不同,所以他们必须明确他们的网站吸引的是哪一个细分市场,并使其战略与这个目标市场的需求一致。不然,营销就会冒着吸引不盈利的消费者而将盈利的消费者赶到一边的风险。

1. 简单型

由于营销者的收益取决于其网站的交易量,简单型是最具吸引力的消费者。虽然他们每月只花少量的时间上网,但他们进行的在线交易却占了一半。简单型喜欢容易获取的产品信息,可靠的服务和方便的意见反馈,而且他们对任何信息——通过广告和网站新闻的形式传达的信息——都积极给予回应,这样在线进行商务活动就比离线进行要快捷和方便得多。他们不喜欢主动提供的邮件广告、无聊的聊天室、旨在鼓励购买的弹出式广告以及其他烦扰他们在线和离线商务的东西。几乎没有网站可以满足简单型的所有需求。另一项研究表明,即便是经常上网购买的消费者,他们也认为离线的服务比相应的在线服务要好。

2. 冲浪型

冲浪型的消费者占上网用户的 8%,而他们在网上花费的时间却占了整个上网时间的 32%,这比其他的细分市场要大得多,并且他们浏览的网页也是一般网民的 4 倍。网上冲浪者使用网络是有很多原因的(比如说研究、购物、找资料或是娱乐),但他们在网站间跳转得很快,不断尝试网络新体验。为了吸引冲浪者,更重要的是留住冲浪者,站点必须具备强大的在线品牌、独特的设计、经常的更新和丰富的产品/服务。冲浪型网民对常更新、具有创新设计特征的网站很感兴趣。

3．接入型

接入型的消费者是刚触网的新手,占 36% 的比例,他们很少购物,而喜欢网上聊天和发送免费问候卡。那些有着著名传统品牌的公司应对这群人保持足够的重视,因为网络新手们更愿意相信生活中他们所熟悉的品牌。

4．议价型

议价型消费者最关心的是交易是否划算,他们有一种趋向购买便宜商品的本能。虽然他们构成了在线活跃人数的 8%,比一般的用户花在网上的时间短,但他们却构成了 e-Bay 这个最繁忙的拍卖站点 52% 的访客。议价型消费者喜欢搜寻便宜的价格,对交易的控制和一些站点提供的交流。64% 的议价型消费者都在网上购买过常规商品,如书籍、CD 和软件。要让议价型消费者重复购买,站点必须满足他们的理性和非理性的要求。

5．定期型和运动型

定期型和运动型的网络使用者通常都是被网站的内容所吸引。定期型的网民使用网络是因为内容——通常是一些新闻和财经信息——而且把 80% 的上网时间花在他们最喜欢的网站上,他们常常访问新闻和商务网站。运动型网民喜欢运动和娱乐站点。他们观看娱乐信息,因此网站必须新鲜、有趣和互动才能吸引他们。

目前,网上企业面临的挑战是如何吸引更多的网民,并努力将网站访问者变为消费者。网上企业应将注意力集中在其中的一两种类型上,这样才能做到有的放矢。

(三) 网络消费者的需求特征

随着互联网商用的发展,消费者的消费观念、消费方式及其地位正在发生着重要的变化,使网上消费者正不断呈现出有别于传统市场消费者的新的特征,表现在以下几点:

1．个性消费的回归

在过去相当长的一个历史时期内,工商业都是将消费者作为单独个体进行服务的。在这一时期内,个性消费是主流。只是到了近代,由于工业化和标准化生产方式的发展,使消费者的个性消费被淹没于大量低成本、流水线式的生产、单一化的产品洪流之中。随着 21 世纪的到来,世界变成了一个计算机网络交织的世界,消费品市场变得越来越丰富,产品选择的范围全球化,产品的设计多样化,消费者开始制定自己的消费准则,整个市场营销又回到了个性化的基础之上。没有一个消费者的消费心理是一样的,每一个消费者都是一个细小的消费市场,个性化消费成为消费的主流。

2．消费需求的差异性

不仅仅是消费者的个性化消费使网络消费需求呈现出差异性,对于不同的网络消费者因其所处的时代、环境不同也会产生不同的需求。不同的网络消费者,即便在同一需求层次上,他们的需求也会有所不同。因为网络消费者来自世界各地,国别不同、民族不同、信仰不同、生活习惯也不同,因而会产生明显的需求差异性。这种差异性导致商务活动的差异。所以,从事网络营销的企业要想取得成功，就必须在整个生产过程中，从产品的构思、设计、制造，到产品的包装、运输、销售，认真考虑这些差异性，并针对不同消费者的特点，采取有针对性的措施和方法。

3. 消费的主动性增强

消费主动性的增强来源于现代社会不确定性的增加和人类追求心理稳定和平衡的欲望，网上消费者以年轻人为主，一般经济收入比较高，因此主动性消费是其特征。

4. 消费者直接参与生产和流通的全过程

传统的商业流通渠道由生产者、商业机构和消费者组成，其中商业机构起着重要的作用，生产者不能直接了解市场，消费者也不能直接向生产者表达自己的消费需求。而在网络环境下，消费者能直接参与到生产和流通中来，与生产者直接进行沟通，减少了市场的不确定性。

5. 对购买方便性的需求与购物乐趣的追求并存

一部分工作压力较大、紧张度高的消费者会以购物的方便性为目标，追求时间和劳动成本的尽量节省，特别是对于需求和品牌选择都相对稳定的日常消费者，这点尤为突出。然而另一些消费者则恰好相反，由于劳动生产率的提高，人们可供支配的时间增加，一些自由职业者或家庭主妇希望购物能为他们带来乐趣，能满足心理需求。这两种相反的心理将会在今后较长时间内并存和发展。

6. 消费者选择商品的理性化

网络市场提供了消费者更多的比较和选择的机会，在购买决策之前，网络消费者往往会先通过同类商品和服务的比较，再做出决定。针对消费者对各种商品的宣传有较强的分析判断能力这一特征，从事网络营销的企业应该加强信息的组织和管理，加强企业自身文化建设，以诚信待人。

7. 价格仍是影响消费心理的重要因素

从消费的角度来说，价格不是决定消费者购买的唯一因素，但却是消费者购买商品时肯定要考虑的因素。网上购物之所以具有生命力，重要的原因之一是因为网上销售的商品价格普遍低廉。尽管经营者都倾向于以各种差别化来减弱消费者对价格的敏感度，避免恶性竞争，但价格始终对消费者的心理产生重要的影响。由于消费者可以通过网络联合起来向厂商讨价还价，产品的定价逐步由企业定价转变为消费者引导定价。

8. 网络消费仍然具有层次性

网络消费本身是一种高级的消费形式，但就其消费内容来说，仍然可以分为由低级到高级的不同层次。需要注意的是，在传统的商业模式下，人们的需求一般是由低层次向高层次逐步延伸发展的，只有当低层次的需求满足之后，才会产生高一层次的需求。而在网络消费中，人们的需求是由高层次向低层次扩展的。在网络消费的开始阶段，消费者偏重于精神产品的消费，如通过网络书店购书，通过网络光盘商店购买光盘。到了网络消费的成熟阶段，也就是消费者完全掌握了网络消费的规律和操作，并且对网络购物有了一定的信任感后，消费者才会从侧重于精神消费品的购买转向日用消费品的购买。

9. 网络消费者的需求具有交叉性

在网络消费中,各个层次的消费不是相互排斥的,而是具有紧密的联系,需求之间广泛存在着交叉现象。例如,在同一张购货单上,消费者可以同时购买最普通的生活用品和昂贵的饰品,以满足生理的需求和受尊重的需求。这种情况的出现是因为网络虚拟商店可以囊括几乎所有商品,人们可以在较短的时间里浏览多种商品,因此产生交叉性的购买需求。

10. 网络消费需求具有超前性和可诱导性

网络消费者的主流是具有一定超前意识的中青年,他们对新事物的反应灵敏,没有旧框框,接受速度很快。网络营销构造了一个世界性的虚拟大市场,在这个市场中,最先进的产品和最时髦的商品会以最快的速度与消费者见面。具有创新意识的网络消费者必然很快接受这些新的商品(包括国内的和国外的),从而带动周围消费者新的一轮消费热潮。从事网络营销的企业应当充分发挥自身的优势,采用多种促销方法,启发、刺激网络消费者的新的需求,唤起他们的购买兴趣,诱导网络消费者将潜在的需求转变为现实的需求。

二、网络消费者的购买动机

网络消费者的购物行为是营销的重要因素。传统的商务活动中,消费者仅仅是商品和劳务的购买者,对于整个流通过程的影响往往只有在最后的阶段才能显现出来,而且影响的范围较小,主要是在家庭、朋友间产生影响。而在网络营销中,每一个消费者首先是一个不断变化的虚拟网络环境中的"冲浪者",他一方面扮演着个人购买者的角色,另一方面则扮演着社会消费者的角色,起着引导社会消费的作用。所以,网络消费者的消费行为是个人消费与社会消费的复合行为。

在高度发展的商业环境下,消费者得到了极大的便利和实惠。然而,当电子商务出现之后,许多人疏远了这种传统的商店购物方式,转而倾向于上网购物。消费者网上购物和消费的动机是什么,这是研究网络营销首先碰到的问题。了解、分析和掌握网络消费者真实的购买动机,才能够恰当地选择和使用促销手段。

所谓动机,是指推动人进行活动的内部原动力,即激励人们行为的原因。人只要处于清醒的状态之中,就要从事这样或那样的活动。无论这些活动对主体具有多大的意义和影响,对主体需要的满足具有怎样的吸引力,也无论这些活动是长久的还是短暂的,它们都是由一定的动机所引起的。人们的消费需要都是由购买动机引起的。网络消费者的购买动机,是指在网络购买活动中,能使网络消费者产生购买行为的某些内在的驱动力。只有了解消费者的购买动机,才能预测消费者的购买行为,以便采取相应的营销措施。由于网络销售是一种不见面的销售,消费者的购买行为不能直接观察到,因此对网络消费者购买动机的研究,就显得尤为重要。

网络消费者的购买动机基本上可以分为两大类:需求动机和心理动机。前者是指人们由于各种需求,包括低级的和高级的需求而引起的购买动机,而后者则是由于人们的认识、感情、意志等心理过程而引起的购买动机。

（一）网络消费者的需求动机

人们在生存过程中必然产生各种各样的需求。需求是人类从事一切活动的基本动力，是消费者产生购买想法、从事购买行为的直接原因。一个人的购买行为总是直接或间接地、自觉或不自觉地为了实现某种需求的满足。由需求产生购买动机，再由购买动机导致购买行为。因此，研究人们的网络购买行为，首先要研究人们的网络购买需求。

1. 传统需求层次理论在网络需求分析中的应用

在传统的营销过程中，需求层次理论被广泛应用。需求层次理论是研究人的需求结构的理论，它是由美国心理学家亚伯拉罕·马斯洛在其1943年出版的《人类动机的理论》一书中提出来的。这种理论的构成依据三个基本假设：一是人们在生活过程中有着不同的需求，只有未满足的需求能够影响人们的行为；二是人的需求按重要性可排成一定的层次，包括从基本的生理需求到复杂的自我实现的需求；三是当人的某一级需求得到最低限度的满足之后，才会追求高一级需求。根据这三个基本假设，马斯洛把人的需求划分为五个层次：生理的需求、安全的需求、社交的需求、尊重的需求和自我实现的需求。马斯洛的需求层次理论对网络消费的需求层次分析也有重要的指导作用。在五个层次的需求中，第一、第二、第三层次是属于低级需求，而第四、第五层次则属于高级需求。应当指出的是，对多数人来说，实际生活中的需求不是单一层次的，而是多层次的，即在每一个需求层次上都有需求，但由于条件的限制，这些需求只能部分地得到满足。如不同收入的阶层，对不同层次需求的渴望程度是不同的。

2. 网络消费者的新需求

马斯洛的需求层次理论可以解释虚拟市场中消费者的许多购买行为，但是，虚拟社会与现实社会毕竟有很大的差别，马斯洛的需求层次理论也面临着不断补充的需求。

信息网络的发展构成了一个虚拟的社会。从表面上看，这个社会一直在聚集信息以及其他媒体的资源，而实质上，这个社会是在聚集人，因为这个虚拟的社会提供了一种吸引人的环境。这种环境的维系，靠的是人们的互相联系。从局部看，人与人之间的联系很多时候都只有一次，但整体来看，单一的联系包含在一系列的广泛联系之中，并由此引导出一种相互信任和彼此了解的氛围。

进一步的问题是，这种联系的基础是什么？是基本的物质生活的追求吗？不是。是对于安全环境的追求吗？也不是。这种追求是一种兴趣，一种幻想，是人们在虚拟社会中建立的信息关系和信息交易。所以，虚拟社会中人们联系的基础实质上是人们希望满足虚拟环境下的三种基本的需要：兴趣、聚集和交流。

（1）兴趣

在现实社会中，许多人都有自己各自的兴趣。有的人热爱音乐，有的人喜欢游泳，有的人喜欢画画，有的人则喜欢收藏等。从心理学的角度讲，兴趣有很大的动机成分。社会上的许多人就是为了兴趣的需求而进行某些活动的。如果同时有多种供人们选择的目标可以满足人们的需求,人们总是根据自己的兴趣而决定被选择的对象。

分析畅游在虚拟社会的网民可以发现,每个网民之所以热衷于网络漫游,是因为对网络活动抱有极大的兴趣。这种兴趣的产生,主要来自于两种内在的驱动力:一是探索的内在驱动力。网络世界给人们展示了一个前所未有的广阔世界,从每日的新闻报道,各种各样的科学文化知识,到千奇百怪的娱乐活动,可以说几乎囊括了人类几十万年以来的所有知识的精华。人们出于好奇的心理探究秘密,驱动自己沿着网络提供的线索不断地向下查询,希望能够找出符合自己预想的结果,有时甚至到了不能自拔的境地;二是成功的内在驱动力。当人们在网络上找到自己需求的资料、软件、游戏,自然会产生一种成功的满足感。随着这种成功欲望的不断加强,对网络依赖程度也在不断增加。新知识的吸引力和创造性思维的愉快感,使网民无需外力推动,不必嘉奖刺激,完全出于内在的追求而久久停留在网络上。

(2) 聚集

人类是以聚集而生存的动物。在现代社会中,由于工作强度的提高和工作范围的扩大,人们常常没有整块的时间在一起聚集。特别是退休之后,远离了同事和专业,家里孩子又都有工作,没有相互交流的机会,人们衰老的速度大大加快。

虚拟社会为具有相似经历的人们提供了聚集的机会,这种聚集不受时间和空间的限制,并形成富有意义的个人关系。通过网络而聚集起来的群体是一个极为民主的群体。在这样一个群体中,所有成员都是平等的,每个成员都有独立发表自己言论的权力,也有与别人争论的权力。这种宽松的社会气氛使得在现实社会中经常处于紧张状态的人们渴望在虚拟社会中寻求到解脱。

(3) 交流

聚集起来的网民,自然产生一种交流的需求。随着这种信息交流的频率的增加,交流的范围也在不断地扩大,从而产生示范效应,带动对某些种类的产品和服务有相同兴趣的成员聚集在一起,形成商品信息交易的网络,即网络商品交易市场。这不仅是一个虚拟社会,而且是高一级的虚拟社会。在这个虚拟社会中,参加者大都是有目的的,所谈论的问题集中在商品质量的好坏、价格的高低、库存量的多少、新产品的种类等。他们所交流的是买卖的信息和经验,以便最大限度地占领市场,降低生产成本,提高劳动生产率。对于这方面信息的需求,人们永远是无止境的。这就是电子商务出现之后迅速发展的根本原因。

从事电子商务活动的网络营销人员要想成功地在互联网上营销,他所构思的网络营销计划除了需要考虑传统市场中顾客的各种需求外,还必须要照顾到网民对兴趣、聚集和交流的新需求。所设计的网站要从调动顾客的兴趣入手,利用和谐的气氛和丰富的信息资源聚集顾客群体,通过完善的检索手段和通信设计充分交流信息,最后达到扩大销售的目的。

(二)网络消费者的心理动机

网络消费者购买行为的心理动机主要体现在理智动机、感情动机和惠顾动机三个方面:

1. 理智动机

理智动机是建立在人们对于在线商场推销的商品的客观认识的基础上的。众多网络购物者大多是中青年,具有较高的分析判断能力。他们的购买动机是在反复比较各个在线商场的商品之后才做出的,对所要购买的商品的特点、性能和使用方法,早已心中有数。理智购买动机具有客观性、周密性和控制性的特点。在理智购买动机驱使下的网络消费购买动机,首先注意的是商品的先进性、科学性和质量高低,其次才注意商品的经济性。这种购买动机的形成,基本上受控于理智,而较少受到外界气氛的影响。

2. 感情动机

感情动机是由于人的情绪和感情所引起的购买动机。这种购买动机还可以分为两种形态。一种是低级形态的感情购买动机,它是由于喜欢、满意、快乐、好奇而引起的。这种购买动机一般具有冲动性、不稳定性的特点。例如,在网络上突然发现一本好书、一个好的游戏软件、一件新产品,很容易产生冲动性的感情购买动机。另一种是高级形态的感情购买动机,它是由于人们的道德感、美感、群体感所引起的,具有较大的稳定性、深刻性的特点。而且,由于在线商场提供异地买卖送货的业务,大大促进了这类购买动机的形成。例如,为网上所交朋友而通过在线商场购买馈赠礼品,为外地父母通过网络商场购买老人用品等,都属于这种情况。

3. 惠顾动机

惠顾动机是基于理智经验和感情之上的,对特定的网站、图标广告、商品产生特殊的信任与偏好而重复地、习惯性地前往访问并购买的一种动机。

惠顾动机的形成,经历了人的意志过程。从它的产生来说,或者是由于搜索引擎的便利、图标广告的醒目、站点内容的吸引,或者是由于某一驰名商标具有相当的地位和权威性,或者是因为产品质量在网络消费者心目树立了可靠的信誉。这样,网络消费者在为自己做出购买决策时,心中首先确立了购买目标,并在各次购买活动中克服和排除其他同类产品的吸引和干扰,按照购买目标行动。

具有惠顾动机的网络消费者,往往是某一站点的忠实浏览者。他们不仅自己经常光顾这一站点,而且对众多网民也具有较大的宣传和影响功能,甚至在企业的商品或服务偶尔出现某种过失时,也能予以谅解。

三、影响网络消费者购买决策的主要因素

影响网络消费者购买的因素有很多,如:产品的特性、购物的便捷性、购物的安全性等。但归根结底,研究影响网络消费者购买的因素是从网络消费者的消费需求出发的,通过消费者要什么来考虑企业能给他们提供什么,通过提高消费者的心理满足程度来刺激消费者产生购买决策。

(一)产品的特性

产品是影响消费者购买的重要因素之一。由于网上市场不同于传统市场,网络消费者也

有有别于传统市场的消费需求特征,因此并不是所有的产品都适合在网上销售和开展网上营销活动的。根据网上消费者的特征,网上销售的产品一般要考虑产品的新颖性、考虑产品的购买参与程度等。

1. 产品的新颖性

即产品是新产品或者是时尚类产品,比较能吸引人的注意。追求商品的时尚和新颖是许多消费者,特别是青年消费者重要的购买动机。这类消费者特别重视商品新的款式、格调和社会流行趋势,而对商品的使用程度和价格高低不大计较。这类消费者一般经济条件比较好,男、女青年居多,他们是新式高档消费品、新式家具、时髦服装的主要消费者。网络营销通过具有双向交互功能的互联网,跟踪最新的消费潮流,适时地给消费者提供最直接的购买渠道,加上最新产品全方位的文字、图片和声音介绍,吸引这类消费者的购买。

2. 考虑产品的购买参与程度

一些产品要求消费者参与程度比较高,消费者一般要现场购物体验,而且需要很多人提供参考意见,对于这些产品不太适合网上销售,目前国内的家电产品就属于这类典型的产品。对于消费者需要购买体验的产品,可以采用网络营销推广功能,辅助传统营销活动进行,或者将网络营销与传统营销进行整合。如对于家电产品,可以通过网上来宣传和展示产品,消费者在充分了解产品的性能后,可以到相关商场再进行选购。

(二)产品价格的影响

从消费者的角度来说,价格不是决定消费者购买的唯一因素,但却是消费者在购买商品时肯定要考虑的因素,而且是一个非常重要的因素。对一般商品来讲,价格与需求量之间经常表现为反比关系,同样的商品,价格越低,销售量越大。网上购物之所以具有生命力,重要的原因之一就是网上销售的商品价格普遍低廉。如世界最大的网络虚拟书店亚马逊书店一般以七到八折的价格出售图书。

此外,消费者对于互联网有一个免费的价格心理预期,那就是即使网上商品是要付费的,那价格也应该比传统渠道的价格要低。这一方面,是因为互联网的起步和发展都依托了免费策略,因此互联网的免费策略深入人心,而且免费策略也得到了成功的商业运作。另一方面,互联网作为新兴市场可以减少传统营销中的中间费用和一些额外的信息费用,从而大大削减产品的成本和销售费用,这也是互联网商业应用的巨大增长潜力所在。

(三)购物的便捷性

购物的便捷性是网络消费者选择购物的首要考虑的因素之一。对于网络消费者来说,选择网上购物时考虑的便捷性体现在两大方面。

1. 购物时间

这里所说的购物时间包含两方面的内容:购物时间的限制和购物时间的节约。传统的零售服务业每天的营业时间也只能是 10~14 个小时,许多商店还有公休、节假歇业。商店停业的日子里，顾客买不到需要的东西，商店也失去了购物的顾客。网上购物的情况就不一样了。网络虚拟商店一天24小时开业，随时准备接待客人，没有任何时间的限制。顾客早上5点或晚上12点购物都没有问题。电子商务为人们上班前和下班后购物提供了极大的方便。

现代社会大大加快了人们的生活节奏，时间对于每一个人来说都变得十分宝贵，人们用于外出购物的时间越来越少。拥挤的交通、日益扩大的商店门面，增加了购物所消耗的时间和精力；商品的多样化使得消费者眼花缭乱；而层出不穷的假冒伪劣商品又使消费者应接不暇。人们已没有时间像过去一样去逛商场，从楼上到楼下，从一个商店到另一个商店反复挑选商品。他们迫切需要新的快速且方便的购物方式和服务。网络购物适应了人们的这种愿望。人们可以坐在家中与厂商沟通，及时获得上门服务或得到邮寄的商品。不仅是计算机制造商和信息服务商看准了这个方向，加大了电子商务研究的力度和步伐，就是普通产品的销售商也看到建设网上商店是一项高利润的投资，纷纷采取各种方式跻身于这一新兴行业，提供高信誉的全方位服务。在人们对网络商店和网上购物的安全性、可靠性有了充分的认识之后，将会越来越多地选择新型的网上购物形式。

2. 商品挑选范围

"货比三家"是人们在购物时常常使用的操作方法。在网络购物中，"货比三家"已不足为奇。人们可以"货比百家"、"货比千家"，甚至"货比万家"，商品挑选的余地大大扩展。而且，消费者可以从两个方面进行商品的挑选，这是传统的购物方式难以做到的。一方面，网络为消费者提供了众多的检索途径，消费者可以通过网络，方便快速地搜寻全国乃至全世界相关的商品信息，挑选满意的厂商和满意的产品。另一方面，消费者也可以通过公告板，告诉千万个商家自己所需要的产品，吸引千万个商家与自己联系，从中筛选符合自己要求的商品或服务。在这样大的选择余地下，精明的消费者自然倾向于在网上选购价廉物美的商品了。

（四）购物的安全性

在线购物的安全性一直是网络营销发展的瓶颈之一。这里的安全性包括两方面，一是购物过程中的安全性，特别是支付过程的安全性；二是网络营销商家本身的可靠性。消费者非常重视在线购物过程中个人隐私信息是否安全，这也是网络商家在线销售过程中需要做到的最基本要求。网络营销的支付可以选择在线支付也可以选择网下支付，在线支付涉及很多安全性的问题，近年来技术性经济犯罪屡屡出现，网站是否能保证网络消费者支付的安全性是决定消费者是否选择该站点购物的最高要求，安全的购物环境也能增强消费者对网站的信心。

网络营销商家本身的可靠性也作为消费者购买决策的重要考虑要素，因为互联网商业准入门槛较低，导致网络市场的商家实力参差不齐，诚信度也有较大差异，而在线消费大多数采用先付款后发货的销售形式，这就让消费者在选择在线购物时心存疑虑。为了解决这个问题，网络营销企业一方面加强自身诚信度建设，另一方面建立相应的监管体制，如中国网络营销商自发建立互联网诚信联盟。根据对网络消费者接受的购买方式的调查结果显示，大多数的网络消费者还是接受货到付款的购物模式，这就给网络营销当事双方的互信提出了新的挑战。

为了使买卖双方都安心交易,出现了如支付宝、安付通等中间商,使在线购物的同时实现了款到发货和货到付款的双向功能。

四、网络消费者的购买过程

网络消费者的购买过程,就是网络消费者购买行为形成和实现的过程。这一过程不是简单地表现为买或不买,而是一个较复杂的过程。与传统的消费者购买行为相似,网络消费者的购买行为早在实际购买之前就已经开始,并且延长到实际购买后的一段时间,有时甚至是一个较长的时期。从酝酿购买开始到购买后的一段时间,网络消费者的购买过程可以粗略地分为五个阶段:诱发需求、收集信息、比较选择、购买决策和购后评价。五个阶段的相互关系如图3.2 所示。

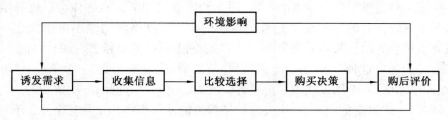

图 3.2 网络消费者的购买过程

需要说明的是图中表示的只是消费者购买中一般所经历的步骤,在每次具体的购买中消费者可能会省略其中几步,甚至把次序颠倒。

(一)诱发需求

网络购买过程的起点是诱发需求。消费者自身的内在需要和受到的外部刺激都能够唤起消费者的需求。当消费者对市场中出现的某种商品或某种服务发生兴趣后,才可能产生购买欲望。这是消费者作出消费决定过程中所不可缺少的基本前提。如若不具备这一基本前提,消费者也就无从作出购买决定。

在传统购物过程中,诱发需求的动因是多方面的。人体内部的刺激,如饥饿、口渴的刺激,可能引发对食物、饮料的需求。外部的刺激也可以成为"触发诱因",如看到同事穿了一件新衣服,感到非常得体,手感也很好,因而也产生了自己也要买一件的想法。但对于网络营销来说,诱发需求的动因只能局限于视觉和听觉。文字的表述、图片的设计、声音的配置是网络营销诱发消费者账买的直接动因。从这方面讲,网络营销对消费者的吸引具有相当的难度。这要求从事网络营销的企业或中间商注意了解与自己产品有关的实际需求和潜在需求,了解这些需求在不同时间的不同程度,了解这些需求是由哪些刺激因素诱发的,进而巧妙地设计促销手段去吸引更多的消费者浏览网页,诱导他们的需求欲望。

(二)收集信息

当需求被唤起之后,每一个消费者都希望自己的需求能得到很好的满足。为此,他们运用各种手段去寻找能够满足其需求的商品和获得商品的途径。所以与传统消费者购买过程相同,收集信息、了解情况成为网络消费者购买过程的第二个环节。这个环节的作用就是汇集商品的有关资料,为下一步的比较选择奠定基础。

在购买过程中,收集信息的渠道主要有两个:内部渠道和外部渠道。内部渠道是指消费者个人所储存、保留的市场信息,包括购买商品的实际经验、对市场的观察以及个人购买活动的记忆等;外部渠道则是指消费者可以从外界收集信息的通道,包括个人渠道、商业渠道和公共渠道等。

个人渠道主要提供来自消费者的亲戚、朋友和同事的购买信息和体会。这种信息和体会在某种情况下对购买者的购买决策起着决定性的作用。网络营销绝不可忽视这一渠道的作用。在没有实物作为信息载体的情况下,人们对于网上商品的质量、服务的评价主要是通过语言和 E-mail 传递的。这种传递的范围可能是小范围的,如一个家庭、一个单位;也可能是很大的范围,如一个地区、一个国家或者是全世界。所以,一件好的商品,一次成功的销售可能带来若干新的顾客;一件劣质的商品,一次失败的销售可能使销售商几个月甚至几年不得翻身。

商业渠道主要是通过厂商有意识的活动把商品信息传播给消费者。网络营销的信息传递主要依靠网络广告和检索系统中的商品介绍,包括在信息服务商网页上所做的广告、中介商检索系统上的条目以及自己主页上的广告和商品介绍。

一般说来,在传统的购买过程中,消费者对于信息的收集大都出于被动进行的状况。往往是看到别人买了什么自己再去注意,或者是看到了广告才注意到某种商品。与传统购买时信息的收集不同,网络购买的信息收集带有较大主动性。在网络购买过程中,商品信息的收集主要是通过互联网进行的。一方面,网上消费者可以根据已经了解的信息,通过互联网跟踪查询;另一方面,网上消费者又不断地在网上浏览,寻找新的购买机会。由于消费层次不同,网上消费者大都具有敏锐的购买意识,始终领导着消费潮流。

(三)比较选择

消费者对各条渠道汇集而来的资料进行比较、分析、研究,了解各种商品的特点和性能,从中选择最满意的一种。一般说来,消费者的综合评价主要考虑商品的功能、可靠性、性能、样式、价格和售后服务等。通常,一般消费品和低值易耗品较易选择,而对耐用消费品的选择则比较慎重。

网络购物不直接接触实物。消费者对网上商品的比较依赖于企业对商品的描述,包括文字的描述和图片的描述。网络营销商对自己的商品描述不充分,就不能吸引众多的消费者。而如果对商品的描述过分夸张,甚至带有虚假的成分,则可能永久地失去消费者,对于这种分寸的把握,是每个从事网络营销的企业都必须认真考虑的。

(四)购买决策

网络消费者在完成了对商品的比较选择之后,便进入到购买决策阶段。网络购买决策是指网络个人客户在购买动机的支配下,从两件或两件以上的商品中选择一件满意商品的过程。购买决策是网络个人客户购买活动中最主要的组成部分,它基本上反映了网络个人客户的购买行为。

与传统的购买方式相比,网络购买者的购买决策有许多独特的特点。首先,网络购买者理智动机所占比重较大,而感情动机的比重较小。这是因为消费者在网上寻找商品的过程本身就是一个思考的过程。对任何一件新产品的出现,消费者都不用担心买不到。他们有足够的时间仔细分析商品的性能、质量、价格和外观,以客观地作出自己的选择。其次,网络购买受外界影响较小。购买者常常是独自坐在计算机前上网浏览、选择,与外界接触较少,因而决策范围有一定的局限性。大部分的购买决策是自己作出的或是与家人商量后作出的。第三,网上购物的决策行为较之传统的购买决策要快得多。

要在没有实物的情况下把消费者口袋里的钱掏出来并非易事。网络消费者在决策购买某种商品时,一般必须具备三个条件:对企业有信任感;对支付有安全感;对产品有好感。所以,树立企业形象,改进货款支付办法和商品配送办法,全面提高产品质量,是每一个参与网络营销的企业必须重点抓好的三项工作。这三项工作抓好了,才能促使消费者毫不犹豫地做出购买决策。

(五)购后评价

消费者购买商品后,往往通过使用,对自己的购买选择进行检验和反省,重新考虑这种购买是否正确,效用是否理想,以及服务是否周到等。这种购后评价往往决定了消费者今后的购买动向。

消费者在购买和试用某种产品后,感到满意或很满意,他们就会重复购买这种产品,并且会对别人说这种产品的好话。反之,消费者在购买或试用某种产品后感到不满意或很不满意,他们以后就不会再去购买这种产品,而且会对别人说这种产品的坏话。所以商界中流传着这样一句话:"一个满意的顾客就是我们最好的广告。"在这里,"满意"的标准是产品的价格、质量和服务与消费者期望的符合程度。产品的价格、质量和服务与消费者的期望相匹配,则消费者会感到心理的满足,否则,就会产生厌烦心理。消费者的期望基于他们从销售商、朋友及其他来源处获得的信息,如果销售者夸大了产品的性能,消费者的期望就不会得到满足,必然导致不满意。期望和现实之间的差距越大,消费者的不满意程度就越高。这表明销售者应该诚实地描述产品的性能以便让消费者满意。

购后评价为消费者发泄内心的不满提供了一条非常好的渠道,同时也为企业改进工作收集了大量第一手资料。为了提高企业的竞争力,最大限度地占领市场,企业必须虚心倾听消费者反馈的意见和建议。互联网为网络营销者收集消费者购后评价提供了得天独厚的优势。方便、快捷、便宜的 E-mail 紧紧连接着企业和消费者。企业可以在订单的后边附上一张意见表。消费者购买商品的同时，就可以同时填写自己对企业、产品及整个销售过程的评价。企业从网络上收集到这些评价之后，通过计算机的分析、归纳，可以迅速找出工作中的缺陷和不足，能够及时了解到消费者的意见和建议，从而及时改进自己的产品性能和售后服务。

思考题

1. 简述网络市场的特点。
2. 简述网络消费者的需求特征。
3. 网络消费者的购买动机有哪些？
4. 影响网络消费者购买决策的因素有哪些？这些因素如何影响网络消费者的购买决策？
5. 网络购物的基本过程有哪几个？针对消费者网络购物过程的特点，网络营销人员可以采用哪些应对策略满足消费者的需求？

【阅读资料】

中国网络购物市场研究报告

一、网购用户规模及渗透率

目前，我国网购用户达 8 788 万，规模呈持续快速增长的势头。但网络购物渗透率依然偏低，仅为 26%，与发达国家的差距明显。当前，我国网络购物市场发展面临的政策环境宽松，市场主体购买力不断增强、消费信心逐渐恢复，技术支撑能力不断提升，网络购物市场发展的潜力巨大。

（一）网民规模持续扩大，网购人数不断增多

截止 2009 年 6 月，我国网民规模已达 3.38 亿，其中有 8 788 万网购用户，年增加 2 459 万人，年增幅达 38.9%，这一规模较 2004 年翻了近两番，如图 3.3 所示。尽管网购网民随网民总体规模同步增长，但其增幅要小于后者。这是由于，网络购物是较为成熟的应用类型，而大量新增网民网络使用是从娱乐类的应用开始的，商务类应用使用率较低，因此，网络购物网民的增幅相对较缓。

由于我国网民基数庞大，随着新增网民网络使用逐步成熟化，以及网络购物相关服务不断优化，可以预见的是，我国网购网民数量在未来可能会有较大规模的增长。

（二）网络购物渗透率较低，提升的空间和潜力较大

虽然目前我国网络购物用户数量在持续快速增长，但网络购物渗透率较低，与发达国家的差距十分明显。目前，全国网络购物渗透率只有 26%，即约每 4 个网民中有 1 个网购用户。相比而言，日本和韩国这一比例已经分别达到 53.6% 和 57%，美国的网购渗透率甚至达到 70%，如图 3.4 所示。我国网络购物渗透率还亟待进一步提高。

然而，目前我国潜在网购人群规模较大，网购渗透率进一步提高的基础较为稳固。随着人们对网络购物的接受度的提高，以及物流支付等配套服务更加完善，我国网络购物渗透率可能会随之有较大的提升，网络购物市场发展的潜力较大。

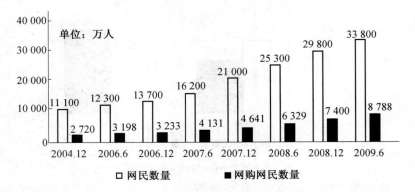

图 3.3　2004 年 12 月至 2009 年 6 月中国网民和网购规模变化

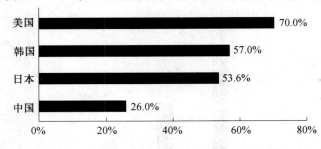

图 3.4　部分国家网民网络购物渗透率

二、网络购物用户特征

目前,我国网民存在群体偏年轻化的特点,并且有从较高学历和收入群体向较低学历和收入人群扩散的趋势。网购用户特征的变化也呈现类似的特点,但网购市场用户也具有一定的独特性。在性别上,女性网民成为网络购物的活跃人群,在网络购物用户中的比例在逐步加大,超过男性占比。网购用户年龄大多集中在 18～30 岁,月收入集中在 1 000～3 000 元,并且以企业白领和学生为主。

(一)性别结构

从网购用户的性别结构看,网购群体中女性显优,占比高于男性。在当今这个网络普及化的年代,女性和男性拥有几乎同样的网络资源,网民的男女比例为 53∶47。但是,由于网络购物的时尚性、便捷性和娱乐性与女性的购物习惯相结合,女性热衷购物的习惯在线上延伸,女性网民也逐渐成为网络购物的活跃人群。不仅如此,女性在网络购物用户中的比重也在逐步提高。2008 年女性占网购网民的比例为 50.8%,略高于男性。到 2009 年,这一比例提升到 61.5%,明显高于男性,如图 3.5 所示。

(二)年龄结构

从网购用户的年龄构成看,网购群体较一般网民更偏年轻化。18～30 岁的网民是网购的主力,占网购用户总数的 81.7%。其中,18～24 岁的网购用户占比还在提升,年增幅达 15.4 个百分点。未成年人和 40 岁以上网民群体网购使用相对较少。前者由于经济独立性较差,可支配收入较少,网购实力不强;后者网络购物的

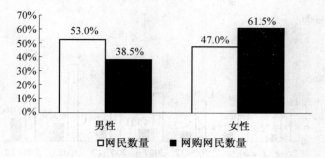

图 3.5 网购网民与网民性别结构对比

生理和心理屏障较多,网络购物动力较弱。但是,与 2008 年相比,2009 年 18 岁以下购物网民比例出现小幅上升,增长了 0.2 的百分点。与 40 岁以上的中老年人相比,未成年网民进行网络购物的可能性更大,如图 3.6 所示。

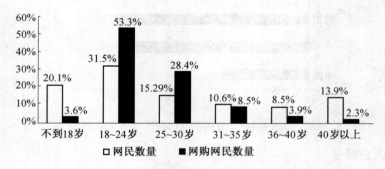

图 3.6 网购网民与网民年龄结构对比

(三)学历结构

从网购用户的学历结构看,网购用户整体学历偏高,但有逐步向低学历渗透的趋势。与普通网民相比,网购用户中高学历群体占比较高,大学本科学历的占到 32.7%,初中以下的只有 4.4%,如图 3.7 所示。从变化趋势看,大专学历用户已经取代大学本科学历用户成为网购用户的主体,网购用户的学历结构发生较大变化;同时,低学历网购用户的比例逐步提高。其中,初中、高中以及大专学历网购用户占比分别上升了 0.8,12.3 和 13.4 个百分点。网购用户向低学历渗透,表明我国网络购物门槛开始降低,从少数人使用的另类方式向大众服务转变。

(四)职业结构

从网购用户的职业分布看,目前我国网购用户以企业公司人员为主,这一群体占比达 43.4%。学生群体是网购市场第二大用户群体,占比达 20.1%,低于整体网民中学生占比(31.7%),如图 3.8 所示。这主要是由于中小学生网络购物比例较低,使用网络购物的学生群体主要是大专院校的学生。

(五)收入结构

从网购用户的收入分布看,我国网购用户中收入在收入 1 000～3 000 的人群较多,并且在网购用户中的

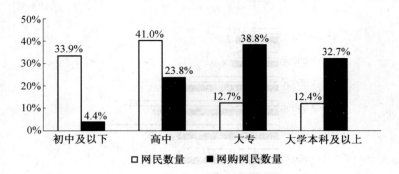

图 3.7　网购网民与网民学历结构对比

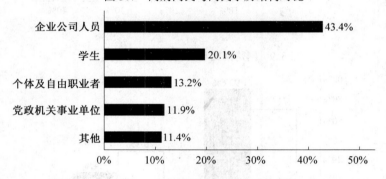

图 3.8　2009 年网购用户职业结构

占比在逐步增大。目前,这一群体已经占到了网购用户总数的 54.7%。其中,收入在 1 001～2 000 元的网民是网购用户中最多的群体,达到 29.8%。其次是月收入在 2 001～3 000 元的网民,占比为 24.9%,如图 3.9 所示。

(六)城乡结构

从网购用户的城乡分布看,网购用户主要集中在城市,有 92.6% 的人居住在城镇,如图 3.10 所示。与农村网民快速增长相比,网络购物在农村地区的渗透难度较大。农村地区网络使用率不高,网络使用时间较短,人均消费水平远低于城市。农村网民网络使用也更加偏娱乐化,网络购物等较为深度的应用在农村地区推广难度较大。

三、网民网络购物行为

(一)购物网站品牌认知渠道

口碑是用户知晓购物网站的重要因素,亲朋好友的推荐成为网民尝试网购的主要原因。网民知晓购物网站最多的方式是通过亲朋好友推荐,占比达到 48.7%。其次是网络渠道,有 32.8% 的人通过网络知晓购物网站。通过传统媒体得知购物网站的比例较低,通过电视、杂志和报纸的用户比例分别只有 5.8%,4.4% 和 2.9%(如图 3.11 所示)。由此可见,口碑营销和网络营销是目前电子商务市场拓展最重要的两种模式。

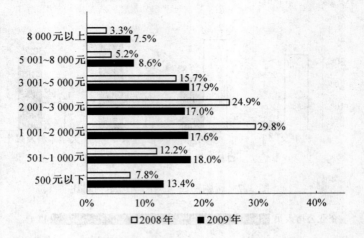

图3.9 网购网民与网民收入结构对比

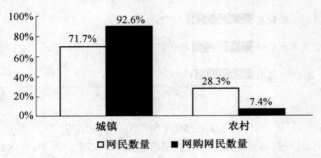

图3.10 网购网民与网民城乡分布对比(%)

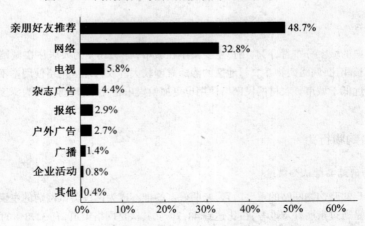

图3.11 网民获知购物网站的认知渠道

通过网络了解购物网站的用户,主要是通过网上搜索和网站链接进入购物网站,分别有 34% 和 29.6% 的网民是通过网上搜索和搜索引擎广告进入购物网站的,如图 3.12 所示。显示了搜索营销及网络联盟在吸引网民点击,进而实现用户转化上的重要作用。

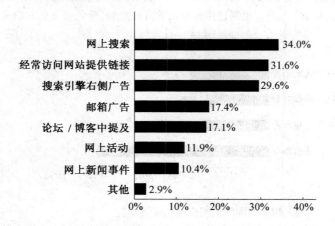

图 3.12 网民通过网络知晓购物网站的方式

(二)商品浏览方式

1. 搜索使用

搜索也是用户在购物网站上查找目标商品最重要的渠道。在用户浏览商品的时候,利用通用搜索引擎搜索商品和站内搜索商品的用户比例分别为 27.1% 和 20.6%,如图 3.13 所示,进一步凸显了搜索在网购商品选择中的重要性。目前兴起的购物搜索等垂直搜索,就是借助网民使用搜索的购物习惯,将用户需要的产品按照看重的属性进行排序,方便用户挑选商品。将搜索与购物结合将是未来网络购物发展的趋势,购物搜索等工具可能会成为未来网络购物市场商家角逐的关键。

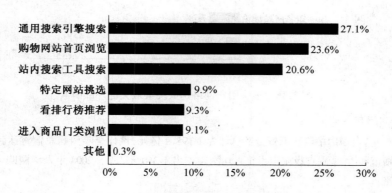

图 3.13 网民网购时商品查找方式

2.用户评论

大部分用户搜索到目标商品后,除了关注商品本身属性外,还会浏览用户评论等商品相关信息。有41.1%的网民在购买每个商品前都看用户评论,26%的用户购买大多数商品前都会看。只有17.9%的用户表示购物前不看用户评论,如图3.14所示。用户评论通过传递他人的直接经验,避免买家选购的失误,成为用户购买决策的重要助手。

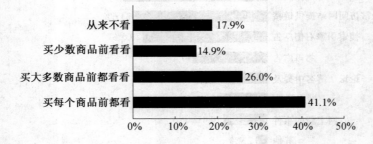

图 3.14 网购网民用户评论阅读情况

用户评论是影响消费者进行购买决策最关键的因素,网上买家评论信息超过了亲人朋友的意见,成为目前网购者购物前最关注的外部信息。有43.3%的人表示网上买家评论其购买决策前最看重的因素,其次才是亲人朋友意见,占比34.7%,认同专家意见和知名网站评论作为最重要的决策参考的用户总和为18.6%,如图3.15所示。

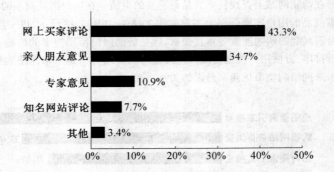

图 3.15 影响用户网络购买决策最关键外部因素

(三)网购金额和次数

2009年上半年,全国网络购物消费金额总计为1 195.2亿元,预计全年网购总额将达到2 500亿元左右。调查的3个直辖市和14个副省级城市半年人均网购支出1 360元,高于2008年人均网购金额最高的上海市的网购支出水平。

由于我国网络购物用户在C2C网站渗透率较高,网购金额大部分流向C2C网站。半年内,网民在C2C和B2C购物网站花费金额分别为1 063.7亿和131.5亿,网民在C2C购物网站上购物支出占整体网购金额的89%。与国外成熟的网络购物市场不同,我国C2C购物网站(零售商圈)无论是在用户规模还是交易金额上都领先于 B2C 购物网站。

虽然我国网民的网购金额在大幅度提升,但是,由于网购市场还处于成长期,网民网购的频率还不高。近九成的网民半年进行网购的次数在 10 以下。最近半年网购 1~2 次的网民占比最多,为 32.3%;其次是购物 5~10 次的网民,占比 30.5%;购买 10 次以上的网民只占 10.9%,图 3.16 所示。随着我国网民规模持续增加,会有更多的新网民进入网民群体,成为网购群体的新生力量。但是,由于大部分新网民还处在网络购物的尝试期,用户频繁信用网购进行日常购物的情形尚未形成。

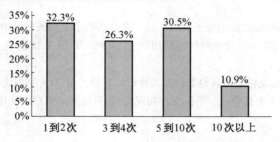

图 3.16　2009 年上半年网购网民网购次数

(四)网购商品类别

从半年内网民购买的商品类别看,用户网络购物的生活化趋势较明显。2009 年上半年,服装家居饰品稳坐购买用户数首位,超过半数的网民都在网上购买过服装家居饰品。化妆品及珠宝的购买比例超过了书籍音像制品,二者分列用户购买数量的第二、三位,如图 3.17 所示。

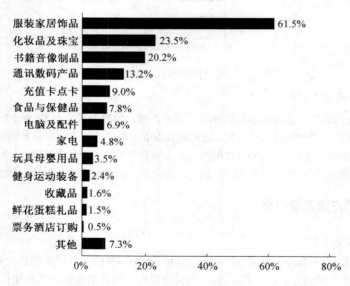

图 3.17　2009 上半年网购各类商品的网民比例

服装家用用品销售的走俏,与商品、渠道和用户特点都有关。首先,服装家居产品是易耗品,其更新换代的短时消费和网络流行时尚、产品多样化结合,能较好地发挥网络购物的优势。其二,服装家居用品具有金额

75

小、易保存、体积小等特点,在各大网购商家拓宽产品线的今天,逐渐成为商家纷纷上架的产品。其三,随着时尚元素向网购市场的渗透,与男性在3C产品上的消费热度对应,女性在服装饰品上展现了强大的购买力。由于女性往往是家庭采购的主力,对服装饰品的网购具有良好体验的女性,可能将家庭日常购物中的部分商品也通过网上购买来实现,从而带动了日用品网络零售的增长。目前服装家居饰品的购买潜力还未完全释放,未来生活化用品的网购将会在更多网民中渗透。

（五）网购用户支付方式

支付宝是目前网购用户使用的最主要的电子支付工具。在使用电子支付的网民中,使用支付宝的用户占64.6%。通过银行汇款的用户占34.9%,使用财付通的用户有14.9%,如图3.18所示,二者占比均远低于使用支付宝的用户占比。

然而,支付市场用户有逐步从支付宝向其他支付方式渗透的趋势。与2008年相比,使用信用卡和财付通的用户占比分别上升了8.2和9.1个百分点。手机支付初现端倪,目前网购用户中使用手机进行支付的比例为10.3%。

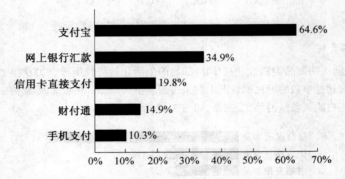

图3.18 用户使用率排名前五的电子支付类型

（六）网购用户分享方式

目前,用户在网购后分享购物信息的现象还并不普遍。购物网民中只有29.5%的人购物后在网上发表过商品相关信息,有分享购物信息的行为。这些网民发表商品评论的主要渠道是购物网站。63.8%的网民在原购物网站商品下方发表评论,有17.5%的网民在原购物网站社区中发表评论,另外,27%的网民在自己的博客或个人空间中发表商品评论,还有21.2%的用户在社区类网站发表商品评论,如图3.19所示。

四、网络购物用户满意度研究

（一）网购整体满意度

整体而言,用户对网购经历的满意度较高。其中,有54.4%的人对网络购物比较满意,25%的人非常满意。不太满意和非常不满意的总计只有2%。我国网民网络购物的体验在不断优化,目前,有86.8%的网民过去半年没有不愉快的网购经历,高于2008年79.7%的比例,如图3.20所示。

基于整体网购的良性体验,用户未来网购的预期较好。目前,有76.4%的网购用户未来非常或比较愿意继续使用网络购物,其中,表示非常愿意的占到34%,比较愿意的占42.4%。表示不愿意的只有3.1%。并且

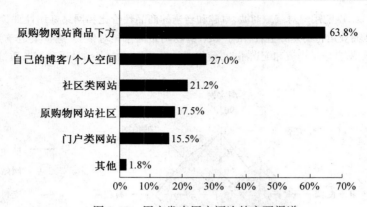

图 3.19 用户发表用户评论的主要渠道

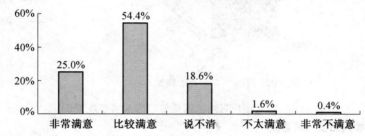

图 3.20 用户对网络购物整体满意度评价

有 67.9%的用户愿意推荐他人进行网购,如图 3.21 所示,在口碑营销的有力促进下,我国未来网络购物的用户规模将会进一步扩大。

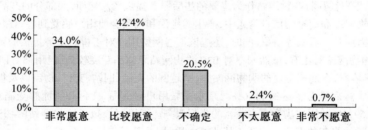

图 3.21 用户未来网络购物使用预期

(二)购物网站满意度

从不同类型购物网站使用满意度评价看,如图 3.22 所示,用户对 C2C 购物网站使用满意度低于 B2C 购物网站。B2C 网站在支付、物流和售后服务上较之 C2C 网站有先天的优势。虽然 C2C 网站可以利用第三方账户付款,如支付宝、财付通等保障用户交易的安全性,但是,B2C 网站提供的货到付款服务,更加符合网民"一手交钱,一手交货"的交易习惯。很多大的 B2C 网站甚至筹建了自己的物流体系,同时,B2C 网站的售后服务提供者是厂商,所以售后服务更稳定、更有保障。在 C2C 网站占据比较优势的商品和网站使用上,B2C 网站的用户体验也没有输给 C2C,网购用户对京东商城、卓越和当当的商品性价比和网站好用性评价都不低于甚至优于 C2C 购物商圈。从商业运行的差异上看,由于 B2C 购物网站商家相对单一,进货渠道较为透明,产品可信度较高。并且,大多网站自建了物流和配送中心,使得 B2C 购物网站在产品品质和服务质量上都领先于 C2C 购物网站。

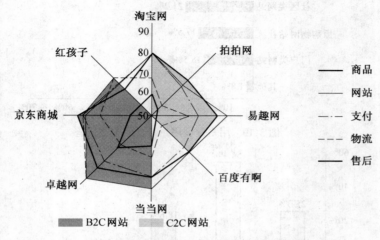

图 3.22 用户对购物网站各项因素满意度评价

1. B2C 主要购物网站使用满意度

网络购物用户对 B2C 网站、商品的满意度较高,对支付的安全性和便利性、物流服务也比较满意。网购用户反映最突出的问题是售后问题,售后差成为制约 B2C 购物网站满意度提升的关键因素。目前,我国网络购物售后服务体系还很不完善,市场上对网站经营者和网购商家在网购售后服务的责任归属上还没有统一的标准。B2C 网站用户往往将购物网站作为主要的售后服务提供者。然而,大部分的产品售后服务可能是由厂家提供的,在购物网站和商家的信息沟通中,产生的延误和推诿会使用户感受到售后服务的不便,影响购物体验。因此,要着力提升售后服务质量,同时,还应该加强网购用户对于售后服务提供的责权知晓。

从 B2C 主要购物网站对比看,虽然用户对 B2C 购物网站总体满意度较高,但用户对四家主要购物网站的评价差异较大。具体看,在四家主要的购物网站中,卓越网的商品、网站、支付、物流以及售后各个环节的服务满意度都最高,其中售后满意度达到 71.6%。京东商城用户对商品、支付和物流感受满意度较高,但是售后服务是弱项,只有 59.8% 的用户满意京东商城的售后服务。网民对红孩子购物网站的物流服务满意度最高,达到 75.7%,但是其他服务的满意度均低于其他 B2C 网站,尤其是售后服务,只有 56.8% 的用户表示满意,如图 3.23 所示。

2. C2C 主要购物网站使用满意度

网络购物用户对 C2C 购物网站的商品、网站和支付满意度较高。售后和物流是制约用户满意度提高的两大因素。由于大多 C2C 网站都没有自建物流体系,只能使用第三方物流配送,C2C 网站的这种物流体系设置决定其物流配送的服务难以保障。目前 C2C 网站在努力改善物品完好度和服务态度的问题,但是要彻底改变送货速度慢等先天性的痼疾,需要从运转机制上进行革新。

用户对 C2C 购物网站的满意度评价差异较大。淘宝网在各个环节的满意度相对较高,尤其是售后服务,其满意度明显优于其他 C2C 网站。百度有啊和拍拍网在商品性价比、网站好用性、支付便利以及物流和售后

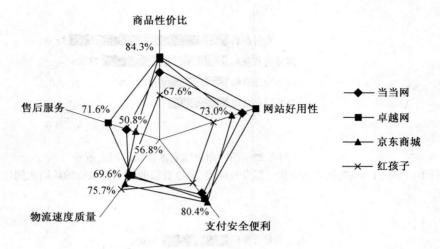

图 3.23 用户对 B2C 购物网站各项因素满意度评价

上的满意度处于类似的水平。易趣网在售后环节满意度较低,只有 51.4% 的用户满意,如图 3.24 所示。

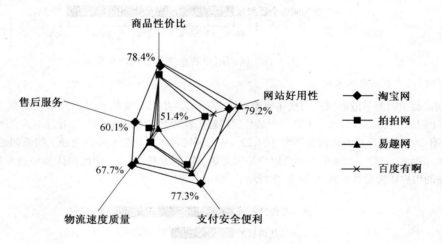

图 3.24 用户对 C2C 购物网站各项因素满意度评价

(三)影响网购整体满意度的因素

对用户对网购整体体验中各个评价指标进行分析,网民满意度排名最高的是支付便利。目前网购用户对支付便利性的满意度高达 74.5%。之后依次是网站查找方便、运行快速、信息有用,用户认可度分别达 74.5%,73.6%,72.2% 和 71.7%,如图 3.25 所示。

网络购物满意度最低的四项因素中,商品质量排列第一,只有 50.9% 的网民认为网络购物的商品质量有保障,有 49.1% 的网民对网购商品质量表示担忧。用户对网购支付环节的便利性赞同率高,但是,对于支付信息受到保护的情况不太满意,只有 51.8% 的用户认为网络购物支付信息受保护。售后是网购用户最不满

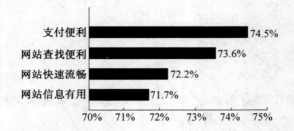

图 3.25 网购用户满意度最高的四类服务

意的环节,只有 51.8% 的用户认为售后服务有保障,对售后服务的全面细致的认同比例也不高,如图 3.26 所示。

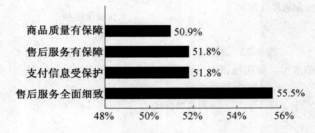

图 3.26 网购用户满意度最低的四类服务

(四)用户不满意的原因

商品品质问题是造成网民网购不满意的主要原因。在 13.2% 的有过不满意网络购物经历的用户中,52.3% 的人是因为商品与图片不符。产品品质问题也容易引起用户的不满,在有过不满意网络购物经历的用户中,有 25% 的用户是因为商品是仿冒的,22.7% 的网民遇到了伪劣和残损物品。物流问题也是造成用户不满意的原因之一,有 21.2% 的不满意用户是因为送货时间太长,15.7% 的用户认为快递人员服务态度不好,10.8% 的用户认为运费过高,如图 3.27 所示。

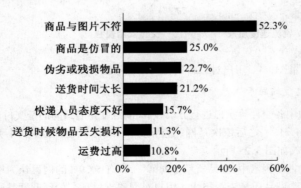

图 3.27 网民网络购物不满意原因

(五)用户满意度提升对策

通过回归分析看,网站、商品、售后和物流的体验都是影响网购整体满意度的显著因素。支付体验相对而言对整体满意度影响不明显,这可能是由于支付仅仅是一种交易手段。如果具备了安全性保障后,支付体验不会大幅提升用户网购的满意度。但是,这一保障性因素如果没有满足,支付不安全会导致用户失去网购的安全感和动机。

从网站、商品、售后和物流满意度上看。目前用户对网站使用,如流畅性和丰富性等满意水平相对较高。对商品的质量、价格满意度中等。售后服务和物流目前是引起网民不满意较多的因素,也是目前最有可能较快提升用户满意度的环节。因此商品、物流和售后是目前用户满意度提升的主要方向。

1.加强网站信息的归类整理,创新商品信息提供方式

消费者对网站各项服务的满意度均在70%以上,如图3.28所示。购物网站在使用便利性和流畅性上比较人性化,用户满意度较高。但是,网站信息有用性还不足,是造成网站满意度相对较低的因素。一方面,在不断丰富网站商品信息的同时,信息的杂乱也会影响用户接受,因此,需要对网站信息进行明确归纳,特别是要对用户评论和专家意见进行整理和排列。另一方面,除对商品本身的规格描述外,还要充分反映同一种类商品的差别信息,这对帮助用户进行合理的购买决策有重要作用。

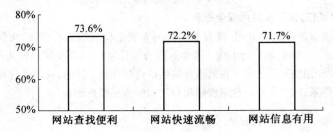

图3.28 网站相关因素用户满意度

2.完善网店商品质保服务,健全网店认证体系

用户对网购商品价格低廉的满意度较高,但对商品质量满意度最低。对商品质量的担忧影响到用户的购买热情如图3.29所示。目前,B2C购物网站由于是厂家供货,信任度较高。但是,市场上份额较大的C2C购物网站,在商品质量的保障还比较欠缺。为此,一方面要完善网店认证体系,培植网店品牌。另一方面,通过政策监管,促进进货渠道透明化,给消费者更多的渠道信息。不妨成立网上消协,为网购消费者维权。

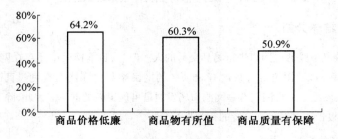

图3.29 商品相关因素用户满意度

3. 统一物流标准,将物流服务纳入电商运行体系

用户对网购物品递送速度满意度较高,有65.7%的用户表示满意,如图3.30所示。目前,更多的问题集中在物流服务态度和送货可靠性上。相对而言,B2C购物网站自建物流的方式能够满足用户一定的送货需求,但是对于C2C市场的广大用户,目前的物流体系无论从服务态度还是质量上都不能满足目前的市场需要。为此,政府应该将物流服务纳入电子商务运行体系,制定统一的网购物流标准,加强对从业人员的培训,逐步规范物流市场。

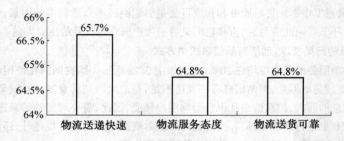

图3.30 物流相关因素用户满意度

4. 明确网购售后责权,尝试售后质保金服务

售后服务是用户满意度最低的方面,只有58.5%的人满意售后服务态度,认为售后服务有保障的只有51.8%,如图3.31所示。不能提供等同于线下店面等值的售后服务,是影响网民使用网络购物和满意度提升的重要因素。因此,要加强网购用户对于售后服务提供的责权知晓。同时,可以通过售后质保金等措施,将售后服务纳入有偿服务体系,通过责任内化来保障用户网购的售后服务的权利。

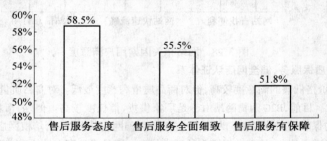

图3.31 售后服务相关因素用户满意度

五、潜在网络购物群体分析

网络购物用户狭义上是通过网络进行物品交易的人。但是,目前网民中还存在网上查找商品,但不进行网上购买的用户,简称网络"浏览者",目前有85.7%的网民半年内在网上查询过商品信息,但是其中只有26%的人在网上购买商品。网络浏览者是网购市场发展最可能突破的群体。因此,除了了解网购用户的购买决策行为方式外,本报告还对网络浏览者的行为进行分析。

(一)网络浏览者信息获取方式

网络浏览者查找商品的方式主要集中在购物网站上。有53.5%的浏览者最常在B2C购物网站上查找商

品信息,最常在 C2C 上查找商品信息的也有 32.5%。最常使用通用搜索引擎查找商品信息的只有 4.3%,如图 3.32 所示。

对于大部分网络商品信息浏览者,他们有自己常去的购物网站,浏览购物网站已经成为其线下购物前的一种信息渠道。同时,在 B2C 上查找商品信息的网民还多于 C2C 购物网站,而目前在 C2C 网站购物的网民规模远大于 B2C 网站。这说明网民在查找商品信息和实现购买的渠道上有所差异,由于 B2C 购物网站产品线具有独特性和差异性,成为用户获得特定商品信息的主要渠道,但是在实际的购买环节,C2C 购物网站品类丰富、低价优惠的模式更适宜目前用户的偏好。

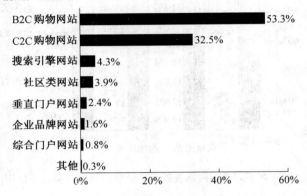

图 3.32　网络浏览者最常查找商品信息的网站

(二)网络浏览者不网购的原因

网民不使用网络购物,第一位的原因是不习惯使用,占 45.3%;使用方法和工具欠缺是第二位的原因,不会使用的占 15.4%,没有支付工具的占 10.7%;对网络购物安全担忧也是不进行网购的重要原因,有 12.2% 的网民认为网络购物不安全,如图 3.33 所示。

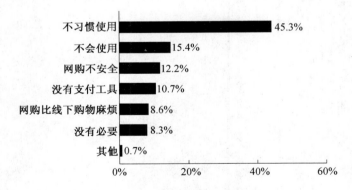

图 3.33　网络浏览者不使用网购的原因

最常使用搜索引擎查找商品信息的网民,有 78.9% 不习惯使用网购。最常在 B2C 购物上查找商品信息的网民,除了 31.5% 的人是由于使用不习惯外,还有 18% 的人是因为没有网络支付工具。因此,对 B2C 购物网站而言,在短时间内无法改变用户习惯的情况下,解决潜在用户的支付疑问和支付障碍,是扩大用户最直接的措施。

浏览 C2C 网站查询商品信息的网民,有 70.2% 的人是因为对网络购物的方式不习惯,还有 18.5% 的人是由于不会使用网购。同时,在社区类网站查询商品信息的网民,除了 32.6% 的人不习惯使用网络购物外,有 20.4% 的网民是由于使用方法欠缺而没有进行网购,如图 3.34 所示。借助 C2C 购物网站和社区类网民较高的人群渗透度,进行网络购物的方法介绍和实际讲解,也会促进潜在网购人群向实际网购用户转化。

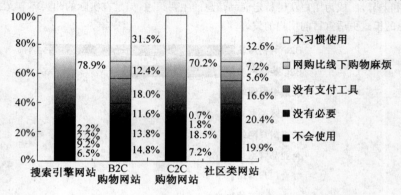

图 3.34 在不同类型网站查找商品信息的网络浏览者不使用网购的原因

第四章 Chapter 4

网络市场调研

【学习目标】
1. 掌握网络市场调研的内涵、特点。
2. 熟悉网络市场调研的步骤。
3. 掌握网络市场调研的方法。

第一节 网络市场调研概述

一个策划完美的营销方案必须建立在对市场细致周密的调研基础上,市场调研能促使企业生产出满足市场需求的产品,并及时调整营销策略。互联网为市场调研提供了强有力的工具,在国际上许多公司都利用互联网和其他一些在线服务进行市场调研,并且取得了满意的效果。网络市场调研是企业开展网络营销活动的前提和基础。

一、网络市场调研含义

市场营销调研就是运用科学的方法,有目的、有计划地收集、整理和分析研究有关市场营销方面的信息,获得合乎客观事物发展规律的见解,提出解决问题的建议,供营销管理人员了解营销环境,发现机会与问题,并将其作为市场预测和营销决策的依据。通过市场调研,获取准确、充分的市场信息,有助于企业分析和研究营销环境的变化,从而有预见地安排市场营销活动,减少营销决策风险;有助于企业进行市场预测,从而掌握市场动向和发展趋势,把握营销机会。因此,搞好市场调研,对于企业进行科学预测,制定正确的营销决策和策略,提高经济效益,求得企业的进一步发展,具有十分重要的作用。

随着互联网的发展和广泛应用,以互联网为基础和平台的网络市场调研应运而生。由于互联网传播信息的便捷性和低成本,网络调研将很快成为主流的市场调研方法,并将最终取代传统的入户调研和街头随时访问等调研方式。网络市场调研就是基于互联网对网络营销决策相关的数据系统地进行计划、收集、整理、分析和研究的活动。这些相关的数据包括消费者的需求、竞争对手的情况、市场机会、分销渠道等方面的情况。

二、网络市场调研与传统市场营销调研的比较

通过表4.1的对比,可以非常明显地看出两者的不同。

表 4.1　网络市场调研与传统市场调研的比较

比较项目	网络市场调研	传统市场调研
调研费用	较低,主要是设计费和数据处理费,每份问卷所要支付的费用几乎为零	昂贵,包括:问卷设计、印刷、发放、回收、聘请和培训访问员、录入调查结果、由专业公司对问卷进行统计分析等多方面的费用
调研范围	全国乃至全世界,样本数量庞大	受成本限制,调研地区和样本的数量均有限
运作速度	很快,只需搭建平台,数据库可自动生成,几天就可能得出有意义的结论	慢,至少需要2个月到6个月才能得出结论
调研的时效性	全天候进行	不同的被访问者对其可进行访问的时间不同
被访问者的便利性	非常便利,被访问者可自由决定时间、地点回答问卷	不太方便,一般要跨越空间障碍,到达访问地点
调查结果的可信性	相对真实可信	一般有督导对问卷进行审核,措施严格,可信性高
适用性	适合长期的大样本调研,适合要迅速得出结论的情况	适合面对面深度访谈,食品类等需要对受访者进行感官测试

三、网络市场调研的特点

网络市场调研的实施可以充分利用互联网作为信息沟通渠道的开放性、自由性、平等性、广泛性和直接性等特点,使得网上市场调研具有传统市场调研手段和方法所不具备的一些独特的特点和优势。通过互联网进行的市场调研,可以借鉴传统市场调研的理论、方式和方法,但由于互联网自身的特性,网上调研也有一些与传统市场调研不同的特点。

(一)网络信息的及时性与共享性

网络的传输速度非常快,网络信息能迅速传递给互联网上的任何用户;网上调研是开放式的,任何网民都可以参加投票和查看结果,而且网上投票信息在回收的同时就可自动进行数据的汇总、统计和分析,可以看到阶段性结果。传统市场调研则需经过很长一段时间才能得出结论,如人口抽样调研统计分析需3个月,而CNNIC在对互联网进行调研时,从设计问卷到实施网络调研和发布统计结果,总共只有1个月时间。同时,网络还具有覆盖广的特点,在相同的时间内,网络市场调研可以收集更多的信息。

(二)网络调研的便捷性与低费用

网络市场调研可节省传统的市场调研中所耗费的大量人力和物力。在网络上进行调研,无论是调研者还是被调查者,只需拥有一台能上网的计算机,即可进行网络沟通交流。调研者在企业站点上发出电子调研问卷,提供相关信息,或者及时修改、充实相关信息,然后利用统计分析软件对访问者反馈回来的信息进行整理和分析。这一系列过程既不需外派调研人员,又不受天气状况和距离的限制,更不需印刷、邮寄调研问卷,而且调研过程中最繁重、最关键的信息采集和录入工作可分布到众多网上用户的终端上完成,可以无人值守和不间断地接收调研表,信息检验和信息处理工作均由计算机自动完成。在传统调研方式中,纸张、印刷、邮资、电话、人员培训、劳务以及后期统计整理等要耗费大量的人力和财力。虽然通过互联网进行调研没有降低调研的基本费用,如设计调研问卷、分析调查结果等,但网上调研确实降低了调研实施的附加成本、接触成本以及数据分析处理方面的费用,节省了传统调研中耗费的大量人力和物力。

(三)网络调研的交互性和充分性

传统的市场调研只能提供固定的问卷,不能充分表达被调查者的意见。而在网上进行调研的时候,被访问者可以及时就问卷的相关问题提出自己的看法和建议,因而可减少因问卷设计不合理而导致的调查结果出现偏差等问题。同时,被访问者还可以不受任何时间限制、自由充分地在网上发表自己的看法,其参与性大大增强,这是传统市场调研所无法比拟的。而传统的市场调研是不可能做到这些的,例如,面谈法中的路上拦截调研,它的调研时间较短,不能超过10分钟,否则被调查者肯定会不耐烦,因而对访问调研员的要求非常高。

(四)网络调查结果的可靠性和客观性

由于企业站点的访问者一般都对企业产品有一定的兴趣,所以这种基于顾客和潜在顾客的市场调查结果是客观和真实的,在很大程度上反映了消费者的消费心态和市场发展的趋向。首先,被调查者在完全自愿的原则下参与调研,调研的针对性更强;其次,调研问卷的填写是自愿的,不是传统调研中的"强迫式",填写者一般对调研内容有一定的兴趣,回答问题相对认真,所以问卷填写可靠性高;再次,网络市场调研可以避免传统市场调研中人为错误(如访问员缺乏技巧或诱寻回答问卷问题)所导致的调研结论的偏差,被访问者是在完全独立思考的环境中接受调研的,不会受调研员及其他外在因素的误导和干预,因而能最大限度地保证调查结果的客观性。

(五)网络调研无时空和地域限制

网络市场调研可以 24 小时全天候进行,网民可以在任何方便的时间和地点参与调研,不受地域制约和时间限制,这与受区域和时间制约的传统的市场调研方式有很大的不同。一个企业如利用传统方式在全国范围内进行市场调研,需要各个区域代理商的配合,花费大量的人力、物力和财力;而利用互联网对用户进行在线调研,企业只要与访问率较高的门户网站、有关专业网站及在线网络广告站点联合,即可方便进行。至于到海外市场调研,网络更具有无可比拟的优越性。

(六)网络调研可检验性和可控制性

利用互联网进行网上调研收集信息,可以有效地对采集信息的质量实施系统的检验和控制。一是网上市场调研问卷可以附加全面规范的指标解释,有利于消除因对指标理解不清或调研员解释口径不一而造成的调研偏差;二是问卷的复核检验由计算机依据设定的检验条件和控制措施自动实施,可以有效地保证对调研问卷的 100% 的复核检验,保证检验与控制的客观公正性;三是通过对被调查者的身份验证技术可以有效地防止信息采集过程中的舞弊行为,从而有效地对所采集信息的质量实施系统检验和控制。

利用互联网进行市场调研的优势是明显的,但现在要普及还有一定的难度。一是因为消费者、企业对这种新颖的市场调研方式还不适应;二是网络软、硬件方面的欠缺有时使调研流程不畅;三是专业的网络调研人员目前还太少。但随着互联网的普及应用和人们传统思想观念的转变,网络上的市场调研在逐渐成为一种趋势。

四、网络市场调研的局限性

网络市场调研是一种便利而且费用低廉的调研形式,已经为企业市场调研及其他调研统计机构所普遍采用,但是,由于网络市场调研存在一定的局限性,需要在实际应用中尽量避免由此造成的不利影响。

(一)参与调研群体的代表性难以保证

网络市场调研的对象主要是网民,截至 2009 年 12 月 31 日,中国网民规模达到 3.84 亿人,但普及率却只有 28.9%,这说明网民只是全体人口中的一小部分,不是一般大众的代表。因此,公司利用互联网作为数据收集工具时必须考虑到被调研的网上样本对你希望调研的群体是否有足够的代表性。例如,目前如在网上调研"空巢家庭"的情况可能就不合时宜,因为老年人中上网人数比例很低。网民的构成决定着预定的被调查者是否构成群体规模,如果被调研对象规模不够大,就意味着不适合于在网上进行调研。因此,网络调研要看具体的调研项目和被调查者群体大小而定位。

(二)被调查者的参与性

与传统方式不同,网民可以在不面对调研者的情况下,在一种相对轻松的和从容的气氛中填写问卷,达到面对面提问无法比拟的效果。但如被调查者不愿意回答问卷,即使他对所调研的问题感兴趣也可能不填写问卷,因为这会花费他的时间,特别是在调研项目较多的情况下。

(三)调查结果的可靠性

如果调查结果不涉及利益或感情冲突,调查结果可靠性可能较高,但如涉及利益冲突,调研的客观性就不能保证,现在有很多发表的网上调研数据就存在调研舞弊问题。

(四)缺乏细致的观察

用互联网进行网络调研不能对应答者进行深入细致的观察,而通过有经验的调研员或专题小组就可以做到这一点。

(五)应答者重复作答

与其他形式的市场调研一样,进行网络调研也同样不能保证应答者所提供的信息都是真实的。由于许多网络调研并不限制人们的答复次数,因此,在网上存在着大量的重复作答现象,而这严重地影响了网络调研的信度和效度。为此,公司应通过建立 IP 互联网协议,建立唯一的统一资源定位符(URL)系统和用户密码等方式来防止重复作答。

第二节 网络市场调研的内容与步骤

一、网络市场调研的内容

网络市场调研是一个复杂的过程,其包含的内容相当广泛,涉及的对象主要包括市场需求、消费者、竞争对手、宏观环境等。

(一)市场需求

调研市场需求情况,主要目的在于掌握市场供求量、市场规模、市场占有率,其内容主要包括现有市场对某种产品的需求量和销售量、某种产品在市场上可能达到的最大需求量有多少、不同的市场对某种产品的需求情况、本企业产品在整个市场及不同市场的占有率、市场的进入策略和时间策略,国内外市场的变化动态和未来的发展趋势等。

(二)消费者

消费者是企业营销活动的重要对象,网络消费者的需求特征,特别是需求的重大变化,将直接影响到企业经营的方针和战略。消费需求及其变化趋势调研是网络市场调研的重要内容。利用互联网了解消费者的需求状况,首先要识别消费者的个人特征,如地址、性别、年龄、E-mail、职业等。除此之外,还应调研的内容有:价格定位调研、购买行为调研(购买力、购买习惯、支付方式、送货方式等)、服务需要的调研(服务要求、服务方式、服务内容等)、需求量调研(包括现实和潜在需求量的调研)、广告效果的调研等。

(三)竞争对手

企业的竞争对手包括本行业现有企业和新加入的竞争者,企业间相互竞争、相互影响、相互制约。通过对竞争者的调研,可以了解竞争者的现状和自身在行业中所处的地位和具有的优势与不足,以便为自己制定战胜对手的策略。对竞争对手的调研包括以下内容:竞争对手的基本情况、竞争能力、经营战略、新产品、新技术开发情况和售后服务情况,同时还要注意潜在的竞争对手。

(四)宏观环境

企业仅仅了解一些与其密切相关的信息是远远不够的,特别是在做出重大决策时,还必须了解一些宏观环境的信息,包括人口、经济、自然地理、科学技术、政治法律和社会文化等信息。这些信息共同构成了企业营销的大环境,这些信息的获得有利于企业从全局的角度,从战略的高度考虑问题。因此在进行市场调研时也要重视宏观环境的影响。

除了上述几方面信息之外,企业还应根据实际需要了解合作者、供应商、营销中介等方面的微观营销环境的信息。

二、网络市场调研的步骤

网络市场调研与传统市场调研一样,应遵循一定的方法与步骤,以保证调研过程的质量。网络市场调研一般包括下述六个步骤,如图4.1所示。

图4.1 网络市场调研步骤

(一)明确问题与调研目标

明确问题和确定调研目标对使用网上搜索的手段来说尤为重要。互联网是一个巨大的信息仓库,承载着丰富的信息。当你开始搜索时,可能无法精确地找到你所需要的重要数据,不过你肯定会沿路发现一些其他有价值、抑或价值不大但很有趣的信息。这似乎验证了互联网上的信息搜索的定律:在互联网上你总能找到你不需要的东西。其结果是,你为之付出了时间和上网费的代价。因此,在开始网上搜索时,头脑里要有一个清晰的目标并留心去寻找。一些可以设定的目标是:谁有可能想在网上使用你的产品或服务?谁是最有可能购买你提供的产品或服务的客户?在你这个行业中,竞争对手是否已经上网?他们在干什么?你的客户对你竞争者的印象如何?公司进行网络营销,有哪些方面可能要受哪些法律、法规的约束?如何规避?具体要调研哪些问题事先应考虑清楚,只有这样,才可能做到有的放矢,提高工作效率。

(二)确定调研对象

明确调研目标之后,就要确定调研对象,这主要是为了解决向谁调研和由谁具体提供资料的问题。网络市场调研的对象,主要分为企业产品的消费者、企业的竞争者、企业合作者和行业内的中立者三大类。

1. 企业产品的消费者

消费者可以通过互联网访问企业站点,利用企业首页所提供的分类、目录或搜索引擎服务工具,浏览商品的说明、功能、价格、售后服务等信息,进行网上购物。企业营销人员可以根据顾客在网上购物时留下的相关信息建立顾客信息数据库,进而通过互联网来跟踪消费者,了解他们对企业和产品的意见和建议。企业的调研人员还可以对访问本企业网站的消费者进行统计,进而了解消费者的分布范围和潜在消费市场的区域,并按此制定相应的网络营销战略。

2. 企业的竞争者

市场调研人员通过互联网进入竞争者的站点查询所有的公开信息,如竞争企业的历史、企业结构、产品系列、年度/季度报告、产品信息、决策人员个人简历、企业简讯、企业公开招聘职位信息、营销措施等。通过对这些信息进行分析,有利于营销人员准确把握行业竞争趋势,做到知己知彼。

3. 企业合作者和行业内的中立者

市场营销人员还应时常关注企业合作者和行业内中立者的网站,有时这些企业的网站可能会提供一些极有价值的信息和研究分析报告,为企业营销决策提供更多的参考资料。

市场营销人员在市场调研过程中,应兼顾到上述这三类对象,但也必须有所侧重。特别在市场激烈竞争的今天,对竞争者的调研显得格外重要,竞争者的一举一动都应引起营销人员的高度重视。

(三)制定调研计划

网络市场调研的第三步是制定有效的调研计划,包括资料来源、调研方法、调研手段、抽样方案和联系方法五部分内容。

1. 资料来源

市场调研首先须确定是收集一手资料(原始资料)还是二手资料,或者两者都要。一手资料是调研人员通过实地调研,直接向调研对象收集的资料。二手资料是经过他人收集、记录、整理所积累的各种数据和资料的总称。

2. 调研方法

根据不同的调研目标以及调研对象的具体情况,选择科学合理的调研方法是成功调研的关键。在传统市场调研技术与网络技术相互结合的前提下,网络市场调研包含的方法主要包括问卷调研法、网上实验法、网上观察法、搜索引擎调研等调研方法,应根据具体的调研情况选择适合的网络调研方法。

3. 调研手段

网络市场调研主要可以采用的调研手段有：在线问卷，其特点是制作简单、分发迅速、回收也方便，但须遵循一定的原则；交互式电脑辅助电话访谈系统（CATI），是中心控制电话访谈的"电脑化"形式，目前在美国十分流行，它是利用一种软件程序在电脑辅助电话访谈系统上设计问卷结构并在网上传输，互联网服务器直接与数据库连接，对收集到的被访者答案直接进行储存；网络调研软件系统，是专门为网络调研设计的问卷链接及传输软件，它包括整体问卷设计、网络服务器、数据库和数据传输程序。一种典型的用法是：问卷由简易的可视问卷编辑器产生，自动传送到互联网服务器上，通过网站，使用者可以随时在屏幕上对回答数据进行整体统计或图标统计。

4. 抽样方案

即确定抽样单位、确定样本规模大小和抽样程序。抽样单位是指确定抽样的目标总体；样本规模的大小即样本量，会涉及调查结果的可靠性，样本须足够多，必须包括目标总体范围内所发现的各种类型样本；在抽样程序选择上，为了得到有代表性样本，应采用概率抽样的方法，这样可以计算出抽样误差的置信度，当概率抽样的成本过高或时间过长时，可以用非概率抽样方法替代。

5. 联系方法

指以何种方式接触调研的主体，网络市场调研采取网上交流的形式，如 E-mail 传输问卷、BBS 等。

（四）收集信息

利用互联网作市场调研，不管是一手资料还是二手资料，可同时在全国或全球进行，收集的方法也很简单，直接在网上递交或下载即可，这与受区域制约的传统调研方式有很大的不同。如某公司要了解各国对某一国际品牌的看法，只需在一些著名的全球性广告站点发布广告，把链接指向公司的调研表就行了，无需像传统调研那样，在各国找不同的代理分别实施。此类调研如果利用传统方式是无法想象的。

在问卷回答中访问者经常会有意无意地漏掉一些信息，这可通过在页面中嵌入脚本或 CGI 程序进行实时监控。如果访问者遗漏了问卷上的一些内容，其程序会拒绝递交调研表或者验证后重发给访问者要求补填。最终，访问者会收到证实问卷已完成的公告。在线问卷的缺点是无法保证问卷上所填信息的真实性。

（五）分析信息

收集得来的信息本身并没有太大意义，只有进行整理和分析后信息才变得有用。信息分析的能力相当重要，因为很多竞争者都可从一些知名的商业站点看到同样的信息。调研人员如何从收集的数据中提炼出与调研目标相关的信息，并在此基础上对有价值的信息迅速作出反应，这是把握商机战胜竞争对手，取得经营成果的一个制胜法宝。利用互联网，企业在获取商情,处理商务的速度方面是传统商业无法比拟的。

(六)提交调研报告

调研报告的撰写是整个调研活动的最后一个阶段。报告不能是数据和资料的简单堆砌,调研人员不能把大量的数字和复杂的统计技术扔到管理人员面前,否则就失去了调研的价值。正确的做法是把与市场营销关键决策有关的主要调查结果报告出来,并以调研报告所应具备的正规结构写作。

作为对填表者的一种激励或犒赏,网上调研应尽可能地把调研报告的全部结果反馈给填表者或广大卖者。如果限定为填表者,只需分配给填表者一个进入密码。对一些"举手之劳"式的简单调研,可以实施互动的形式公布统计的结果,效果更佳。

第三节 网络市场调研的方法

在互联网上针对营销环境进行调研、收集资料和初步分析的活动有两种方式,一种是通过互联网直接进行问卷调研等方式收集一手资料,被称为网络直接调研;另一种方式是利用互联网的媒体功能,从互联网收集二手资料,一般称为网络间接调研。

一、网络市场直接调研的方法

(一)网络市场直接调研分类

网络市场直接调研指的是为当前特定目的在互联网上收集一手资料或原始信息的过程。网络市场直接调研根据不同的标准可划分成不同的方法。

1. 根据采用的调研方法不同,可以分为网上问卷调研法、网上实验法和网上观察法。

(1)网上问卷调研法

网上问卷调研法即请求浏览网站的每个人填写调研问卷,参与各种调研。下面将详细介绍如何组织使用网上问卷进行调研。

(2)网上实验法

网上实验法则是选择多个可比的主体组,分别赋予不同的实验方案,控制外部变量,并检查所观察到的差异是否具有统计上的显著性。这种方法与传统的市场调研所采用的原理是一致的,只是手段和内容有差别。

(3)网上观察法

网上观察法是一种实地研究方法,不过在网络中,实地特指一些具体的网络空间。一般是指调研人员通过 E-mail 向互联网上的个人主页、新闻组或邮件列表发出相关查询进行网上观察的一种调研方法,是由调研人员直接或通过分析软件和追踪系统在网络上观察调研对象的网上行为动态并加以记录而获取的一种方法。比如,研究人员可以通过观察网民的点击行为来测定某些网络广告受到欢迎的程度和效果。但是调研人员虽然可以观察到网民的网络行为特征,却只能观察到外部现象,无法观察到调研对象的一些动机意向及态度等内在因素。

2.按照调研者组织调研样本的行为,网上调研可以分为主动调研法和被动调研法。

(1)主动调研法

主动调研法即调研者主动组织调研样本完成统计调研的方法。

(2)被动调研法

被动调研法即调研者被动地等待调研样本造访,完成统计调研的方法。

3.按网上调研采用的技术可以分为站点法、E-mail 法、随机 IP 法、视讯会议法和交互式电脑辅助电话访谈法等。

(1)站点法

站点法又称主动浏览访问法,即将调研问卷设计成交互式的 Web 页(World Wide Web,简称 Web),并上传到一个或几个网络站点上,由浏览这些站点并对该问题感兴趣的用户在此 Web 页上回答调研的问题。

(2)E-mail 法

E-mail 法是通过给被调查者发送 E-mail 的形式将调研问卷发给一些特定的网上用户,由用户填写后以 E-mail 的形式再反馈给调研者的调研方法。

(3)随机 IP 法

随机 IP 法也称网络电话法,是以 IP 地址为抽样框,采用 IP 自动拨叫技术,邀请用户参与调研。比如,可将 IP 地址排序,每隔 100 个进行一次抽样,被抽中的用户会自动弹出一个小窗口,询问其是否愿意接受调研,回答"是",则弹出调研问卷;回答"否",则呼叫下一个 IP 地址。随机 IP 法属于主动调研法,其理论基础是随机抽样。

(4)视讯会议法

视讯会议法又称网络会议法,是基于 Web 的计算机辅助访问(简称 CAWI)。通过直接在上网人士中征集与会者,并在约定时间举行网上座谈会,在主持人的引导下,对某一问题进行深入或探索性的讨论、研究的一种网上调研方法。这种调研方法属于主动调研法,其原理与传统调研法中的专家调研法相似,不同之处是参与调研的专家不必实际地聚集在一起,因此,网上视讯调研会议的组织比传统的专家调研法简单得多。视讯会议法适合于对关键问题的定性调研研究。

(5)交互式电脑辅助电话访谈

交互式电脑辅助电话访谈系统,是利用一种软件程序在电脑辅助电话访谈系统上设计问卷结构并在网上传输。互联网服务器直接与数据库连接,对收集到的被访者答案直接进行储存。

(二)网上问卷调研法

调研问卷是调研者根据一定的调研目的精心设计的一份调研表格,是各行业用于收集资料的一种最为普遍的工具。在网络市场调研中,也是一种十分重要的方法。网上问卷调研法是将问卷在网上发布,被调查对象通过互联网完成问卷调研。利用在线调研问卷收集信息需要经过三个基本环节:调研问卷的设计、投放和回收。

1.在线调研问卷的设计

在线调研是一个了解顾客的很好渠道,但前提是必须设计一个好的调研问卷。只有设计正确的调研问卷,才能得到正确的反馈信息。如何设计一份理想的调研问卷?首先必须融合传统问卷的设计原则,同时考虑问卷所涉及的网络环境,加入相关的设计概念。

(1)在线调研问卷的结构

下面通过"搜索引擎关键词广告应用状况在线调研"这一案例来说明在线调研问卷的一般要素。

【案例 4.1】

搜索引擎关键词广告应用状况在线调研问卷

非常感谢您关注并参与新竞争力网络营销管理顾问关于"搜索引擎关键词广告应用状况在线调研"。本项调研的目的在于了解国内企业/网站利用关键词广告推广的现状,如哪些搜索引擎用户采用比例最高、关键词推广的总体效果以及影响关键词广告推广应用的因素等。新竞争力将根据有关调查结果进行统计分析,并将免费发布研究结论,供更多企业/网站在制定搜索引擎关键词广告时参考。

为了尽量提高调查结果的可信度,新竞争力对"搜索引擎关键词广告投放"的说明如下:

本调研所定义的关键词广告投放包括你本人直接向搜索引擎投放关键词广告(例如注册了 google 关键词广告账户后自行投放广告),也包括你本人参与的通过代理商所进行的关键词广告投放,如果本人并未直接参与关键词广告投放,至少应该对这个过程和结果比较了解。

另外,提醒参与调研的朋友,请留下您的联系方式,新竞争力将从参与者中抽出部分获奖者,奖品包括新竞争力网络营销专家最新出版的网络营销著作(如即将出版的网站推广方法、搜索引擎营销、网络营销案例等)、收费网络营销研究报告,并有机会获得新竞争力的邀请,免费参加不定期举办的网络营销茶座、酒会等。

(以下是在线调研问卷的内容)

(1)是否投放过中文搜索引擎关键词广告(只选 1 项)
- 是
- 否

(2)如果投放过中文搜索引擎关键词广告,在哪些搜索引擎投放?(请选 1 至 8 项)
- google
- 百度
- 中国搜索
- 雅虎中国(一搜)

- 新浪搜索
- 搜狐搜索(搜狗)
- 网易搜索
- 其他搜索引擎

(3)如果投放过中文搜索引擎关键词广告,对推广效果总体满意度(只选1项)
- 5(非常满意)
- 4(比较满意)
- 3(基本满意)
- 2(一般)
- 1(不满意)

(4)你认为影响关键词广告效果的因素有哪些(请选1至11项)
- 关键词组合选择是否能覆盖用户检索所采用的主要词汇
- 关键词广告标题设计是否有吸引力
- 关键词广告文字描述的设计是否有吸引力
- 关键词广告显示的排名位置
- 关键词广告展示数量
- 搜索引擎平台的用户特征
- 搜索引擎平台的访问量
- 搜索引擎是否提供关键词管理工具
- 选择搜索引擎广告平台比较盲目
- 网站建设本身的专业水平
- 其他因素

(5)你认为目前关键词广告投放中的主要问题是什么?(请选1至9项)
- 关键词广告投放流程操作复杂
- 缺乏对搜索引擎的评价指标,因而选择搜索引擎比较盲目
- 难以选择最符合用户检索行为的关键词
- 重要关键词的价格太高
- 关键词广告总体费用过高
- 同类关键词广告信息太多
- 对推广效果难以评估
- 无效点击率过高(包括恶意点击和非潜在用户的无意点击)
- 其他问题

(6)如果尚未采用过关键词广告,那么是否会在一年内考虑采用?(只选1项)
- 会

- 不会
- 不一定

(7)你认为目前没有采用关键词广告推广的主要因素有哪些(请选1至10项)
- 网络营销预算限制
- 关键词广告总体费用太高
- 不知道如何选择合适的搜索引擎
- 关键词广告投放操作比较复杂
- 不知道如何选择合理的关键词
- 期望的关键词每次点击价格太高
- 担心自己的广告被恶意点击
- 对关键词广告效果没有信心
- 暂时不需要这种推广方式
- 其他原因

(8)如果计划采用关键词广告,会选择哪些搜索引擎?(请选1至9项)
- google
- 百度
- 中国搜索
- 雅虎中国(一搜)
- 新浪搜索
- 搜狐搜索(搜狗)
- 网易搜索
- 暂时不好确定
- 其他搜索引擎

(以下是关于被调查者的信息)
请填写您的个人信息(说明:仅用于联系和获奖通知,没有其他任何商业目的)
您的姓名(笔名)
E-mail 地址
所在地区
其他联系方式

资料来源:新竞争力.http://www.jingzhengli.cn/diaocha/Vote.Asp? id = 20051105220447

由上述案例可以看出,一个完整的网上调研问卷通常包括四个组成部分:调研题目、关于调研的说明、调研内容、被调查者个人信息。

①调研题目

调研题目是对调研活动的基本介绍,必须准确、简洁、单一、重点突出,避免语言冗余、措辞不当。

②调研说明

调研说明是对问卷调研的说明介绍,说明由谁执行此项调研、调研目的、意义何在等,其主要作用是使被调查者了解本次调研的基本情况,激发被调查者参与本次调研的兴趣。调研说明是与被调查者进行第一次沟通的媒介,因此措辞语气必须委婉,在语言中应体现出被调查者参与调研对于本次调研活动的意义,从而增加被调查者填写问卷的自豪感受。在调研说明中还可以说明完成问卷大概需要多少时间,以便调查对象安排好时间完成填写问卷,避免因其他的事情中断填写,以后也懒于继续完成问卷。还可在调研说明中指出进行调研的单位,如果调研单位具有很高的声望和权威,如政府部门、行业性组织、教育部门等非营利性组织的问卷可能会得到更高的回收率。此外,如果是有奖调研,还要在调研说明中说明奖项的设置,以鼓励被调查者参与调研。调研说明不是问卷调研必需的内容,如果属于比较简单的问卷调研,这部分内容可以省略。在网络调研中,调研说明可以通过各种多媒体技术制作出丰富多彩的效果,提高网民的注意力,进而提高调研的成功率。

③调研内容

调研内容包括问题和备选答案,是问卷的核心部分,是主体。问题的类型可以分为开放式问题、封闭式问题和半封闭式问题。

开放式问题是在提出问题后,并不给出标准答案,由被调查者自由作答。开放式问题的优点是答案不受限制,可以深入探讨,比较利于创新,可以调研一些定量调研难以完成的主观性问题。开放式问题的缺点是难于汇总,缺乏审核的标准,有时会出现答非所问的现象。

封闭式问题在提问的同时给出答案,供被调查者选择,这种类型的问题由于其简单,容易回答而受到了被调查者的欢迎。封闭式问题的优缺点与开放式问题恰好相反。

半封闭式问题是封闭式问题的延伸,在问题之后标明了一系列答案,但还允许答卷人补充自己的意见。

④被调查者个人信息

目的一方面在于了解被调查者的基本状况,另一方面也是为了向参与调研者提供奖励、感谢等,这部分内容通常为可选内容。

(2)在线调研问卷的设计要点

为了能够获得良好的调研反馈,设计问卷不仅仅只是针对你在问卷中想要问客户的问题,而且还要考虑如何向被调查者询问这些问题。经验表明,如果问卷中存在某种偏见的话,许多被调查者会主动放弃填写调研问卷。表达错误的调研问卷,所得到的调研数据对企业改善经营管理毫无帮助,在设计问卷内容时应体现出"你的意见对我们很重要",让调研者感觉到,填写调研问卷就好像帮助自己或所关心的人,这样往往有助于提高问卷的回收率,在设计调研问卷时需要把握以下几个方面的内容:

①调研说明要清晰

一份完整的调研问卷在调研问题之前首先应该对调研做出必要的说明,如果对调研说明不够清晰,将会降低被调查者的信任和参与兴趣,结果是参与调研的人数减少,或者问卷回收率低。

②问卷设计要主题明确,问题应简短扼要、少而精

在线调研问卷应该主题明确、简洁明了、问题便于被调查者正确理解和回答,这需要在问题中尽量使用浅显易懂的表达方式,避免在问卷中使用一些行业术语和缩写词,在问卷中表达的越浅显清楚,被调查者愿意完成整个调研问卷的可能性就会越大。过于专业化的概念可能会使得被调查者不知该如何回答问卷上的问题。此外,调研问卷也应该方便调研人员的工作,且便于调查结果的处理,其实这也是所有问卷设计中应该遵循的基本原则。

③避免调研内容过多,影响被调查者参与的积极性

同一份问卷中设计过多的调研问题使得参与者没有耐心完成全部调研问卷,这是在线调研最常见的误区之一,应引起高度重视。如果一个在线调研在 10 分钟之内还无法完成,一般的被调查者都难以忍受,除非这个调研对他非常重要,或者是为了获得奖品的目的才参与调研,即使完成了调研,也隐含一定的调研风险,比如被调查者没有充分理解调研问题的含义,或者没有认真选择问题选项,最终会降低调查结果的可信度。可有可无的或没有太多实际价值的问题无须太多,一般所提问题不应超过 10 项。

④避免可能造成歧义或不够专业的问题描述

这种情况会造成被调查者难以决定最适合的选项,不仅影响调查结果的可信度,甚至可能使得参与者未完成全部选项即中止调研。

⑤避免建立在假设前提基础上的问题

比如说,不应该撰写这样的问题:"你家的电视机是 TCL 牌还是长虹牌?"这样的问题建立在被调查者有 TCL 牌或长虹牌电视的前提基础上,而忽略了如果被调研人家中并没有这两种电视的可能性。

⑥避免遗漏重要问题选项

有些问题可能的回答很难全部罗列出来,使得参与者从中无法选择自己认为最合适的条目,这种状况会降低调查结果的可信度,但是至少不能遗漏重要的问题选项,尤其是倾向性的"遗漏"。例如在一个"用户最常用的搜索引擎"调研选项中,如果选项只有:google、中搜、搜狐、新浪、雅虎,这五个选项,那么在最终的调查结果会将百度排除在外,这显然不符合当前国内用户使用搜索引擎的习惯,这与实际情况有很大的差别,调查结果自然也很难让人信服。

对于相对专业的调研问题选项,对在线调研表的设计者提出了更高的要求,因为任何一项重要信息的遗漏都可能意味着调查结果价值的降低。对于这个问题的弥补办法之一是,在调研表中设置一个"其他"选项,当然这不是最好的办法,如果最终的调查结果中选择"其他"的比例较高,那么就说明对于这个问题的选项设置不尽合理,甚至有可能遗漏了某些重要问题。

⑦所提问题不应有误导或偏见，不要诱导人们回答

比如说，不应该撰写这样的问题："在我们的调研中我们发现许多访问者更愿意购买联想手机，您喜欢哪一种品牌的手机？"这样的问题显然对被调查者有明显的误导作用。

⑧避免询问被调查者敏感或者是尴尬的问题

调研中最需要知道的信息需要尽量放在问卷的前部分，如果被调查者在接受调研时，中途放弃完成调研问卷，这样至少能够获得你最想知道的那部分信息。另外，在调研问卷的开始安排几个相对简单的问题，使得被调查者能够完成整个问卷，不至于在问卷的开始就吓着被调查者，使得被调查者不会由于反感而拒绝完成整个调研问卷，从而保证调研能够得到更准确、更有价值的信息。

即使由于调研需要，你必须在问卷中向被调查者询问令其尴尬的问题时，最好的选择就是将问题放在问卷的最后，而在这之前能够安排一些内容相关但并不令其尴尬的问题。

⑨避免过多收集被调查者的个人信息

有些在线调研对参与者的个人信息要求较多，从真实姓名、出生年月、学历、收入状况、地址、电话、电子邮箱甚至连身份证号码也要求填写，由于担心个人信息被滥用，甚至因此遭受损失，很多人会拒绝参与这样的调研，或者填写虚假信息，其结果是问卷的回收率较低，影响在线调研的效率，并且可能影响调查结果的可信度。一般来说，收集用户的个人信息应尽可能简单。

⑩不要把两种或两种以上的问题放在一个问题中

在设计调研问卷时最重要的一条是不要期望在一份问卷里放下你所有想要知道答案的问题，例如"你认为这个网站是否易于浏览且有吸引力"这样的问题将使回答者在不完全肯定时无法选择。

⑪提问的意思和范围必须明确

例如"最近你从这家网上音像店购买了什么CD"，对于这样的问题往往会使回答者感到不明确的是"最近"是指什么时间段。

⑫尽量避免一般认为超出回答者记忆范围的提问

当看到"你一年前购买的食用油是哪一家生产商的产品"的提问时，恐怕大多数人都不会记得。

⑬以过滤性的提问方法来展开，注意问题之间的逻辑关系

现在上网的人越来越多，可能有许多人闲着没事填写网上问卷，而这些人并不是问卷所针对的目标。有鉴于此，网上问卷应在开始时设置几个过滤性问题，以筛选出问卷针对的确定对象。如有一份销售技巧问卷一开始便表明："这份问卷的对象是有过销售经验的人，如果您没有任何销售经验，请改填消费者问卷。"就是说，问卷设计者提供两种问卷选择，用这样的过滤方法可剔除不合格的调研对象，提高问卷的成效。

2. 在线调研问卷的投放

设计好了的在线调研问卷，还需要通过一定的方式让被调查者看到调研问卷并参与调研，这样才能完成调研。相较于传统市场调研问卷的投放，在线调研问卷的投放则要方便得多，只需要在具有在线调研所需要的功能的网站上或利用 E-mail 等方式发布调研问卷即可，具体有以下几种方式：

（1）利用企业自己的网站发布调研问卷

企业网站本身就是宣传媒体，如果企业网站已经拥有固定的访问者，完全可以利用自己的网站开展网上调研。这种方式要求企业的网站必须有调研分析功能，对企业的技术要求比较高，但可以充分发挥网站的综合效益。

因为企业站点的浏览者大多是老顾客，所以在企业自己的网站上发布调研问卷可以得到比较详细准确的资料，保证调研问卷的有效性。同时，这也是一条维系顾客关系、增强企业与顾客沟通的途径。由于仅在本企业的站点进行调查，总体偏小，获得的资料不够全面，因此一般只用于调查使用者对产品或网站的看法。

（2）借用别人的网站发布调研问卷

如果企业没有自己的网站，或者企业自己的网站还没有建好，或者企业自己网站已经建设好但还没有固定的访问者，此时则可以利用别人的网站进行调研。如利用门户站点进行调研，门户网站浏览量大，可以保证网络调研有足够大的总体和样本，有利于完成调研目标，同时还可以间接地起到广告的作用，但由于门户网站的浏览者比较复杂，不一定是企业的调研对象，有时会造成无效问卷，影响调查结果的准确性。

（3）同时利用企业自己的网站和借用别人的网站发布调研问卷

这种方式又可细分为两种：第一种是企业把设计好了的调研问卷同时发布在企业自己的网站上和别人的网站上；第二种是企业在自己的网站上发布调研问卷，但同时在其他的一些网站上，如一些著名的 ISP/ICP 网站上发布调研题目，让访问者通过点击调研题目链接至企业的网站参与调研，这同时也对企业的网站进行了推广。

（4）使用 E-mail 来发布调研问卷

调研者把调研问卷或者指向调研问卷的链接通过 E-mail 发送给被调查者，被调查者填写问卷或者点击指向问卷的链接来回答问题。与传统邮寄法相比，其优点是调研的效率提高、花费低廉、针对性强，它可以针对具体某一个人征集特定信息，而且内容不受限制，其显著的缺点就是回收率低。这种方法企业相对主动。但是，由于考虑到垃圾邮件和顾客隐私权问题，这种调研必须针对同意接受调研的顾客，也就是说，必须约束在许可 E-mail 的范畴之内。

（5）通过讨论组发布调研问卷

在相应的讨论组中发布问卷信息，或者发布调研题目，成本费用比较低廉而且是主动型的。但将指向 Web 网站上的问卷在新闻组（Usenet News）和公告栏（BBS）上发布时，要注意网上行为规范，调研的内容应与讨论组主题相关，否则可能会导致被调研对象的反感甚至是抗议。

3. 在线调研问卷的回收

在传统市场调研中,调研问卷的回收是一项工作量巨大的工作,网络市场调研则要方便得多,因为网络调研问卷的回收是自动完成的,参与调研者完成调研,点击"提交"按钮,这份调研问卷已经被回收了,通过在线调研的后台管理功能,即可看到调研的结果。这也是在线调研的优越性之一,不需要等到调研和问卷统计结束即可了解调研中的动态结果。调研结束,全部的统计结果也随之完成,无需用人工方式对大量调研问卷进行统计,从而避免了统计过程中的一些人为错误,减少了数据处理的误差。

4. 在线调研注意事项

尽可能提高在线调查结果的质量,是开展网络市场调研过程中每个环节都要考虑的问题,下列几个方面需要给予足够重视。

(1)认真科学地设计在线调研问卷

在线调研问卷应该主题明确、简洁明了,所有的问题便于被调查者正确理解和回答,且便于调查结果的处理,这是所有问卷设计都应该遵循的基本原则。

(2)在线调研问卷的测试和修正

在正式发放在线调研问卷之前,可以在小范围内(比如自己的同事、朋友等)对调研问卷进行测试,让同事和朋友作为被调查者,认真回答各项问题并选择合适的选项,收集测试过程中发现的问题,对调研问卷进行必要的修正,以确保正式调研的顺利进行,避免在正式开始调研后才发现问题。

(3)公布保证个人信息不泄露的声明

网络用户对个人信息有不同程度的自我保护意识,要让用户了解调研目的,并确信个人信息不会被公开或者用于其他任何场合。这一点不仅在市场调研中很重要,在网站推广、电子商务等各个方面都非常关键。

(4)利用技术手段尽量减少无效问卷

除了问题易于回答之外,在线调研问卷还有必要利用 Javascript 等电脑程序在问卷提交时给予检查,并提醒被调查者对遗漏的项目或者明显超出正常范围的内容进行修改补充。为了避免同一用户重复提交调研问卷,可以利用 cookies 来做一定的限制。当然,这些措施也只能在一定程度上有效,如果出现蓄意的破坏,是很难完全杜绝的,这也是在线调研的弊端之一。

(5)吸引尽可能多的用户参与调研

参与者的数量对调查结果的可信度至关重要,在企业利用网站自行开展网上调研时,由于网站访问量小,参与调研的人数就更加少,这样,为了达到一定的样本数量,就需要较长的时间,当调研问卷放置一段时间之后,长期客户将不会重复参与调研,因此参与调研者的数量增长会越来越缓慢,而且,网站上长时间放置同样的调研问卷也会给网站形成内容陈旧的印象。由于市场形势变化很快,几个月前的资料可能就已经没有参考价值,如果调研资料的获取和分析耗时较长,得到的结果也很可能失去意义。因此应采取一定的措施尽量增加被调查者的数量,可以利用一些奖励措施,必要时还可以采用付费推广的方式进行宣传。

(6)注意样本结构和行为对在线调研产生的影响

网上调研的局限不仅受样本数量少的影响,样本分布不均衡同样可能造成调查结果误差大。由于网上调研的对象仅限于上网的用户,即使在上网用户中,网民结构也有明显的特征。调研表明,上网用户的特点主要表现在较高的学历、年轻人和专业技术人员比重较大等,由于这些客观原因,从网民中随机抽样取得的调查结果可能与消费者总体之间有一定的误差,因此,网上调研的抽样范围有一定的限制,抽取的样本有时甚至无法正确反映总体的状况,这些问题需要引起充分重视。

(7)奖项设置合理

被调查者提供信息的准确性也直接影响到在线调查结果的可信度。作为补偿或者刺激参与者的积极性,问卷调研机构一般都会提供一定的奖励措施,有些用户参与调研的目的可能只是为了获取奖品,甚至可能用作弊的手段来增加中奖的机会,虽然在传统的问卷调研中也会出现类似的问题,但由于网上调研无纸化的特点,为了获得参与者调研的奖品,同一个用户多次填写调研问卷的现象常有发生,即使在技术上给予一定的限制条件,但也很难杜绝。如果回收的调研问卷中有大量不真实的信息,自然会降低调查结果的价值。因此,奖项的设置对问卷的有效比例具有一定影响,合理设置奖项有助于减少不真实的问卷。

二、网络市场间接调研的方法

在网络市场直接调研中,调研者通过网络收集的信息资料一般都是过去没有的,即原始资料或第一手资料。作为一种信息媒体,互联网所涵盖的信息远远超过任何传统媒体,对调研者来说,其中蕴藏着大量有价值的商业信息,如网络广告,以及企业、政府部门网站上发布的需求信息和招商、招标信息等,这些需经编排、加工处理后才能成为有用的资料,称为二手资料。网上间接市场调研所要进行的工作就是在网上收集、加工与处理这些二手资料,使其成为有价值的商业信息。

网络市场间接调研主要是利用互联网收集与企业营销相关的市场、竞争者、消费者以及宏观环境等信息。企业用得最多的还是网络间接调研方法,因为它信息广泛,能满足企业管理决策需要,而网络直接调研一般只适合于针对特定问题进行专项调研。

(一)网络间接信息的来源

间接信息的来源包括企业内部信息源和企业外部信息源两个方面。与市场有关的企业内部信息源,主要是企业自己搜集、整理的市场信息、企业产品在市场销售的各种记录、档案材料和历史资料,如客户名称表、购货销货记录、推销员报告、客户和中间商的通信、信件等。企业外部的市场信息源包括的范围极广,主要是国内外有关的公共机构。主要包括:

1. 本国政府机构网站

政府有关部门、国际贸易研究机构以及设在各国的办事机构,通常较全面地搜集世界或所在国的市场信息资料。本国的对外贸易公司、外贸咨询公司等,也可以提供较为详细、系统、专门化的国际市场信息资料。

2. 外国政府网站

世界各国政府都有相应的部门搜集国际市场资料,很多发达国家专设贸易资料服务机构,向发展中国家的出口企业提供部分或全部的市场营销信息资料。此外,每个国家的统计机关,都定期发布各种系统的统计数字,一些国家的海关甚至可以提供比公布的数字更为详尽的市场贸易和营销方面的资料。

3. 图书馆

公共图书馆和大学图书馆,至少可以提供市场背景资料的文件和研究报告。最有价值的信息,往往来自附属于对外贸易部门的图书馆,这种图书馆起码能提供各种贸易统计数字、有关市场的产品、价格情况,以及国际市场分销渠道和中间商的基本的市场信息资料。

4. 国际组织

这类组织很多,目前大多数组织在互联网设有网址,如果要查最新信息,可以通过网址直接查询并且可将免费文件复制过来,与国际市场信息有关的主要有:

(1) 联合国(United Nations,网址:http://www.un.org/)

出版有关国际的和各个国家的贸易、工业和其他经济方面的统计资料,以及与市场发展问题有关的资料。

(2) 国际贸易中心(International Trade Center,网址:http://www.itc.org/)

提供特种产品的研究、各国市场介绍资料,还设有答复咨询的服务机构,专门提供由电子计算机处理的国际市场贸易方面的全面、完整、系统的资料。

(3) 国际货币基金组织(International Monetary Fund,网址:http://www.imf.org/)

出版有关各国和国际市场的外汇管理、贸易关系、贸易壁垒、各国对外贸易和财政经济发展情况等资料。

(4) 世界银行(World Bank,网址:http://www.worldbank.org/)

出版有关世界银行及成员国银行业务的年度报告以及国际开发协会、国际金融公司的各项政策和业务,以及成员国经济贸易、投资、货币、外汇、汇率的变化发展状况等信息资料。

(5) 世界贸易组织(World Trade Organization,网址:http://www.wto.org/)

世界贸易组织是从关税及贸易总协定发展而来的,在1996年开始正式代替关税及贸易总协定职能,而且组织机构更规范,职能更广泛,可以提供有关国际贸易进出口证、关税和非关税贸易壁垒、互惠原则、国际收支、倾销、海关、产品督察、政府采购、条例契约和新闻公报等信息资料。

此外,一些国际性和地方性组织提供的信息资料,对了解特定地区或国际经济集团和经济贸易、市场发展、国际市场营销环境也是非常有用的。

5. 银行

银行往往是经济信息的丰富源泉，企业的开户银行对客户比对其他人可以提供更多的信息和帮助。许多国际性大银行都发行期刊，而且通常是一经索取就可以免费得到。这些期刊上一般有全匝性的经济调研、商品评论以及上面提及的有关资料。这些资料有利于把握市场和各细分市场的营销环境。

6. 商情调研机构

这些机构除为委托人完成研究和咨询工作外，还定期发表市场报告和专题研究论文。

7. 相关企业

参与市场经营的各类企业是市场信息的重要来源之一。市场信息人员只要写信给这些企业的外联部门索取商品目录、产品资料、价目表、经销商、代理商、批发商和经纪人一览表、年度报告等，就可以得到有关竞争者的大量资料，了解竞争的全貌和竞争环境。

通过互联网访问相关企业或者组织机构的网站，企业可以很容易获取市场中许多信息和资料。因此，在网络信息时代，信息的获取不再是难事，困难的是如何在信息繁多的信息海洋中找出企业需要的有用的信息。

（二）网络市场间接调研的方法

互联网虽有着海量的二手资料，但要找到自己需要的信息，首先必须熟悉搜索引擎的使用，其次要掌握专题性网络信息资源的分布。归纳一下，互联网上查找资料主要通过以下几种方法：

1. 利用搜索引擎收集资料

由于互联网上庞大的信息量，人们开发了一些支持管理信息的工具。这些工具包括各类搜索引擎，它可以大大方便信息的获取，它是互联网上使用最普遍的网络信息检索工具。在互联网上，无论你想要什么样的信息，都可以请搜索引擎帮你找。目前，几乎所有的搜索引擎都有两种检索功能，主题分类检索和关键词检索。

（1）主题分类检索

主题分类检索即通过各搜索引擎的主题分类目录（Web Directory）查找信息。主题分类目录是这样建成的：搜索引擎把搜集到的信息资源按照一定的主题分门别类建立目录，先建一级目录，一级目录下面包含二级目录，二级目录下面包含三级目录……如此下去，建立一层层具有概念包含关系的目录。用户查找信息时，先确定要查找信息属于分类目录中哪一主题或哪几个主题；然后对该主题采取逐层浏览打开目录的方法，层层深入，直到找到所需信息。当需要查找某一类主题的资料，但又不是很明确具体是哪一方面的资料时，可以采用主题分类检索。

（2）关键词检索

用户通过在搜索引擎的搜索框中输入关键词来查找所需信息的方法，称关键词检索法。这种方法方便直接，十分灵活，既可以使用布尔算符、位置算符、截词符等组合关键词，也可以缩小和限定检索的范围、语言、地区、数据类型、时间等。关键词法可对满足选定条件的资源进行准确定位。

关键词法适合于主题明确、细小或狭窄的查询,或者检索目标和要求较为复杂的查询。比如想找一部具体的小说,可以用关键词检索的方法,在"题名"字段直接输入小说的名称。用关键词法找资料需要一定的技巧,检索技巧越熟练,对搜索引擎的使用越熟悉,检索结果就越理想。

2. 访问相关的网站收集资料

如果知道某一专题的信息主要集中在哪些网站,可直接访问这些网站,获得所需资料。如想了解中国互联网的发展状况、域名的统计资料等信息可以访问中国互联网络信息中心(http://www.cnnic.net.cn),立刻可以查到相关的信息;想要了解中国的农产品行情,访问中国农业网(http://www.zgny.com.cn),可立即查到全国各地的农产品批发价格;可靠的人口统计资料对市场营销十分重要,对新企业尤其如此,如果想了解某一国家的人口统计资料,可直接访问该国政府的人口情报中心或人口调研局网站的数据库,如访问美国人口调研局网站(http://www.census.gov),的数据库可以获得有关美国市场的人口统计资料。

3. 利用相关的网络数据库查找资料

因为调研可以利用过去记录的资料来进行,所以网络数据库是数据的重要来源。数据库是指关于某特定目标的信息的集合,这个集合一般是为高效搜索而组织的。互联网上所有数据库可以粗略地分为三类:政府数据库、非盈利数据库和商业数据库。

(1)政府数据库

政府提供的数据库包含政府机构收集和整理的资料。例如,人口资料(就是用来了解总体社会趋势,比如年龄、就业情况和收入情况的数据库)就是由国家统计局建立的网上数据库。除此之外,国务院改革发展委员会、环境保护委员会、商务部也在网络上提供编辑好的资料。这些资料可以用来进行宏观分析,宏观发展趋势将会影响企业营销策略的选择。

(2)非盈利数据库

非盈利组织也在网上提供数据库。这些数据库提供多种形式的资料,包括统计数据、学术论文、组织目标、活动日程和员工状况的描述等。许多组织是跨国的,例如世界卫生组织。这些组织的资料可以用来进行对经济、技术和社会特征的研究,这些都会对国内及国际策略的市场比较以及计划的制订有所帮助。非盈利资料的第二种来源是学术机构所提供的。例如,相关的学术机构可以提供社会经济发展的背景资料、文件和研究报告。

(3)商业数据库

商业数据库则是对竞争对手的活动进行秘密研究的来源。商业数据库是由某行业范围内进行深入调研的公司创建的,这些调研公司,将调查结果提供给感兴趣的客户。商业数据库通常是要付费的。

4.利用公告栏收集资料

公告栏(BBS)就是在网上提供一块"场地",任何人都可以在上面进行留言、回答问题或发表意见,也可以查看其他人的留言,好比一个公共场所进行讨论一样,可以随意参加,也可以随意离开。但不要随便发表反动言论或进行人身攻击,否则可能引起恶劣影响。

目前许多 ICP 都提供有免费的公告栏,你只需要申请使用即可。公告栏软件系统有两大类:一类是基于 Telnet 方式的文本方式,查看阅览不是很方便,在早期用得非常多;另一类是现在居多的基于 WWW 方式,这种方式界面友好,很受欢迎。

5.利用新闻组收集资料

新闻组就是一个基于网络的计算机组合,这些计算机之间可以交换以一个或多个可识别标签标识的文章(或称之为消息),一般称作 Usenet 或 Newsgroup。由于新闻组的广泛性及复杂性,到目前为止,还没有一个统一的新闻组管理机构,事实上也不可能有。新闻组已经成为互联网上一个重要的组成部分,每天都吸引着全球众多的访问者。由于新闻组使用方便,内容广泛,并且可以精确地对使用者进行分类(按兴趣爱好及类别),其中包含各种不同类别的主题已经涵盖了人类社会所能涉及的所有内容,如科学技术、人文社会、地理历史、休闲娱乐等。使用新闻组的人主要是为了从中获得免费的信息,或相互交换免费的信息。因为他们不愿意因透露过多的个人信息,而受到垃圾邮件的侵害,所以他们在张贴消息时非常小心。

每一个新闻组都有其特定的主题,团体信息的张贴是围绕其中心议题展开的。新闻组常常被称作 Usenet 新闻组,这是"用户网络"的简称。新闻组按类型组织,以便在不同的信息服务器中组织和传递相关信息。

新闻组通常可作为网络的"口头语言"表达形式。使用这种形式的语言,用户间关于产品及服务的交流也具备了非网络的口头语言的种种特有的优点。这些优点包括双向交流,信息来源的可信度较强,以及间接感受。互联网的互动特征对信息交换尤其有益。值得一提的是,非网络的口头交流通常需要顺序进行,而互联网则可以使若干人同时进行信息的交换。因此,如果不考虑精确性的话,在不同个体间关于产品或服务信息的传达,网络方式快于非网络方式。用户必须从适当的网站获取新闻组的资料。这种资料发表的选择性,对利用新闻组内容作市场信息来源的厂商来说,是大有益处的。

首先,新闻组的参与量说明了该专题的广泛程度,并可作为在新闻组张贴中所提出的产品相关问题的重要性的衡量标准。

其次,用户对讨论的参与所做的努力也与其信用相关。与非网络环境中的口头交谈一样,新闻组的参与者经常会在没有任何驱动原因的情况下对经验和观点进行交流。如果有利益驱动(比如为赚取报酬而对产品滥加溢美之词),就会引起其他用户的怀疑。

第三,新闻组中的讨论是根据一些小专题(或称思路)来展开的。无论讨论的焦点是一种产品、一家商店、一种服务,还是与产品提供相关联的任何一方面,某一个小专题的讨论都可以提供给厂商讨论的详细信息。这种易于选择的功能,意味着市场调研人员可以获取关于新闻组某特定主题的观点的纵向详细资料。在有些情况下,由新闻组讨论获取的资料可以代替从集中调研中所获取的信息。

最后,新闻组成员对特定产品表示兴趣,就可能表示存在着一个具有活力的目标市场。厂商可以利用消息发布中反映的爱好和厌恶来为目标市场设计有效的交流,而新闻组自身则提供了一个论坛,在论坛中有兴趣的参与者可以进行营销交流。

6. 利用 E-mail 收集资料

E-mail 是互联网使用最广的通信方式,它不但费用低廉,而且使用方便快捷,深受用户欢迎,许多用户上网也主要是为收发 E-mail。目前许多 ICP 和传统媒体,以及一些企业都利用 E-mail 发布信息。一些传统的媒体公司和企业,为保持与用户的沟通,也定期给企业用户发送 E-mail,发布企业的最新动态和有关产品服务信息。因此,通过 E-mail 收集信息是最快捷有效的渠道,收集资料时只需要到有关网站进行注册,以后等着接收 E-mail 就可以了。采用这种方式时,要注意的是避免受到侵扰,因为注册后很容易收到一些垃圾信件,所以在注册前一定要注意是否可以取消订阅,是否有其他的商业要求。一般来说,一些规范的网站都允许用户取消订阅。

(三)网上信息收集实务

1. 收集竞争者信息的方法

商场如战场,"知己知彼,百战不殆"。互联网作为信息汇集点,在网上识别出竞争者、分析竞争者,对企业采用正确的营销战略来说是关键的起点。在互联网上收集竞争者信息的途径主要有如下几种。

(1)访问竞争者的网站。

访问竞争者的网站是收集竞争者情报的最基本的方法,竞争者的网站往往会透露竞争企业的当前及未来营销战略。应该认真阅读竞争者网站的风格、内容和主要特色。特别要注意企业所提供的产品以及企业所采用的促销战略和策略。竞争者网站还可能提供企业的一些细节信息,如年度报告、出版物、特别的产品信息、人才招募计划以及网站的讨论组情况,调研者应该认真阅读竞争者的顾客对竞争的评论。虽然调研者在网站上可能发现不了什么内幕消息,但浏览竞争者网站是获得大量竞争者信息的好的开端。

(2)收集竞争者网上发布的信息

如产品信息、促销信息、电子出版物等。在互联网上日益增多的信息中,商业信息的增长速度是最快的。调研者在考虑这些企业信息的有效性时,应该注意它们的时效性和准确性。这一点特别重要,因为如果用过时的信息来制定决策,将会产生大量的问题。企业信息的形式可能是年度报告、财务报表、股票信息或第三方编辑的企业介绍。

(3)从其他网上媒体获取竞争者信息

如通过网上电子版报纸,人民日报(http://www.people.com.cn)、光明日报(http://www.gmw.cn)等,各电视台的网上站点,如中央电视台 CCTV(http://www.cctv.com)等收集竞争者的各种信息。

(4)从有关新闻组和BBS中获取竞争者信息

在网上有很多关于竞争者信息的讨论组,参加其中的任何一个都会得到很大的好处。在讨论组中用户可以贴上自己的问题,讨论组的其他成员可能会帮忙解答这个问题。讨论组的主持人有时会介绍一些实施竞争者信息收集工作的建议,用户在阅读讨论组的讨论时也会得到一些有用的建议。

(5)利用其他各种方式搜集竞争者信息

如利用搜索引擎,设定与自己产品相同或相似的关键词来寻找竞争对手及其相关各种信息。

(6)利用传统媒体收集竞争者信息

如各种报纸、杂志、广播、电视,各种媒体广告等。

需要强调的是,收集竞争者信息需要注意道德和法律问题。过去,收集竞争者信息总是使人联想到在侵入竞争者的计算机或者以不道德的甚至非法的手段获取信息。事实上,从公开的信息中获取有用的竞争者信息的方法有很多。例如,可以从竞争者的人才招募计划中洞察竞争者的战略发展方向。竞争者可能在招牌广告中声明要在多个地区招收大量的雇员,其中的某些地区可能不是竞争者目前有业务的地区,这个信息就反映了竞争者正准备向其他市场扩张。企业可以从这种信息中了解竞争者的战略发展方向,并根据竞争者的行动可能对本企业产生的影响制定相应的战略决策。

2. 收集市场行情信息的方法

互联网上有众多的关于不同地区和不同行业的综合信息服务站点,企业市场营销调研人员在确定了具体的调研范围、调研对象之后,可选择选择相应的网站查询市场行情信息。

所谓市场行情信息,主要指产品价格变动、供求变化等方面的信息。目前,互联网上有许多站点提供这些信息,如各商业门户网站、商贸搜索引擎网站等,另外还有一些专业信息网站:

(1)实时行情信息网(如:证券之星 http://www.stockstar.com)

(2)专业产品商情信息网(如:中国中医药信息网 http://www.cintcm.com)

(3)综合类信息网(如:中国市场信息网 http://www.infocom.cn)

收集信息时,首先通过搜索引擎找出所需要的商情信息网站点地址;然后访问该站点,登记注册,有的站点是收费,可以根据需要信息的重要性和可靠性选择是否访问收费信息网,在商情信息网站获取需要信息时,一般要用站点提供的搜索工具进行查找,查找方法与搜索引擎基本类似。一般说来,不同商情信息网侧重点不一样,最好是能同时访问若干家相关但不完全相同的站点,以求找出最新、最全面的市场行情。

3. 收集消费者信息的方法

消费者信息是指消费者的需要、偏好、意见、趋势、态度、信仰、兴趣、文化和行为等方面的信息。

通过互联网了解消费者的偏好,主要采用网络直接调研法来实现。了解消费者偏好也就是收集消费者的个性特征,为企业细分市场和寻求市场机会提供基础。

(1)利用Cookie技术收集消费者信息

Cookie是用户硬盘里的一个小的文本文件,它可以把用户的上网特征信息储存在浏览器的存储器中。一旦用户浏览某个使用Cookie技术的网站超过了一定的时间,网站就会把相关的信息下载到用户的浏览器上并存储起来。利用Cookie技术,企业可以更详细地了解消费者的上网特征甚至是购买行为。这样网站就能够根据每个消费者的不同需要提供不同的产品。

利用Cookie技术,网站可以知道每个消费者访问网站的次数以及他们在每次访问时都做了什么。网站的数字记录可以记录下消费者从网站下载的内容、消费者最后一次访问网站的时间以及消费者每次访问时与网站之间的对话内容。企业如果想使用Cookie技术,只要请他们的互联网服务提供商(ISP)安装这项技术就可以了。

当然,用户可以在他们的浏览器中安装相应的程序,在接收Cookie之前得到提醒。用户也可以完全拒绝接收所有的Cookie。一般情况下,Cookie是受用户欢迎的,因为Cookie可以帮助用户记住他们的密码,也可以使上网的过程更专业、更快乐。只有当Cookie中包含的信息未经上网者本人许可,而被网站送给或卖给其他营销者时,才会出现隐私权的问题。媒体曾多次报道一些企业在用户一无所知的情况下,使用这些信息并把它们卖给第三方。这是调研者应该严肃对待的一个道德问题,有时这个问题甚至会涉及一些法律上的纠纷。

不管怎样,Cookie是收集消费者信息的优秀工具。通过把Cookie与在线问卷调研等手段收集的信息结合到一起,调研者就可以了解用户的上网特征,包括用户的人口统计数据、消费心理数据以及技术统计数据。收集这些重要的消费者信息可以帮助调研者实施更有效的一对一营销。

(2)通过二手资料获取消费者信息

互联网可以让调研者迅速收集到遍布全球的二手消费者信息。有大量的组织机构提供内容广泛的消费者信息,调研者可以在互联网上找到各种商业报告、贸易杂志、数据库和政府的人口普查数据,这些数据提供关于各种消费者群体的有用信息。有些服务是免费的,但很多服务根据用户所需的信息量和信息类型收取一定的费用。一般来说,购买二手数据比收集一手数据更快更便宜。

调研者可以从政府网站、在线人口统计数据和消费者调研网站上得到大量的二手消费者信息。

(3)利用专用统计软件和网上订单收集消费者信息

有的公司还通过网页统计方法了解消费者对企业站点的感兴趣内容,现在的统计软件可以如实记录下每个访问网页的IP地址、如何找到该页等信息。根据这些信息,可以判定消费者感兴趣的内容是什么,注意的问题是什么,当然仅仅根据这些信息还是不够的。

目前许多公司为方便消费者,在公司的网站架设BBS,允许消费者对公司的产品进行评述和提意见。有的公司允许消费者直接通过网络下定单,提出自己的个性化需求,公司因此可以获得消费者直接的一手资料。

4.收集网络市场环境信息的方法

企业仅仅了解一些与其紧密关联的信息是不够的,特别是在做重大决策时,还必须了解一些政治、法律、文化、地理环境等方面的信息,这有助于企业从全局高度综合考虑市场变化因素,寻求市场商机。

互联网作为信息海洋,在网上基本都可以了解到上述信息,关键是寻找到有用的信息。对于政治信息,一般可以从一些政府网站(以.gov作为最高域名)和一些ICP站点中查找(如新浪 http://www.sina.com.cn)。对于法律、文化和地理环境信息属于知识性的,可以通过查找一些图书馆中有关的电子版书籍获取信息,查找时先利用搜索引擎找出图书馆的站点,然后通过图书馆站点的搜索功能查找有关信息。

思考题

1. 什么是网络市场调研?
2. 相对于传统的市场调研,网络市场调研有哪些特点?
3. 如何实施网络市场调研?
4. 什么是网络直接调研?有哪些方法?
5. 什么是网络间接调研?有哪些方法?
6. 简述在线问卷设计的注意事项。

【阅读资料】

安徽特酒集团网络营销市场调研案例

一、集团网络营销调研的思路

1.明确调研方向

安徽特酒集团是我国特级酒精行业的龙头企业,全套设备及技术全部从法国引进。其主要产品是伏特加(Vodka)酒及分析级无水乙醇。其中无水乙醇的销量占全国的50%以上。伏特加酒通过边境贸易,向俄罗斯等前苏联国家出口达到1万吨,总销售额超过1亿元。伏特加酒作为高附加值的主打产品,是安特集团利润的主要来源。但是,随着俄罗斯等前苏联国家的经济形势的日趋恶化,出口量逐年减少,形势不容乐观。安特集团审时度势,决定从1998年的下半年开始通过互联网进行网络营销调研,并在此基础上开辟广阔的欧美市场。集团确定了营销调研的三个方向:

(1)价格信息。包括生产商报价、批发商报价、零售商报价、进口商报价。

(2)关税、贸易政策及国际贸易数据。包括关税、进口配额、许可证等相关政策,进出口贸易数据,市场容量数据。

(3)贸易对象,即潜在客户的详细信息。包括贸易对象的历史、规模、实力、经营范围和品种、联系方法等。

2. 制定信息收集途径

(1)价格。主要有两种:一是生产商报价,包括厂方站点、生产商协会站点、讨论组和 Trade – Lead(有两种方式:按国家分别检索、常用站点每周例行检索);二是销售商报价,包括销售商站点、政府酒类专卖机构和商务谈判信息。

(2)关税、贸易政策和数据。主要包括检索大型数据库、向已经建立联系的各国进口商发 E-mail、相关政府机构站点和新闻机构站点查询。

(3)交易对象的详细信息。包括目录型、数量型、地域型搜索引擎、黄页、专业的管理机构及行业协会站点和各国酒类专卖机构站点。

二、集团网络营销调研的步骤

1. 价格信息的收集

价格信息的收集是至关重要的,是制定价格策略和营销策略的关键。通过对价格信息的分析,可以确定世界上各种伏特加酒的质量与价格之间的比例关系;可以摸清世界各国伏特加酒的总体消费水平;可以确定国际伏特加酒的贸易价格,其中最主要的作用还是为安特牌伏特加酒的出口定位。对价格信息的收集从以下几个方面入手。

(1)生产商的报价。由于安特集团是生产企业,因此来自其他生产企业的价格可比性很强,参考价值很高。特别是世界知名的伏特加酒生产企业的报价,更具有参考价值。这是因为世界著名的伏特加酒在国际贸易中占的比例很大,其价格能左右世界市场的价格走向。

生产商的报价从以下几个方面入手。

①搜索厂商站点。这种方法的关键是如何查找到生产商的互联网站点,找到了厂商的站点也就找到了报价。有的站点还提供最新的集装箱海运的运价信息,也有很高的参考价值。

搜寻厂商站点,常用的方法是利用搜索引擎,即依靠利用关键字进行数据检索。一般来说,商业性的检索都需要利用该搜索引擎的高级功能。在检索之前应仔细阅读其关于检索的说明,真正掌握其检索的规律。另外,任何一个搜索引擎都有其局限性,应该把多个搜索引擎结合起来使用,才能达到事半功倍的效果。

②利用生产商协会的站点。这类站点也可通过搜索引擎查询到。通常,生产商协会的网站上都列出了该生产商协会所有会员单位的名称及联系办法,但是一般都没有列出这些会员单位的网站。主要原因是这类协会的网站建立时,绝大部分的协会会员还没有建立网站。此时,向这些机构发出请求帮助的 E-mail,一般都会得到满意的结果。

③利用讨论组。讨论组中的报价也大都是生产企业的直接报价。从事国际贸易的企业一般是加入 Business 中的 Import-Export(进出口)组,在这个专业的讨论组中,可以发现大量关于进出口贸易的信息,然后输入关键字进行查询,可以寻找到所需要产品的报价。

在讨论组中发布信息的生产商一般规模较小、知名度也较低,它们往往借助专业的 Import-Export 组来宣传它们的产品,并希望以其低价格来打动进口商。这里的报价对于中国的出口企业具有特别的参考意义。

(2)销售商的报价。销售商包括进口商和批发商。它们报出的价格都是国内价格,一般都含有进口关税。对于生产企业而言,可比性不是很强。但是它们所提供的十几甚至几十种产品,都来自不同的国家,参考价值很高。厂商可以据此确定每种产品的档次,确定不同档次产品的价格水平。

另外,还可以对不同国家的关税水平也有一个大概的了解。收集销售商的报价可以从几个方面入手:

①销售商站点中的报价。找到销售商的站点，也就找到了它们的报价。也可利用各种搜索引擎的关键词来查找销售商站点。例如：vodak or spirits or alcohol or liquor or wine and wholesales or agent or distributor or import or importer or imported or trade。

②政府酒类专卖机构的价格。在某些国家或地区，政府的酒类专卖机构是唯一的进口商和批发商。这些机构中酒类品种多达上百种，价格中的虚头也最少，所以参考价值很高。

下面分别是安徽特酒集团利用的美国加州、加拿大安大略省和瑞典的酒类专卖机构的站点：www.abc.ca.gov，www.lcbo.com，www.systembolagetse.com。

③在商务谈判中定价。商品的最终价格往往要通过商务谈判才能确定，这种方式非常复杂，耗费的时间和金钱也最多，但它却是现阶段商业定价的最重要的方法，也最能体现供需双方的信息。然而，商务谈判中的定价极难获得，有的企业甚至视其为高度的商业机密。安特集团在实践中发现，搜索各种博览会、交易会的信息公告以及从经济类媒体的报道中可以发现有用的信息。

从生产商、销售商及商务谈判得到的价格信息，应该再加以整理、分析，才能确定它们之间的相互关系，最后得出完整的价格体系。

2．关税及相关政策和数据的收集

关税及相关政策信息在国际营销活动中占有举足轻重的地位。进口关税的高低，影响着最终的消费价格，决定了进口产品的竞争力；有关进口配额和许可证的相关政策关系到向这个国家出口的难易程度；海关提供的进出口贸易数据能够说明这个国家每年的进口量，即进口市场空间的大小；人均消费量及其他相关数据则说明了某个国家总的市场容量。要从世界上160多个国家来选择重点的销售地区、确定重点突破的目标，就必须依靠这些信息。这类信息的收集有以下几种方案。

(1)通过大型数据库检索。互联网中包含大量的数据库，其中大型的数据库有数百个，与国际贸易有关的数据库至少有几十个，其中有的收费，有的免费。收费的数据库商业价值最高，一般来说，想要的信息都能从其中查到；免费的数据库通常都是某些大学的相关专业建立起来的，其使用价值也很高。

世界百科信息库（www.dialog.com）是世界上最大的数据库检索系统，它包括了全球大多数的商用数据库资源。另外，它提供了一套专门的信息检索技术，有专用的命令，初次使用者需要认真学习才能掌握。该网站的大多数服务是收费的，但是网站提供的一个免费的扫描程序，可以帮助访问者得到扫描结果，若要得到具体的内容则需付费。

通过对数据库的查询，安特集团得到了欧洲各国人均的烈酒消费量，尤其北欧、中欧和英国的人均消费量很高，而地中海沿岸各国的消费量则相对小得多，据此可以确定欧洲是重点的潜在市场。

(2)向已建立联系的各国进口商询问。这是一种非常实用、高效而且一举两得的方法，不但考察了进口商的业务水平，确认其身份，而且可以收集到最直接有效的信息。企业拟定一份商业公函，发一个 E-mail 给对方，其中详细列出询问的内容，请求对方在最短的时间内给予答复。但是，进行这种询问的前提是：双方已经彼此了解，建立起了相互信任的关系。如果没有这种关系，国外的进口商一般是不愿回答的，因为这种方式有恶意收集信息之嫌。

(3)查询各国相关政府机构的站点。随着互联网的高速发展，很多政府机构都已经上网，建立了独立的网站。用户可以针对不同的问题去访问不同机构的站点，许多问题都可以得到非常详尽的解答。对于没有查到的内容，还可以发 E-mail 请求相关的职能部门或咨询部门给予答复。安特集团发出去的此类信件，基本上都得到了较为详尽的答复。

113

(4)通过新闻机构的站点查询。世界上各大新闻机构的站点是宝贵的信息库,特别是国际上著名的几家新闻机构(如 BBC、CNN、Reuter 等),其每天 10 万字以上的新闻是掌握实时新闻和最新信息的捷径,而且有的站点还提供过去 1 年或 2 年的信息,并且支持关键词的检索。另外,一些关键的贸易数据、关税或人均消费量在某些新闻稿中也可以查到,这对信息的掌握常常是很重要的。

3. 各国进口商的详细信息的收集

收集进口商的信息,是网络营销的一个重要环节,其目的是建立一个潜在客户的数据库,从中选出真正的合作伙伴和代理商。需要收集的具体内容包括:进口商的历史、规模、实力、经营的范围和品种、联系方法(电话、传真、E-mail)。对于已经建立了网站的进口商,只要掌握其网址就可以掌握以上信息。对于没有建立网站的进口商,可以先得到其联系方法,建立起联系后再询问。具体方法有以下几种:

(1)利用 Yahoo! 等目录型的搜索工具。Yahoo! 的优势在于其分类目录,把信息按主题建立分类索引,按字母顺序列出了 14 个大类,可以按照类别分级向下查询。Yahoo! 共汇集了 30 万个左右的分类 URL,信息充沛、准确率高。

(2)利用数量型的搜索工具。数量型的搜索引擎,都支持关键词的检索。对于支持布尔逻辑搜索的引擎,还可以把词义相近的词语组合起来进行一次性的查询,如一般使用 vodka and import or agent or whole-sales or distributor or trade 进行搜索,可以得到较好、较全面的结果。

(3)通过地域性的搜索引擎。互联网上的 URL 浩如烟海,各大搜索引擎所能收列的毕竟是少数。这就要求检索者学会利用各种地域性的、规模较小的搜索。例如每个国家都有几个甚至十几个较知名的搜索引擎,可以搜索到当地的大部分 URL,如:www.solo.ru、Weblist.ru、www.cesnet.cz、www.eckorea.net、www.euronline.fr 等。这对于针对某个国家的信息收集是最有帮助的。这些地域性 URL 也可以通过类似 Yahoo! 的目录性的搜索引擎按国家/互联网/服务(如 German/互联网/Search)一级一级地向下找。

(4)通过 YellowPage 等商业工具。在电话号码簿上商业机构用黄色的纸张,故而得名商业黄页(Yellow-Page)。比较著名的搜索引擎都提供商业黄页服务。一般来说,这些商业黄页服务都不是自成一体的,都链接着某一个专业的商业搜索引擎。目前,世界上比较著名的商业搜索引擎主要有 BigBook、BigYellow、SwitchBoard。

(5)通过专业的管理机构及行业协会。这是一种高效快捷的查询手段,不但命中率相当高,而且信息的利用价值也相当高。作为网络营销检索的重要手段,应该得到高度的重视。安特集团在收集美国的生产商及进口商的信息时,这种方法就收到了奇效。

在美国的酒类管理体制中,酒基本上被分成了啤酒、葡萄酒和烈酒三类,而且每种酒的进口或批发都需要专门的许可证或执照。这就带来了很大的麻烦,因为无法确定某一家公司到底是经营葡萄酒还是伏特加酒,到底是进口商还是批发商,在黄页中查询到的最小分类是酒,而没有更细的分类。当找到美国加州酒类管理中心的网站时,这些问题都迎刃而解了。这里不仅按酒的类别、字母的顺序、不同的地域对每个公司进行了分类,而且对于每个公司的信息都有详尽的记录,包括:公司名称、申请人姓名、地址、许可证的种类、许可证的使用期限、经营历史、电话号码等。

(6)通过最大的进口商——各国的酒类专卖机构。在酒类控制严格的国家,往往酒类专卖机构是唯一的进口商。它们也是世界上最大的购买集团。例如瑞典酒类专卖机构,每年都要向全世界招标进口某一种类的酒,其进口量也是很大的,最低为每年 150 个集装箱。所以应该特别注意定期访问其站点,以获得最新的招标信息。

有的酒类专卖机构并不直接进口酒,而是通过一批中介公司。它们也是经过酒类管理机构签发许可证的专业公司，其积极性比起专卖机构高得多。一般来说，它们会很高兴地向你介绍该国、该州的有关贸易情报。这也是信息的一个重要来源。

三、网络营销调研过程评价

安特集团利用半年左右时间，收集了以上三个方面的情报，对于世界上伏特加酒的贸易状况有了基本的了解，掌握了世界伏特加酒交易的价格走势，认清了安特牌伏特加酒所处的档次水平，也联系了上百家进口商、经销商，可以说基本上把握了国际伏特加酒市场的脉搏，圆满地完成了市场营销调研工作。这些工作为以后的网上谈判、选择代理商等网络营销工作打下了良好的基础。

资料来源：http://www.360doc.com/index.aspx

第五章
Chapter 5

网络营销的常用工具和方法

【学习目标】
1. 了解网络营销的基本职能与常用方法。
2. 掌握企业网站——企业网站营销的基本知识。
3. 掌握搜索引擎——搜索引擎营销的基本知识。
4. 掌握电子邮件——许可 E-mail 营销的基本知识。
5. 熟悉网络营销的其他工具和方法：网络实名/通用网址、电子书、即时通信、网络整合营销、BBS 营销、博客营销等。

第一节 网络营销的基本职能与常用方法

一、网络营销的基本职能

网络营销的基本职能归纳为八个方面：网络品牌、网址推广、销售渠道、销售促进、信息发布、在网上调研、顾客关系、顾客服务。网络营销的职能不仅表明了网络营销的作用和网络营销工作的主要内容，同时也说明了网络营销所应该可以实现的效果，对网络营销职能的认识有助于全面理解网络营销的价值和网络营销的内容体系，因此网络营销的职能是网络营销的理论基础之一。

（一）网络品牌

网络营销的重要任务之一就是在互联网上建立并推广企业的品牌，知名企业的网下品牌可以在网上得以延伸，一般企业则可以通过互联网快速树立品牌形象，并提升企业整体形象。

网络品牌建设是以企业网站建设为基础,通过一系列的推广措施,达到顾客和公众对企业的认知和认可。在一定程度上说,网络品牌的价值甚至高于通过网络获得的直接收益。

(二)网址推广

这是网络营销最基本的职能之一,在几年前,甚至认为网络营销就是网址推广。相对于其他功能来说,网址推广显得更为迫切和重要,网站所有功能的发挥都要一定的访问量为基础,所以,网址推广是网络营销的核心工作。

(三)信息发布

网站是一种信息载体,通过网站发布信息是网络营销的主要方法之一,同时,信息发布也是网络营销的基本职能,所以也可以这样理解,无论哪种网络营销方式,结果都是将一定的信息传递给目标人群,包括顾客/潜在顾客、媒体、合作伙伴、竞争者等。

(四)销售促进

营销的基本目的是为增加销售提供帮助,网络营销也不例外,大部分网络营销方法都与直接或间接促进销售有关,但促进销售并不限于促进网上销售,事实上,网络营销在很多情况下对于促进网下销售十分有价值。

(五)销售渠道

一个具备网上交易功能的企业网站本身就是一个网上交易场所,网上销售是企业销售渠道在网上的延伸,网上销售渠道建设也不限于网站本身,还包括建立在综合电子商务平台上的网上商店及与其他电子商务网站不同形式的合作等。

(六)顾客服务

互联网提供了更加方便的在线顾客服务手段,从形式最简单的FAQ(常见问题解答),到邮件列表,以及BBS、MSN、聊天室等各种即时通信服务,顾客服务质量对于网络营销效果具有重要影响。

(七)顾客关系

良好的顾客关系是网络营销取得成效的必要条件,通过网站的交互性、顾客参与等方式在开展顾客服务的同时,也增进了顾客关系。

(八)网上调研

通过在线调查表或者电子邮件等方式,可以完成网上市场调研,相对传统市场调研,网上调研具有高效率、低成本的特点,因此,网上调研成为网络营销的主要职能之一。开展网络营销的意义就在于充分发挥各种职能,让网上经营的整体效益最大化,因此,仅仅由于某些方面效果欠佳就否认网络营销的作用是不合适的。网络营销的职能是通过各种网络营销方法来实现的,网络营销的各个职能之间并非相互独立的,同一个职能可能需要多种网络营销方法的共同作用,而同一种网络营销方法也可能适用于多个网络营销职能。

117

二、网络营销的常用方法

网络营销的职能的实现需要通过一种或多种网络营销手段,常用的网络营销方法包括搜索引擎注册、关键词搜索、网络广告、交换链接、信息发布、邮件列表、许可E-mail营销、个性化营销、会员制营销、病毒性营销等等。

按照一个企业是否拥有自己的网站来划分,企业的网络营销可以分为两类:无站点网络营销和基于企业网站的网络营销。有些方法在两种情况下都适用,但更多方法需要以建立网站为基础,基于企业网站的网络营销显得更有优势。

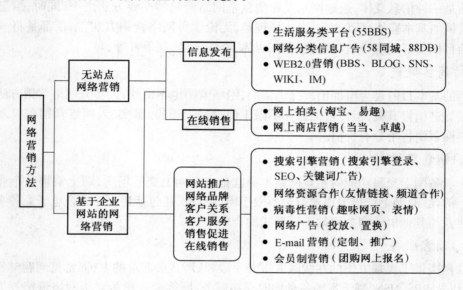

图5.1 常用网络营销方法体系结构图

网络营销的具体方法很多,其操作方式、功能和效果也有所区别,下面简要介绍十种常用的网络营销方法及效果。

(一)搜索引擎注册与排名

这是最经典,也是最常用的网络营销方法之一,现在,虽然搜索引擎的效果已经不像几年前那样有效,但调查表明,搜索引擎仍然是人们发现新网站的基本方法。根据中国互联网络信息中心(CNNIC)发布的《中国互联网络发展状况统计报告(2010)》,2009年,搜索引擎的使用率为73.3%,较2008年增加了5.3个百分点,超过了即时通信成为网民使用互联网的第三大应用。目前搜索引擎用户规模达到2.8亿人,年增长率为38.6%。因此,在主要的搜索引擎上注册并获得最理想的排名,是网站设计过程中就要考虑的问题之一,网站正式发布后尽快提交到主要的搜索引擎,是网络营销的基本任务。目前主要的中文搜索引擎仍为免费登录,只要适合网站登记的条件,通常都可以在适当的类别中登记自己的网站。部分中文搜索引擎和多数知名英文搜索引擎都是要收费的,通常需要交纳199美元甚至更多的费用,网站登记请求才可以获得被审核的资格,也就是有了被加入网站目录的可能,但并不保证能够登记成功。

(二)交换链接

交换链接或称互惠链接,是具有一定互补优势的网站之间的简单合作形式,即分别在自己的网站上放置对方网站的Logo或网站名称并设置对方网站的超级链接,使得用户可以从合作网站中发现自己的网站,达到互相推广的目的。交换链接的作用主要表现在几个方面:获得访问量、增加用户浏览时的印象、在搜索引擎排名中增加优势、通过合作网站的推荐增加访问者的可信度等。不过关于交换链接的效果,业内还有一些不同看法,有人认为可以从链接中获得的访问量非常少,也有人认为交换链接不仅可以获得潜在的品牌价值,还可以获得很多直接的访问量。CNNIC的统计表明,用户得知新网站的主要途径仅次于搜索引擎的为其他网站上的链接,占将近53%,网站链接的作用由此可见一斑。更重要的是,交换链接的意义已经超出了是否可以增加访问量,比直接效果更重要的在于业内的认知和认可,因为一般来说,互相链接的网站在规模上比较接近,内容上有一定的相关性或互补性。

(三)病毒性营销

病毒性营销并非真的以传播病毒的方式开展营销,而是通过用户的口碑宣传网络,信息像病毒一样传播和扩散,利用快速复制的方式传向数以千计、数以百万计的受众。病毒性营销的经典范例是Hotmail.com。Hotmail是世界上最大的免费电子邮件服务提供商,在创建之后的1年半时间里,就吸引了1 200万注册用户,而且还在以每天超过15万新用户的速度发展,令人不可思议的是,在网站创建的12个月内,Hotmail只花费很少的营销费用,还不到其直接竞争者的3%。Hotmail之所以爆炸式的发展,就是由于利用了"病毒性营销"的巨大效力。其实,原理和操作方法很简单:Hotmail在每一封免费发出的邮件信息底部附加一个简单提示:"Get your private, free E-mail at http://www.hotmail.com",接收邮件的人将看到邮件底部的信息,然后,收到邮件的人们继续利用免费Mail向朋友或同事发送信息,会有更多的人使用Hotmail的免费邮件服务,于是,Hotmail提供免费邮件的信息不断在更大的范围扩散。现在几乎所有的免费电子邮件提供商都采取类似的推广方法。病毒性营销的成功案例还包括Amazon、ICQ、E-Groups等国际著名网络公司。

(四)网络广告

几乎所有的网络营销活动都与品牌形象有关,在所有与品牌推广有关的网络营销手段中,网络广告的作用最为直接。标准标志广告(BANNER)曾经是网上广告的主流(虽然不是唯一形式),尽管现在还出现在大部分网络媒体的页面上,但显然已经走过了自己的辉煌时期,BANNER广告的平均点击率从最初的30%降低到0.4%以下。进入2001年之后,网络广告领域发起了一场轰轰烈烈的创新运动,新的广告形式不断出现,最具代表性的是 360×300 像素的巨型广告,由于克服了标准条幅广告条承载信息量有限的弱点,这种巨型广告目前获得了相对比较高一些的点击率。不过,有研究表明,网络广告的点击率并不能完全代表其效果,网络广告对那些浏览而没有点击广告的、占浏览者总数 99% 以上的访问者同样产生作用,影响力甚至可以持续相当长一段时间,因此现在的广告客户已经不再单纯追求点击率,更加重视品牌形象展示和广告效果的转化率。除了投入预算发布网络广告之外,也可以采用交换广告的方式,通常与专业的广告交换网或者与合作伙伴相互交换广告。

(五)信息发布

信息发布既是网络营销的基本职能,又是一种实用的操作手段,通过互联网,不仅可以浏览到大量商业信息,同时还可以自己发布信息。在网上发布信息可以说是网络营销最简单的方式,网上有许多网站提供企业供求信息发布,并且多数为免费发布信息,有时这种简单的方式也会取得意想不到的效果。不过,最重要的是将有价值的信息及时发布在自己的网站上,以充分发挥网站的功能,比如新产品信息、优惠促销信息等。研究表明,大多数消费者访问制造商的网站是为了查找公司联系信息和产品基本信息,网站提供的有效信息越详细,用户的满意程度越高。如果一个网站的更新周期以季度为单位,甚至整年都是一个老面孔,自然不会受到用户欢迎,也很难取得好的网络营销效果。

(六)许可 E-mail 营销

基于用户许可的 E-mail 营销与滥发邮件(SPAM)不同,许可营销比传统的推广方式或未经许可的 E-mail 营销具有明显的优势,比如可以减少广告对用户的滋扰、增加潜在客户定位的准确度、增强与客户的关系、提高品牌忠诚度等。开展 E-mail 营销的前提是拥有潜在用户的 E-mail 地址,这些地址可以是企业从用户、潜在用户资料中自行收集整理,也可以利用第三方的潜在用户资源。

(七)邮件列表

邮件列表实际上也是一种 E-mail 营销,与 E-mail 营销一样,邮件列表也是基于用户许可的原则,用户自愿加入、自由退出,稍微不同的是,E-mail 营销直接向用户发送促销信息,而邮件列表是通过为用户提供有价值的信息,在邮件内容中加入适量促销信息,从而实现营销的目的。邮件列表的主要价值表现在四个方面:作为公司产品或服务的促销工具、方便和用户交流、获得赞助或者出售广告空间、收费信息服务。邮件列表的表现形式很多,常见的有新闻邮件、各种电子刊物、新产品通知、优惠促销信息、重要事件提醒服务等。利用邮件列表的营销功能有两种基本方式,一种方式建立自己的邮件列表,另一种方式是利用合作伙伴或第三方提供的邮件列表服务。

(八)个性化营销

个性化营销的主要内容包括:用户定制自己感兴趣的信息内容、选择自己喜欢的网页设计形式、根据自己的需要设置信息的接收方式和接受时间等,如网易的个性化网页设计(my.163.com)。个性化服务在改善顾客关系、培养顾客忠诚以及增加网上销售方面具有明显的效果,但个性化服务的前提是获得尽可能详尽的用户个人信息,这两者之间存在一定的矛盾。据研究,为了获得某些个性化服务,在个人信息可以得到保护的情况下,用户才愿意提供有限的个人信息,这正是开展个性化营销的前提保证。个性化服务是一个循序渐进的过程,需要在一定的基础条件下进行,比如完善的网站基本功能、良好的品牌形象等。

(九)会员制营销

会员制营销是拓展网上销售渠道的一种有效方式,主要适用于有一定实力和品牌知名度的电子商务公司。会员制营销已经被证实为电子商务网站的有效营销手段,国外许多网上零售型网站都实施了会员制计划,几乎已经覆盖了所有行业。从 2000 年后半年开始,会员制营销方式开始被国内一些电子商务网站采用,如当当网上商店等,已经看出电子商务企业对此表现出的浓厚兴趣和旺盛的发展势头。除了对网上销售具有直接的促进作用之外,会员制营销方法也可以产生良好的广告效果。

(十)网上商店

从根本上说,网络营销的目的直接或间接与销售有关,无论这种销售是网上的还是网下的。建立在第三方提供的电子商务平台上、由商家自行经营网上商店,如同在大型商场中租用场地开设商家的专卖店一样,是一种比较简单的电子商务形式。网上商店除了通过网络直接销售产品这一基本功能之外,还是一种有效的网络营销手段。因为如果从企业整体营销策略和顾客的角度考虑,网上商店的作用主要表现在两个方面:一方面,网上商店为企业扩展网上销售渠道提供了便利的条件;另一方面,建立在知名电子商务平台上的网上商店增加了顾客的信任度,从功能上来说,对不具备电子商务功能的企业网站也是一种有效的补充,对提升企业形象并直接增加销售具有良好效果,尤其是将企业网站与网上商店相结合,效果更为明显。

网络营销的方法并不限于上面所列举的内容,而且由于各网站内容、服务、网站设计水平等方面有很大差别,各种方法对不同的网站所发挥的作用也会有所差异,网络营销效果也受到很多因素的影响,有些网络营销手段甚至并不适用于某个具体的网站,需要根据自己的具体情况选择最有效的策略。

三、网络营销方法与基本职能的关系

由于网络营销有多种营销手段,每种营销方法对网络营销职能所发挥的作用是不同的,每一种职能也往往需要通过多种不同网络营销方法来实现,为了比较清晰地表现网络营销职能

与网络营销方法之间的关系见表5.1所示。其中"√"表示"相关"。

表5.1 网络营销方法与网络营销职能的关系

方法＼职能	网络品牌	网址推广	信息发布	销售促进	销售渠道	顾客服务	顾客关系	网上调研
搜索引擎注册与排名	√	√	√	√				
网站合作（交换链接）		√		√				
病毒性营销	√	√	√					
网络广告	√		√					
信息发布			√			√		√
许可E-mail营销	√	√	√	√			√	
邮件列表	√		√				√	
个性化营销	√		√				√	
会员制营销	√		√	√			√	
网上商店	√	√	√	√	√		√	

第二节　企业网站与网络营销

一、企业网站的主要内容

企业网站是一个综合性的网络营销工具,在所有的网络营销工具中,企业网站是最基本、最重要的一个,若没有企业网站许多网络营销方法将无用武之地,企业网络营销的功能也会大打折扣。因此,企业网站是网络营销的基础。

企业网站的主要内容归纳出一个信息发布型企业网站应该包括的主要信息,供一些企业在规划自己网站时参考:

(1)公司概况。包括公司背景、发展历史、主要业绩及组织结构等,让访问者对公司的情况有一个概括的了解,作为在网络上推广公司的第一步,亦可能是非常重要的一步。

(2)产品目录。提供公司产品和服务的目录,方便顾客在网上查看。并根据需要决定资料的详简程度,或者配以图片、视频和音频资料。但在公布有关技术资料时应注意保密,避免为竞争对手利用,造成不必要的损失。

(3)荣誉证书和专家/用户推荐。作为一些辅助内容,这些资料可以增强用户对公司产品的信心,其中第三者做出的产品评价、权威机构的鉴定,或专家的意见,更有说服力。

(4)公司动态和媒体报道。通过公司动态可以让用户了解公司的发展动向,加深对公司的印象,从而达到展示企业实力和形象的目的。因此,如果有媒体对公司进行了报道,别忘记及

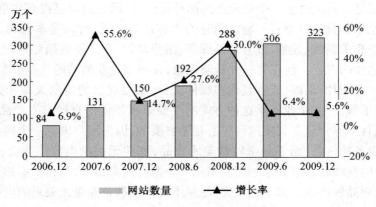

图 5.2 2006~2009 年中国网站规模变化

时转载到网站上。

(5)产品搜索。如果公司产品种类比较多,无法在简单的目录中全部列出,那么,为了让用户能够方便地找到所需要的产品,除了设计详细的分级目录之外,增加一个搜索功能不失为有效的措施。

(6)产品价格表。用户浏览网站的部分目的是希望了解产品的价格信息,对于一些通用产品及可以定价的产品,应该留下产品价格,对于一些不方便报价或价格波动较大的产品,也应尽可能为用户了解相关信息提供方便,比如设计一个标准格式的询价表单,用户只要填写简单的联系信息,点击"提交"就可以了。

(7)网上订购。即使没有像 Dell 那样方便的网上直销功能和配套服务,针对相关产品为用户设计一个简单的网上订购程序仍然是必要的,因为很多用户喜欢提交表单而不是发电子邮件。当然,这种网上订购功能和电子商务的直接购买有本质的区别,只是用户通过一个在线表单提交给网站管理员,最后的确认、付款、发货等仍然需要通过网下来完成。

(8)销售网络。实践证明,用户直接在网站订货的不一定多,但网上看货网下购买的现象比较普遍,尤其是价格比较贵重或销售渠道比较少的商品,用户通常喜欢通过网络获取足够信息后在本地的实体商场购买。应充分发挥企业网站这种作用,因此,尽可能详尽地告诉用户在什么地方可以买到他所需要的产品。

(9)售后服务。有关质量保证条款、售后服务措施以及各地售后服务的联系方式等都是用户比较关心的信息,而且,是否可以在本地获得售后服务往往是影响用户购买决策的重要因素,应该尽可能详细。

(10)联系信息。网站上应该提供足够详尽的联系信息,除了公司的地址、电话、传真、邮政编码、网管 E-mail 地址等基本信息之外,最好能详细地列出客户或者业务伙伴可能需要联系的具体部门的联系方式。对于有分支机构的企业,同时还应当有各地分支机构的联系方式,在为用户提供方便的同时,也起到了对各地业务的支持作用。

(11)辅助信息。有时由于一个企业产品品种比较少,网页内容显得有些单调,可以通过增加一些辅助信息来弥补这种不足。辅助信息的内容比较广泛,可以是本公司、合作伙伴、经销商或用户的一些相关新闻、趣事,或者产品保养/维修常识,产品发展趋势等。

(12)内容之外的内容。现在有一种普遍现象,在很多企业网站的首页都是一个漂亮的"欢迎页面",展示一些图片、动画、或者其他多媒体文件,所表现出的信息大多和企业形象或者核心业务无关,据了解,一些企业喜欢这种方式的主要原因是觉得直接进入产品介绍页面,会显得内容贫乏,而且不够专业。其实这种担心是不必要的,因为用户浏览一个网站的目的是要了解有关产品或服务的信息,而不是来欣赏美术作品,那些无关的内容往往会占用访问者的时间,甚至将用户的视线转移。如果一定要采用一个漂亮网页作为首页时,不妨通过一些多媒体手段,在展示企业品牌形象方面下点工夫,尽量不要放置和企业毫无关系的内容。

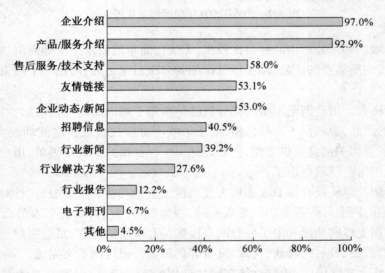

图 5.3 企业网站提供各种信息的比例

上述信息仅仅是企业网站应该关注的基本内容,并非每个企业网站都必须涉及,同时也有一些内容并没有罗列进去,在规划设计一个具体网站时,主要应考虑企业本身的目标所决定的网站功能导向,让企业上网成为整体战略的一个有机组成部分,让网站真正成为有效的品牌宣传阵地、有效的营销工具或者有效的网上销售场所。

二、企业网站的主要类型

企业上网不一定从建立网站开始,但是,企业网站无疑是上网的重要标志,也是开展电子商务的基础。一个企业网站应该具备什么样的功能,以及采取什么样的表现形式,并没有统一的模式,一个最简单的企业网站也许只需要千元左右就可以运转,而一个功能完善的电子商务网站花费几百万元也不足为奇。一般来说,企业网站建设和企业的经营战略、产品特性、财务预算以及当时的建站目的等因素有着直接关系。

尽管每个企业网站规模不同,表现形式各有特色,但从经营的实质上来说,不外乎信息发布型和产品销售型这两种基本形式,而一个综合性的网站可能同时包含了这两种基本形式的内容。不同形式的网站其网站的表现形式、实现的功能、经营方式、建站方式、投资规模也各不相同。资金雄厚的企业可能直接建立一个具备开展电子商务功能的综合性网站,一般的企业第一步也许只是将网站作为企业信息发布的窗口。

下面分别以纽曼公司网站、戴尔公司网站和海尔集团公司网站为代表分别说明不同类型企业网站的特点。

(一)信息发布型企业网站

信息发布型属于初级形态的企业网站,不需要太复杂的技术,而是将网站作为一种信息载体,主要功能定位于企业信息发布,包括公司新闻、产品信息、采购信息等用户、销售商和供应商所关心的内容,多用于品牌推广以及沟通,网站本身并不具备完善的网上订单跟踪处理功能。其实,这些内容也是所有网站所必需的基本内容,即使是一个功能完善的电子商务网站,一般也离不开这些基本信息。

这种类型的网站由于建设和维护比较简单,资金投入也很少,初步解决了企业上网的需要,因此,是中小企业网站的主流形式。即使对于一些大型网站,在企业 e 化进程中也并非都一步到位,在真正开展电子商务之前,网站的内容通常也是以信息发布为主。因此,这类网站有广泛的代表性。

纽曼公司,是一家集研发、制造、销售、服务为一体的高新技术数码产品企业。纽曼公司网站(http://www.newsmy.com)是一个典型的信息发布型网站,网站的主要内容为关于纽曼、纽曼新闻、产品供应、服务中心、纽曼 Club 等,对用户购买决策有一定的帮助作用,这种网站构架已经基本上可以满足一般信息发布型企业的需求,如图 5.4 所示。

(二)网上直销型企业网站

在发布企业产品信息的基础上,增加网上接受订单和支付的功能,网站就具备了网上销售的条件。网上直销型企业网站的价值在于企业基于网站直接面向用户提供产品销售或服务,改变传统的分销渠道,减少中间流通环节,从而降低总成本,增强竞争力。通常适用于消费类产品或办公用品等,网上直销是企业开展电子商务的一种方式,但并不是每个企业都可以做到这一点,也不一定适合所有类型的企业。

创立于 1984 年的戴尔计算机公司,首创了具有革命性的"直线订购模式",直线订购模式使戴尔公司能够提供最佳价值的技术方案,与大型跨国企业、政府部门、教育机构、中小型企业以及个人消费者建立直接联系,在美国,Dell 已经成为占这些领域市场份额第一的个人计算机供应商。戴尔在 1994 年就建立了自己的企业网站,并在 1996 年加入了电子商务功能,现在该网站包括 80 个国家的站点,目前每季度有超过 4 000 万人浏览,通过网站的销售额占公司总收

图5.4 纽曼公司网站首页

益的40%~50%。

在 Dell 公司中文网站(http://www.dell.com.cn)首页上(图5.5),可以看到一个非常简洁的界面,除了公司介绍、技术支持和联系信息之外,最醒目的就是针对中国市场四类不同用户(家庭、小型企业、中型企业、大型企业)的产品目录简介和链接了,所有详细的产品介绍和在线订单处理程序都恰到好处安排在应该出现的地方。

打开"小型企业"网页可以看到,主要内容是针对小型企业用户的产品目录和重点介绍,Dell 公司网站和一般的网上购物网站有所不同,与产品不相关的内容很少,也没有太复杂的网页设计,基本是针对相关产品的促销、订购和帮助信息。针对其他类别用户设计的网页从表现形式上来看和"小型企业"基本类似。从网站表面上看,像 Dell 这样的网上直销型网站内容并不复杂,真正复杂的是网站背后的高效管理模式。

(三)综合性电子商务网站

网上直销是企业销售方式的电子化,但还远不是企业电子商务的全部内容,企业网站的高级形态,不仅仅将企业信息发布到互联网上,也不仅仅是用来销售公司的产品,而是集成了包括供应链管理在内的整个企业流程一体化的信息处理系统。在这方面,海尔集团网站(http://www.haier.com),带给我们很大的启示,如图5.6所示。巧合的是,海尔公司同戴尔公司一样诞生于1984年,海尔集团现在已经拥有包括白色家电、黑色家电、米色家电在内的69大门类10 800多个规格品种的产品群,在海外建立了38 000多个营销网点,产品已销往世界上160多个国家和地区,海尔已经成为国际著名品牌。

第五章　网络营销的常用工具和方法

图 5.5　Dell 公司网站首页

图 5.6　海尔集团网站首页

海尔集团于 2000 年 3 月 10 日投资成立海尔电子商务有限公司,首开国内家电行业成立电子商务公司的先河。2000 年 4 月,海尔集团电子商务系统开始运行。海尔集团网站也成了

127

名副其实的电子商务网站,除了具备一般信息发布型网站的基本内容之外,在顾客服务、顾客关系(海尔俱乐部)方面都比较完善,还建立了完善的网上零售(B2C)体系,可以快速满足用户的个性化需求,同时,面对供应商的企业间电子商务平台(B2B)也在展示着一个现代企业的风采。

无论海尔还是戴尔,在电子商务的进程中,无疑都是领路者和成功者。支撑一个庞大的电子商务体系依赖于企业的实力,但很多企业并不具有这样的实力,所以只能从企业上网的初级形态逐步发展。

三、企业网站建设的目的

(一)有利于提升企业形象

一般来说,企业建立自己的网址,不大可能马上给企业带来新客户、新生意,也不大可能马上大幅度提升企业业绩。企业网站的作用更类似于企业在报纸和电视上所做的宣传公司本身及品牌的广告。不同之处在于企业网站容量更大,企业几乎可以把任何想让客户及公众知道的内容放入网站。此外,相对来说,建立企业网站的费用也比其他广告方式要低得多。企业网站一年的费用仅为34万,如企业在报纸上做广告,半个版面,几天时间就要花掉几十万。当然,网站和广告是两种不同的宣传方式,各有不同的作用,它们之间更多的是互相补充,而不是互相排斥。企业如拥有自己的网址,应在各种广告中尽量地推介该网址,并把具体性的内容放入网址中。

(二)使公司具有网络沟通能力

在中国,人们对互联网络往往有所误解,以为电子信箱就是互联网络。我们见过不少公司,将电子邮件地址当成网址,并印在名片上。实际上,电子邮件只是互联网络中一个最常用、最简单的功能之一,目前流行的企业软文,不仅仅能使企业与客户保持良好的关系,还能吸引更多的潜在客户浏览,从而挖掘潜在客户资源。客户互联网络真正的内涵在于其内容的丰富性,几乎无所不包。对于一个企业来说,其具有网络沟通能力的标志是公司拥有自己的独立网站,而非电子信箱。

(三)可以全面详细地介绍公司及公司产品

公司网址的一个最基本的功能,就是能够全面、详细地介绍公司及公司产品。事实上,公司可以把任何想让人们知道的东西放入网址,如公司简介、公司的厂房、生产设施、研究机构、产品的外观、功能及其使用方法等,都可以展示于网上。

(四)实现电子商务功能

企业网站如何实现电子商务功能:
(1)实时新闻发布系统:在线 Web 发布公司新闻及各种行业新闻、动态等。
(2)实时报价系统(如运输行业):海运整柜、海运散货、空运报价、拖车报价、快件报价,在线订舱系统（客户订舱→订舱接收→订舱反馈）、货物跟踪查询系统。

(3) 在线下载系统：包括在线管理、在线发布等。

(4) 电子商城系统：可以在网上开家自己的商店。

(5) 客户留言板、在线调查、招聘系统、邮件列表、BBS 论坛等。

（五）可以与客户保持密切联系

在美国，每当人们想知道某公司有什么新产品，新服务，或旧产品和服务有什么变化，甚至只是想知道该公司有什么新闻，他们就会习惯性地进入该公司的网址。因为外国公司已经习惯于把所有的新产品和新服务信息发布于网上，并且定期在网上发布有关公司的消息。中国公司与客户之间现在暂时还不习惯于这种联系方式，而中国企业的网址内容一般也隔较长时间才更新一次。但随着越来越多的公司在网上发布产品和信息，这种情况将会发生明显变化。毕竟，已经有越来越多的公司具有网络能力，并逐渐习惯于用网络进行沟通。

（六）可以与潜在客户建立商业联系

这是企业网址最重要的功能之一，也是为什么那么多的国外企业非常重视网站建设的根本原因。现在，世界各国大的采购商都是主要利用互联网络来寻找新的产品和新的供应商，因为这样做费用最低，效率最高。原则上，全世界任何地方的人，只要知道了公司的网址，就可以看到公司的产品。因此，关键在于如何将公司网址推介出去。一种非常实用而有效的方法是将公司的网址登记在全球著名的搜索引擎（如 Yahoo！，Excite，Altavista 等）上，并选择与公司的产品及服务有关的关键字，则可以使潜在的客户能够容易地找到公司和产品。这正是国际商业上通行的做法，而且被实践证明是十分有效的。

（七）可以降低通信费用

对于不少企业来说，每年的通信费用，尤其是涉及进出口的通信费用，是一笔庞大的费用。利用公司网站所提供的多个电子信箱，可以有效地降低通信费用，这是企业网站的一个很实际的好处（利用 E-mail 通信的费用仅为市话费用）。

（八）可以利用网站及时得到客户的反馈信息

客户一般是不会积极主动地向公司反馈信息的。如公司在设计网站时，加入专门用于客户与公司联系的电子邮件和电子表格，由于使用极其方便，相对来说，一般客户还是比较乐于使用这种方式与公司进行联系。因此，公司可以得到大量的客户意见和建议。

四、企业网站与网络营销的关系

企业网站与网络营销的关系可以从下列四个方面来说明：

(1) 从企业开展网络营销的一般程序来看，网站建设完成不是网络营销的终结。网站建设为网络营销各种职能的实现打下了基础，如网站推广、在线顾客服务等，一些重要的网络营销方法如搜索引擎营销、邮件列表营销、网络会员制营销等也才具备了基本条件。一般来说，网络营销策略制定之后,首先应开始进行企业网站的策划和建设。

(2)从企业网站在网络营销中所处的地位来看,网站建设是网络营销策略的重要组成部分。有效地开展网络营销离不开企业网站功能的支持,网站建设的专业水平同时也直接影响着网络营销的效果,表现在品牌形象、在搜索引擎中被检索到的机会等多个方面。因此在网站策划和建设阶段就要考虑到将要采用的网络营销方法对网站的需要,如网站功能、网站结构、搜索引擎优化、网站内容、信息发布方式等。

(3)从网络营销信息来源和传递渠道来看,企业网站内容是网络营销信息源的基础。企业网站也是企业信息的第一发布场所,代表了企业官方的形象和观点,在表现形式上应该是严肃而认真的。其他网络营销方法对网络营销信息传递不外乎两种方式,它们都是以企业网站的信息为基础:一种是通过各种推广方法,吸引用户访问网站从而实现信息传递的目的;另一种则是将营销信息源通过一定的手段直接传递给潜在用户。

(4)从企业网站与其他网络营销方法的关系来看,网站的功能决定着哪些营销方法可以被采用而哪些不能被采用。同时,由于网站的功能不会自动发挥作用,因此是通过其他网络营销方法才得以体现出来的,因此企业网站与其他网络营销方法之间是互为依存、互相促进的。

五、企业网站的网络营销功能

企业网站的功能,可以从技术功能和网络营销功能两个方面来研究,网站的技术功能是整个网站得以正常运行的技术基础,网站的网络营销功能,则是站在网络营销策略的角度来看,一个企业网站具有哪些可以发挥网络营销的作用的功能。显然,网站的技术功能是为网站的网络营销功能提供支持的,网站的网络营销功能是技术功能的体现。

充分理解企业网站的网络营销功能,才能把握企业网站与网络营销关系的本质,从而掌握这种内在关系的一般规律,建造适合网络营销需要的企业网站,为有效开展网络营销奠定基础。

通过对众多企业网站的研究发现,无论网站规模多大,也不论具有哪些技术功能,网站的网络营销功能主要表现在八个方面:品牌形象、产品/服务展示、信息发布、顾客服务、顾客关系、网上调查、资源合作、网上销售。即使最简单的企业网站也具有其中的至少一项以上的功能,否则由于不具备企业网站的基本特征,也不能称之为企业网站了。

(一)品牌形象

网站的形象代表着企业的网上品牌形象,人们在网上了解一个企业的主要方式就是访问该公司的网站,网站建设的专业化与否直接影响企业的网络品牌形象,同时也对网站的其他功能产生直接影响。尤其对于以网上经营为主要方式的企业,网站的形象是访问者对企业的第一印象,这种印象对于建立品牌形象、产生用户信任具有至关重要的作用,因此具备条件的企业应力求在自己的网站建设上体现出自己的形象,但实际上很多网站对此缺乏充分的认识,网站形象并没有充分体现出企业的品牌价值,相反一些新兴的企业利用这一原理做到了"小企业大品牌"，并且获得了与传统大型企业平等竞争的机会。

(二) 产品/服务展示

顾客访问网站的主要目的是为了对公司的产品和服务进行深入的了解，企业网站的主要价值也就在于灵活地向用户展示产品说明的文字、图片甚至多媒体信息，即使一个功能简单的网站至少也相当于一本可以随时更新的产品宣传资料，并且这种宣传资料是用户主动来获取的，对信息内容有较高的关注程度，因此往往可以获得比一般印刷宣传资料更好的宣传效果，这也就是为什么一些小型企业只满足于建立一个功能简单的网站的主要原因，在投资不大的情况下，同样有可能获得理想的回报。

(三) 信息发布

网站是一个信息载体，在法律许可的范围内，可以发布一切有利于企业形象、顾客服务以及促进销售的企业新闻、产品信息、各种促销信息、招标信息、合作信息、人员招聘信息等等。因此，拥有一个网站就相当于拥有一个强有力的宣传工具，这就是企业网站具有自主性的体现。当网站建成之后，合理组织对用户有价值的信息是网络营销的首要任务，当企业有新产品上市、开展阶段性促销活动时，也应充分发挥网站的信息发布功能，将有关信息首先发布在自己的网站上。

(四) 顾客服务

通过网站可以为顾客提供各种在线服务和帮助信息，比如常见问题解答(FAQ)、电子邮件咨询、在线表单、通过即时通信实时回答顾客的咨询等。一个设计水平较高的常见问题解答，应该可以回答80%以上顾客关心的问题，这样不仅为顾客提供了方便，也提高了顾客服务效率、节省了服务成本。

(五) 顾客关系

通过网络社区、有奖竞赛等方式吸引顾客参与，不仅可以起到产品宣传的目的，同时也有助于增进顾客关系，顾客忠诚度的提高将直接增加销售。尤其是对于产品功能复杂或者变化较快的产品，如数码产品、时装、化妆品等，顾客为了获得更多的产品信息，对于企业网络营销活动参与兴趣较高，可充分利用这种特点来建立和维持良好的顾客关系。

(六) 网上调查

市场调研是营销工作不可或缺的内容，企业网站为网上调查提供了方便而又廉价的途径，通过网站上的在线调查表、或者通过电子邮件、论坛、实时信息等方式征求顾客意见等，可以获得有价值的用户反馈信息。无论作为产品调查、消费者行为调查，还是品牌形象等方面的调查，企业网站都可以在获得第一手市场资料方面发挥积极的作用。

(七) 资源合作

资源合作是独具特色的网络营销手段，为了获得更好的网上推广效果，需要与供应商、经销商、客户网站以及其他内容、功能互补或者相关的企业建立资源合作关系，实现资源共享到利益共享的目的。如果没有企业网站，便失去了很多积累网络营销资源的机会，没有资源，合作就无从谈起。常见的资源合作形式包括交换链接、交换广告、内容合作、客户资源合作等。

（八）网上销售

建立网站及开展网络营销活动的目的之一是为了增加销售，一个功能完善的网站本身就可以完成订单确认、网上支付等电子商务功能，即企业网站本身就是一个销售渠道。随着电子商务价值越来越多地被证实，更多的企业将开拓网上销售渠道，增加网上销售手段。实现在线销售的方式有多种，利用企业网站本身的资源来开展在线销售是有效的一种形式。

第三节　许可 E-mail 营销

一、许可 E-mail 营销概念

E-mail 营销是在用户事先许可的前提下，通过电子邮件的方式向目标用户传递有价值信息的一种网络营销手段。E-mail 营销有三个基本因素：基于用户许可、通过电子邮件传递信息、信息对用户是有价值的。三个因素缺少一个，都不能称之为有效的 E-mail 营销。

因此，真正意义上的 E-mail 营销也就是许可 E-mail 营销（简称"许可营销"）。基于用户许可的 E-mail 营销与滥发邮件（Spam）不同，许可营销比传统的推广方式或未经许可的 E-mail 营销具有明显的优势，比如可以减少广告对用户的滋扰、增加潜在客户定位的准确度、增强与客户的关系、提高品牌忠诚度等。

二、许可 E-mail 营销的形式

根据许可 E-mail 营销所应用的用户电子邮件地址资源的所有形式，可以分为内部列表 E-mail 营销和外部列表 E-mail 营销，或简称内部列表和外部列表。

（1）内部列表也就是通常所说的邮件列表，是利用网站的注册用户资料开展 E-mail 营销的方式。内部列表包括企业自己拥有的各类用户的注册资料，如免费服务用户、电子刊物用户、现有客户资料等，是企业开展网络营销的长期资源，也是 E-mail 营销的重要内容。

（2）外部列表 E-mail 营销则是利用专业服务商的用户电子邮件地址来开展 E-mail 营销。外部列表包括各种可以利用的 E-mail 营销资源，常见的形式是专业服务商，如专业 E-mail 营销服务商、免费邮件服务商、专业网站的会员资料等。

（3）内部列表和外部列表 E-mail 营销的功能和特点比较见表 5.2。

表 5.2 内部列表和外部列表 E-mail 营销的功能和特点比较

主要功能和特点	内部列表 E-mail 营销	外部列表 E-mail 营销
主要功能	顾客关系、顾客服务、品牌形象、产品推广、在线调查、资源合作	品牌形象、产品推广、在线调查
投入费用	相对固定,取决于日常经营和维护费用,与邮件发送数量无关,用户数量越多,平均费用越低	没有日常维护费用,营销费用由邮件发送数量、定位程度等决定,发送数量越多费用越高
用户信任程度	用户主动加入,对邮件内容信任程度高	邮件为第三方发送,用户对邮件的信任程度取决于服务商的信用、企业自身的品牌、邮件内容等因素
用户定位程度	高	取决于服务商邮件列表的质量
获取新用户的能力	用户相对固定,对获取新用户效果不显著	可针对新领域的用户进行推广,吸引新用户能力强
用户资源规模	需要逐步积累,一般内部用户数量比较少,无法在很短时间内向大量用户发送信息	在预算许可的情况下,可同时向大量用户发送邮件,信息传播覆盖面广
邮件列表维护和内容设计	需要专业人员操作,无法获得专业人士的建议	服务商专业人员负责,可对邮件发送、内容设计等提供建议
E-mail 营销效果分析	由于是长期活动,较难准确评价每次邮件发送的效果,需要长期跟踪分析	由服务商提供专业分析报告,可快速了解每次活动的效果

这两种 E-mail 营销方式属于资源的不同应用和转化方式,内部列表以少量、连续的资源投入获得长期、稳定的营销资源,外部列表则是用资金换取临时性的营销资源。内部列表在顾客关系和顾客服务方面的功能比较显著,外部列表由于比较灵活,可以根据需要选择投放不同类型的潜在用户,因而在短期内即可获得明显的效果。

(四)内部列表和外部列表 E-mail 营销过程比较

内部列表 E-mail 营销是一项长期性工作,通常在企业网站的策划建设阶段就已经纳入了计划,内部列表的建立需要相当长时间的资源积累,而外部列表 E-mail 营销可以灵活地采用,因此这两种 E-mail 营销的过程有很大差别,见表 5.3。

表 5.3　内部列表和外部列表 E-mail 营销过程比较

E-mail 营销的主要阶段	内部列表 E-mail 营销	外部列表 E-mail 营销
(1)确定 E-mail 营销的目的	需要在网站规划阶段制定,主要包括邮件列表的类型、目标用户、功能等内容。一旦确定具有相对稳定性	在营销策略需要时确定营销活动目的、期望目标。每次 E-mail 营销活动的目的、内容、形式、规模等可能各不相同
(2)建设或者选择邮件列表技术平台	邮件列表的主要功能需要在网站建设阶段完成,或者在必要的时候为网站增加邮件列表功能,也可以选择第三方的邮件列表发行平台	不需要自己的邮件发行系统
(3)获取用户 E-mail 地址资源	通过各种推广手段,吸引尽可能多的用户加入列表。邮件列表用户 E-mail 地址属于自己的营销资源,发送邮件不需要支付费用	不需要自己建立用户资源,而是通过选择 E-mail 营销服务商,在服务商的用户资源中按照一定条件选择潜在的用户列表。一般来说,每次发送邮件均需要向服务商支付费用
(4)E-mail 营销的内容设计	在总体方针的指导下来设计每期邮件的内容,一般为营销人员的长期工作	根据每次 E-mail 营销活动需要制作邮件内容,或者委托专业服务商制作
(5)邮件发送	利用自己的邮件发送系统(或者第三方发送系统)根据设定的邮件列表发行周期按时发送	由服务商根据服务协议发送邮件
(6)E-mail 营销效果跟踪评价	自行跟踪分析 E-mail 营销的效果,可定期进行	由服务商提供专门的分析报告,邮件发送后实时在线查询,或者一次活动后统一提供检测报告

由于外部列表 E-mail 营销相当于向媒体投放广告,其过程相对简单一些,并且是与专业服务商合作,可以得到一些专业人士的建议,在营销活动中并不会觉得十分困难,而内部列表 E-mail营销的每一个步骤都比较复杂,并且是依靠企业内部的营销人员自己来进行,由于企业资源状况、企业各部门之间的配合、营销人员知识和经验等因素的影响,在执行过程中,会遇到大量新问题,其实施过程也比外部列表 E-mail 营销复杂的多,但由于内部列表拥有巨大的长期价值,因此建立和维护内部列表成为 E-mail 营销中最重要的内容。

三、E-mail 营销的分类和作用

（一）E-mail 营销的分类

E-mail 营销的分类方式很多，主要讨论以下 E-mail 营销的分类方式。

1. 按照是否经过用户许可分类

按照营销邮件在发送前是否征询并获得过用户的许可来进行分类可把电子邮件营销分为许可电子邮件营销及非许可电子邮件营销。根据目前各国的法律情况看，从某种意义上而言，许可电子邮件营销与非许可电子邮件营销也可以分类为合法电子邮件营销及非法电子邮件营销。

对于许可电子邮件营销，根据其获得许可的方式不同又可以进一步细分为：

- Option-in：在向用户发送营销邮件之前事先获得用户同意。
- Option-out：在向用户发送营销邮件之前事先并不获得用户同意，而是允许用户选择退出。
- Double-Option-in：向用户发送营销邮件之前事先获得用户同意，向用户发出确认邮件，并且要求用户回信确认后才向用户进行邮件营销。

建议企业使用 Double-Option-in 的方式进行电子邮件营销，以提高营销效率，避免冒名恶意订阅或邮件地址错误等问题的产生。

2. 按照营销的目的分类

按照营销的目的不同进行分类，电子邮件营销又可以进一步细分为，品牌形象推广电子邮件营销、产品促销电子邮件营销、社会调查电子邮件营销、客户服务电子邮件营销、网站推广电子邮件营销等。

3. 按照邮件列表来源的不同分类

按照具体使用邮件列表来源的不同进行电子邮件营销的分类则又可将邮件营销具体分类为：内部邮件列表营销与外部邮件列表营销。其中内部邮件列表营销是指采用企业自身所收集并维护的许可邮件列表进行的营销。而外部邮件列表营销是指采用第三方所提供的邮件列表进行的邮件营销。从具体使用效果上看我们并不建议使用外部邮件列表的方式进行邮件营销。

4. 按照营销的目标用户分类

按照邮件营销的具体对象不同，我们可以把邮件营销具体分为企业内部电子邮件营销和企业外部电子邮件营销。其中内部电子邮件营销具体是指采用电子邮件的方式对企业的内部人员，包括企业的股东、经营者、管理者和企业员工进行的营销行为。而外部电子邮件营销则指的是利用电子邮件方式所进行的针对企业用户的具体的营销行为。

(二) E-mail 营销的作用

1. 企业品牌形象

一封完整的电子邮件的基本组成要素包括发件人的 E-mail 地址、收件人的 E-mail 地址、邮件主题和邮件内容等,在商务活动中,发件人的 E-mail 地址对于企业形象和用户的信任具有重要影响,对于陌生的邮件发信人,如果发信人使用的是知名企业或者机构的域名为后缀的 E-mail 地址,往往会受到收件人的重视,即使对于一些未经许可的商业邮件,一般也不会被认为是垃圾邮件,而对于使用免费邮箱的发件人,受到信任的程度将大大降低,甚至会被作为垃圾邮件直接删除。这说明电子邮件地址本身代表了企业的品牌形象。因此通过电子邮件传递营销信息时,在信息源的设置与信息的传递中,应注意与企业品牌相适应。

2. 在线顾客服务

在企业网站公布的联系方式以及在线帮助信息中,E-mail 地址都是必不可少的一项内容,因为电子邮件是在线顾客服务的重要工具之一。通过电子邮件开展顾客服务,不仅节约了顾客服务成本,在增进顾客关系、提高顾客服务质量、增加顾客忠诚度等方面都具有重要作用。在线顾客服务除了一般的回复顾客咨询之外,常见的形式还有自动回复、常见问题解答、重要信息提醒等。

3. 会员通信与电子刊物

企业为了获得某些信息和服务,用户可以自愿成为会员通信与电子刊物的订阅者,当用户不再需要这些信息时,可以随时退出。用户自愿加入到这种邮件列表中,为企业提供了通过电子邮件向用户传递有价值信息的基础条件。这种内部列表已成为电子商务企业以及其他信息化程度较高的企业开展顾客服务、增强竞争优势的有力工具之一。

4. 电子邮件广告

电子邮件广告,即通过专业服务商投放广告信息的一种方式,是企业利用网络营销服务商的用户电子邮件地址资源来开展 E-mail 营销活动。这种网络营销方式由于操作简便、形式灵活、用户定位程度高而受到认可。调查表明,电子邮件广告是用户反馈率最高的网络广告形式,远远高于一般的标志广告和文字广告、分类广告等形式。

5. 网站推广

电子邮件在网站推广活动中也发挥着重要的作用,是除了搜索引擎、资源合作、网络广告等常见网站推广方法之外又一重要的网站推广手段。与搜索引擎相比,电子邮件在网站推广中有自己独特的优点:网站被搜索引擎收录之后,只能被动地等待用户去检索并发现自己的网站,通过电子邮件则可以主动向用户推广网站,并且推荐方式比较灵活,既可以是简单的广告,也可以通过新闻报道、案例分析等方式出现在邮件的内容中,以引起读者的兴趣,达到增加网站访问量的目的。

6. 产品/服务推广

产品/服务推广是许可 E-mail 营销的基本功能之一,无论是通过企业内部的邮件列表如会员通信和电子刊物等,还是通过服务商的用户 E-mail 地址资源投放电子邮件广告,都可以将产品促销信息通过合理的设计,作为邮件的内容来向目标用户发送,从而达到产品推广的目的。

7. 收集市场信息

市场营销策略的制定离不开各种市场信息的收集,利用电子邮件可以获得许多有价值的第一手调查资料,如行业发展动态、调查统计资料、市场供求信息等,通过合理利用电子邮件,甚至可以密切跟踪竞争者的市场动向。这些有价值的信息,通常还可以免费获取。例如,可以通过加入相关的邮件列表、注册为有关网站的会员、参与在线调查、论坛等网上交流活动而实现收集市场信息的目的。一些网站为了维持与用户的关系,常常将一些有价值的信息以新闻邮件、电子刊物等形式免费向用户发送,通常只要进行简单的登记即可加入邮件列表,如各大电子商务网站初步整理的市场供求信息,各种调查报告等,定期处理收到的邮件列表信息是一种行之有效的资料收集方法。

8. 在线市场调查

利用电子邮件开展在线调查是网络市场调研中的常用方法之一,具有问卷投放和回收周期短、成本低廉、调查活动较为隐蔽等优点。在掌握了被调查对象的 E-mail 地址信息后,可以通过电子邮件发送在线调查问卷。同传统调查中的邮寄调查表的道理一样,将设计好的调查表直接发送到被调查者的邮箱中,或者在电子邮件正文中给出一个网址链接到在线调查表页面,这种方式可以节约被访问者的时间,在一定程度上也可以对不同的用户群体加以选择,如果调查对象选择适当且调查表设计合理,往往可以获得相对较高的问卷回收率。

四、许可 E-mail 营销模式

从营销的手段、企业与客户的关系、企业提供服务的方式和内容等方面分析,许可 E-mail 营销有下列几种主要模式。

(一)顾客关系 E-mail

顾客关系 E-mail 是电子邮件营销最为常见的一种模式。企业邀请访问企业网站的所有客户提交客户的电子邮件地址,以便于客户收到企业不定期的宣传信息和推广服务说明。企业网站每推出一项新的服务,就给每个客户发送一份宣传邮件,与客户保持联系。

(二)企业新闻邮件

企业新闻邮件大多数是和企业产品和服务有关的信息,并可以附上一些编辑语,这也是一种让客户替企业宣传产品的好方法,有利于提高企业网站的访问量。还可以发送一些企业发展动向的最新报告,如企业新产品的开发和研究报告等,让企业与客户之间有更多的交流。

(三)提醒服务/定制提醒邮件

提醒服务邮件就是企业从收集的有关客户的档案资料中,找出客户的一些特殊纪念日(如结婚纪念日、生日等),并在当天发送邮件,及时地向客户送上一份问候。提醒服务邮件会让客户感觉到企业的温馨。

（四）伙伴联合营销

企业可以和其他企业合作，然后以合作伙伴的名义发送信息给合作企业的客户。例如，新媒体观察可以向它的客户发送这样一封电子邮件："亲爱的新媒体观察读者，为了感谢你长期以来对我们杂志的忠实，我们向你推荐一个我们的合作伙伴——时代网络企业的产品：电子图书制作工具。"

（五）许可邮件列表

许可邮件列表，即 Opt-in Mailing List，在很大程度上可以说就是目标客户列表。它是用户自愿加入的邮件列表。不是网上搜寻到的邮件地址列表。

（六）传播营销邮件

传播营销邮件更像是一种战略而不仅仅是一个打广告的机会。有人形容它为"病毒性营销"。这种方法是鼓励一个企业的老客户去向自己的朋友们推荐有关企业的产品和信息。在传统商业社会中这种"找朋友"的方式是尽人皆知的，但在 Internet，这个观念却受到了强烈的排挤。然而，有些网上企业由于好的产品和服务以及有口皆碑的宣传推广，客户数量已取得了迅猛的增长。例如，提供免费电子邮件服务的 Hotmail 公司就是一个很好的例子，由于 Hotmail 公司在向客户发出的每封邮件末尾必附带一条 Hotmail 的推广信息，很快就吸引了上百万的客户访问 Hotmail 公司并注册加入。

现在国内的免费电子信箱已经数不胜数了，并且在激烈的竞争下，信箱的容量也越来越大，大容量的免费电子信箱为传播营销邮件的实现提供了条件，传播营销邮件下面的链接和企业在网络上打出的大量广告，会给企业带来众多的新客户。传播营销邮件末尾所附加的链接和宣传信息同时也会附加在客户的每封往来的 E-mail 上，像繁殖力极强的"病毒"一样潜入了成千上万的客户的硬盘。

五、许可 E-mail 营销要遵循的基本原则

（1）及时回复。在收到 E-mail 的时候，要养成及时回复的习惯，即使是"谢谢，来信已经收到"也会起到良好的沟通效果，通常 E-mail 应该在一个工作日之内回复客户，如果碰到比较复杂的问题，要一段时间才能准确答复客户，也要简单回复一下，说明情况。实在没有时间回复，可以采用自动回复 E-mail 的方式。

（2）避免无目标投递。不采用群发的形式向大量陌生 E-mail 地址投递广告，不但收效甚微，而且变为垃圾邮件，损害了公司形象。

（3）尊重客户。不要向同一个 E-mail 地址发送多封同样内容的信件，当对方直接或者间接的拒绝接受 E-mail 的时候，绝对不可以再向对方发送广告信件，要尊重对方。

（4）内容要言简意赅。客户时间宝贵，在看 E-mail 的时候多是走马观花，所以信件要言简

意赅,充分吸引客户的兴趣,长篇累牍会使客户放弃阅读你的 E-mail。在发送前一定要仔细检查 E-mail 内容,语句通顺,没有错别字。

(5)附上联系方式。信件一定要有签名并附上电话号码,以免消费者需要找人协助时,不知如何联络。

(6)邮件内容能在正文里面显示,就不采用附件形式。

(7)尊重隐私权。征得客户首肯前,不得转发或出售发信人名单与客户背景。

(8)避免撞车。在促销活动中,宣传渠道包括媒体、电子邮件、传统 DM 广告(Direct Mail advertising,直接邮寄广告)、电话等,务必要事先协调,以免同一个客户重复收到相同的促销信。

(9)坦承错误。若未能立即回复客户的询问或寄错信件,要主动坦承错误,并致歉。

第四节 搜索引擎营销

一、搜索引擎营销概念

搜索引擎营销(Search Engine Marketing),简称为 SEM。就是根据用户使用搜索引擎的方式,利用用户检索信息的机会尽可能将营销信息传递给目标用户。简单来说,搜索引擎营销就是基于搜索引擎平台的网络营销,利用人们对搜索引擎的依赖和使用习惯,在人们检索信息的时候尽可能将营销信息传递给目标客户。搜索引擎营销追求最高的性价比,以最小的投入,获最大的来自搜索引擎的访问量,并产生商业价值。

搜索营销的最主要工作是扩大搜索引擎在营销业务中的比重,通过对网站进行搜索优化,更多的挖掘企业的潜在客户,帮助企业实现更高的转化率。

SEM 是搜索引擎优化 SEO(Search Engine Optimization)发展的产物,并对 SEO 产生了深远的影响。

截至 2009 年 12 月份,中国搜索引擎用户人数达到 2.6 亿人,如图 5.7 所示。

二、搜索引擎分类

搜索引擎按其工作方式主要可分为三种,分别是全文搜索引擎(Full Text Search Engine)、目录索引类搜索引擎(Search Index/Directory)和元搜索引擎(Meta Search Engine)。

(一)全文搜索引擎

全文搜索引擎是名副其实的搜索引擎,国外具代表性的有 Google、Fast/AllTheWeb、AltaVista、Inktomi、Teoma、WiseNut 等,国内著名的有百度(Baidu)。它们都是通过从互联网上提取的各个网站的信息(以网页文字为主)而建立的数据库中,检索与用户查询条件匹配的相关记录,然后按一定的排列顺序将结果返回给用户,因此他们是真正的搜索引擎。

从搜索结果来源的角度,全文搜索引擎又可细分为两种,一种是拥有自己的检索程序

图 5.7　搜索引擎用户规模和使用率

(Indexer),俗称"蜘蛛"(Spider)程序或"机器人"(Robot)程序,并自建网页数据库,搜索结果直接从自身的数据库中调用,如上面提到的 7 家引擎;另一种则是租用其他引擎的数据库,并按自定的格式排列搜索结果,如 Lycos 引擎。

图 5.8　全文搜索引擎网站 Logo

(二)目录索引

目录索引虽然有搜索功能,但在严格意义上算不上是真正的搜索引擎,仅仅是按目录分类的网站链接列表而已。用户完全可以不用进行关键词(Keywords)查询,仅靠分类目录也可找到需要的信息。目录索引中最具代表性的莫过于大名鼎鼎的雅虎。其他著名的还有 Open Directory Project(DMOZ)、LookSmart、About 等。国内的搜狐、新浪、网易搜索也都属于这一类。

图 5.9　目录索引网站 Logo

(三)元搜索引擎

元搜索引擎在接受用户查询请求时,同时在其他多个引擎上进行搜索,并将结果返回给用户。著名的元搜索引擎有 InfoSpace、Dogpile、Vivisimo 等(元搜索引擎列表),中文元搜索引擎中具代表性的有搜星搜索引擎。在搜索结果排列方面,有的直接按来源引擎排列搜索结果,如 Dogpile,有的则按自定的规则将结果重新排列组合,如 Vivisimo。

图 5.10　元搜索引擎网站 Logo

除上述三大类引擎外,还有以下几种非主流形式:

1. 集合式搜索引擎。如 HotBot 在 2002 年底推出的引擎。该引擎类似 META 搜索引擎,但区别在于不是同时调用多个引擎进行搜索,而是由用户从提供的 4 个引擎当中选择,因此叫它"集合式"搜索引擎更确切些。

2. 门户搜索引擎。如 AOL Search、MSN Search 等虽然提供搜索服务,但自身即没有分类目录也没有网页数据库,其搜索结果完全来自其他引擎。

3. 免费链接列表(Free For All Links,简称 FFA)。这类网站一般只简单地滚动排列链接条目,少部分有简单的分类目录,不过规模比起 Yahoo! 等目录索引来要小得多。

三、搜索引擎营销分类

搜索引擎营销是网络营销的一种新形式,搜索引擎营销就是企业有效地利用搜索引擎来进行网络营销和推广。搜索引擎排名营销是一个非常管用的网络营销途径。搜索引擎营销可分为三种:搜索引擎优化、搜索引擎广告、竞价排名。

(一)搜索引擎优化

搜索引擎优化,简单的解释就是,通过人为的调整和设计,让你的网站在搜索引擎(主要以 Google 为主,Baidu 因为有竞价排名,人为对搜索结果的干扰很大)的搜索结果中排名靠前。

搜索引擎优化的主要工作是通过了解各类搜索引擎如何抓取互联网页面、如何进行索引以及如何确定其对某一特定关键词的搜索结果排名等技术,来对网页进行相关的优化,使其提高搜索引擎排名,从而提高网站访问量,最终提升网站的销售能力或宣传能力的技术。

常用搜索引擎优化(SEO)方法和排名技巧:

1. 网站的扁平化规划

如果你不是大型门户网站的话,还是选择网站的扁平化设计吧。大型门户网站的人气高,在搜索引擎优化中这一策略并不是不起作用。大型门户网站如果也采用这一策略的话,会对网站的发展起到积极的推进作用,让我们了解并且找到网站深层的内容(这是关键)。

2. 网站的静态化设计

搜索引擎的蜘蛛就是喜欢静态化的网站,与动态的相比而言。

3. 标题的关键词优化

标题(Page Title)包含关键词,标题关键词不必过度。

4. 标签设计的贴切化

相关的关键词进行标签设计,添加描述性 Meat description 标签、Meta keywords 关键词。有目的的、重要的关键词,注意符合语法规则。这一策略主要是过去搜索引擎优化的手法,现在已经不是关键因素,但是别忽略。

5. 图片的关键词优化

图片的替代关键词也不要忽略,其另外一方面的作用是,当图片不能显示的时候,可以给访问者一个替代解释语句。

6. 网站导航的清晰化

网站导航要易于搜索引擎的爬行程序进行索引收录,制作清楚有效的网站地图。

7. 引出链接的人气化

创建有人气化的、有意义的引出链接,提高链接广泛度(Link Popularity)。据研究,如果一个网站的 Page Rank 达到 4~6 的话,说明这个网站已经获得了不错的访问量;如果到了 7 以上,说明不管是从网站的质量到知名度都非常优秀了。

8. 关键词密度适度化

控制关键词密度(Keyword Density),坚决杜绝大量堆砌关键词的行为。一般说来,2 份 8% 就比较好了。

9. 页面容量的合理化

注意不要让你的页面容量过大,合理的页面容量会提升网页的显示速度,增加对搜索引擎蜘蛛程序的友好度。

上述 9 种搜索引擎优化和排名技巧基本上涵盖了 SEO 的大体内容,对照这种 SEO 策略,不断的实践调整,相信你的网站一定会有一个非常不错的排名,当然前提条件是你的网站不是空洞无价值的网站。

(二)搜索引擎广告

点击付费广告(Pay Per Click,PPC)是大公司最常用的网络广告形式。这种方法费用很高,但效果也很好。比如搜狐和新浪首页上的 banner 广告。这种形式的广告是这样收费的:起价 + 点击数 × 每次点击的价格。每次点击的价格在 0.30 元左右。提供点击付费的网站非常多,主要有各大门户网站(如搜狐、新浪)搜索引擎(Google、百度),以及其他浏览量较大的网站,比如提供软件下载的华军等。

搜索引擎广告的特点如下。

1. 具有极强的针对性

在搜索的时候,客户需求已经通过关键字表现出来;搜索引擎根据客户需求,给出相应结果。因此广告投放完全是精确匹配,直接针对有需求的客户。

2. 新客户比例高

CNNIC(2005 中国互联网发展状况统计报告)显示:用户得知新网站的主要途径中搜索引擎占 84.6%,高居第一位。这些新客户对于广告主而言无疑具备极大的商业价值。

3.消费者应用广泛

CNNIC 统计显示:2009 年,搜索引擎的使用率为 73.3%,较 2008 年增加了 5.3 个百分点,超过了即时通信成为网民使用互联网的第三大应用。

(三)竞价排名

顾名思义就是网站付费后才能出现在搜索结果页面,付费越高者排名越靠前;竞价排名服务,是由客户为自己的网页购买关键字排名,按点击计费的一种服务。客户可以通过调整每次点击付费价格,控制自己在特定关键字搜索结果中的排名;并可以通过设定不同的关键词捕捉到不同类型的的目标访问者。而在国内最流行的点击付费搜索引擎有百度、雅虎和 Google。

2009 年,无论是国内还是国际都有新的因素不断搅动搜索引擎市场。第一梯队——百度的首选市场份额增长了 0.3 个百分点,达 77.2%;第二梯队——谷歌的首选市场份额下滑了 3.9 个百分点。

在 CNNIC 最新的统计报告《2009 年中国搜索引擎用户行为研究报告》中搜索品牌的用户渗透率调查显示,百度作为中国本土的搜索引擎品牌,其渗透率达 92.9%,谷歌渗透率为 32.7%,搜狗和雅虎的渗透率较为接近,分别为 26.9%和 22.0%;其次是搜搜,渗透率为 13.0%;2009 年微软全新搜索服务品牌必应在搜索用户中的渗透率为 6.3%;有道的渗透率 5.1%。

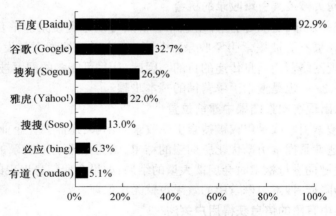

图 5.11　各搜索品牌的渗透率

四、搜索引擎营销的基本原理和功能

(一)搜索引擎营销的基本原理

搜索引擎营销得以实现的基本原理是:企业将信息发布在网站上成为以网页形式存在的信息源;搜索引擎将网站/网页信息收录到索引数据库;用户利用关键词进行检索(对于分类目录则是逐级目录查询);检索结果中罗列相关的索引信息及其链接 URL;根据用户对检索结果

的判断选择有兴趣的信息并点击 URL 进入信息源所在网页。这样便完成了企业从发布信息到用户获取信息的整个过程。

图 5.12　搜索引擎营销的基本原理

(二)搜索引擎营销的基本功能

完整的搜索引擎营销过程包括下列五个步骤,这也是搜索引擎营销得以最终实现所需要完成的基本功能。

1. 构造适合于搜索引擎检索的信息源

信息源被搜索引擎收录是搜索引擎营销的基础,这也是网站建设之所以成为网络营销基础的原因,企业网站中的各种信息是搜索引擎检索的基础。由于用户通过检索之后还要来到信息源获取更多的信息,因此这个信息源的构建不能只是站在搜索引擎友好的角度,应该包含用户友好,这就是我们在建立网络营销导向的企业网站中所强调的,网站优化不仅仅是搜索引擎优化,而是包含三个方面:即对用户、对搜索引擎、对网站管理维护的优化。

2. 创造网站/网页被搜索引擎收录的机会

网站建设完成并发布到互联网上并不意味着自然可以达到搜索引擎营销的目的,无论网站信息多么完备,如果不能被搜索引擎收录,用户便无法通过搜索引擎发现这些网站中的信息,当然就不能实现网络营销信息传递的目的。因此,让尽可能多的网页被搜索引擎收录是网络营销的基本任务之一,也是搜索引擎营销的基本步骤。

3. 让网站信息出现在搜索结果中靠前位置

网站/网页被搜索引擎收录仅仅被搜索引擎收录还不够,还需要让企业信息出现在搜索结果中靠前的位置,这就是搜索引擎优化所期望的结果,因为搜索引擎收录的信息通常都很多,当用户输入某个关键词进行检索时会反馈大量的结果,如果企业信息出现的位置靠后,被用户发现的机会就大为降低,搜索引擎营销的效果也就无法保证。

4. 以搜索结果中有限的信息获得用户关注

通过对搜索引擎检索结果的观察可以发现,并非所有的检索结果都含有丰富的信息,用户通常并不能点击浏览检索结果中的所有信息,需要对搜索结果进行判断,从中筛选一些相关性最强,最能引起用户关注的信息进行点击,进入相应网页之后获得更为完整的信息。做到这一点,需要针对每个搜索引擎收集信息的方式进行针对性的研究。

5. 为用户获取信息提供方便

用户通过点击搜索结果而进入网站/网页,是搜索引擎营销产生效果的基本表现形式,用户的进一步行为决定了搜索引擎营销是否可以最终获得收益。在网站上,用户可能为了了解某个产品的详细介绍,或者成为注册用户。在此阶段,搜索引擎营销将与网站信息发布、顾客服务、网站流量统计分析、在线销售等其他网络营销工作密切相关,在为用户获取信息提供方便的同时,与用户建立密切的关系,使其成为潜在顾客或者直接购买产品。

五、搜索引擎营销的目标层次

从搜索引擎营销的信息传递过程和实现搜索引擎营销的基本任务,可以进一步推论,在不同的发展阶段,搜索引擎营销具有不同的目标,最终的目标在于将浏览者转化为真正的顾客,从而实现销售收入的增加。

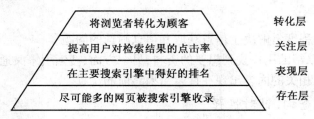

图 5.13 搜索引擎营销的目标层次

从图中可以看出,搜索引擎营销可分为四个层次,可分别简单描述为:存在层、表现层、关注层和转化层。

第一层是搜索引擎营销的存在层,其目标是在主要的搜索引擎/分类目录中获得被收录的机会,这是搜索引擎营销的基础,离开这个层次,搜索引擎营销的其他目标也就不可能实现。搜索引擎登录包括免费登录、付费登录、搜索引擎关键词广告等形式。存在层的含义就是让网站中尽可能多的网页获得被搜索引擎收录(而不仅仅是网站首页),也就是为增加网页的搜索引擎可见性。

第二层的目标则是在被搜索引擎收录的基础上尽可能获得好的排名,即在搜索结果中有良好的表现,因而可称为表现层。因为用户关心的只是搜索结果中靠前的少量内容,如果利用主要的关键词检索时网站在搜索结果中的排名靠后,那么还有必要利用关键词广告、竞价广告等形式作为补充手段来实现这一目标。同样,如果在分类目录中的位置不理想,则需要同时考虑在分类目录中利用付费等方式获得排名靠前。

搜索引擎营销的第三个目标则直接表现为网站访问量指标方面,也就是通过搜索结果点击率的增加来达到提高网站访问量的目的。由于只有受到用户关注,经过用户选择后的信息才可能被点击,因此可称为关注层。从搜索引擎的实际情况来看,仅仅做到被搜索引擎收录并且在搜索结果中排名靠前是不够的,这样并不一定能增加用户的点击率,更不能保证将访问者转化为顾客。要通过搜索引擎营销实现访问量增加的目标,则需要从整体上进行网站优化设计,并充分利用关键词广告等有价值的搜索引擎营销专业服务。

搜索引擎营销的第四个目标,即通过访问量的增加转化为企业最终实现收益的提高,可称

145

为转化层。转化层是前面三个目标层次的进一步提升,是各种搜索引擎方法所实现效果的集中体现,但并不是搜索引擎营销的直接效果。从各种搜索引擎策略到产生收益,期间的中间效果表现为网站访问量的增加,网站的收益是由访问量转化所形成的,从访问量转化为收益则是由网站的功能、服务、产品等多种因素共同作用而决定的。因此,第四个目标在搜索引擎营销中属于战略层次的目标。其他三个层次的目标则属于策略范畴,具有可操作性和可控制性的特征,实现这些基本目标是搜索引擎营销的主要任务。

六、搜索引擎营销的特点

(一)广泛使用

搜索引擎在某种程度上解决了信息获取和信息筛选的问题。

一方面,搜索引擎帮助用户找到想要的资料;另一方面,搜索引擎又通过自身的算法,努力使与用户搜索请求更相关的内容出现在搜索结果靠前的位置。

(二)用户主动查询,针对性强

你在找客户,客户也在找你。网络用户是自己主动查询,针对性强。

"你上网为什么使用搜索引擎","因为我想查到我需要的信息"这是每一个使用搜索引擎查找信息的网民的必然回答。当一个上网的人需要某方面信息的时候,他最想到的就是搜索引擎的搜索。

从上面的两点可以看出,搜索引擎室绝大多数网民经常使用的网络服务,是大多数网民查找自己所需要信息的重要工具,从注意力经济的原则看,肯定会有很好的营销效果,并且,使自己出现在搜索引擎结果的前面,是取得好的搜索引擎营销效果的前提。

(三)获取新客户

从上面的图可以看出,搜索引擎在获取新客户方面,起到了非常重要的作用。如何充分的利用搜索引擎为企业和公司搞好网络营销并发挥最大限度的作用,应当是目前每一个上网企业应该高度重视的问题。

(四)针对性强

每个企业或网站都希望自己的信息出现在搜索引擎结构中靠前的位置,否则,就意味着被用户发现的概率比较低,因此,对搜索引擎检索结果的排名位置的争夺成为许多企业网络营销的重要任务之一。

(五)动态更新,随时调整

根据企业产品和服务内容的变化,可以随时调整与更新广告发布的内容和网站内容,为客户提供及时的咨询,吸引更多的新客户,留住更多老客户。

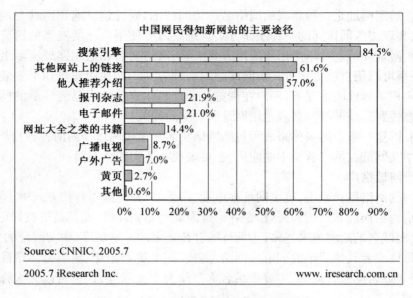

图 5.14　中国网民得知新网站的主要途径

（六）门槛低，投资回报高

搜索引擎是开发性的平台，门槛比较低。任何企业，不论企业规模大小，也不论品牌知名度高低，都可以在搜索引擎上推广宣传，并且机会均等，发布信息都有可能排在前面。另外，与传统广告和其他的网络推广方式相比，搜索引擎网站推广更便宜，更有效。

第五节　网络营销的其他工具和方法

一、网络营销的其他工具

除了前面已经介绍的企业网站、搜索引擎和电子邮件之外，现在涉及的网络营销工具还包括网络实名/通用网址、电子书、即时通信等，这些工具既可以独立应用，也可以与企业网站等其他网络营销工具相结合。

（一）网络实名/通用网址

网络实名和通用网址，在发展过程中曾被称为"中文网址"、"中文关键词"、"快捷网址"等不同名称，网络实名和通用网址的主要区别在于两者属于不同的服务商，网络实名的服务商是北京三七二一科技有限公司，而通用网址的服务提供商是中国互联网络信息中心。

网络实名是第三代中文上网方式，企业将公司、品牌、产品等名字注册为网络实名后，用户就无需记忆复杂的域名网址，直接在地址栏中输入中文，即可更简单方便地直达企业网站，搜索相关信息。通用网址是一种新兴的网络名称访问技术,通过建立通用网址与网站地址 URL 的对应关系,实现浏览器访问的一种便捷方式。您只需要使用自己所熟悉的语言告诉浏览器您要去的通用网址即可。从单个用户应用方式上看,网络实名和通用网址实际上没有本质的区别,都是一种可以用自然语言方式访问网站的一种方法。即在用户电脑上安装网络实名或者通用网址客户端插件的情况下,用户在浏览器地址栏中直接输入已经注册的网络实名或通用网址即可直接到达该网络实名或通用网址所对应的网页。

"中文网址"这一通俗的名称来表示包括网络实名和通用网址在内的各种自然语言访问网站的方式。中文网址在网络营销中的应用,主要表现在下列三个方面:

1. 有助于网址推广

对于中国的网络用户来说,英文网址在电视、广播、口头传播等宣传方式中不容易被记忆,也容易出现拼写错误而导致访问失败,企业可能因此而错失商机,尤其是现在好记忆的英文域名越来越少,而域名的后缀越来越多,为网址的宣传带来的一定难度,中文网址的出现,使得可以用自己的母语或者其他简单的词汇为网站"更换"一个更好记忆、更容易体现品牌形象的网址,例如选择企业名称或者商标、主要产品名称等作为中文网址,这样可以大大弥补英文网址不便于宣传的缺陷。

2. 中文网址的数据库检索增加了网站被用户发现的机会

当中文网址的用户数量达到一定程度时,这些中文网址用户数据也可相当于一个搜索引擎,这样,当用户利用某个关键词检索时,即使与某网站注册的中文网址并不一致,同样存在被用户发现的机会。

3. 同一网站可以拥有多个中文网址

一个网站的网址一般只有一个,即使有多个网址,为了保持网络品牌的一致,以及出于网站维护和流量统计等原因,通常也需要重新定向到同一个基本网址,因此一个网站被搜索引擎收录的机会也就受到限制。同一网站注册多个中文网址可以增加被用户检索到的机会,无论这些网址是全部定向到一个网页,还是分别定向到网站内多个不同的网页,都能发挥这种作用,尤其对于多品牌、多产品的企业,采用多个中文网址的效果更加明显。

中文网址在网络营销中的应用目前也存在一定的问题,如没有形成统一的标准,使得用户对于不同服务商的中文关键词服务的营销价值难以判断,各服务商提供的服务甚至可能存在一定的冲突,从而影响用户的正常使用,同时由于注册中文网址是需要费用的,并非所有的网站都能因为购买了中文网址而获得理想的效果,尤其在注册多个中文网址时,需要对这项投入给予必要的估算。

(二)电子书

电子书(Electronic Book,简称 E-Book)是一种作为传统印刷品替代技术的数字化出版方式,电子书的内容需要借助于一定的设备才能阅读,如专用的电子书阅读器、个人电脑、PDA 等。作为一种信息载体,电子书在网络营销中已经有许多成功应用,因而成为一种常用的网络营销工具，主要用于网站推广、产品推广、顾客服务等。

电子书的信息传递过程：

第一步，根据一定的营销目的，编写潜在用户感兴趣的书籍内容，在书中合理地插入产品促销信息，或者网站推广信息。

第二步，将书籍内容制作成某种或某几种格式的电子书。目前常见的电子书格式包括PDF、CHM、EXE等，每种格式的电子书均有相应的制作软件。

第三步，将电子书上载到网站上供用户下载，可以是自己的网站，也可以是一些提供公共服务的网站，如果自己的网站用户数量有限而希望扩大用户下载数量，可以采用一定的方法吸引用户下载，也可以采用一定的激励手段鼓励用户向更多的人转发或者传递下载电子书的信息。

第四步，用户在阅读电子书过程中，发现企业的促销信息，产生兴趣后来到企业网站或者通过其他方式与企业取得联系，从而达到了网站/产品推广的目的。

（三）即时通信

即时通信指可以在线实时交流的工具，也就是通常所说的在线聊天工具。目前常用的即时通信工具有国外的ICQ、MSN及国内企业经营的QQ等。

个人即时通信，主要是以个人（自然）用户使用为主，开放式的会员资料，非赢利目的，方便聊天、交友、娱乐，如QQ、雅虎通、网易POPO、新浪UC、百度Hi、盛大圈圈、移动飞信等。此类软件，以网站为辅、软件为主、免费使用为辅、增值收费为主。

商务即时通信，此处商务泛指买卖关系为主。商务即时通信，以5107网站伴侣、企业平台网的聚友中国、阿里旺旺贸易通、通软联合GoCom、北京和风清扬CALLING、擎旗技术UcSTAR、阿里旺旺淘宝版、惠聪TM、QQ（拍拍网，使QQ同时具备商务功能）、MSN、SKYPE、螺丝通（提供给螺丝行业人员的即时通信软件）。

即时通信在网络营销中的应用主要有下列几个方面：

1. 实时交流增进顾客关系

快速、高效是即时通信的特点，如果存在信息传递障碍可以及时发现，而不是像电子邮件那样需要等待几小时甚至几天才能收到被退回的消息。即时通信已经部分取代了电子邮件的个人信息交流功能。与此同时，即时通信已经成为继电子邮件和搜索引擎之后的又一最常用的互联网服务。即时通信的实时交流功能在建立和改善顾客关系方面具有明显效果，尤其是一个网站内部中的即时通信应用，成为企业与顾客之间增强交流的有效方式。

2. 在线顾客服务

随着顾客对在线咨询要求的提高，已经不能满足于通过电子邮件提问几个小时甚至几天后才收到回复的状况，许多顾客希望得到即时回复，即时通信工具正好具有这种实时顾客服务的功能。由于实时顾客服务对客户服务人员提出了很高的要求，因此在一些企业中的应用还需要一个过渡过程。

同时,实现一个在线销售流程需要多个环节,在完成订单前就要经历商品查询、阅读产品介绍、比较价格、了解交货时间和退货政策、最终选择商品并加入购物车,然后还要经过订单确认、在线付款等环节才能完成购物过程,在网上购物过程中只要有一个环节出现问题,这次购物活动就无法完成,这就需要提供在线销售的导购服务。

3．网络广告媒体

由于拥有众多的用户群体,即时通信工具已经成为主要的在线广告媒体之一,并且具有与一般基于网页发布的网络广告所不具备的独到的优势,如便于实现用户定位、可以同时向大量在线用户传递信息等。例如,国内用户所熟知的在线聊天工具 QQ 就有多种广告形式,最有特色的系统广播功能就比一般网站上的 BANNER 广告、文字广告等更能吸引用户注意。

二、网络营销的其他方法

网络营销的其他方法很多,如网络整合营销、BBS 营销、博客营销、播客营销等,网络营销方法也可以按照多种不同方式进行分类。

(1)网络整合营销。网络整合营销传播是 20 世纪 90 年代以来在西方风行的营销理念和方法。它与传统营销"以产品为中心"相比,更强调"以客户为中心";它强调营销即是传播,即和客户多渠道沟通,和客户建立起品牌关系。

其实,它就是利用互联网各种媒体资源(如门户网站、电子商务平台、行业网站、搜索引擎、分类信息平台、论坛社区、视频网站、虚拟社区等),精确分析各种网络媒体资源的定位、用户行为和投入成本,根据企业的客观实际情况(如企业规模、发展战略、广告预算等)为企业提供最具性价比的一种或者多种个性化网络营销解决方案。像百度推广、白羊网络等大公司都是这方面的佼佼者。

(2)BBS 营销。尤其是对于个人站长,大部分到门户站论坛灌水同时留下自己网站的链接,每天都能带来几百 IP。当然,对于企业,BBS 营销更要专业。

(3)博客营销。博客营销是建立企业博客,用于企业与用户之间的互动交流以及企业文化的体现,一般以诸如行业评论、工作感想、心情随笔和专业技术等作为企业博客内容,使用户更加信赖企业深化品牌影响力。

博客营销可以是企业自建博客或者通过第三方 BSP 来实现,企业通过博客来进行交流沟通,达到增进客户关系,改善商业活动的效果。企业博客营销相对于广告是一种间接的营销,企业通过博客与消费者沟通、发布企业新闻、收集反馈和意见、实现企业公关等,这些虽然没有直接宣传产品,但是让用户接近、倾听、交流的过程本身就是最好的营销手段。企业博客与企业网站的作用类似,但是博客更大众随意一些。另一种,也是最有效而且可行的是利用博客(人)进行营销,这是博客界始终非常热门的话题,老徐与新浪博客的利益之争,KESO 的博客广告,和讯的博客广告联盟,最近瑞星的博客测评活动等,这其实才是博客营销的主流和方向。博客营销有低成本、分众、贴近大众、新鲜等特点,博客营销往往会形成众人的谈论,达到很好的二次传播效果,这个在外国有很多成功的案例,但在国内还比较少。

(4)播客营销。播客营销是在广泛传播的个性视频中植入广告或在播客网站进行创意广告征集等方式来进行品牌宣传与推广,例如,2006年6月"百事我创,网事我创"的广告创意征集活动。知名公司通过发布创意视频广告延伸品牌概念,是一种深化品牌效应不断地被深化。

(5)RSS营销。RSS营销是一种相对不成熟的营销方式,即使在美国这样的发达国家仍然有大量用户对比一无所知。使用RSS的以互联网业内人士居多,以订阅日志及资讯为主,而能够让用户来订阅广告信息的可能性更微乎其微。

(6)SN营销。SN为Social Network的缩写,即社会化网络,是互联网Web2.0的一个特制之一。SN营销是基于圈子、人脉、六度空间这样的概念而产生的,即主题明确的圈子、俱乐部等进行自我扩充的营销策略,一般以成员推荐机制为主要形式,为精准营销提供了可能,而且实际销售的转化率偏好。

(7)创意广告营销。创意广告营销,也许看完"好房网热门房地产营销分析"后你会受到一些启发,企业创意型广告可以深化品牌影响力以及品牌。格子网站、我有钱这样的是纯粹的创意广告。

(8)知识型营销。知识型营销就像百度的"知道",通过用户之间提问与解答的方式来提升用户黏性,扩展了用户的知识层面,用户就会感谢你。试想企业不妨建立一个在线疑难解答这样的互动频道,让用户体验企业的专业技术水平和高质服务,或是不妨设置一块区域,专门向用户普及相关知识,每天定时更新等。

(9)事件营销。事件营销可以说是炒作,可以是有价值的新闻点或突发事件在平台内或平台外进行炒作的方式来提高影响力,例如:好房网刚被黑客攻击几分钟,于最短时间内写出一篇文章简单介绍事件,并发给了几个经常活动的QQ群及论坛上,当然,如果能根据该事件写出一篇深度报道会更好,会使更多人注意到事件Blog。

(10)口碑营销。口碑营销虽然并非Web2.0时期才有的,但是在Web2.0时代表现得更为明显,更为重要。如口碑网、360口碑资讯网在这些方面都做得很出色。

(11)直复营销。直复市场营销起源于美国,现在已席卷了所有的发达国家和新兴工业化国家,被西方营销学家称为"划时代的营销革命"。在我国内地引入直复市场营销已成燃眉之急。一些企业自己尝试进行邮购,电话营销,但由于缺乏指导而陷入困境,一些企业想与自己的目标顾客建立直接联系以减少对非目标顾客展开攻势所带来的惊人浪费,而另一些企业想提高广告的精确度。直复市场营销投资少、见效快、效果佳。企业既可以把直复市场营销作为自己的主要业务,也可将之作为辅助手段,为自己的生产经营锦上添花。

(12)形象营销。企业形象是企业针对市场形势变化,在确定其经营策略应保持的理性态度,即现在口语化的称谓"CI"。它是在企业经营过程中,要求企业进一步个性化,与众不同,才能保持持续的经营目标、方针、手段和策略。企业形象不是一朝一夕建立起来的,它需要的是一个有始有终、自始至终的过程,企业形象不但要在观念上引入,而且要将企业的市场营销行为导入"CI"的轨道。

（13）网络图片营销。网络图片营销其实现在已经成为人们常用的网络营销方式之一，我们时常会在 QQ 上接收到朋友发过来的有创意图片，在各大论坛上看到以图片为主线索的帖子，这些图片中多少也参有了一些广告信息，比如：图片右下角带有网址等。这其实就是图片营销的一种方式，目前，国内的图片营销方式种类繁多，你如果很有创意，你也可以很好的掌握图片营销。

（14）网络视频营销。通过数码技术将产品营销现场实时视频图像信号和企业形象视频信号传输至 Internet 网上。客户只需上网登录该公司网站就能看到对该公司产品和企业形象进行展示的电视现场直播。

思考题

1. 网络营销的基本职能有哪些？
2. 网络营销的常用方法有哪些？
3. 企业网站有哪些主要类型？分别举例说明各有什么特点？
4. 企业网站的网络营销功能有哪些？
5. 什么是许可 E-mail 营销？许可 E-mail 营销的形式有哪些？
6. 许可 E-mail 营销的营销模式有哪些？
7. 什么是搜索引擎营销？
8. 搜索引擎营销的基本功能有哪些？

【阅读资料1】

企业网站营销的九大趋势

截至 2009 年 12 月，中国的网站数，即域名注册者在中国境内的网站数（包括在境内接入和境外接入）达到 323 万个。网站已经成为企业最重要的营销平台之一，作为企业与网民沟通的桥梁，企业网站承担着企业营销的重要责任。

1. 更加深入地挖掘客户需求

企业网站的规划，将更加深入的挖掘客户需求，甚至是一些隐性需求，通过差异化的服务，将客户吸引过来。例如，服装品牌企业的网站，不仅提供自身产品的介绍和展示，更根据客户体型特征，提供服装搭配建议，帮助客户购买产品。

2. 更加全面地为客户提供服务

企业网站不再是以企业为中心的展示平台，而是转向以客户为中心的服务平台。通过企业网站，可以为客户提供便捷的服务，如网上查询、网上下载、网上报修、网上缴费等，这些服务不仅能够提高客户的办事效率，也能节省企业的服务成本。

3. 更加贴合用户的使用习惯

面对海量的网站群，网站要想让客户停留，易用性将成为企业网站成功的重要因素。网站规划不仅应考虑设计和功能,更应从用户的使用习惯和使用流程上进行深入调研,不断改进网站的易用性,使得网站真正贴合用户的使用习惯。

4.更加注重网站内容与形式的结合

衡量网站好坏的标准将不只停留在"设计至上"或者"内容为王"的层面,如何将网站的形式与内容更好的结合,是2009年网站深层应用的重要课题。企业网站既要在形式上差异化竞争对手,又要在内容上有效吸引客户停留,达到"形神兼备,形神合一"的境界。

5.更深层的电子商务应用

2009年,传统企业的电子商务之路将不断迈进。根据不同行业、不同产品的特点,企业的电子商务经营模式将进一步细分,产品的展示、销售、服务、配送等环节将进一步差异化、完善化,企业为客户提供的服务,也将更加快捷和便利。

6.网上与网下营销的紧密配合

随着企业营销意识的增加,企业网站不再是孤立的、单一的。企业网站将与企业网下的营销活动密切配合,并有效与网下活动形成互补。例如,企业网下的路演、促销等活动,可以在网站上同步进行宣传推广。同时,在网下活动中吸引到的人气,又可以将其转化为网上的客户。

7.更多样化的推广形式

随着搜索引擎竞价排名的效果不断弱化,2009年企业网站的推广形式将进一步多元化。E-mail营销、博客营销、论坛营销、病毒营销等营销手段将被深入应用,企业网站推广将进入新的层次。

8.更密切的客户联系

企业网站不仅在于吸引新客户,更是企业与客户持续沟通、联络的平台。通过企业网站上的客户数据,企业可以有针对性地开展数据库营销,与客户保持长期的联络,并为客户提供定制化的产品和资讯,从而有效维护与客户的情感。

9.更专业的网站维护管理

企业网站的管理和维护已不仅仅停留在技术的层面,更深入到市场、销售、售后服务等多个方面,网站的形式和内容需要不断创新,网站的服务也需要不断完善,企业网站的维护将不只是技术支持或服务器托管,而将设立专门的部门或人员,或者委托给专业的网络营销顾问公司进行持续的运营管理。

资料来源:中国电子商务研究中心(http://b2b.toocle.com/detail—4596559.html)

【阅读资料2】

电子商务运行电子邮件营销的五大关键环节分析

在电子商务行业飞速发展的今天,扩大会员用户量是各大电子商务网站的当务之急,而残酷的行业竞争,高投入的广告宣传费用,伴随的总是会员的低忠诚度和高流失率。任何一个会员用户对于B2C商城而言,均具有极高的商业价值,如何维护好客户的关系,提升用户的购物体验,减少客户的流失率是电子商务网站成功的关键。

作为互联网最重要的营销手段,电子邮件在客户关系维护中发挥越来越重要的作用。在电子商务网站运营中,如下几个环节是大部分网站容易忽略之处,而通过电子邮件开展客户维护工作,能有效提升用户的购物体验,减少流失率。

1.用户注册时:及时发送欢迎邮件,并简明扼要的介绍网站及所售产品的特色,最好提供具有时间限制的优惠活动,用户注册肯定存有购物的念头,通过注册促使用户产生首次消费。

2.用户完成交易后:发送订单的确认邮件,同时在订单确认邮件中附上或者另发一封邮件,除了感谢对方的惠顾外还要包括最新的优惠措施或活动,可以和用户已购买的商品结合,例如购买金额达到多少能享受更多的优惠。

3.获取用户的反馈:在用户收到货物的几天后,发送邮件询问用户使用该产品或服务的感受,可以通过设计问题让用户更容易表达他们的意见,可以把问题按照重要程度排列。同时可以借机询问用户对其他产品的意见。

4.用户下单后取消订单:用户在加入购物车之后却又离开了您的网站,可以考虑通过邮件询问用户是否网站还有哪些方面需要改进?他们取消交易的原因?可以对提供建议的用户奖励,这对调整网站的内容和设计都极具参考价值。

5.用户退订邮件:在他们退订网站的 Newsletter 后,再发送一封邮件,告诉他们您很遗憾失去了这样珍贵的用户,不妨附上特别的优惠,在这种情况下,用户的转化率相当可观的。

据最新统计数据显示,预计到 2012 年,企业邮箱服务商提供的用户数量可达到 5.8 亿。而 2009 年上半年,我国网民规模已达到 3.38 亿,全国个人网上购物销售额达到 2 000 亿元,目前依然保持着快速增长势头。电子商务的快速发展,将会有越来越多的企业加入到电子邮件营销的大潮中去。而面对着这样的市场趋势,企业邮箱服务商们也会不断完善自身,推陈出新,为市场提供性能更加优越的邮箱产品,帮助企业在电子商务发展大潮中占据有和地位。

资料来源:中国电子商务研究中心(http://b2b.toocle.com/detail—5061219.html)

【阅读资料3】
搜索引擎企业盈利模式分析

网络经济时代的到来,使信息成为企业竞相掌握的宝贵资源,企业在竞争激烈的今天能否占领先机,从很大程度上取决于其是否掌握足够多的有用信息。而传统的信息获取途径,如报刊、杂志、电话等已经远远不能满足巨大的信息需求,信息获取的战场已经迅速转移到了网络的平台,这样就直接促成了搜索引擎企业的诞生。业界普遍认为,搜索将是继电子邮件、短信和网游之后的又一互联网主营业务。

一、当前的盈利模式

1.竞价排名。这是搜索引擎早期的主要盈利途径。所谓竞价排名,就是关键词搜索结果的位置拍卖。搜索引擎对某一个关键词进行拍卖,根据某一网站出价的高低排定其在搜索结果中的位置,出价高的网站会出现在搜索结果的前列。这样就极大地刺激了想要展示自身、吸引客户的企业,纷纷投标于竞价排名,给搜索引擎带来了滚滚的财源。

2.技术授权。搜索引擎需要的技术要求很高,很多网站都不愿花费大量的人力和财力去研发自身的搜索技术,而是通过付费给某些搜索企业来使用他们的技术,这样就为技术领先的搜索企业带来了盈利渠道,如 Google,搜索技术授权为 Google 带来了其收入的 30%。全球访问量最大的四家网站中有三家都使用了 Google 搜索技术,Google 按搜索次数收取使用费。

3.AdWords 广告。这是 Google 于 2003 年最先开创的盈利模式,这种广告是针对企业客户而设计的。简单地说,AdWords 就是通过用户搜索的关键词来提供相关的广告。这些广告不会像一些门户网站的广告一样铺天盖地,或者弹出窗口,而是出现在搜索结果右侧很小的一块空白处,而且是静态的纯文本广告,不会出现动画甚至声音干扰用户。这种友好的广告界面更易被用户接受,而且是针对用户的关键词而提供的,所以一直享有很高的点击率。

4. AdSense 广告。这是 Google 于 2004 年首创的比 AdWords 更为先进的广告盈利模式,也是 Google 目前最大最强的盈利法宝。这就是我们经常在一些网站中看到的带有"Google 提供的广告"字样的广告,它是针对众多网站发布商而设计的。它可以让具有一定访问量规模的网站发布商在他们的网站展示与网站内容相关的 Google 广告,并将网站流量以及广告点击量转化为收入。如果一个网站添加了 Google 提供的广告,即成为 Google 的内容发布商,作为内容发布商可以在自己网站上显示 Google 关键词广告,Google 根据会员网站上显示的广告被点击的次数支付佣金。

二、各种盈利模式的成本收益分析及比较

1. 技术授权的成本收益分析。面向其他网络公司的盈利模式就是技术授权,开发核心搜索技术需要很大的成本,这也正是很多搜索网站、门户网站及公司网站选择付费使用搜索技术而不是自己开发的根本原因。但对于技术授权者,如 Google,开发技术的成本属于沉没成本,技术一旦研发成功,不但自己的搜索业务可以率先采用,而且通过授权其他网站使用可以带来源源不断的收入,如使用 Google 技术的雅虎,每个季度就付费给 Google 几百万美元,从这个层面上讲,技术授权的盈利模式是一劳永逸的。

2. 竞价排名的成本收益分析。竞价排名按点击次数对企业进行收费,而且广告费用比其他平面广告要低得多,得到了很多企业的青睐,尤其受品牌优势不强的中小企业欢迎。搜索引擎无需花费直接成本,只要按竞价高低安排搜索结果即可,所以竞价排名迅速成为搜索引擎的主流盈利模式。但是,这种盈利模式存在间接成本,那就是对搜索引擎的品牌影响。因为竞价排名有违搜索结果排序的公平性,使很多竞价高但受众面窄的信息排在了前面,而用户不能很快找到自己想要的信息,这样可能导致已有用户的流失。用户的减少直接影响了竞价企业的数量和广告收入,形成恶性循环。所以从长远来看,依靠竞价排名的盈利模式是不利搜索引擎发展的。

3. 广告的成本收益分析。对于 AdWords 广告和 AdSense 广告,其低成本高收益的特点非常明显。尤其是 AdSense 广告,这种广告形式自创立起便吸引了大量网站加入,它创造了一种多赢的格局。发布 Google 广告的网站不需投入成本,只需在页面上僻处一小处空间展示广告,通过点击量便可以收取 Google 的佣金,这一度被认为是最有效的网赚形式;而广告企业通过覆盖面极广的众多网站共同为其做广告,可以获取更多的关注,吸引潜在客户,而且广告费用根据点击量来计算,更利于控制成本;Google 作为中介,通过收取广告企业的广告费,扣除支付给发布商的佣金,剩余的便是自己的利润,这个收益比较稳定,不会存在风险。

三、将来盈利模式预测

1. 移动搜索。移动搜索是基于移动网络,服务于手机终端的搜索技术。移动搜索最大的优势就是可以打破空间的限制,可以在任何地方通过手机搜索自己需要的信息。2004 年 Google 在美国率先推出基于短消息(SMS)的移动搜索业务。随着将来移动技术的发展和越来越多的信息搜索的需求,移动搜索的前景非常广阔,相信可以为搜索企业创造新的利润空间。

2. 特色搜索。随着用户搜索的专业化需求,越来越多的用户不再满足于当前搜索的结果体系,他们需要找到自己真正要搜索的专业化信息。针对不同的用户人群推出不同的特色搜索,是搜索引擎将来发展的必经

之路。如 Google 推出的 Google Ride Finder，可以用车辆的实时位置查找出租车、轿车或往返班车；为天文爱好者推出的 Google Mars，可以欣赏美国航天局的科学家们带来的最详尽的火星图像；推出了 Accessible Search，可以为有视力障碍的人们提供搜索。这些特色搜索都可能在将来带来新的利润空间。

资料来源：中国电子商务研究中（http://b2b.toocle.com/detail—4922916.html）

Chapter 6

网络营销产品策略

【学习目标】
1. 了解网络营销产品的概念和层次的划分。
2. 了解网络产品的特点和分类。
3. 掌握网络品牌策略、了解企业域名品牌的管理。
4. 掌握网络营销新产品开发策略

第一节 网络营销产品概述

企业的营销活动是以市场为核心,产品作为市场营销组合中的首要因素,是市场营销活动的核心,企业能否生产满足消费者需求的产品直接关系到企业自身的生存和发展。因此,企业在制定产品策略时应满足消费者的需求并适应其发展趋势。

一、传统营销产品的概念

传统观念认为,产品是指具有特定形态和一定用途的物品,即产品指的是有形的物品。而现代市场营销学对产品的理解更为广泛,即广义的产品是指企业向市场提供的能够满足人们某种需求的有形产品和无形服务。在当今社会,消费者对商品的需求也是多方面的,包括商品的质量、功能、价格、品牌和服务等,即消费者的需求具有整体性,所以,广义的产品概念也是产品的整体概念,包括三个层次,即核心产品、形式产品、附加产品。

核心产品,指的是向消费者提供的产品的基本效用或利益;形式产品,指核心产品借以实现的形式或目标市场对某一需求的特定满足形式;附加产品,指消费者在购买该产品时所获得的全部附加服务和利益。

二、网络营销产品的概念

与传统营销一样,网络营销的目标是为消费者提供满意的产品和服务从而实现企业的利益。网络产品是指企业在网络营销过程中为满足网络消费者的某种欲望和需要而提供的企业网站、相关资讯、所生产的产品与服务的总和。网络营销是在网上虚拟市场开展的营销活动,必须满足网上消费者一些特有的需求特征。所以网络营销产品的内涵与传统产品内涵有一定的差异性,主要是网络营销产品的层次比传统营销产品的层次大大扩展了。

传统市场营销中,产品主要是满足消费者的一般性需求。在网络营销中,强调的是以消费者为中心,企业根据消费需求,辅助消费者设计并开发产品,以满足消费者个性化的需求。因此,网络营销将产品的定义扩大为:产品是提供到市场上引起注意、需要和消费的东西,同时还进一步细化了整体产品的构成,核心产品、一般产品、期望产品、扩大产品和潜在产品五个层次描述了整体产品的构成。

核心产品与原来的意义相同。一般产品和期望产品由原来的形式产品细化而来,一般产品是指同种产品通常具备的具体形式和特征,包括产品的质量、功能、款式、品牌、包装等,是核心利益的物质载体;期望产品是指符合目标消费者一定期望和偏好的某些特征和属性,即消费者在购买产品前对所购产品的质量、使用方便、特点等方面的期望值。扩大产品与原来的附加产品相同,但还包括区别于其他竞争产品的附加利益和服务。潜在产品是指消费者购买产品后可能享受到的超出消费者现有期望、具有崭新的价值的利益或服务,但在购买后的使用过程中,消费者会发现这些利益和服务中总会有一些内容对消费者有较大的吸引力,从而有选择的去享受其中的利益或服务。如联想电脑推出天禧系列电脑时,除了提供电脑原有的服务之外,还为消费者提供了直接上网的便捷服务。可见,潜在产品是一种完全意义上的服务创新。

三、网络产品的属性

目前适合网上销售的产品通常具有以下属性。

(一)产品性质

通过互联网可以销售任何形式的产品,但是由于网上用户在初期对技术有一定要求,即用户上网大多与网络等技术有关,因此最适合网络营销的产品是与高技术或与电脑、网络有关的,易于数字化、信息化的产品。不同形式的产品网络营销的策略不同,对于一些信息化的无形产品或服务,如音乐、软件、网上咨询、远程教育等,可以通过网络直接进行产品或服务的配送。对于一些有形产品,如大型机械设备等,企业可以通过网络营销进行宣传和推广,以促进其销售。

(二) 产品质量

网络的虚拟性使得消费者突破了时空限制实现了远程购物或订购，但是消费者却缺少了在购买之前对产品的尝试和评估比较，即无法实现亲临现场购物的亲身体验，这导致在网上购物中消费者对产品的质量尤为重视。因此，适合网络营销的产品一般属于质量差异不大的同质产品或那些具有标准化的产品，如书刊、电脑、通信产品等。

(三) 产品样式

互联网的全球性使得在网上销售的产品面对的是全球市场，即全世界的国家和地区。因此，通过网络销售的产品要符合相应国家或地区的风俗习惯、宗教信仰和教育水平。同时，网络营销产品的样式还要满足购买者的个性化需求。

(四) 产品品牌

在网络浩如烟海的信息和产品中，消费者面对的选择机会更多，因此要想获得浏览者的注意，企业必须拥有明确、醒目的品牌。另外，由于网上销售无法进行购物体验，使得消费者对品牌也尤为看重。所以在网络营销中生产商与销售商的品牌同样重要，企业不仅要注重品牌知名度的提高，还要注重美誉度的形成。

(五) 产品包装

网络营销是通过网络面对全球市场销售产品，其包装也应根据产品的不同形式采取与之相适应的专业包装。

(六) 目标市场

网上市场是以网络用户为主要目标市场，因此适合网上销售的产品通常是那些市场覆盖范围较大、市场容量也较大的产品。如果产品的目标市场比较狭窄或网络营销可到达性较差，可采用传统的营销策略。

(七) 产品价格

互联网作为信息传递的工具，在初期通常是采用共享和免费策略发展起来的。这是因为网上用户比较认同网上产品低廉的特性，另外，通过网络销售产品的成本也相对低于其他渠道的产品，所以，在网上销售产品一般采用低价策略。

四、网络营销产品的分类

虽然通过网络营销产品会受到网络的限制，但随着信息技术的发展和进步，适合网上销售的产品种类也越来越多。目前，通过网络销售的产品按照其形态和性质的不同，可以分为两大类，即实体产品和虚体产品，见表6.1。

表 6.1 网络营销产品分类

产品形态	产品种类		产品
实体产品	普通产品		消费品、工业品等实体产品
虚体产品	软件		计算机软件、电子游戏等
	服务	普通服务	航空、火车订票,饭店、旅游服务预约,远程医疗,法律援助,网络社区,网络游戏等
		信息咨询服务	法律咨询、股市行情咨询、金融咨询、医药咨询、资料库检索、电子报刊、网络新闻、研究报告、论文等

（一）实体产品

实体产品是具有物理性状的物质产品。与传统的销售不同,通过网络销售实体产品,买卖双方可以通过网络进行相互交流,买方通过浏览卖方的网站了解产品的相关信息,进而填写订单完成对产品的品种、质量、价格、数量、支付方式和送货方式的选择。因此,网络销售是直销方式的一种。虽然从理论上看,任何普通的实体产品都可以通过这种方式进行交易,但在实际生活中,并不是所有的产品都适合于网络营销。例如,对于金银首饰等贵重产品,由于人们对这类产品的购买非常谨慎,所以消费者更愿意通过传统的方式来购买。

（二）虚体产品

虚体产品与实体产品的本质区别在于虚体产品一般是无形的,即使表现出一定形态也是通过其载体体现出来的,但其产品本身的性质和性能必须通过其他方式才能表现出来。在网上销售的虚体产品包括两大类:软件和服务。

1.软件

计算机软件包括系统软件和应用软件。软件的提供商通常在网上提供一段时间的试用期,允许用户尝试使用并提出意见。好的软件可以较快地吸引消费者,使他们爱不释手并进行购买。

2.服务

服务包括普通服务和信息咨询服务两类。普通服务包括航空、火车订票,饭店、旅游服务预约,远程医疗,法律援助,网络社区,网络游戏等。对于这些普通服务,消费者不仅注重所能得到的利益,还关心自身付出的成本。消费者通过网络,可以得到更多更快的信息,提高了信息和服务传送的效率。信息咨询服务包括法律咨询、股市行情咨询、金融咨询、医药咨询、资料库检索、电子报刊、网络新闻、研究报告、论文等。用户通过上网可以寻找到对自己有用的信息。因此,对于信息咨询服务,网络是一种最好的媒体选择。

五、网络营销产品组合策略

产品组合是指企业提供给市场的全部产品线和产品项目的组合或结构,即企业的经营范围。其中产品线是指在技术和结构上密切相关的一组产品。产品项目则指的是产品线中不同品种、质量、规格和价格的特定产品。企业为了满足市场的需求，通常提供给目标市场的是产品的组合。因此，在网络营销中，企业制定产品组合策略时应根据市场需求本身的资源和相对优势，对产品组合的广度、深度和关联度进行不同的结合。

（一）扩大产品组合策略

扩大产品组合策略是指通过增加企业网络营销产品组合的宽度或深度，增加产品组合的长度等，以满足市场的需要。增加产品组合的宽度是指扩大企业生产经营的产品类别，增加几条产品线。增加产品组合的深度是指在原有的产品线内增加新的产品项目。这不仅有利于企业综合利用自身资源，扩大经营规模，降低成本，还可以提高自身的竞争能力。

（二）缩短产品组合策略

缩短产品组合策略是指减少产品的类别或项目，将产品组合中获利小或不获利的产品生产取消，从而降低产品组合的广度和深度。这样企业不仅可以减少资金的占用，加速资金的周转，集中力量经营，不断提高生产经营的专业化水平。

（三）产品延伸策略

产品延伸策略包括向上延伸、向下延伸和双向延伸三种。

1. 向上延伸

向上延伸是指企业原本经营低档产品，现在改为逐步增加高档产品的经营。这样不仅可以提高企业和现有产品的声望，还可以为企业增加远期收益。

2. 向下延伸

向下延伸是指企业把原来的定位于高档市场的产品先向下延伸，增加低档产品的经营。这样不仅可以扩大企业的市场规模，还可以吸引受到经济条件制约的消费者。

3. 双向延伸

双向延伸是指企业原本经营中档产品，在掌握了市场优势之后将产品线向上下两个方面延伸，增加经营高档和低档产品。对于开展网络营销的企业，其销售的不仅包括产品本身，还包括与之相关的服务和增值信息等。因此，双向延伸不仅是增加高档或低档产品，还要在产品的各个组成部分进行延伸，进而提高产品的附加值和市场的占有率。

第二节　网络品牌策略

在中国传统的商业世界中，品牌的概念类似于"金字招牌"。在现代西方的营销领域中，品牌既是一种企业的资产，又是企业的信誉。品牌是市场竞争的最终归宿，也是市场竞争的最高境界。在网络环境中，企业不仅要树立传统的品牌形象，还要拥有自己的网上品牌，因为网络品牌是企业进行电子商务和参与网上竞争的保证。

一、网络品牌的概述

(一)网络品牌的内涵

美国市场营销协会对品牌的定义是:"品牌(Brand)是一种名称、属性、标记、符号或设计,或是它们的组合运用,其目的是借以辨认某个销售或某群销售者的产品或服务,并使之同竞争对手的产品和服务区别开来。"这个定义强调了品牌的可辨识性因素,即企业品牌存在的特征。

网络品牌,即网上市场品牌,是指企业品牌在互联网上的存在,包括网络企业名称、网站中文名称及标识、中英文域名和企业的网上形象等内容。网络品牌和传统品牌虽然对品牌建设和推广的方式和侧重点有所不同,但其目标是一致的,都是为了企业整体形象的创建和提升。

(二)网络品牌的特征

相对于传统意义上的企业品牌,网络品牌具有下列特征。

1. 网络品牌是网络营销效果的综合表现

网络营销的各个环节与网络品牌有着直接或间接的关系。一方面,网络品牌建设和维护存在于网络营销的各个环节。如网站策划、网站建设、网站推广、消费者关系和在线销售均与网络品牌相关。另一方面,网络品牌又是网络营销综合效果的体现,如网络广告策略、搜索引擎营销、供求信息发布和各种网络营销方法等均对网络品牌产生影响。

2. 网络品牌的价值只有通过网络用户才能表现出来

科特勒在《营销管理》一书中曾指出,每一个强有力的品牌实际上代表一组忠诚的消费者。这意味着企业与网络用户之间所建立起来的和谐关系即网络品牌的价值。因此,网络品牌是建立用户忠诚的一种手段,对消费者关系有效的网络营销方法同样对网络品牌的营造有效。如集中了相同品牌爱好者的网络社区和论坛,在一些大型企业如化妆品、保健品、汽车等较常见,网站的电子刊物、会员通信等也是创建网络品牌的有效方法。

3. 网络品牌体现了用户提供的信息和服务

百度是最成功的网络品牌之一,当人们想到百度这个品牌时,头脑中不仅会出现一个非常简单的网站界面,更主要的是它在搜索方面的优异表现,以及更加满意的搜索效果。因此,网络品牌的核心内容是有价值的信息和服务。

4. 网络品牌建设是一个长期的过程

网络品牌的建设与网站推广、信息发布和在线调研等营销活动不同,它不是通过一次活动就可以完成的,不能指望获得立竿见影的效果。因此,网络营销是一项长期的营销策略,对网络营销效果的评价用一些短期目标并不能全面衡量。

(三)网络品牌的层次

网络品牌包括三个层次。

1. 网络品牌具有一定的表现形态

网络信息的超容量、多元化,使得消费者可以通过信息搜索寻找到更多的信息。因此,网络品牌在网络中要具有一定的表现形态,即表明这个品牌确定存在的信息,如域名、网站、网站实名/通用网址等。

2. 网络品牌需要一定的信息传递手段

网络品牌要想被更多的用户所认知、了解和接受,还需要通过一定的手段和方式向用户传递网络品牌信息。网络营销方法中的搜索引擎营销、许可 E-mail 营销、网络广告等都可以进行网络品牌信息的传递。

3. 网络品牌价值的转化

网络品牌价值的转化过程是网络品牌建设中最重要的环节之一,因为网络品牌的最终目的是为了获得忠诚的消费者进而达到增加销售量,从用户对一个网络品牌了解到形成一定的转化,如网站访问量上升、注册用户增加、对销售的促进效果等。这个过程也就是网络营销活动的过程。

二、企业域名品牌的内涵

域名是连接企业和 Internet 网址的纽带,也是企业在网上生存的标志,它担负着表示站点和导向公司站点的双重作用。在网络中,用户可以通过域名进入企业的网站并了解相关信息,因此,域名是网络营销企业提供给消费者的选择标志,是一种有限的资源,具有标识性和唯一性。

(一)域名的商业作用

1. 树立良好企业形象

域名是网络消费者记忆产品质量和产品特征的标志,具有简洁、易读、易懂的特点,同时也被称为是企业的环球品牌。通过域名,消费者不仅记住了企业,同时也记住了网络营销的产品和服务,即使是企业的产品更新换代了,在对其域名的信任下消费者仍会产生新的购买欲望。

2. 约束企业不良行为

域名是消费者认知和了解产品和企业的主要途径。因此,企业为了着眼于长远利益、消费者利益和社会利益,必须严格规范自身的营销行为,维护域名的声誉,以促进产品的销售。

3. 方便消费者选购商品

随着科技的发展,同种类商品之间存在的差别越加难以辨别,不同的域名代表着不同的商品品质。因此,域名更有助于消费者辨别、识别、选择所需的产品。

另外,域名还有利于维护网络市场的秩序、有利于网络市场监控、有利于发展网络市场经济等。

(二)商标的界定与域名商标

根据美国市场营销协会(AMA)的定义,商标是名字、术语、标志、符号、设计或者它们的组合体,用来识别某一销售者或组织所营销的产品或服务,区别于其他竞争者。从本质上说,商标是用来识别销售者或生产者的。因为依据商标法,商标的拥有者不仅享有独占权,单独承担使用商标的权利和义务。同时商标还携带一些附加属性,如它可以向消费者传递使用该商标的产品所具有的品质,是企业形象在消费者心理定位的具体依据。因此,商标不仅是企业形象的化身,也是企业品质的保证和承诺。

1. 域名的商标特性

域名是由个人、企业或组织申请的独占使用的互联网标识,也是对所提供服务或产品的品质进行承诺和提供信息交换或交易的虚拟地址。因此,域名从本质上也是一商标,并具有商标的一般功能。从域名的内涵和商标的范畴来看,完全可以将域名定义为从以物质交换为基础的实体环境下商标延伸到以信息交换为基础的网络市场虚拟环境下一种商标,是商标功能在虚拟交易环境中一种新的形式和变种,也是企业商标外延的拓展和内涵的延伸,以适应新的商业环境的需要。因此,重新认识域名在商业环境中的商业价值和法律地位,对企业发展是十分重要的。

2. 域名命名与企业名称和商标的相关性

目前许多商业机构纷纷上网,虽然一些企业还未能从中获取商业利润,但网上销售作为现今重要商业模式已经受到更多企业的关注,同时企业对于网上注册域名也尤其重视,为了现在发展和未来机遇,有的企业甚至不惜代价为获取一个好的域名。大多数商业机构注册的域名是与企业商标或名称有关,如微软公司、IBM 公司、可口可乐等,根据互联网域名数据库网上信息中心的 288 873 个商业域名分析,有直接对应关系的占 58%,有间接关系的也占很大比例,因此可见在实践中,许多企业已经意识到域名的商标特性,为了适应企业的现代发展才采取这种命名策略。

(三) 域名商标的商业价值

网景公司(Netscape)和雅虎公司(Yahoo!),由于所提供的 WWW 浏览工具和检索工具拥有极高的市场占有率和市场影响力,使得其网站成为网民访问最多的站点之一,其域名也成为网上最著名域名之一,由于域名和公司名称一致性,公司的形象在用户中的定位和知名度也自然是水到渠成,甚至超过了公司的专门形象策略和计划。主要是因为网络具有交互性及操作简单性,这使得网上宣传更具操作性和可信性,建立了企业的品牌形象并加强了与消费者的沟通,进而加强了品牌的忠诚度。因此,域名的知名度和访问率就是公司形象在互联网商业环境中的具体体现,公司商标的知名度和域名知名度在网上也是统一并一致的,与企业商标一样,域名的商业价值也是不言而喻的。

(四) 域名抢注问题

随着互联网商业应用的增长和国际化趋势,域名作为企业组织的标识也日益重要,越来越多企业开始上网注册域名,据统计目前在顶级域名 .com 下注册的占注册总数 65.2% 之多,可见域名的商业作用和识别功能已引起越来越多企业的关注。

域名权从法律意义上是指合法的域名持有人所享有的、排他性地控制域名解析和分配的权利。但关于域名权的法律属性,迄今为止,尚无一个国家的立法对此有明确规定,理论上也一直存在着较大的争论。域名与任何公司名、商标名没有直接关系。由于域名具有排他性,任何一家公司注册在先,其他公司就无法在注册同样的域名,因此域名也具有与公司商标和名称的类似意义。目前世界上著名公司大部分直接以其产品名命名域名,域名因此在网上市场中同样具有商标的特性,而大多数使用者也很容易被这些有名的域名所吸引。正是因为域名的潜在商业价值,许多不法之徒开始抢注域名,将一些著名公司的商标或名称作为自己的域名注册,并向这些公司索取高额转让费,由此引起法律纠纷。这些问题的出现一方面是因为一些人想利用这方面法律真空和规章制度不健全钻空子,另一方面则是企业未能认识到域名在未来的网上市场商业模式中的重要性。

三、企业域名品牌管理

企业的域名是企业在互联网上的商标,具有巨大的商业价值,因此,企业应采取多种方法来推广自己的域名品牌。

(一)域名商标命名

域名是以若干个英文字母和数字组成的,中间有"."分隔成几部分。但是,由于英文字母的有限性,加之域名越短越容易记忆和使用,以及顶级域名的国际标准规定,导致域名的选择具有很大的局限性。因此申请者越多,域名选择的重复率和类似概率就越高。目前,很多企业都面临着域名被抢先使用或类似使用的情况,例如:www.travelocity.com 与 www.traveolcity.com 就很容易混淆。针对这些善意或恶意被抢注以及类似注册,企业必须检索清楚后采取相应的策略。

如果单考虑域名的标识功能,那么域名的选择只要符合国际标准和惯例并便于记忆使用即可。但是考虑到域名的商标资源特性,域名的命名与一般商标名选择一样必须审慎从事,否则就会产生一些不必要的负面影响。因此,域名命名首先要按照国际标准选择顶级域名,同时还应考虑到下面几个方面:

1. 与企业名称或企业已有商标具有相关性

企业的域名可以使用企业名称、品牌名称及产品名称的中英文字母,这样不但便于消费者在网上网下不同的营销环境中都能够准确识别企业及其产品和服务,还有利于网上网下营销的整合,起到相互补充促进的作用,为企业营造一个完整立体的形象,目前大多数都采用这种方法。

2. 简单易记易用

域名不旦要容易记忆识别,还应当简短、精炼、便于使用。作为企业在互联网上的地址,域名是消费者和企业网站进行信息交换的纽带和桥梁,如果域名过于复杂,很容易出现拼写错误,这样会影响消费者访问企业网站的积极性和可能性,因为消费者可以有很多选择和机会,而企业只有一次。因此简单易记易用的域名更容易博取消费者的选择和访问的机会。

3. 多个域名

由于域名命名的限制和申请者的广泛,很容易出现申请类似的域名,这样不仅会导致消费者的错误识别,甚至还会影响到企业的整体形象。比如经常有人将 www.whitehouse.com 错误当做白宫的站点 www.whitehouse.gov。因此企业一般要同时申请多个类似相关的域名来保护自己,如 www.pages.com 和 home.page.com。另外,企业为了便于消费者识别不同服务,会申请类似但又有区别的域名,如微软公司的 www.microsoft.com 和 home.microsoft.com 就提供不同内容服务。

4. 国际性

由于互联网的开放性和国际性,使用者遍布全世界。因此,域名的选择必须能够使国外大多数用户容易记忆和接受,以免失去国际市场。目前,互联网使用的标准语言是英语,因此命名一般用对应英语单词为佳,如"中国"的拼音"ZhongGuo"很容易被中国人识别出来,可对于不了解中国文化得人就不知所云,因此用"China"就可以兼顾国内和国外的用户。

(二)域名商标注册方式

域名的申请注册需要向授权组织申请。根据互联网国际特别委员会(IAHC)报告,将顶级域名分为以下三类:

(1)国家顶级域名(nTLD)。国家顶级域名代码由 ISO3166 定义,如.cn 表示中国。

(2)国际顶级域名(iTLD)。即.int。

(3)通用顶级域名(gTLD)。根据 1994 年 3 月公布的 RFC1591 规定有:.com(公司企业)、.net(网上服务机构)、.org(非赢利组织)、.edu(教育机构)、.gov(政府部门)、.mil(军事部门)。

另外 IAHC 又增加七个顶级域名:.firm(公司企业)、.store(销售公司)、.Web(www 活动单位)、.arts(艺术)、.rec(娱乐)、.info(信息)、.nom(个人)。

国际域名的申请由国际互联网域名注册管理机构 InterNIC 负责受理,但是由于互联网的迅速发展,现在以发展为多个申请注册中心,申请通用顶级域名 .com、.org 和.net 由 InterNIC 负责;另外,企业也可以为体现本国国籍在本国顶级域名下申请域名,如中国的企业可以在顶级域名.cn 下注册(CNNIC 负责,http://www.cnnic.net.cn),如果引起冲突还可以在国内得到妥善解决。

企业注册域名时可以自己直接到域名管理机构进行注册,这种方法虽然直接但需要企业自己准备有关材料,而且缺乏专业性;另外一种比较常用的方式是委托专业公司代理注册,企业只需要交纳一定代理费用即可,专业公司不仅可以提供注册服务,还可以帮助企业推广注册的域名,进而扩大在网上的知名度。通常域名注册费用是,国内域名一般收费是 300 元/2 年,国际域名的收费是 700 元/2 年,以后只需要缴纳一定管理费用即可。

(三)域名商标管理

域名商标的管理主要是针对域名所对应的站点内容进行管理,消费者识别和使用域名是为了获取有用信息和服务,因此站点的页面内容才是域名商标的真正内涵。企业的网站必须包含丰富的内涵和服务,否则再多的访问者都可能是过眼云烟一视即消,难以树立域名商标的真正形象。要想保证域名使用和访问频度高,企业仍注意下面几点:

1.信息服务定位

作为商标资源,域名必须注意与企业整体形象保持一致,所提供的信息服务也必须和企业发展战略进行整合,这样就可以避免提供的信息服务有损企业已建立的形象和定位。

2.内容的多样性

丰富的内容不仅能够吸引更多用户,还可以使企业拥有更大的潜在市场。一方面,网站可以提供与企业相关联的一些内容或站点地址,使企业页面具有开放性。另一方面,企业的网站还要注意内容的多媒体表现,采取生动活泼形式提供信息,如声音、文字和图像的配合使用。

3.时间忄

页面内容应该是动态的经常变动的,因为固定页面访问一次就可,没有回头访问必要,这一点非常重要,因为企业大部分收益是由少数固定消费者消费实现的。

4.速度问题

由于互联网的迅猛发展,通信也成为了制约瓶颈。因为使用者的选择机会很多,所以对某站点的等待时间是极其有限的几秒钟,如果在短短时间内企业不能提供信息,消费者将毫不犹豫选择另一域名站点。因此,企业的首页通常要设计的简洁,以便用户可以很快查看到内容,不致感觉等待太久。

5.国际忄

互联网具有全球性,因此访问者可能是来自国外,所以企业提供的信息必须兼顾国外用户,一般对于非英语国家都提供两个版本,一个是母语,另一个是将内容翻译成英语,供查询时选择使用。

6.用户审计

企业可以加强对域名访问者的调查分析,针对特定消费者提供一对一的特殊服务,如采取Cookie技术对用户进行记录和分析,以提高与消费者交互的质量,提高消费者域名忠诚度。但必须注意的是不能强行记录消费者有关个人隐私信息如姓名、住址和收入等,因为这些是目前上网者最担心问题。

四、企业域名品牌发展策略

企业不仅要提高站点内容丰富性和服务性,还要注重域名及站点的发展问题,尽快发挥域名的商标特忄和站点商业价值,避免出现影响企业形象的有关域名站点问题。网上域名品牌的创建其实与建立传统品牌的手法大同小异。

(一)多方位宣传

域名既是符号又是标识,企业刚进入互联网时域名还不为人知,这时企业应利用传统的平面与电子媒体,并舍得耗费巨资大打品牌广告,利用各种机会对网址进行宣传。如已经获得网友肯定的品牌如 Amazon.com,Yahoo! 都已经在传统大众媒体上投入数千万美元,而且毫无停歇之势。此外,企业还可以通过建立相关链接扩大知名度。因为互联网上的站点之间具有关联性,既可以在不同站点和页面之间进行非线形的访问,因此企业要想提高被访问率,应与不同站点和页面建立链接,同时还应在搜索引擎登记,如在百度或雅虎登记,提供多个转入点,提高域名站点的被访问率。

(二)高度重视用户的网站使用体验

用户的网站使用体验对网站品牌非常重要,广告在消费者内心激发出的感觉,虽然可以建立品牌的功效,但却比不上网友上网站体会到的整体浏览或购买经验。如戴尔电脑让消费者在网上根据个人需求订制电脑;Yahoo! 和 AOL 所提供的一系列个人化工具等等。而 Amazon.com 更坚定地指出,亚马逊的品牌基石不是任何形式的广告或赞助活动,而是网站本身。据调查,消费者对 Amazon.com 的感觉有 70%~80% 是来自在这个网站的使用经验,因此,Amazon.com 也花费相当心力完善自己网站的功能,如增加类似于"一按购物"(One-Click Shopping)的功能等。

(三)利用公关造势

良好的公众关系是网站树立良好口碑的保证,利用公关造势,必须注意树立良好形象,由于网络传播的影响具有世界性,因此口碑的好坏也直接影响到网站的全球声誉。所以企业要慎重对待有损公司形象的谣言或信息,努力做好公众关系工作。如 Intel 公司 Pentium 芯片的 Bug 被发现后,由于 Intel 公司的掩盖,一些发现者开始在网上到处广为传播,使 Intel 公司不得不花费巨资收回已售出芯片,来维护企业形象。

(四)遵守约定规则

网站在产品提供、交易安排和信息发布等方面都要严格遵守相关的法律法规,因为遵纪守法才能赢个网络用户的尊重。特别是在信息发布方面,未经允许不能随意向消费者发布消息,这样可能会引起消费者反感,如美国联邦地方法院规定,未经用户许可,任何组织向其发送促销邮寄广告和宣传品包括电子邮件时,其内容必须符合某些具体的规定,否则视为非法。

(五)持续不断塑造网上品牌形象

创建品牌其实就是一种"收购人心"的活动,即在网民心目中树立良好的形象,消费者心念的形成与改变可能在一夕之间,也可能是很长时间,但市场的扩张却是永无止境的,因此,创建品牌是终身事业。一些新的企业可以在网上迅速建立自己的品牌,但没有一家公司能够违背传统的营销金科玉律:永垂不朽的品牌不是一天造成的。在瞬息万变的网络世界中,只有掌握住这个不变的定律,才能建立起永续经营的基石。

第三节 网络营销新产品的开发

新产品的开发是企业在市场上生存和发展的重要条件之一。在网络时代,信息与知识的共享、科学技术扩散速度的加快,使得企业的竞争从原来的简单依靠产品的竞争转为拥有不断开发新产品能力的竞争。但是,由于激烈竞争导致市场的不断分裂,产品获得的销售额和利润也越来越少,另外,随着产品寿命周期和产品开发完成时间的缩短、消费要求个性化及绿色产品的发展等因素的存在,对网络营销新产品的开发都提出了新的要求。所以,在开发新产品时,首先要了解网络时代新产品开发所面临的挑战、消费者的消费行为和消费要求存在的特点,进而确定网络营销新产品的定位和新产品的开发。

一、网络营销新产品开发概述

(一)网络时代新产品开发面临的挑战

当今新产品开发是许多企业在市场上取胜的法宝。但是,随着互联网的飞速发展,企业在新产品开发方面获得成功的难度也逐渐增大,其原因如下。

1. 不断分裂的市场

激烈竞争导致了市场的不断分裂,使得各个企业不得不将新产品的目标对准被细分的较小的市场,这也意味着每个产品获得的销售额和利润会降低。网络的出现和发展又加剧了这种趋势,因此未来的市场必将以个体为基准。

2. 社会和政府的限制

网络时代强调的是绿色发展,因此,新产品的开发也应以满足公众利益为准则,如生态平衡、消费者安全等。

3. 新产品研发过程中的昂贵代价

新产品开发过程中的昂贵代价、网络时代竞争日益加剧,企业为最终得到良好的构思,通常会形成许多新产品的构思以供选择。这无形中造成了研究开发费用的增加,加重了企业开发费用的负担。

4. 产品的生产周期和新产品开发完成时间缩短

一方面,企业在开发出新产品后,很快就会被其他企业效仿,从而使新产品的生命周期大大缩短了。另一方面,为了能够使新产品迅速进入市场,企业会采用计算机辅助设计和生产技术进行合作开发,这样就会压缩产品的开发时间。

尽管如此,互联网的发展同时也带来了新产品开发的困难,这对企业来说既是挑战又是机遇。企业要不断推出适应市场需求的新产品,在最短的时间内占领市场,以取得竞争的优势。

（二）网络营销新产品的定位

所谓新产品是指企业的创新产品，包括全新产品、换代新产品、改进新产品和仿制新产品。新产品定位是将企业开发出的具体产品定位于消费者心中，当消费者产生类似的需求时，会自然联想到这种产品。特别是在网络环境下，消费者的消费行为变得更加理智，消费需求也越发多样化、个性化。企业通过网络不仅能够直接与消费者交流，完善企业所提供的各项服务，还可以根据消费者提出的个性化需求进行设计并生产产品。例如，通过 Dell 公司的网站，消费者可以根据自己的需要选择不同样式和型号的各种部件，然后下单。Dell 公司会根据消费者的要求组装电脑，并把其配送到消费者手中。

二、网络营销中新产品开发策略

网络营销新产品开发策略主要包括以下几种类型。

（一）新问世的产品

新问世的产品即开创一个全新市场的产品。一般创新的公司会采用这一策略。在网络时代，市场的需求发生根本性的变化，消费者的需求和消费心理也发生重大变化。因此，在产品开发过程中如果有较好的产品构思和服务概念，即使没有足够的资本也可以获得成功，因为许多风险投资资金都愿意投入网络市场。如阿里巴巴网站（http://www.alibaba.com），凭借其提出的为商人提供网上免费中介服务的概念，迅速地成长起来。这就是网络时代中最有效的策略，因为网络市场中只有第一没有第二，以及"The Winner Take All（赢者通吃）"。

（二）新产品线

新产品线即公司首次进入现有市场的新产品。互联网的技术扩散速度非常快，因此利用互联网迅速模仿和研制开发出已有产品是一条捷径，但由于互联网竞争中一招领先招招领先，这使得网络时代新产品开发速度非常快而且产品寿命周期也不断缩短，所以这种策略只能是作为一种对抗的防御性策略。

（三）现有产品线外新增加的产品

为补充现有的产品线，一些企业会在现有产品线外新增加的产品。网络时代中，由于市场分工不断细分，市场需求差异性逐渐增大，因此这种新产品策略是一比较有效策略，它不仅能满足不同层次的差异性需求，还能以较低的风险进行新产品开发，因为它是在已经成功产品上再进行开发。

（四）现有产品的改良更新

对现有产品的改良更新即提供改善功能或较大感知价值并且替换现有产品的新产品。在网络营销市场中，消费者不仅可以在更大的范围内挑选商品，还具有较大的选择权利。所以，面对消费者需求品质的日益提高，企业必须不断改进现有产品和进行升级换代，否则很容易被市场淘汰。目前,产品的信息化、智能化和网络化是必须考虑的,如电视机的数字化和上网功能。

(五)降低成本的产品

降低成本的产品即提供同样功能但成本较低的新产品。网络时代的消费者虽然注重个性化消费,但消费者的消费行为却更加趋于理智,消费者更强调产品给消费者带来的价值,同时包括所花费的代价。在网络营销中,产品的价格总是呈现下降趋势,因此提供相同功能的但成本更低的产品更能满足日益成熟的市场需求。

(六)重定位产品

重定位产品即以新的市场或细分市场为目标市场的现有产品。这种策略是企业在网络营销初期可以考虑的,因为网络营销面对的市场空间更加广阔,所以企业可以突破时空限制以有限的营销费用去占领更多的市场。在全球广大市场上,企业通过重新定位产品,能取得更多的市场机会。如在国内的中档家电产品通过互联网进入世界其他发展地区市场,可以将产品重新定位为高档产品。

开发新市场的新产品是企业竞争的核心,企业可以根据自身的实际情况,结合网络营销市场的特点,在产品策略中选取具体的新产品开发方式,进而在激烈的市场竞争中取得更大的优势。

三、网络营销中新产品开发的程序

(一)网络营销新产品构思与概念的形成

每一阶段,都会出现一些伟大的发明推动技术革命和产业革命,网络营销新产品开发也是如此,其首要的前提是新产品构思和概念的形成,而新产品构思和概念形成主要依靠的是科研人员的创造性推动的。

新产品的构思可以来源于消费者、科学家、竞争者、公司销售人员、中间商和高层管理者,但最主要来源还是依靠消费者来引导产品的构思。在网络营销中,企业尤为注重与消费者的互动沟通,它可以通过信息技术和网络技术来记录、评价和控制营销活动,进而掌握市场的需求情况。网络营销是通过其网络数据库系统处理营销活动中的各种数据,并用来指导企业营销策略制定和营销活动的开展。

网络营销数据库系统一般具有以下几个特点。

(1)在营销数据库中每个现在或潜在的消费者都要作为一个单独记录存储起来,只要了解每个个体的信息才能细分市场,并可通过汇总数据发现市场的总体特征。

(2)每个消费者记录不仅要包含消费者一般的信息如姓名、地址、电话等,还要包含一定范围的市场营销信息,即消费者需求和需求特点,以及有关的人口统计和心理测试统计信息。

(3)每个消费者记录还要包含消费者是否能接触到针对特定市场开展的营销活动信息,以及消费者与公司或竞争对手的交易信息。

(4)数据库中应包含消费者对公司采取的营销沟通或销售活动时所作反应的信息。

(5)存储的信息有助于营销策略制定者制定营销政策,如针对目标市场或细分市场提供何种合适的产品或服务,如针对每个产品在目标市场中采用何种营销策略组合。

(6)在向消费者推销产品时,数据库可以用来保证与消费者进行谐调一致的业务关系发展。

(7)数据库建设好后可以代替市场研究,无须通过专门的市场调研来测试消费者对所进行的营销活动的响应程度。

(8)随着大型数据库的建立,可以自动记录消费者信息和自动控制与消费者的交易,自动营销管理也成为可能,但这要求有处理大批量数据的能力,并且发现市场机会,同时对市场威胁提出分析和警告。这使得能提供高质量的信息给高级经理进行市场决策和合理有效分配有限的资源。

企业利用网络营销数据库不仅可以快速发现消费者现实需求和潜在需求,从而形成产品构思;还可以通过对数据库的分析对产品构思进行筛选,进而形成产品的概念。

(三)网络营销新产品研制

与过去新产品研制不同,在网络营销中,消费者不再是简单被动地接受测试和表达感受,而是主动参与和协助产品的研制开发工作。同时,与企业关联的供应商和经销商也可以直接参与新产品的研制与开发。企业通过与供应商、经销商和消费者进行双向沟通和交流,可以最大限度提高新产品研制与开发速度。但值得注意的是,许多产品并不能直接提供给消费者使用,而是需要许多企业共同配合来满足消费者的最终需要,这就更需要在新产品开发的同时加强与协作企业的合作。因此,相互合作不仅能够增强企业的竞争力,还能使企业在激烈的市场竞争中立于不败之地。

(四)网络营销新产品试销与上市

与传统新产品一样,网络新产品上市销售之前也需要试销阶段,以便为相关的管理部门提供所需的信息。因为网络市场是一种新兴的市场,所以其消费群体一般具有较强的好奇性和消费领导性,非常愿意尝试新的产品。因此,通过网络营销来推动新产品试销与上市,更容易迎合消费群体的心理需求,是一种较好的策略和方式。但值得注意的是,网上市场群体还有一定的局限性,目前的消费意向比较单一,所以并不是任何一种新产品都适合在网上试销和推广的,例如技术类的新产品。另一方面,利用网络作为新产品的营销渠道时,一定要注意新产品要能够满足消费者的个性化需求,即同一产品能针对网上市场不同消费者的需求生产出功能相同但又能满足个性需求的产品,这要求在开发和设计时要考虑到产品式样和消费者需求的差异性。因此,网络营销产品的设计和开发既要注重产品的普遍性、大众性,又要体现产品的个性化特征,适合进行柔性化大规模生产,否则再好概念的产品也很难在市场让消费者满意。

思考题

1. 网络营销产品包括哪些层次？
2. 适合网络销售的产品具有哪些特点？
3. 网络营销产品组合策略包括哪些？
4. 网络品牌具有哪些特征？
5. 简述企业域名品牌的发展策略。
6. 网络营销新产品开发策略包括那几种类型？

【阅读资料】

新浪网站网络营销策略案例

一、新浪网简介

新浪目前是中国最大的综合性网站(www.sina.com.cn)。1998年12月1日"新浪——全新的海浪"这个崭新的名字正式诞生。它是由国内的四通利方和北美华渊资讯合并组成的。新浪对自己的定位是：一家服务于中国内地及全球华人社群的领先在线媒体及增值资讯娱乐服务提供商。它以服务大中华地区与海外华人为己任。

新浪自成立以来，历经风雨，终成气候。目前新浪在全球范围内拥有超过8 500万的注册用户，各种付费服务的常用用户超过1 000万，是中国内地及全球华人社群中最受推崇的一个互联网品牌。新浪网作为一个成功的网络先行者，其成功不仅要归功于公司出色的员工、成功的融资、高水平的服务、畅通的营销渠道，更在于其完善的产品开发策略、充满活力的品牌建设策略、巧妙的战略联盟策略和强有力的低价渗透策略。

二、完善的产品开发策略

新浪网最初是要建一个类似于AOI模式的目标网站,当时任新浪CEO的王志东曾说："外面没有什么好玩的东西,干脆我们自己建一个娱乐城"。因此,自己建站并主动向网民提供多种频道化的内容和服务,就成了新浪目标模式。在不断寻找网站突破口的过程中,新浪首先把新闻中心推到了网站的前台,它直接满足了网友们上网后对信息的渴求。目前,新浪新闻中心的日流量已经达到1 600万。唯一用户数超过200万,已成为国内流量最大、用户最多的专业、权威新闻媒体网站。从以下具体事例中我们就可以感受到新浪新闻中心的媒体影响力：2003年3月20日北京时间上午10:35,倒萨战争爆发的同时,新浪发布第一条快讯新闻。截止到当日中午12点,新浪的访问人次达到3 000万,网友评论22 000条。十六大召开期间,访问人次1.3亿,报道新闻2 400条。9·11事件发生10分钟后,新浪开始进行追踪报道,24小时内发布590余条新闻,新闻频道流量超过8 000万。"北京赢得2008年奥运会主办权"单条新闻点击超过500万人次,创造当时网络新闻的阅读记录。

在新闻频道成功的基础上,新浪不断推陈出新,一次次的挑战自我。

2000年新浪正式推出新浪汽车频道。它是一个以新闻和信息为纽带,上承厂商,下启受众的综合信息枢纽和商务经营平台。目前新浪汽车频道的日流量已近300万,一用户数量超过20万。

2002年2月,新浪推出了新浪企业服务(sina.net),将服务领域延伸至国内中小企业。新浪的企业服务项目包括企业邮箱、企业黄页、分类信息、网络营销和电子商务等。目前,新浪已发展了20多万个中小型企业客户,且数量仍在快速增长。

2002年4月,新浪又推出新浪热线业务(sina online),以打造中国用户付费增值服务平台。它提供无线增值服务、虚拟ISF、收费邮箱服务和在线游戏等。目前新浪在无线增值服务领域亦居领导地位,它正为数以百万计的付费用户提供短信服务。

通过以上不断的产品开发策略,新浪最终形成了目前的三大业务格局:即提供网络媒体及娱乐服务的新浪网(sina.com),提供用户付费在线及无线增值服务的新浪热线(sina online),以及向中小型企业提供增值服务的新浪企业服务(sina.net),提供包括门户网站、收费邮箱、无线短信、虚拟ISP、搜索引擎、分类信息、在线游戏、电子商务、网络教学、企业电子解决方案在内的一系列服务。正在全面展开与品牌精神个性化和策略目标相辅相成的新产品的研发。

当前,新浪的产品开发策略已基本成熟。它所开发的新产品,都是以用户为中心的。最近,新浪又开发了以"品牌精神个性"为中心的、专门针对年轻族群的专业网站Y-Zone(y.sina.com.cn)。最新推出的搜索"查博士"和即时通信工具"了了吧"等,全部都是从客户的实际需求出发来设计研发的。

三、充满活力的品牌建设策略

前任新浪CEO兼总裁的汪延曾经说过,"品牌是企业的核心无形资产,品牌再造是国际化品牌竞争的必然。今天中国互联网的蓬勃发展令人振奋,中国互联网所面临的市场将越来越大,越来越多元化。面对全球网络业的发展及挑战,新浪将不断进行企业优化和品牌优化。"

新浪的品牌建设经历了一个断发展、完善的过程。它与时俱进,充满了时代特色,具有顽强的生命活力。

在创立之初,新浪以一句"世界在你眼中"的豪迈之语表达了新浪的魄力与野心。随后,新浪又推出了"你的网上新世界"的谦虚口号,虽然换了一个角度,多了一些"新"的元素,不过这同样延续了新浪要做大做好的理想。接着新浪就进入了"奔腾不息"的持续发展时期。今天,在网络经营理念由"以产品为导向、以技术创新为核心"演变为"以消费者为导向,以服务创新为核心"的过程中,新浪也经历了一场由网络公司向"真正以客户为中心"的服务性公司的转变。在这个过程中,作为华文网站最大的互联网品牌,新浪认为要真正将"新浪"这个品牌做成一个常青树,必须将其自身的优良文化凝聚成一个经营观念,这个经营观念必须由内而外,落实到每一个员工的工作与学习生活中。于是,"一切由你开始"的品牌经营理念应运而生。按照新浪首席营销长兼执行副总裁张政先生的诠释,所谓一切由你开始!,寓意着新浪将以"你"的利益为一切决策思考的基本出发点,用丰富而全面领先的增值服务、真诚而细致的贴心关怀以及充满创新与活力的沟通来满足"你"的需要,让每一个"你"充分感受到受尊重与满意,带给"你"更加活泼、愉悦的使用体验。

当然,新浪要想圆满地完成此次品牌建设工程,必须做到以下三点:

(1)更加尊重员工的价值

一方面企业要尊重员工的价值,激发员工的潜能,实行人性化管理。另一方面公司也要尊重员工对公司的贡献,尊重员工在公司的发展,并积极规划他们的培训计划和指导计划。

(2)更加关注用户的使用体验

新浪目前所设计的新产品,都是采取更"客制化"的做法。除了将产品的功能与应用很好地结合在一起外,新产品的设计还更加人性化,更加符合用户的使用习惯和需求。例如前面提到的专为年轻族群设计的

Y-Zone网站、搜索"查博士"和即时通信工具"了了吧"等。

(3)更加尊重客户和合作伙伴

新浪不是一个追求少数人利益的平台,而是一个追求大多数人利益和所有用户利益的平台。从内部讲,新浪对于自己的员工,也必须要按"为用户提供最高服务"的标准去实施,从外部讲,新浪拥有很多优秀的合作伙伴,新浪要加强产业链上、下游的资源整合,共同打造一个更为宽广的网络互动商业平台。在这个平台上,实现合作伙伴间的共赢。

新浪强调要做以市场和消费者为导向的服务型行销公司。新浪目前拥有8 500万的注册用户,无论是在美国,还是在欧洲、澳洲,面对的都是华人市场,都是中国人的市场。新浪大部分的投资者和散户拥有者也是中国人。新浪做的工作就是让世界的华人整合在一起,在资讯、生活、文化方面,同时更重要的是希望能通过新浪让全世界认识中国、投资中国,成为进入中国的管道和门户。

四、巧妙的战略联盟策略

战略联盟是指两个或两个以上的企业为了达到共同拥有市场、共同使用资源和增强彼此竞争优势等战略目的,通过公司协议或联合组织等方式而结成的一种优势互补、风险共担的网络式联合体。新浪自从成立以来,就不断地通过实施战略联盟策略来丰富自己的网站内容,提升自己的品牌知名度。

新浪实施战略联盟策略最主要的目的是为了弥补自己的战略缺口,实现自己为客户提供全面服务的目标。新浪在分析自己的外在竞争环境和评估自身的竞争力及资源时,往往会发现如果仅仅依靠自有资源和能力是很不够的,只有通过实施战略联盟,巧借他力,才能实现自己的战略目标。此外,实施战略联盟,也有利于新浪利用联盟方强大的品牌、忠诚的消费者等有利因素来扩大自己的市场占有率,最终提升新浪的核心竞争力。

当然,新浪要想继续成功地实施战略联盟策略,必须更加注重自身的"修身养性",练好内功,不断提升企业的核心竞争力,才能为顺利实施企业间的战略联盟计划打下坚实的基础,最终实现"1+1>2"的目的。

此外,强大的低价渗透策略也是新浪的一道杀手锏。新浪最初通过实施免费策略来吸引消费者,当消费者数量到达一定临界容量后,新浪开始细分消费者并适时推出了自己的收费项目。如今免费业务与收费项目并存,共同推进新浪的发展。

资料来源:http://www.anli.cc/brand/net/2009-11-04/18718.html

第七章 Chapter 7

网络营销价格策略

【学习目标】
1. 了解网络营销定价的目标、特征及影响因素。
2. 掌握网络营销的定价方法。
3. 掌握网络营销的定价策略。

第一节 网络营销定价概述

产品的销售价格是企业市场营销组合策略中十分敏感而又最难有效控制的因素。因为定价是否恰当直接关系到消费者对产品的接受程度,影响着市场需求量和企业利润的多少。在网络营销中,价格的形成不仅极其复杂,还会受到多种因素的影响和制约。因此在网络环境下,企业要制定出科学合理的价格,就必须对各种因素进行综合考虑。

一、网络营销定价的目标

企业在为产品定价时,必须要有明确的目标即定价目标,它是企业制定价格和选择定价方法的依据。不同企业、不同产品、不同市场、不同的时期有不同的营销目标,所采取的定价策略也不同。因此,企业定价目标不是单一的,而是一个多元的结合体,企业在不同的定价目标下,制定出的商品价格也各不相同。在网络营销中,企业定价目标主要有以下几种。

（一）以维持企业生存为目标

由于激烈的市场竞争、消费者的需求偏好发生变化,或者企业自身经营管理不善等原因造成产品大量积压、销路不通、资金周转不灵时,企业应把维持生存作为主要目标,为其积压的产品制定较低的价格,以迅速出清存货,收回资金。但这种目标只能是企业面临困难时的短期目标,而不能作为长期发展目标,否则,企业有破产的可能。

(二)以获取当前理想的利润为目标

获取利润不仅是企业生存和发展的必要条件,也是企业经营的直接动力和最终目的。因此,利润目标为大多数企业所采用。当企业的产品声誉好,并在目标市场上占有竞争优势地位时,企业可采用追求目前利润的最大化,而不考虑长期效益,否则还应以长期目标为主。

(三)以保持和提高市场占有率为目标

市场占有率直接反映企业的经营状况和产品竞争力,它的高低对企业生存和发展具有十分重要意义。一个企业要想生存和发展就必须保持或提高市场占有率,这是企业定价选择的一个非常重要的目标。所以企业通过实行全部或部分产品的低价策略,以实现提高市场占有率这一目标。

(四)以应付或抑制竞争为目标

一些实力雄厚的大企业为了阻止竞争者进入自己的目标市场,通常会将产品的价格定得很低。而中小企业在市场竞争激烈的情况下,一般是以市场为导向,随行就市定价,从而也可以缓和竞争,稳定市场。

(五)以树立企业形象为目标

有些企业的定价目标实行的是"优质优价",以高价来保证高质量产品的地位,以此来树立企业的形象。

总之,企业定价目标一般与企业的战略目标、市场定位和产品特性相关。企业在制定价格时,从自身局部考虑主要是依据产品的生产成本;从市场整体考虑则取决于需求方的需求强弱程度和价值接受程度,以及来自替代性产品的竞争压力程度。在网络营销中,市场还处于起步阶段的开发期和发展期,因此企业进入的主要目的是占领网络市场以求得生存和发展的机会,然后才是追求企业的利润。所以,目前网络营销产品的定价通常是低价,甚至是免费的,以求在快速发展的虚拟市场中寻求立足机会。网络市场一般可分为两个部分,即消费品市场和生产资料市场。对于消费品市场,由于购买者是广大的网民,所以企业将采用相对低价的定价策略来占领市场;对于生产资料市场,由于购买者一般是商业机构和组织机构,购买行为比较理智,所以企业可以采用通过网络技术降低企业、组织之间的供应采购成本而达到企业的目标。

二、网络营销定价基础

网络营销的定价基础主要是企业的成本。从企业内部来看,企业产品的生产成本总的是呈下降趋势,并且越来越快。在网络营销中,企业不仅可以降低营销及相关业务管理成本费用,还可以降低销售成本费用。下面将全面分析一下,互联网的应用将对企业其他职能部门业务带来哪些成本费用节约。

(一) 降低采购成本费用

企业在采购过程中经常会出现很多问题,如采购的原材料价格过于昂贵或者质量低下等,这些都是由于过多的人为因素和信息闭塞造成的,而通过互联网可以减少人为因素和信息不畅通的问题,在最大限度上降低采购成本。

(1) 企业可以利用互联网全面了解供应商信息,并将采购信息进行整合和处理,把各个分公司的需求汇总到总部,统一从供应商订货,以求获得最大的批量折扣。

(2) 企业可以通过互联网实现库存、订购管理的自动化和科学化,最大限度减少人为因素的干预,进而实现以较高效率进行采购,节省大量人力并避免人为因素所造成的不必要损失。

(3) 企业可以通过互联网与供应商共享信息,这样不仅能帮助供应商按照企业生产的需要进行供应,还不会影响生产,不会增加库存产品。

(二) 降低库存

企业通过互联网可以将市场需求信息传递给企业决策生产,同时也把需求信息及时传递给供应商而适时得到补充供给,最大限度降低库存,甚至实现"零库存"管理。这样一方面可以减少资金占用和减少仓储成本,另一方面还可以避免价格波动对产品的影响。企业通过正确管理存货不仅能为客户提供更好的服务,还可以降低自身的经营成本;通过加快库存核查频率则会减少与存货相关的利息支出和存储成本。因此,减少库存量意味着现有的加工能力可更有效地得到发挥,更高效率的生产也可以减少或消除企业和设备的额外投资。

(三) 生产成本控制

企业利用互联网可以节省大量生产成本,首先利用互联网可以实现远程虚拟生产,在全球范围寻求最适宜生产厂家生产产品;其次可以利用互联网大大节省生产周期,提高生产效率。随着网络的发展和应用,企业不仅扩大了电子联系的范围,还实现了与不同研究小组和公司进行的项目合作,大大减少了产品生产和设计开发的时间。同时,企业利用互联网与供货商和客户建立密切的联系,也大大缩短了用于收发订单、发票和运输通知单的时间。

三、网络营销定价特征

(一) 全球化

互联网打破了时空界限,扩展了营销的半径,把全球市场连接成为一个整体。因此,网络营销面对的是全球化的开放市场,用户可以在世界各地直接登录网站进行购买,而不用考虑网站属于哪一个国家或者地区。即目标市场从过去受地理限制的局部市场扩展到范围广泛的全球性市场,这使得企业在制定产品或服务的价格时要考虑国际化因素,针对国际市场情况来确定价格策略。

如果产品的来源地和销售目的地与传统市场渠道类似,则可以采用原来的定价方法。如果产品的来源地和销售目的地与传统市场渠道差距非常大,定价时就必须考虑这种地理位置差异带来的影响,采用本地化的方法,在不同的国家建立地区性网站,以适应地区市场消费者需求的变化。由于企业不能以统一的市场策略面对差异性的全球市场,所以可采用全球化和本地化相结合的原则进行。

(二)透明化

在传统的商业环境中,交易双方的信息是不对称的。买方相对于卖方处于信息缺少的被动地位,而卖方则拥有多于买方的信息,处于主动地位。因此,卖方可以为产品定制较高的价格,以获取超额的利润,也可以根据市场情况采取差别定价。这种价格和价格形成的机制对于消费者来说是不透明的。在网络营销中,情况正好相反,因为互联网提供了丰富的信息资源,使得买方拥有的信息越来越多,消费者不仅可以全面掌握同类产品的不同价格信息,甚至还可以了解同一产品在不同地区或不同零售商的价格信息。买方开始处于主动地位,通过网站提供的各种信息找到满足自身需要、质量和价格结合最好的卖方,掌握了定价的主动权。因此,企业必须正视这种价格透明化的结构性转变,重新思考并制定新的适应网络环境的价格策略。

(三)低价化

互联网最初是通过免费、自由和开放发展壮大起来的,因此人们对其有一种什么都是免费或低价的期望或暗示。网络营销的优势之一就是可以大大节约企业的费用成本。利用网络企业降低了产品开发和促销的成本,减少了中间环节,从而使企业有更大的降价空间来满足消费者的需求。因此,现期定价过高或降价空间有限的产品,在现阶段最好不要在网上市场销售。但如果面对的是工业组织市场,或者高新技术的新产品,网上消费者由于考虑方便和新潮,对产品的价格不太敏感,这类产品就不一定要考虑低价的策略了。

(四)动态化

在传统营销模式下,卖方为了易于管理和成本收益的核算,方便并减少消费者购物的程序,商品的价格通常是比较稳定的。在网络经济时代,产品和服务的价格不断呈现出动态化的特点,所以许多企业开始在网站上使用智慧型在线议价系统,与消费者直接在网上协商价格,采用动态定价策略。动态定价系统可以根据季节变化、市场供需、竞争产品价格变动和促销活动等因素及时计算调整价格,还可以开展市场调查,及时获得相关信息。

(五)弹性化

互联网的方便快捷使得消费者能够及时获得市场上各种产品的价格信息,网络营销的互动性也使得消费者可以与企业就产品的价格进行协商,从而实现了灵活的弹性价格。因此,企业在制定网上销售价格时,要对价格构成的每个环节进行科学量化,制定较为合理的价格策略。另外,由于消费者不断趋于理性化,企业在网络营销定价时也要充分考虑消费者的价值观和消费者的偏好等各种因素。

四、网络营销定价的影响因素

网络营销价格的形成是极其复杂的,它受到许多因素的影响和制约,同时一些传统营销环境下对产品价格的影响因素也是影响网上产品定价的因素之一,而这些因素在新环境下有了新的表现。

(一)需求因素

从需求方面看,市场需求规模以及消费者的消费心理、感受价值、收入水平、对价格的敏感程度、消费者的议价能力等都是影响企业定价的主要因素。也就是说,产品的价格不能高到无人购买,当然也不应低到不顾成本。因此,企业给产品定价时不但要考虑营销目标、生产成本、营销费用等因素外,还要考虑需求弹性等因素。需求弹性是指因价格和收入变动而引起的需求的相应的变动率。包括需求收入弹性、需求价格弹性、交叉价格弹性和消费者的议价能力等。

(二)供给因素

从供给方面看,影响企业定价的主要因素包括产品的生产成本、营销费用。产品的价格必须能补偿产品在生产、分销、促销过程中发生的所有支出,并且要有所赢利,即产品的成本是定价的最低界限,包括固定成本和变动成本。固定成本是指在一定限度内不遂产量或销量变化而变化的成本;变动成本是指随着产量和销量增减而增减的成本。二者之和就是产品的总成本,产品的最低定价应能收回产品的总成本。而在线数字化产品的成本由于具有特殊性,生产成本很高而复制成本很低,因此生产越多,生产的平均成本就越低,企业就需要为其指定一个全新的定价方式。

(三)供求因素

企业的定价策略既是一门科学,又是一门艺术,同时还遵循价值规律。因此,供求关系也是影响产品交易价格形成的基本因素。当企业的产品在市场上处于供大于求的买方市场条件时,企业的产品可以实行低价策略;当企业的产品在市场上处于供小于求的卖方市场条件时,企业的产品应该实行高价策略;当企业的产品在市场上处于供给等于需求的均衡市场时,交易价格的形成也处于均衡价格,因此,企业的定价不能过度偏离均衡价格。

(四)竞争因素

市场上的竞争格局在一定程度上也会影响网络营销产品的定价。对于质量近似的产品,消费者总会选择价格较低的那种。因此,企业在定价时还应考虑竞争者的产品价格和质量。如果自己的产品与竞争者的产品相似,那么所定价格也应相似;如果比竞争者的产品质量差些,则价格就低一些;如果比竞争者的产品质量好,则定价要高于竞争者。不过,企业必须估计到竞争者可能会调整其价格,对自己的定价应及时做出反应。

第二节　网络营销定价方法

一、传统营销的定价方法

影响定价最基本的三个因素是产品成本、市场需求和竞争。因此,传统营销的定价方法包括成本导向定价法、需求导向定价法和竞争导向定价法。

(一)成本导向定价法

成本导向定价法是以产品的总成本为中心,分别从不同角度制定对企业最有利的价格。成本导向定价法是企业最基本、最普遍和最常用的定价方法,包括以下几种定价方法。

1.成本加成定价法

成本加成定价法是以商品的总成本为基础,加上一定百分比的预期利润来确定产品的售价。

2.盈亏平衡定价法

盈亏平衡定价法是指在预测商品销售和已知固定成本、变动成本的前提下,通过求解商品盈亏平衡点来制定商品价格的方法。

3.边际贡献定价法

边际贡献定价法又称为变动成本定价法,这种定价方法只计算变动成本,而不计算固定成本,以预期的边际贡献补偿固定成本并获得盈利。它是指企业每多销售一单位商品而使总收益增加的数,可用总销售收入减去变动成本后的余额来计算。

总之,成本导向定价法的计算方法简便易行,当企业生产多种产品时,这种定价法可以迅速解决价格的计算和确定问题。另外,这种定价方法还可以避免或减少同行业之间的竞争,对购买者和消费者都比较公平。但成本导向定价法也存在着明显的缺点,如忽视了市场需求、价格缺乏竞争力、不利于根据市场的变化来调整价格等。

(二)需求导向定价法

需求导向定价法是指企业在制定商品价格时,依据买方对产品价值的感受和对商品的需求程度来确定商品的价格。其特点是灵活有效的运用价格差异,对平均成本相同的同一产品,价格随市场需求的变化而变化。需求导向定价法包括购买者理解价值法和需求差别法。

1.购买者理解价值法

购买者理解价值法又称为认知价值法,是指企业根据购买者对产品价值的认识和理解来确定价格。它是消费者对某种商品价值的主观评判,与产品的实际价值发生偏离。因此,卖方可以运用各种营销策略和手段,影响消费者对商品价值的认知,形成对企业有利的价值观念,然后根据产品在买方心目中的价值来定价。

2.需求差别法

需求差别法是定价中极为普通的一种定价方法,这种定价方法是根据购买者对产品需求强弱的不同,定出不同的价格。需求较强,价格可定的高些;需求较弱,价格则定得低些。需求差别定价可分为以消费者为基础、以产品为基础、以地域为基础和以时间为基础四种类型。

(三)竞争导向定价法

竞争导向定价法主要是为了应付竞争,以竞争者的价格水平作为定价的基础,以成本和需求作为辅助的定价因素。其特点是,当竞争者的价格不变时,即使成本和需求发生了变动,价格也不变;反之亦然。

1.随行就市定价法

随行就市定价法是指在一个竞争激烈的行业或部门中,某个企业根据市场竞争格局,跟随行业或部门中主要竞争者的价格,或各企业的平均价格,或市场上一般采用的价格,来确定自己的产品价格。因为在垄断竞争和完全竞争的市场结构条件下,任何一家企业都无法凭借自己的实力在市场上取得绝对的优势,为了避免竞争特别是价格竞争带来的损失,大多数企业都采用随行就市定价法。另外,采用随行就市定价法,企业不必去了解消费者对不同价差的反应,从而为营销、定价人员节约更多的时间。这种定价方法在实践中的应用非常普遍,除了完全垄断市场外,它适用于其他任何一种市场条件。

2.产品差别定价法

产品差别定价法是指企业通过各种营销努力,使同种同质的产品在消费者心目中树立起不同的产品形象,进而根据自身特点,选取低于或高于竞争者的价格作为本企业产品的价格。相对于防御性的随行就市定价法,产品差别定价法是一种进攻性的定价方法。

3.密封投标定价法

密封投标定价法是指企业根据招标方的条件,通过考虑竞争情况来确定投标价格的方法。一般说来,招标方只有一个,处于相对垄断地位,而投标方有多个,处于相互竞争地位。在招标投标方式下,投标价格是企业能否中标的关键性因素。高价格固然能带来较高的利润,但中标机会却相对减少;反之,低价格,利润低,但中标机会大。在买方投标的所有投标者中,报价最低的投标者通常会中标,其报价即承包价格。

二、网络营销的定价方法

虽然传统营销定价的基本原理也同样适用于网络营销。但由于网络市场与传统市场之间存在着较大的区别,这使得网络营销的定价方法与传统营销的定价方法也不尽相同。在网络营销中,企业重点研究的是如何满足消费者的需求,因此,以成本导向来确定价格将逐渐被淡化,而以需求导向来确定价格将成为企业确定价格的主要方法。同时,竞争导向定价法中的投标定价法和拍卖法也将不断得到强化。

(一)需求导向定价法

通过网络消费者跟踪系统,企业可以实时关注消费者的需求,时刻注意潜在消费者的需求变化,以保持企业网站向着消费者需要的方向发展。因此,作为需求导向定价的两种方法——认知价值定价法和需求差异定价法将在网络营销中得到更充分的应用。

1. 有效地提高对价值评估的准确性

在传统市场营销中,企业运用认知价值法的关键是获得消费者对有关产品价值认知和理解的准确资料,而在网络营销中企业可以有效地提高对价值评估的准确性。因为,利用互联网的互动性和快捷性,企业可以及时准确地掌握和了解消费者的预期价格,进而确定产品的价格,避免了因估价过高而影响销量,或定价过低使企业盈利减少的不利现象的出现。

2. 充分地发挥需求差异定价法的作用

在网络营销中,企业可以充分地发挥需求差异定价法的作用,因为互联网具有互动性和快捷性,这使得企业避免了因难以准确和动态地把握消费者差异性需求而出现的定价发生误差或过时的问题。比如,以产品为基础的差异定价,是针对同种产品的不同外观、型号、规格、用途等来确定不同价格的。在传统市场营销中,价格的确定往往忽视了消费者的个性化和多样化需求,而主要依据几个简单的固定标准来确定的。在网络营销中,对于同种产品来说,企业可根据不同消费者的不同需求,让消费者来自行设计产品,实现完全定制化的设计和生产,并依次来确定产品的价格,更好地满足消费者个性化和多样化的需求。

3. 以消费者能接受的价格作为定价基础

传统的以生产成本为基础的定价在网络营销中以逐渐被摈弃。新型的定价应是以消费者能接受的成本为基础,并依据该成本来指导生产和销售。在网络环境中,消费者可以通过网站提出可以接受的价格,企业根据消费者的价格提供柔性的产品设计和生产方案供消费者选择,当消费者认同确认后,企业就可以组织生产和销售。所有这一切都是消费者在企业服务器程序的导引下完成的,并不需要专门的人员,因此交易成本是非常低廉。国外的许多公司,比如美国的通用汽车公司,消费者在其网站上通过有关导引系统可以自行设计和组装自己需要的汽车,消费者首先确定可以接受价格的标准,然后系统根据价格的限定从中显示满足消费者要求式样的汽车,消费者还可以进行适当的修改,公司最终生产的产品恰好能满足消费者对价格和性能的要求。

(二)竞争导向定价法

网络市场中同样存在着竞争,这种竞争从深度和广度上都远远超越了传统市场中的竞争。因为在互联网上,企业会将服务体系和价格等信息公开在其网站上,这就为注意竞争对手的价格提供了方便。企业可以随时掌握竞争者的价格变动,及时调整自己的竞争策略,时刻保持产品的价格优势。

在网络营销中,以竞争为基础的定价方法,目前主要有两种:一是招标投标定价法,二是拍卖定价法。

1. 招标投标定价法

招标投标定价法是招标单位通过网络发布招标公告，由投标单位进行投标，进而择优成交的一种定价方法。网络招标投标充分体现了"公开、公平、竞争、效益"的原则。对于招标单位来说，网络招标定价法不仅降低了招标成本，节省了时间，更重要的是扩大了投标单位的选择范围，从而使企业能在更大范围内进行最优选择。对于投标单位来说，网络投标定价法不仅增加了投标的营销机会，而且使企业能获得更加公平的竞争环境，为企业的发展创造了良机。招标投标定价法一般适用于大型工程买卖和承包、商品或劳务贸易等项目。

2. 拍卖定价法

拍卖定价法是传统市场中常用的一种定价方法。它是指拍卖行受卖方委托，在特定场所公开叫卖，引导多个买方报价，利用买方竞争求购的心理，从中选择最高价格的一种定价方法。目前，许多拍卖行开始在网上进行有益的尝试，一些网上商店也以拍卖的方式来销售商品，这使得拍卖定价法在网络营销中得到了较快的发展。如日本的AUC网在网上实施了旧车拍卖，并取得了明显的效果。毫无疑问，网上拍卖是利用网络对传统拍卖进行的成功创新。网络提供了一个交易平台，它不仅改变了传统拍卖的低效率，同时还大大降低了交易成本。网上拍卖的产品也已经从古董、珍品、工艺品以及大宗商品扩展到其他任何一种产品，是互联网将拍卖这种贵族化的交易方式变成了平民交易。无论是谁，无论他身在何地，只要能上网，就可以在网上竞拍任何物品，并且可以随时交易。

第三节　网络营销定价策略

随着网络的经济发展，一些适合于网络环境的新的定价思想、定价策略开始出现。企业为了更有效地促进产品在网上销售，或是将传统的定价方法加以改造，或是利用网络特点制定新的定价策略，从而使得企业可以采取更多手段重新适应网络环境。

一、低价定价策略

低价定价策略是指企业利用网上价格的可比性，在对商品进行定价时，先在网上进行查询，充分掌握市场上同类产品的价格底线，然后与同类、同质产品相比较，取略低的定价来确定自己产品的在线价格。这样确定的价格不仅具有可比性，还具有较强的竞争力和优势。这是因为网上的信息是公开并易于搜索比较的，消费者可以从网上获取更多的产品信息，从而以最优惠的价格购买商品。

（一）低价定价策略的种类

1. 直接低价定价策略

由于企业在定价时大多采用成本加上一定利润，有时甚至是零利润，这样公布出的价格往往比同类产品要低。一般制造业企业在网上进行直销时会采用的这种定价方式,如Dell公司电脑定价比同性能的其他公司产品低10%~15%。这主要是由于网络的应用使企业节省了大量的成本费用。

2.折扣低价策略

折扣低价策略是指在原有价格的基础上进行折扣来定价。通常企业发布的产品价格是网上、网下销售的统一价格,对于网上的消费者又在原基础上标明一定的折扣,这样就可以让消费者直接了解产品的降价幅度以促进消费者的购买。这种价格策略主要是一些网络零售商采用,他们一般按照市面上的流行价格进行折扣定价。如Amazon的图书价格一般都要进行折扣,而且折扣价格达到3~5折。

3.促销定价策略

当产品价格不具备竞争优势时,企业通常会采用网上促销定价策略来拓展网上市场。因为,网上的消费者面很广,而且具有很大的购买能力,所以企业通过采用临时促销定价策略,不仅打开了网上销售局面,还可以向更多的消费者推广新产品。促销定价除了前面提到的折扣策略外,比较常用的是有奖销售和附带赠品销售。

(二)采用低价定价策略时应注意的问题

(1)网络是从免费资源共享发展而来的,因此消费者通常认为网上的商品要比其他渠道购买的商品便宜,所以在网上不宜销售那些消费者对价格敏感而企业又难以降价的产品。

(2)网上公布价格时要注意区分消费对象,对一般消费者、零售商、批发商、合作伙伴,分别提供不同的价格信息发布渠道,否则可能会因低价策略混乱而导致营销渠道的混乱。

(3)网上发布价格时要注意比较同类站点公布的价格信息,因为消费者可以通过搜索引擎迅速地在网上找到最便宜的商品,否则企业公布的价格信息将起到反作用。

二、定制生产定价策略

(一)定制生产内涵

作为个性化服务的重要组成部分,按照消费者需求进行定制生产是网络时代满足消费者个性化需求的基本形式。定制化生产根据消费者对象可以分为以下两种类型:

1.面对大众消费者市场的定制生产

由于网上消费者的个性化需求差异性大,需求量又少,因此企业为了满足这种个性化的需求就必须实行定制生产,即从管理、供应、生产和配送各个环节上,都必须适应这种要求小批量、多式样、多规格和多品种的生产和销售变化。为适应这种变化,企业开始在管理上采用ERP(企业资源计划系统,Enterprise Resource Planning)来实现自动化、数字化管理,在生产上采用CIMS(计算机集成制造系统,Computer Integrated Manufacturing System),在供应和配送上采用SCM(供应链管理,Supply Chain Management)。

2.面对工业组织市场的定制生产

主要涉及的是供应商与订货商之间的协作问题,如波音公司在设计和生产新型飞机时,要求其供应商按照其飞机总体设计标准和成本要求来组织生产。面对工业组织市场的定制生产主要是通过产业价值链,从下游企业向上游企业提出需求和成本控制的要求,上游企业通过与下游企业进行协作设计、开发并生产满足下游企业的零配件产品。

(二)定制定价策略

定制定价策略是在企业进行定制生产的基础上,利用网络技术和辅助设计软件来帮助消费者选择配置或者自行设计个性化产品,同时消费者承担自己愿意付出的价格。因此,定制化定价策略可以帮助企业通过细分市场进行分别定价,实现从整个市场获得最大利润。然而,要有效地实施定制化定价策略,企业必须掌握多方面的信息,如不同消费者对产品消费价值的看法、消费者需求的价格弹性、最佳规模效益、销售量变化对成本的影响等。

图 7.1 Dell 公司定制定购网页

图 7.1 中是 Dell 公司专门针对中国市场设计的可进行定制定购的主页,在页中用户可以了解本型号产品的基本配置和基本功能,如果用户对配置还不满意想增加功能或者提高产品性能,可以自行选择电脑的配置,然后在页面上方的框内显示出当前配置的电脑价格。通过这些对电脑配件的选择,消费者可以自己根据实际需要和能承担价格,配置出自己最满意的产品,使消费者能够一次性买到自己中意产品。在上面配置电脑同时,消费者也相应地选择了自己认为的合适价格产品,因此对产品价格有比较透明的认识,增加企业在消费者面前的信用。目前这种允许消费者定制定价订货还只是初步阶段,消费者只能在有限的范围内进行挑选,还

不能完全要求企业满足自己所有的个性化需求。

三、使用定价策略

在传统交易关系中产品买卖是完全产权式的,消费者购买产品后即拥有对产品的完全产权。但随着经济的发展和生活水平的提高,人们对产品需求越来越多,但由于产品的使用周期越来越短,许多产品购买后使用几次就不再使用,非常浪费,因此制约了消费者对这些产品的需求。为改变这种情况,企业可以在网上采用类似租赁的按使用次数定价的方式。

所谓使用定价,就是消费者通过互联网注册后可以直接使用某公司的产品,消费者不需要将产品完全购买,只需要根据使用次数进行付费。通过付费,消费者拥有有限次数下的产品使用权,而不拥有产品。这样一方面可以降低浪费,提高产品利用率,另一方面还可以吸引具有顾虑的潜在消费者使用产品。如很多软件公司将软件产品放置到网站上并提供付费下载,用户通过注册使用,按使用次数付钱。

采用按使用次数定价时要考虑两个问题。第一,产品是否适合通过互联网传输,是否可以实现远程调用。目前,比较适合的产品有软件、音乐、电影等产品。对于软件,如我国的用友软件公司推出网络财务软件,用户在网上注册后就可以直接处理账务,而无须购买软件和担心软件的升级、维护等;对于音乐产品,可以通过网上下载或使用专用软件点播;对于电影产品,可以通过现在的视频点播系统 VOD 来实现远程点播或者在线下载,无须购买影碟。第二,对互联网的带宽提出更高的要求,因为许多信息都要通过互联网进行传输,如果互联网带宽不够将影响数据传输,势必会影响消费者租赁使用和观看。

四、拍卖竞价策略

经济学认为市场要想形成最合理价格,拍卖竞价是最合理方式。网上拍卖是目前发展比较快的领域,网上拍卖由消费者通过互联网轮流公开竞价,在规定时间内价高者赢得拍卖品。目前国外比较有名的拍卖站点是 ebay(http://www.ebay.com),它允许商品公开在网上拍卖,拍卖竞价者只需在网上进行登记即可,拍卖方要将拍卖品的相关信息提交给 eBay 公司,经公司审查合格后即可上网拍卖。根据供需关系,网上拍卖竞价方式有以下几种。

(一)竞价拍卖

最大量的是 C2C 的交易,包括二手货、收藏品,普通商品也可以通过拍卖的方式进行出售。如,惠普公司通常会将公司的一些库存积压产品放到网上拍卖。

(二)竞价拍买

这是竞价拍卖的反向过程,消费者为求购某一商品而提出一个价格范围,然后由商家出价,出价可以是公开的或隐蔽的,消费者将与出价最低或最接近的商家成交。

(三)集体议价

在互联网出现以前,国外多数零售商经常结合起来,向批发商(或生产商)提出以数量换价格的方式。网络出现后,普通的消费者也可以使用这种方式购买商品。集合竞价模式是一种由消费者集体议价的交易方式。目前在国内网络竞价市场中,还是一种全新的交易方式。提出这一模式的是美国著名的 Priceline 公司(http://www.priceline.com)。在国内,雅宝、焦点网、酷必得等就属于这种形式。

上面这些拍卖竞价方式是一种最市场化方法,随着网络市场的拓展,将会有越来越多的产品通过网络进行拍卖。目前拍卖竞价针对的购买群体主要是消费者市场,个体消费者是拍卖市场的主体。因此,采用拍卖竞价并不是企业目前首要选择的定价方法,因为拍卖竞价有可能会破坏企业原有的营销渠道和价格策略。采用网上拍卖竞价,比较合适的是企业一些库存积压产品;也可以是企业一些新产品,通过拍卖竞价起到促销的效果,许多公司将产品以低廉价格在网上拍卖,目的就是为了吸引消费者的关注。

五、免费价格策略

免费价格策略是将企业的产品和服务以免费的形式提供给消费者使用,以满足消费者的需求。免费价格策略主要用于产品的促销和推广,它是市场营销中一种常用的营销策略,这种策略一般是短期和临时性的。在网络营销中,免费价格不仅仅是一种促销策略,还是一种非常有效的产品或服务的定价策略,许多新兴公司凭借免费价格策略一举获得成功。

(一)免费价格策略的类型

1. 完全免费策略

完全免费策略是指产品或服务从购买、使用以及售后服务的所有环节都实行免费提供。例如免费电子邮箱,网络消费者每天都可以登入电子邮箱免费收发电子邮件。

2. 限制性免费策略

限制性免费策略是指产品或服务可以被有限次地或在有限时间内免费使用,超过一定期限或者次数后就不再享受免费。如瑞星公司免费提供的 1 个月杀毒软件的升级服务,过期后要想继续使用消费者就需要支付费用了。

3. 部分免费策略

部分免费策略是指对产品整体某一部分或服务全过程某一环节的消费可以享受免费的定价策略。如一些著名研究公司的网站会公布部分研究成果,如果要获取全部成果必须付款成为公司的客户。

4. 捆绑式免费策略

捆绑式免费策略是指对产品或服务实行捆绑式免费策略,消费者购买某产品或服务时会被赠送其他产品或服务。这种定价策略不仅可以使消费者感觉组合产品的价格小于他们对各个产品的价格之和,还可以使企业突破网上产品的最低价格限制,利用合理、有效的手段,减少消费者对价格的敏感程度。

(二)免费产品的特性

在网络营销中,企业实行免费策略会受到一定的环境制约,即并不是所有的产品都适合于免费策略。因为互联网作为全球性开放网络,可以快速实现全球信息交换,所以只有那些适合互联网这一特性的产品才适合采用免费价格策略。一般说来,免费产品具有下面特性。

1. 易于数字化

互联网是以数字传输为基础的信息交换平台,对于易于数字化的产品,都可以通过互联网实现零成本的配送,这与传统产品需要通过交通运输网络花费巨资实现实物配送有着巨大区别。在网络营销中,企业只需要将这些免费产品放置到自己的网站上,用户就可以通过网络自由下载使用,企业通过较小成本就实现了产品的推广,还节省了大量的产品推广费用。

2. 无形化特点

由于采用免费策略的大多是一些无形产品,他们只有通过一定载体表现出一定形态。如软件、信息服务(如报刊、杂志、电台、电视台等媒体)、音乐制品、图书等。这些无形产品可以通过数字化技术实现网上传输。

3. 零制造成本

这主要是指在产品开发成功后,只需要通过简单复制就可以实现无限制的产品生产,这与传统实物产品生产受制于厂房、设备、原材料等因素有着巨大区别。上面介绍的软件等无形产品都易于数字化,因此可以通过软件和网络技术实现无限制自动复制生产。对这些产品实行免费策略,企业只需要投入研制费用即可,至于产品生产、推广和销售则完全可以通过互联网实现零成本运作。

4. 成长性

采用免费策略的产品一般都是利用产品成长来推动占领市场,为未来市场发展打下坚实基础。如微软公司为抢占日益重要的浏览器市场,采用免费策略发放其浏览器探险者 IE,用以对抗先行一步的网景公司的航海者 Navigator,结果在短短两年之内,网景公司的浏览器市场失掉了半壁江山,最后被出售兼并以求发展。

5. 冲击性

采用免费策略的产品主要目的是推动市场成长,进而开辟出新的市场领地,同时对原有市场也产生巨大的冲击。否则免费价格产品很难形成市场规模,在未来获得发展机遇。如 3721 网站为推广其中文网址域名标准,以适应中国人对英文域名的不习惯,采用免费下载和免费在品牌电脑预装的策略,在 1999 年短短的半年时间迅速占领市场并成为市场的标准,这对过去被国外控制的域名管理产生了巨大冲击和影响。

6. 间接收益特点

企业虽然可以利用网络实现低成本的扩张,但免费的产品还是需要不断开发和研制,并需要投入大量的资金和人力。因此,采用免费价格的产品或服务一般具有间接收益特点,即它可帮助企业通过其他渠道获取收益。如 Yahoo! 公司通过免费搜索引擎服务和各种信息服务吸引用户的注意力,这种注意力形成了 Yahoo! 的网上媒体特性,使得 Yahoo! 可以通过发布网络广告进行间接收益。这种收益方式也是目前大多数 ICP 的主要商业运作模式。

(三)免费价格策略的实施

1. 免费价格策略的风险

企业为用户提供各种免费的东西,这实质上是企业的一种市场策略。有句老话,这个世界上从来就没有免费的午餐,互联网上同样也没有。一般来说公司提供免费产品的目的有两个:一是让用户使用习惯后,再开始收费;另一目的就是发掘后续的商业价值。

2. 免费价格策略的实施步骤

免费价格策略一般与企业的商业计划和战略发展规划紧密关联,所以企业要降低免费策略带来风险,提高免费价格策略的成功性,应遵循下面步骤思考问题。

(1)互联网作为成长性的市场,在市场获取成功的关键是要有一种可能获得成功的商业运作模式,因此考虑免费价格策略时必须考虑是否与商业模式运作能否吻合。

(2)分析采用免费策略的产品或服务能否获得市场认可,即企业所提供的产品或服务是否是市场迫切需求的。在互联网上通过免费策略成长起来的公司获得成功时都有一个特点,就是所提供产品或服务受到市场极大欢迎。如百度的搜索引擎克服了在互联网查找信息困难的不足,给用户带来便利;我国的 Sina、Sohu 等网站提供了大量实时性的新闻报道和信息资讯,满足用户对新闻和资讯的需求。

(3)分析免费策略产品推出的时机。互联网上的游戏规则是"Win take all(赢家通吃)",只承认第一,不承认第二,因此在互联网上推出免费产品的目的是抢先占据市场,如果市场已经被占领或者已经比较成熟,则要审视推出产品或服务的竞争能力。如我国著名的搜狐网站(http://www.sohu.com)虽然不是第一家搜索引擎,却是第一家中文搜索引擎,确立了市场门户站点地位。目前,还有很多公司推出了很好的免费搜索引擎服务,但还是很难撼动搜狐的第一中文搜索引擎地位。

(4)考虑免费价格产品或服务是否适合采用免费价格策略。目前国内外很多提供免费计算机的 ISP,对用户也不是毫无要求:它们有的要求用户接受广告;有的要求用户每月在其站点上购买多少钱的商品;还有的提供接入费用等。此外,ISP 在为用户提供免费计算机这一事件中,计算机制造商处于非常尴尬的地位。首先这种计算机的出货量虽然很大,但是基本上没有利润,对于计算机的制造商来说是食之无味而又弃之可惜;其次是角色的错位,以前是买计算机送上网账号,而现在是上网送计算机,角色的转变使得计算机提供商的感觉非常不好。当然,也可以从另外一个角度,来理解免费提供计算机行为。最近北美自由贸易区的三个国家:美国、加拿大和墨西哥,它们将计算机制造业从 IT 产业中分离出来,将其归入了传统制造业。这个信号表明,由于互联网的兴起,使得很多行业都变成了传统行业,一些互联网公司的市值超过许多传统行业的大公司,就都显示了互联网作为新兴行业的巨大前景。而以计算机为中心的时代,已经在互联网的阴影中渐行渐远,另一个以互联网为中心的时代已经来临,这已经成为一种无法阻挡的潮流。

第五,策划推广免费价格产品或服务。互联网是信息的海洋,网上的用户对于免费的产品或服务早已经非常习惯了。因此,要吸引用户关注免费产品或服务,应当与推广其他产品一样有非常严密的营销策划。在推广免费产品或服务时,主要考虑的是如何通过互联网渠道进行宣传和推广,比如在知名站点进行链接,发布网络广告。同时还要考虑在传统媒体发布广告,利用传统渠道进行推广宣传。如 3721 网站为了推广其免费中文域名系统软件,首先通过新闻形式介绍中文域名概念,宣传中文域名的作用和便捷性,然后与一些著名 ISP 和 ICP 合作,建立免费软件下载链接,同时还与计算机制造商合作,提供捆绑预装中文域名软件。

总之,企业可以根据自己所生产的产品或服务的特性和网上市场的发展状况来选择合适的价格策略。但无论采用哪一种策略,企业的定价策略都应与其他策略相配合,以保证企业总体营销策略的实施。

思考题

1. 网络营销的定价目标包括哪些?
2. 简述网络营销的定价特征?
3. 影响网络营销定价的因素包括哪些?
4. 网络营销的定价方法有几种?
5. 采用低价定价策略时应注意哪些问题?
6. 什么是免费价格策略?免费价格策略包括那几种类型?
7. 简述免费价格策略的实施步骤?

【阅读资料】

亚马逊公司实施差别定价试验

差别定价被认为是网络营销的一种基本的定价策略,一些作者甚至提出在网络营销中要"始终坚持差别定价",然而,没有什么经营策略在市场上可以无往不胜,差别定价虽然在理论上很好,但在实施过程中却存在着诸多困难,我们将以亚马逊的一次不成功的差别定价试验作为案例,分析企业实施差别定价策略时面临的风险以及一些可能的防范措施。

一、亚马逊公司实施差别定价试验的背景

1994 年,当时在华尔街管理着一家对冲基金的杰夫·贝佐斯(Jeff Bezos)在西雅图创建了亚马逊公司,该公司从 1995 年 7 月开始正式营业,1997 年 5 月股票公开发行上市,从 1996 年夏天开始,亚马逊极其成功地实施了联属网络营销战略,在数十万家联属网站的支持下,亚马逊迅速崛起成为网上销售的第一品牌,到 1999 年 10 月,亚马逊的市值达到了 280 亿美元,超过了西尔斯(Sears Roebuck&Co.)和卡玛特(Kmart)两大零售巨人的市值之和。亚马逊的成功可以用以下数字来说明：

根据 Media Metrix 的统计资料，亚马逊在 2000 年 2 月在访问量最大的网站中排名第 8，共吸引了 1 450 万名独立的访问者，亚马逊还是排名进入前 10 名的唯一一个纯粹的电子商务网站。

根据 PC Data Online 的数据，亚马逊是 2000 年 3 月最热门的网上零售目的地，共有 1 480 万独立访问者，独立的消费者也达到了 120 万人。亚马逊当月完成的销售额相当于排名第二位的 CDNow 和排名第三位的 Ticketmaster 完成的销售额的总和。在 2000 年，亚马逊已经成为互联网上最大的图书、唱片和影视碟片的零售商，亚马逊经营的其他商品类别还包括玩具、电器、家居用品、软件、游戏等，品种达 18 00 万种之多，此外，亚马逊还提供在线拍卖业务和免费的电子贺卡服务。

但是，亚马逊的经营也暴露出不小的问题。虽然亚马逊的业务在快速扩张，亏损额却也在不断增加，在 2000 年头一个季度中，亚马逊完成的销售额为 5.74 亿美元，较前一年同期增长 95%，第二季度的销售额为 5.78 亿，较前一年同期增长了 84%。但是，亚马逊第一季度的总亏损达到了 1.22 亿美元，相当于每股亏损 0.35 美元，而前一年同期的总亏损仅为 3 600 万美元，相当于每股亏损 0.12 美元，亚马逊 2000 年第二季度的主营业务亏损仍达 8 900 万美元。

亚马逊公司的经营危机也反映在它股票的市场表现上。亚马逊的股票价格自 1999 年 12 月 10 日创下历史高点 106.687 5 美元后开始持续下跌，到 2000 年 8 月 10 日，亚马逊的股票价格已经跌至 30.438 美元。在业务扩张方面，亚马逊也开始遭遇到了一些老牌门户网站——如美国在线、雅虎等——的有力竞争，在这一背景下，亚马逊迫切需要实现赢利，而最可靠的赢利项目是它经营最久的图书、音乐唱片和影视碟片，实际上，在 2000 年第二季度亚马逊就已经从这三种商品上获得了 1 000 万美元的营业利润。

二、亚马逊公司的差别定价实验

作为一个缺少行业背景的新兴的网络零售商，亚马逊不具有巴诺(Barnes & Noble)公司那样卓越的物流能力，也不具备像雅虎等门户网站那样大的访问流量，亚马逊最有价值的资产就是它拥有的 2 300 万注册用户，亚马逊必须设法从这些注册用户身上实现尽可能多的利润。因为网上销售并不能增加市场对产品的总的需求量，为提高在主营产品上的赢利，亚马逊在 2000 年 9 月中旬开始了著名的差别定价实验。亚马逊选择了 68 种 DVD 碟片进行动态定价试验，试验当中，亚马逊根据潜在客户的人口统计资料、在亚马逊的购物历史、上网行为以及上网使用的软件系统确定对这 68 种碟片的报价水平。例如，名为《泰特斯》(Titus)的碟片对新消费者的报价为 22.74 美元，而对那些对该碟片表现出兴趣的老消费者的报价则为 26.24 美元。通过这一定价策略，部分消费者付出了比其他消费者更高的价格，亚马逊因此提高了销售的毛利率，但是好景不长，这一差别定价策略实施不到一个月，就有细心的消费者发现了这一秘密，通过在名为 DVDTalk（www.dvdtalk.com）的音乐爱好者社区的交流，成百上千的 DVD 消费者知道了此事，那些付出高价的消费者当然怨声载道，纷纷在网上以激烈的言辞对亚马逊的做法进行口诛笔伐，有人甚至公开表示以后绝不会在亚马逊购买任何东西。更不巧的是，由于亚马逊前不久才公布了它对消费者在网站上的购物习惯和行为进行了跟踪和记录，因此，这次事件曝光后，消费者和媒体开始怀疑亚马逊是否利用其收集的消费者资料作为其价格调整的依据，这样的猜测让亚马逊的价格事件与敏感的网络隐私问题联系在了一起。

为挽回日益凸显的不利影响，亚马逊的首席执行官贝佐斯只好亲自出马做危机公关，他指出亚马逊的价格调整是随机进行的，与消费者是谁没有关系，价格试验的目的仅仅是为测试消费者对不同折扣的反应，亚马逊"无论是过去、现在或未来，都不会利用消费者的人口资料进行动态定价。"贝佐斯为这次的事件给消费者造成的困扰向消费者公开表示了道歉。不仅如此,亚马逊还试图用实际行动挽回人心,亚马逊答应给所有在价格测试期间购买这 68 部 DVD 的消费者以最大的折扣,据不完全统计,至少有 6 896 名没有以最低折扣价购得 DVD 的消费者,已经获得了亚马逊退还的差价。

至此,亚马逊价格试验以完全失败而告终,亚马逊不仅在经济上蒙受了损失,而且它的声誉也受到了严重的损害。

三、亚马逊差别定价试验失败的原因

我们知道,亚马逊的管理层在投资人要求迅速实现赢利的压力下开始了这次有问题的差别定价试验,结果很快便以全面失败而告终,那么,亚马逊差别定价策略失败的原因究竟何在？我们说,亚马逊这次差别定价试验从战略制定到具体实施都存在严重问题,现分述如下。

(一)战略制定方面

首先,亚马逊的差别定价策略同其一贯的价值主张相违背。在亚马逊公司的网页上,亚马逊明确表述了它的使命：要成为世界上最能以消费者为中心的公司。在差别定价试验前,亚马逊在消费者中有着很好的口碑,许多消费者想当然地认为亚马逊不仅提供最多的商品选择,还提供最好的价格和最好的服务。亚马逊的定价试验彻底损害了它的形象,即使亚马逊为挽回影响进行了及时的危机公关,但亚马逊在消费者心目中已经永远不会像从前那样值得信赖了,至少,人们会觉得亚马逊是善变的,并且会为了利益而放弃原则。

其次,亚马逊的差别定价策略侵害了消费者隐私,有违基本的网络营销伦理。亚马逊在差别定价的过程中利用了消费者购物历史、人口统计学数据等资料,但是它在收集这些资料时是以为了向消费者提供更好的个性化的服务为幌子获得消费者同意的,显然,将这些资料用于消费者没有认可的目的是侵犯消费者隐私的行为。即便美国当时尚无严格的保护信息隐私方面的法规,但亚马逊的行为显然违背了基本的商业道德。

此外,亚马逊的行为同其市场地位不相符合。按照刘向晖博士对网络营销不道德行为影响的分析,亚马逊违背商业伦理的行为曝光后,不仅它自己的声誉会受到影响,整个网络零售行业都会受到牵连,但因为亚马逊本身就是网上零售的市场领导者,占有最大的市场份额,所以它无疑会从行业信任危机中受到最大的打击,由此可见,亚马逊的策略是极不明智的。

综上,亚马逊差别定价策略从战略管理角度看有着诸多的先天不足,这从一开始就注定了它的"试验"将会以失败而告终。

(二)具体实施方面

我们已经看到亚马逊的差别定价试验在策略上存在着严重问题,这决定了这次试验最终失败的结局,但实施上的重大错误是使它迅速失败的直接原因。

首先,从微观经济学理论的角度看,差别定价未必会损害社会总体的福利水平,甚至有可能导致帕累托更优的结果,因此,法律对差别定价的规范可以说相当宽松,规定只有当差别定价的对象是存在相互竞争关系的用户时才被认为是违法的,但同时,基本的经济学理论认为一个公司的差别定价策略只有满足以下三个条件时才是可行的:

(1)企业是价格的制定者而不是市场价格的接受者。
(2)企业可以对市场细分并且阻止套利。
(3)不同的细分市场对商品的需求弹性不同。

DVD市场的分散程度很高，而亚马逊不过是众多经销商中的一个，所以从严格的意义上讲，亚马逊不是DVD价格的制定者。但是，假如我们考虑到亚马逊是一个知名的网上零售品牌，以及亚马逊的DVD售价低于主要的竞争对手，所以，亚马逊在制定价格上有一定的回旋余地。当然，消费者对DVD产品的需求弹性存在着巨大的差别，所以亚马逊可以按照一定的标准对消费者进行细分，但问题的关键是，亚马逊的细分方案在防止套利方面存在着严重的缺陷。亚马逊的定价方案试图通过给新消费者提供更优惠价格的方法来吸引新的消费者，但它忽略的一点是：基于亚马逊已经掌握的消费者资料，虽然新消费者很难伪装成老消费者，但老消费者却可以轻而易举地通过重新登录伪装成新消费者实现套利。至于根据消费者使用的浏览器类别来定价的方法同样无法防止套利，因为网景浏览器和微软的IE浏览器基本上都可以免费获得，使用网景浏览器的消费者几乎不需要什么额外的成本就可以通过使用IE浏览器来获得更低报价。因为无法阻止套利，所以从长远角度，亚马逊的差别定价策略根本无法有效提高赢利水平。

其次，亚马逊歧视老消费者的差别定价方案同关系营销的理论相背离，亚马逊的销售主要来自老消费者的重复购买，重复购买在总订单中的比例在1999年第一季度为66%，一年后这一比例上升到了76%。亚马逊的策略实际上惩罚了对其利润贡献最大的老消费者，但它又没有有效的方法锁定老消费者，其结果必然是老消费者的流失和销售与盈利的减少。

最后，亚马逊还忽略了虚拟社区在促进消费者信息交流方面的巨大作用，消费者通过信息共享显著提升了其市场力量。的确，大多数消费者可能并不会特别留意亚马逊产品百分之几的价格差距，但从事网络营销研究的学者、主持经济专栏的作家以及竞争对手公司中的市场情报人员会对亚马逊的定价策略明察秋毫，他们可能会把他们的发现通过虚拟社区等渠道广泛传播，这样，亚马逊自以为很隐秘的策略很快就在虚拟社区中露了底，并且迅速引起了传媒的注意。

比较而言，在亚马逊的这次差别定价试验中，战略上的失误是导致"试验"失败的根本原因，而实施上的诸多问题则是导致其惨败和速败的直接原因。

四、结论：亚马逊差别定价试验给我们的启示

亚马逊的这次差别定价试验是电子商务发展史上的一个经典案例，这不仅是因为亚马逊公司本身是网络零售行业的一面旗帜，还因为这是电子商务史上第一次大规模的差别定价试验，并且在很短的时间内就以惨败告终。我们从中能获得哪些启示呢？

首先，差别定价策略存在着巨大的风险，一旦失败，它不仅会直接影响到产品的销售，而且可能会对公司经营造成全方位的负面影响，公司失去的可能不仅是最终消费者的信任，而且还会有渠道伙伴的信任，可谓"一招不慎，满盘皆输"。所以，实施差别定价必须慎之又慎，尤其是当公司管理层面临短期目标压力时更应如此。具体分析时，要从公司的整体发展战略、与行业中主流营销伦理的符合程度以及公司的市场地位等方面进行全面的分析。

其次，一旦决定实施差别定价，那么选择适当的差别定价方法就非常关键。这不仅意味着要满足微观经济学提出的三个基本条件，而且更重要的是要使用各种方法造成产品的差别化，力争避免赤裸裸的差别定价。常见的做法有以下几种：

(1)通过增加产品附加服务的含量来使产品差别化。营销学意义上的商品通常包含着一定的服务，这些附加服务可以使核心产品更具个性化，同时，服务含量的增加还可以有效地防止套利。

(2)同批量订制的产品策略相结合。订制弱化了产品间的可比性，并且可以强化企业价格制定者的地位。

(3) 采用捆绑定价的做法,捆绑定价是一种极其有效的二级差别定价方法,捆绑同时还有创造新产品的功能,可以弱化产品间的可比性,在深度销售方面也能发挥积极作用。

(4) 将产品分为不同的版本。该方法对于固定生产成本极高、边际生产成本很低的信息类产品更加有效,而这类产品恰好也是网上零售的主要品种。

当然,为有效控制风险,有时在开始大规模实施差别定价策略前还要进行真正意义上的试验,具体操作上不仅要像亚马逊那样限制进行试验的商品的品种,而且更重要的是要限制参与试验的消费者的人数,借助于个性化的网络传播手段,做到这点是不难的。

实际上,正如贝佐斯向公众所保证过的,亚马逊此后再也没有作过类似的差别定价试验,结果,依靠成本领先的平价策略,亚马逊后来终于在 2001 年第四季度实现了单季度净赢利,在 2002 年实现了主营业务全年赢利。

综上所述,在网络营销中运用差别定价策略存在着很大的风险,在选择使用时必须慎之又慎,否则,很可能适得其反,给公司经营造成许多麻烦。在实施差别定价策略时,通过使产品差别化而避免赤裸裸的差别定价是避免失败的一个关键所在。

资料来源:电子商务直通车(http://www.ectook.com/Archives/200410/000709.asp)

第八章
Chapter 8

网络营销渠道策略

【学习目标】
1. 了解网络营销渠道和传统营销渠道的概念。
2. 掌握解网络营销渠道的类型、特点与功能。
3. 了解网络中间商的类型与选择。
4. 掌握建设网络营销渠道的基本知识。

第一节 网络营销渠道概述

传统营销体系的成功在很大程度上依赖于营销渠道的建设,再加上大量人力和广告的投入来占领市场。而在互联网上这一切将发生巨大的变化。功能强大的互联网不仅是一种拥有巨大优势的传播媒体,也是一种产品或服务的通道,它由此改变了产品和服务的营销渠道。

一、传统营销渠道的概念及分类

营销渠道通常指商品流通渠道。指商品从生产领域转向消费领域所经过的路线和通道。包括产品的销售途径与产品的运输和储存。对于传统的营销渠道,除了生产者和消费者外,很多情况下还有许多独立的中间商和代理中间商存在。

在传统营销渠道中除去处于渠道起点的生产者和处于渠道终点的最终用户,商品在流通中经过的每一个直接或间接转移商品所有权的中间机构就称之为一个流通环节或中间层次(如代理商、批发商、零售商等)。传统营销渠道按照有无中间环节可分为直接分销渠道和间接分销渠道。直接分销渠道是指生产者把其产品直接销售给最终用户的营销渠道,即直销。其他凡是包括一个以上中间商的营销渠道则称为间接营销渠道。另外,根据中间商数量的多少,又可以把营销渠道分为若干个级别。直接分销渠道没有中间商,可称为零级渠道。间接分销渠道则根据其包含的中间环节的个数分为一级、二级、三级,甚至多级渠道。传统营销渠道的结构分类如图 8.1 所示。

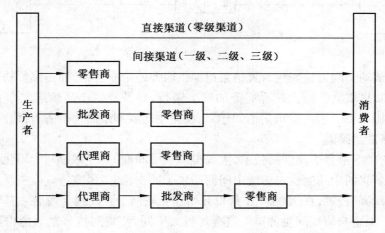

图 8.1 传统营销渠道的结构分类

二、网络营销渠道概念及类型

(一)网络营销渠道概念

网络营销渠道就是借助互联网将产品从生产者转移到消费者的中间环节。它一方面要为消费者提供产品信息,方便消费者进行选择;另一方面,在消费者选择产品后要能完成一手交钱一手交货的交易手续,当然,交钱和交货不一定要同时进行。

每一条网上分销渠道和传统的分销渠道一样,起点是制造商,终点是最后的消费者或用户。网络营销渠道的中介模式为电子交易市场。电子交易市场即在线中间商,完全承担起为买卖双方收集信息的作用。同时也利用其在各地的分支机构,承担起批发商和零售商的作用。

(二)网络营销渠道的类型

网络营销渠道也可分为直接分销渠道和间接分销渠道。但与传统的营销渠道相比较,网络营销渠道的结构要简单得多,见图 8.2。网络的直接分销渠道和传统的直接分销渠道都是零级分销渠道,这方面没有大的区别。利用互联网的信息交互特点,网上直销市场得到大力发展。而对于间接分销渠道而言,网络营销中只有一级分销渠道,即只有一个电子中间商来沟通买卖双方的信息,不存在多个批发商和零售商的情况,所以也就不存在多级分销渠道。

1.网络直接营销渠道

通过互联网实现的从生产者到消费者的网络营销渠道,这时传统中间商的职能发生了改

图 8.2　网络营销渠道的结构

变,由过去的环节的中间力量变成为直销渠道提供服务的中介机构,如提供货物运输配送服务的专业配送公司,提供货款网上结算服务的网上银行,以及提供产品信息发布和网站建设的 ISP 和电子商务服务商。网上直销渠道的建立,使得生产者和最终消费者直接连接和沟通。

2.网络间接营销渠道

传统中间商由于融合了互联网技术,大大提高了中间商的交易效率、专门化程度和规模经济效益。同时,新兴的中间商也对传统中间商产生了冲击,如美国零售业巨头沃尔玛为反抗互联网对其零售市场的侵蚀,在 2000 年 1 月份开始在互联网上开设网上商店。基于互联网的新型网络间接营销渠道与传统间接分销渠道有着很大不同,传统间接分销渠道可能有多个中间环节如一级批发商、二级批发商、零售商,而网络间接营销渠道只需要一个中间环节。

在西方众多企业的网络营销活动中,双道法是最常见的方法,是企业网络营销渠道的最佳策略。所谓双道法,是指企业同时使用网络直接销售渠道和网络间接销售渠道,以达到销售量最大的目的。在买方市场条件下,通过两条渠道销售产品比通过一条渠道更容易实现"市场渗透"。

三、网络营销渠道的特点

与传统分销渠道相比,不管是网上直接营销渠道还是间接营销渠道,网上营销渠道有许多更具竞争优势的地方。

(一)可以直接和顾客联系

利用互联网的交互特性,网上营销渠道从过去单向信息沟通变成双向直接信息沟通,增强了生产者与消费者的直接连接。

(二)网上营销渠道可以提供更加便捷的相关服务

生产者可以通过互联网提供支付服务,顾客可以直接在网上订货和付款,然后就等着送货上门,这一切大大方便了顾客的需要。

生产者可以通过网上营销渠道为客户提供售后服务和技术支持,特别是对于一些技术性比较强的行业如 IT 业,提供网上远程技术支持和培训服务,既方便顾客,同时生产者可以以最小成本为顾客服务。

(三)网上营销渠道的高效性

可以大大减少过去传统分销渠道中的流通环节,有效降低成本。对于网上直接营销渠道,生产者可以根据顾客的订单按需生产,做到实现零库存管理。同时网上直接销售还可以减少过去依靠推销员上门推销的昂贵的销售费用,最大限度控制营销成本。对于网上间接营销渠道,通过信息化的网络营销中间商,它可以进一步扩大规模实现更大的规模经济,提高专业化水平;通过与生产者的网络连接,可以提高信息透明度,最大限度控制库存,实现高效物流运转,降低物流运转成本。

网络营销渠道不能全面替代传统销售渠道。由于购买者习惯、网络的局限性等原因,在很长时期内,企业将以传统分销渠道为主,网络分销渠道为辅。企业可以利用互联网,实现产品销售,积极抢占市场。

四、网络营销渠道的功能

网络营销渠道是借助互联网将产品从生产者转移到消费者的所有中间环节。包括各类电子中间商,以及其他可以协助产品到达消费者的个人和企业,如运输公司、网上银行,这就涉及信息沟通、资金转移和货物转移等,如图8.3所示。

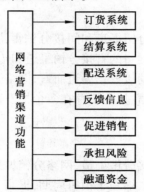

图 8.3 网络营销渠道功能

一个完善的网上销售渠道至少应有三大系统:订货系统、结算系统和配送系统。

(一)订货系统

订货系统为消费者提供产品信息,同时便于企业获得消费者的需求信息,以求达到供求平衡。一个完善的订货系统,可以最大限度降低库存,减少销售费用。

(二)结算系统

消费者购买商品后,可以运用多种方式进行付款,因此企业也应提供多种结算方式。目前国外流行的几种方式有:信用卡、电子货币、网上划款等几种方式。而国内付款结算方式主要有:邮局汇款、货到付款、信用卡等。国内各大银行也相继开通了网上支付手段,如招商银行与"一卡通"配套的"一网通"、中国银行的以信用卡为基础的"电子钱包"和中国建设银行提供的"网上银行"。

(三)配送系统

物流是指计划、执行与控制原材料和最终产品从产地到使用地点的实际流程,并在盈利的基础上满足顾客的需求。

一般来说,产品分为有形产品和无形产品,对于无形产品如服务、软件、音乐等产品可以直接通过网上进行配送,如现在许多软件都可以直接从网上购买和下载。对于有形产品的配送,要涉及运输和仓储问题。国外已经形成了专业的配送公司,如著名的美国联邦快递公司,它的业务覆盖全球,实现全球快速的专递服务,以至于从事网上直销的 Dell 公司将美国货物的配送业务都交给它完成。因此,专业配送公司的存在是国外网上商店发展较为迅速的一个原因所在,在美国就有良好的专业配送服务体系作为网络营销的支撑。而我国目前还缺少专业性快递配送企业,目前只能依赖占垄断地位的低效率的邮政系统。

五、传统营销渠道和网络营销渠道的区别

(一)结构比较

网络营销渠道也可分为直接分销渠道和间接分销渠道。但与传统的营销渠道相比较,网络营销渠道的结构要简单得多。网络的直接分销渠道和传统的直接分销渠道都是零级分销渠道,这方面没有大的区别;而对于间接分销渠道而言,网络营销中只有一级分销渠道,即只有一个信息中间商来沟通买卖双方的信息,而不存在多个批发商和零售商的情况,所以也就不存在多级分销渠道。

(二)费用比较

无论是直接分销渠道还是间接分销渠道,网络分销渠道的结构都相对比较简单,从而大大减少了流通环节,降低了交易费用,缩短了销售周期,提高了营销活动的效率。

首先,可以有效地减少人员、场地等费用。其次,互联网的双向信息传播功能,也为企业发布信息开展促销活动提供了更加方便的渠道,从而减少了广告宣传费用。

(三)功能多元化

传统营销渠道的功能是单一的,它仅仅只是商品从生产者向消费者转移的一个通道。消费者从广告或其他媒体获得商品信息,并通过直接或间接的营销渠道购买自己所需的商品,除此之外,他们没有从渠道中获得任何其他的东西。这种营销渠道的畅通,一方面取决于产品自身的品质;另一方面则主要依赖于广告的宣传和资金流转的情况。

网络营销渠道的功能则是多方面的。首先,网络营销渠道是信息发布的渠道。企业的概况和产品的质量、种类、价格等,都可以通过这一渠道告诉用户。其次,网络营销渠道是销售产

品、提供服务的便捷途径。用户可从网上直接选购自己所需的商品,并通过网络支付款项。第三,网络营销渠道是企业间洽谈业务、开展商务活动的场所,也是进行客户技术培训和售后服务的途径,并且还是与用户进行交流的通道。

第二节 网络直销

一、网络直销的含义

网上直销渠道与传统的直接分销渠道一样,都是没有中间商,商品直接从生产者转移给消费者或使用者。网上直销与传统直接分销渠道不一样的是,生产企业可以通过建设网络营销站点,让顾客可以直接从网站进行订货。通过与一些电子商务服务机构如网上银行合作,可以通过网站直接提供支付结算功能,简化了过去资金流转的问题。对于配送方面,网上直销渠道可以利用互联网技术来构造有效的物流系统,也可以通过互联网与一些专业物流公司进行合作,建立有效的物流体系。

网络直销是指生产商通过网络直接销售产品或服务。主要特点是利用互联网代替传统的中间商。一般适用于大宗商品交易和产业市场的 B2B 的交易模式。这种买卖交易的最大特点是供需直接见面,环节少,速度快,费用低。

目前通常做法有两种:一种做法是企业在互联网上建立自己的站点,申请域名,制作主页和销售网页,让顾客直接从网站订货,由网络管理员专门处理有关产品的销售事务;另一种做法是委托信息服务商在其网点发布信息,企业利用有关信息与客户联系,直接销售产品。虽然在这一过程中有信息服务商参加,但主要的销售活动仍然是在买卖双方之间完成的,如图 8.4 所示。

二、网络直销的流程

网络直销的流程可以分为六个步骤。
(1)消费者进入互联网,查看网上商店或企业的主页。
(2)消费者通过购物对话框填写姓名、地址以及商品品种、规格、数量、价格等。
(3)消费者选择支付方式,如信用卡,也可选用借记卡、电子货币或电子支票等。
(4)网上商店或企业的客户服务器检查支付方服务器,确认汇款额是否认可。
(5)网上商店或企业的客户服务器确认消费者付款后,通知销售部门送货上门。
(6)消费者的开户银行将支付款项传递到企业的信用卡公司,信用卡公司负责发给消费者收费清单。

为保证交易过程的安全,需要有一个认证机构对在互联网上交易的买卖双方进行认证,以确认他们的真实身份。

三、网络直销的优缺点

（一）网络直销的优点

（1）利用互联网的交互特性，与顾客进行双向互动式的沟通，提供一对一的个性化服务。网络直销使企业能够利用网络工具如电子邮件、公告牌等直接联系消费者，及时了解用户对产品的需求和意见，从而针对这些要求向顾客提供技术服务，解决难题，提高产品的质量，改善企业的经营管理。

（2）企业可以根据顾客的需求设计生产产品，按单订制，减少库存。

（3）减少企业人员推销和建设实物店面的开支，减少中间环节，降低成本。

（4）网上渠道不受时间和地域上的限制，企业可以扩大营销区域范围。生产者能够直接接触消费者，获得第一手的资料，开展有效的营销活动。

（5）企业可对产品进行同步更新，在第一时间推向市场。

（二）网络直销的缺点

（1）随着互联网的发展，越来越多的企业建立了自己的网站。面对大量参差不齐的域名，消费者很难有耐心去一一访问，大部分的网络访问者都是走马观花似的扫一眼。对于那些不知名的中小企业，网站的访问者更是寥寥无几，网站并没有产生预期的效果。

（2）购买者只能从网络广告上判断商品的型号、性能、样式和质量，对实物没有直接的感知，在很多情况下可能产生错误的判断，而某些生产者也可能利用网络广告对自己的产品进行不实的宣传，甚至可能打出虚假广告欺骗顾客。

（3）购买者利用信用卡进行网络交易，不可避免地要将自己的密码等输入计算机，由于新技术的不断涌现，犯罪分子可能利用各种高新科技的作案手段窃取密码，进而盗窃用户的钱款。这种情况不论是在国外还是国内，均有发生。

要解决这个问题，必须从两方面入手：一是尽快建立高水准的专门服务于商务活动的网络信息服务中心。但这对于一般的企业来说难度较大，在国外绝大多数的企业还都是委托专门的网络信息服务机构，企业利用有关信息与客户联系，直接销售产品；二是借助网络的间接销售渠道。

第三节　网络市场中的中间商

人们一般认为，网上销售就是直销，这是不对的。网络虽然缩短了人们与商品的沟通距离，但并没有缩短人们与商品的物理距离，开展电子商务后，虽然服务方式、方法发生了改变，但中间渠道的作用还是必要的。网络营销渠道的中介模式为电子交易市场。电子交易市场即在线中间商，完全承担起为买卖双方收集信息的作用，同时也利用其在各地的分支机构，承担起批发商和零售商的作用。

一、网络间接销售的流程

网络间接销售是指生产者通过融入了互联网技术后的中间商机构把产品销售给最终用户,一般适合小批量商品和生活资料的销售。它是通过融入互联网的中间商提供的销售渠道,是把商品经由中间商销售给消费者的销售渠道。

为了克服网络直销的一些缺点,如设计不好、访问量少等,网络商品交易中介机构应运而生。中国商品交易中心、商务商品交易中心、中国国际商务中心等都属于此类中介机构。此类机构在发展过程中仍然有很多问题需要解决,但其在未来虚拟网络市场的作用是其他机构所不能替代的。这类机构成为连接买卖双方的枢纽,使得网络间接销售成为可能。

网络间接销售的交易过程如图8.5所示。

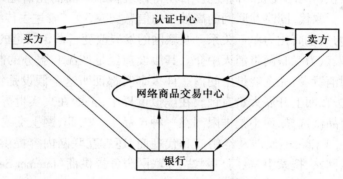

图8.5 网络间接销售流程图

网络间接销售的流程可分为以下六个步骤。

(1)买卖双方将各自的供应和需求信息通过网络告诉给网络商品交易中心,网络商品交易中心通过信息发布服务向参与者提供大量、详细准确的交易数据和市场信息。

(2)买卖双方根据网络商品交易中心提供的信息,选择自己的贸易伙伴。网络商品交易中心从中撮合,促使买卖双方签订合同。

(3)买方在网络商品交易中心指定的银行办理转账付款手续。

(4)网络商品交易中心通知卖方将货物送到设在各地的配送部门。

(5)买方验证货物后提货。

(6)网络商品交易中心将买方货款转交卖方。

网络间接销售克服了网络直销的缺点,使网络商品交易中介机构成为网络时代连接买卖双方的枢纽。

二、网络中间商

中间商是指在企业与消费者之间参与商品交易业务、促使买卖行为发生和实现、具有法人资格的经济组织和个人。中间商的作用是协调生产与消费之间在数量、品种、时间、地点等方面的矛盾,具体表现在研究、促销、接洽、谈判、配合、实体分割、融资和风险承担。中间商的存在和发展是市场经济发展的必然,它起着连接生产者和消费者的桥梁作用,作为企业则同时付出一定成本和享受一定利润。

在传统营销渠道中,中间商是其重要的组成部分。中间商之所以在营销渠道中占有重要地位,是因为利用中间商能够在广泛提供产品和进入目标市场方面发挥最高的效率。营销中间商凭借其业务往来关系、经验、专业化和规模经营,提供给公司的利润通常高于自营商店所能获取的利润。但互联网的发展和商业应用,使得传统营销中间商凭借地理原因获取的优势被互联网的虚拟性所取代,同时互联网的高效率的信息交换,改变着过去传统营销渠道的诸多环节,将错综复杂的关系简化为单一关系。互联网的发展改变了营销渠道的结构。

最初,有许多人认为互联网将消灭中介。其假设前提是产品和服务的制造商将通过自己的网站直接连接到消费者,完全绕过中间商。许多事实都证明这个假设是错误的。除了少量例外,制造商尚无法在网上开展大量直销。在虚拟世界中,正如在真实世界中一样,人们希望在购物时有大量商品供选择,而不是被限制在一种产品上。因此,网上交易,甚至是很小的交易,都会包含各类中间商,不仅涉及经销商和代理商,还有互联网内容提供商(Internet Content Provider,ICP)、会员网站、搜索引擎、门户网站、互联网服务提供商(Internet Server Provider,ISP)、软件制造商和许多尚未被命名的实体。

三、网络市场中间商的类型

由于网络的信息资源丰富、信息处理速度快,基于网络的服务可以便于搜索产品,但在产品(信息、软件产品除外)实体分销方面却难以胜任。目前出现许多基于网络(现阶段为互联网)的提供信息服务中介功能的新型中间商——网络中间商(Cybermediaries)。下面分类介绍这种以信息服务为核心的网络中间商。

(一)目录服务

利用互联网上的目录化的Web站点提供菜单驱动进行搜索,现在这种服务是免费的,将来可能收取一定的费用。现在有三种目录服务,一种是通用目录(如Yahoo!),可以对各种不同站点进行检索,所包含的站点分类按层次组织在一起;另一种是商业目录(如互联网商店目录),提供各种商业Web站点的索引,类似于印刷出版的工业指南手册;最后一种是专业目录,针对某个领域或主题建立Web站点。目录服务的收入主要来源于为客户提供互联网广告服务。

(二)搜索服务

与目录不同,搜索站点(如 Lycos、Infoseek)为用户提供基于关键词的检索服务,站点利用大型数据库分类存储各种站点介绍和页面内容。搜索站点不允许用户直接浏览数据库,但允许用户向数据库添加条目。

(三)虚拟商业街

虚拟商业街(Virtual Malls)是指在一个站点内连接两个或以上的商业站点。虚拟商业街与目录服务的区别是,虚拟商业街定位某一地理位置和某一特定类型的生产者和零售商,在虚拟商业街销售各种商品、提供不同服务。站点的主要收入来源依靠其他商业站点对其的租用。如我国的新浪网 Sina.com 开设的电子商务服务中,就提供网上专卖店店面出租。

(四)网上出版

由于网络信息传输及时而且具有交互性,网络出版 Web 站点可以提供大量有趣和有用的信息给消费者,目前出现的联机报纸、联机杂志属于此类型。由于内容丰富而且基本上免费,此类站点访问量特别大,因此出版商利用站点做互联网广告或提供产品目录,并以广告访问次数进行收费。如 ICP 属于此类型。

(五)虚拟零售店(网上商店)

虚拟零售店不同于虚拟商业街,虚拟零售店拥有自己货物清单和直接销售产品给消费者。通常这些虚拟零售店是专业性的,定位于某类产品,它们直接从生产者进货,然后折扣销售给消费者(如 Amazon 网上书店)。

目前网上商店主要有三种类型:

第一种是电子零售型(e-Tailers),这种网上商店它直接在网上设立网站,网站中提供一类或几类产品的信息供选择购买。

第二种是电子拍卖型(e-Auction),这种网上商店提供商品信息,但不确定商品的价格,商品价格通过拍卖形式由会员在网上相互叫价确定,价高者就可以购买该商品。

第三种,电子直销型(e-Sale),这类站点是由生产型企业开通的网上直销站点,它绕过传统的中间商环节,直接让最终消费者从网上选择购买。

(六)站点评估

消费者在访问生产者站点时,由于内容繁多站点庞杂,往往显得束手无策不知该访问哪一个站点。提供站点评估的站点,可以帮助消费者根据以往数据和评估等级,选择合适站点访问。通常一些目录和搜索站点也提供一些站点评估服务。

(七)电子支付

电子商务要求能在网络上交易同时,能实现买方和卖方之间的授权支付。现在授权支付系统主要是信用卡如 Visa、Mastercard,电子等价物如填写的支票,现金支付如数字现金,或通过安全电子邮件授权支付。这些电子支付手段,通常对每笔交易收取一定佣金以减少现金流动风险和维持运转。目前,我国的商业银行也纷纷上网提供电子支付服务。

(八)虚拟市场和交换网络

虚拟市场提供一虚拟场所,任何只要符合条件的产品可以在虚拟市场站点内进行展示和销售,消费者可以在站点中任意选择和购买,站点主持者收取一定的管理费用。如我国对外贸易与经济合作部主持的网上市场站点——中国商品交易市场就属于此类型。当人们交换产品或服务时,实行等价交换而不用现金,交换网络就可以提供此以货易货的虚拟市场。

(九)智能代理

随着互联网的飞速发展,用户在纷繁复杂的互联网站点中难以选择。智能代理是这样一种软件,它根据消费者偏好和要求预先为用户自动进行初次搜索,软件在搜索时还可以根据用户自己的喜好和别人的搜索经验自动学习优化搜索标准。用户可以根据自己的需要选择合适的智能代理站点为自己提供服务,同时支付一定的费用。

四、网络市场中间商的作用

传统中间商与网络中间商所充当的都是企业和顾客之间的桥梁,在线中间商,完全承担起为买卖双方收集信息的作用。

(一)简化了市场交易过程

假设市场上只有 3 个生产者和 10 个消费者,如果在没有网络中间商的情况下,则 1 个生产者要想销售自己的产品时,需要面对 10 个消费者,或者说 1 个消费者要想买到需要的商品时,也需要面对 3 个生产者。因此,每个生产者和每个消费者若都利用网络直销建立联系,则总共需要发生 30 次交易关系。

但是,如果在生产者和消费者之间增加一个中间商,发挥商品交易机构集中、平衡和扩散 3 大功能,则每个生产者只需通过一个途径(中间商)与消费者发生交易关系,每个消费者也只需通过同一途径与生产者发生交易关系。在网络直销中必须发生 30 次交易关系,由于有了中介机构则减少到 13 次。如果有 50 个生产者和 100 个消费者时,交易关系则由 5 000 次减少到 150 次。由此可见,网络商品交易中介机构的存在,大大简化了交易过程,使生产者和消费者都会感到满意和方便,其效果十分明显。

(二)有利于平均订货量的规模化

大工业的规模化生产性质决定了生产企业必须追求平均订货规模的扩大。但是我国现有的商品营销渠道很难适应生产企业的这种要求,这就造成了流通成本加大,有时还造成企业生产能力的极大浪费,严重影响了我国工业企业的竞争能力。

作为连接消费者和生产者的一种新型纽带,网络商品交易中介机构可以有效地克服传统商业的弊端。一方面,它能够以最短的渠道销售产品满足消费者对商品价格的要求;另一方面,它能够通过计算机自动撮合的功能,组织商品的批量订货,满足生产者对规模经济的要求。这种具有功能集约的商品流转程式的出现,为从根本上解决工业发展中组货与订货的难题创造了先决条件。

(三)使交易活动常规化

在传统的交易活动中,价格、数量、运输方式、交货时间和地点、支付方式等,每一个条件、每一个环节都可能使交易失败。如果这些变量能够在一定条件下常规化,交易成本就会显著降低,从而有效地提高交易的成功率。

网络商品交易中介机构在这方面做了许多有益的尝试。由于是虚拟市场,这种机构可以常年全天候地运转,避免了时间上和时差上的限制;买卖双方的意愿通过固定的表格统一和规范地表达;中介机构所属的配送中心分散在全国甚至世界各地,可以最大限度地减少运输费用;网络交易严密的支付程序,使买卖双方彼此增加了信任感。

显然,由于网络商品交易中介机构的规范化运作,减少了交易过程中大量的不确定因素,降低了交易成本呢,提高了交易成功率。

(四)便利了买卖双方的信息搜集过程

在传统的交易中,买卖双方都卷入了一个双向的信息搜集过程。这种信息搜索既要付出费用,也要承担一定的风险。信息来源的局限性使生产者不能确定消费者的需要,消费者也无法找到他所需要的商品。

网络商品交易中介机构的出现改变了这种状况,为信息的搜集提供了便利。网络商品交易中介机构本身是一个巨大的数据库,其中聚集了全国乃至全世界的众多厂商,也汇集了成千上万种商品。这些厂商和商品实行多种分类,可以从各个不同的角度进行检索。买卖双方完全可以在不同的地区、不同的时间,在同一个网址上查询不同的信息,方便地交流不同意见,在中介机构的办调下,匹配供应意愿和需求意愿。

但是,由于传统中间渠道和网络中间渠道的运行是以不同的技术作为支持,所以,网络中间商较之传统中间商在发挥作用时有其独特的优势。

五、网络中间商与传统中间商的比较

与传统中间商一样,电子中间商起着连接生产者和消费者的桥梁作用,同样帮助消费者进行购买决策和满足需求,帮助生产者掌握产品销售状况,降低生产者为达成与消费者交易的成本费用。但电子中间商与传统的中间商存在着很大区别:

(一)存在前提不同

传统中间商是因为生产者和消费者直接达成交易成本较高;而电子中间商是对传统直销的替代,是中间商职能和功效在新的领域的发展和延伸。

（二）交易主体不同

传统中间商是要直接参加生产者和消费者交易活动的，而且是交易的轴心和驱动力；而电子中间商作为一个独立主体存在，它不直接参与生产者和消费者的交易活动，但它提供一个媒体和场所，同时为消费者提供大量的产品和服务信息，为生产者传递产品服务信息和需求购买信息，高效促成生产者和消费者的具体交易实现。

（三）交易内容不同

传统中间商参与交易活动，需要承担物质、信息、资金等交换活动，而且这些交换活动是伴随交易同时发生的；而电子中间商作为交易的一种媒体，它主要提供的是信息交换场所，具体的物质、资金交换等实体交易活动则由生产者和消费者直接进行，因此交易中间的信息交换与实体交换是分离的。

（四）交易方式不同

传统中间商承担的是具体实体交换包括实物、资金等；而电子中间商主要是进行信息交换，属于虚拟交换，它可以代替部分不必要的实体交换。

（五）交易效率不同

通过传统中间商达成生产者和消费者之间的交易需要多次，而中间的信息交换特别不畅通，造成生产者和消费者之间缺乏直接沟通；而电子中间商提供信息交换可以帮助消除生产者和消费者之间的信息不对称，在有交易意愿的前提下才实现具体实体交换，可以极大减少中间因信息不对称造成无效交换和破坏性交换，最大限度降低交易成本，提高交易效率和质量，如表 8.1 所示。

表 8.1 传统中间商与网络中间商比较

	传统中间商	网络中间商
存在前提	减少交易成本	对传统直销的补充和替代
交易主体	生产者、消费者	一般不直接参与生产者和消费者的交易活动
交易内容	物质、资金、信息	提供信息交流场所
交易方式	实体交换	虚拟交换
交易效率	低	高

六、网络中间商的选择

在现代化大生产和市场经济条件下，企业在网络营销活动中除了自己建立网站外，大部分制造商都积极利用网络间接销售渠道销售自己的产品，通过中间商的信息服务、广告服务和撮合服务，扩大企业的影响，开拓企业产品的销售空间，降低销售成本。中间商的优劣对企业的营销效果有直接甚至决定性影响。因此，对于从事营销活动的企业来说，必须能够正确地选择中间商，顺利地完成商品从生产到消费的整个转移过程。

在评估、选择网络中间商时,必须考虑成本、信用、覆盖、特色、连续性5个方面的因素。这5个方面的因素可以称之为网络间接营销的5大关键因素,也称为"5C"因素。

(一)成本(Cost)

成本是指使用中间商信息服务时的支出。这种支出可分为两类:一是在中间商网络服务站建立主页的费用;另一类是维持正常运行时的费用。在两类费用中,维持费用是主要的、经常的,不同的中间商之间有较大的差别。

(二)信用(Credit)

信用是指网络信息服务商所具有的信用程度的大小。相对于其他基本建设投资来说,建立一个网络服务站所需的投资较少,因此,信息服务商如雨后春笋般地出现。目前,我国还没有权威性的认证机构对这些服务商进行认证,因此在选择中间商时应注意他们的信用程度。

(三)覆盖(Coverage)

覆盖是指网络宣传所能够波及的地区和人数,即网络站点所能影响的市场区域。对于企业来讲,站点覆盖并非越广越好,而是要看市场覆盖面是否合理、有效,是否能够最终给企业带来经济效益。在这一点上,非常类似于在电视上做广告。例如,"短腿"产品(如啤酒)在地区性电视台做广告的效果较好,而"长腿"产品(如药品)则非常适合于在全国性电视台做广告。

(四)特色(Character)

每一个网络站点都要受到中间商总体规模、财力、文化素质、服务态度、工作精神的影响,在设计、更新过程中表现出各自不同的特色,因而具有不同的访问群(即顾客群)。因此,企业应当研究这些顾客群的特点、购买渠道和购买频率,为选择相应的电子商务交易中间商打下一个良好的基础。

(五)连续性(Continuity)

网络发展的实践证明,网络站点的寿命有长有短。如果一个企业想使网络营销持续稳定地运行,那么就必须选择具有连续性的网络站点,这样才能在用户或消费者中建立品牌信誉、服务信誉。

第四节 网络营销中的渠道建设与管理

一、网络营销渠道建设

(一)网络营销渠道的设计

1.确定产品的销售方式和服务水平

由于各种产品的自然属性、用途等不同,不是所有的产品都适合在网上销售。所以在设计网络分销渠道时首先要分析产品的特性,确定该产品是否适合在网上进行销售以及需要什么样的网络分销体系。在分析产品因素时主要考虑产品的性质、产品的时尚性、产品的标准化程度和服务、产品价值大小、产品的流通特点、产品市场生命周期等因素。

如信息、软件产品可以实现在线配送、在线培训和服务,减少了营销成本,是最适合网上销售的。另外有些产品虽然目前不适合网上销售,但随着网络技术的发展、消费观念和消费水平的变化,在今后也可能实现网上销售。

2.选择网络中间商

对于开展网络营销的企业来说,要根据自身产品的特性、目标市场的定位和企业整体的战略目标,正确选择网络中间商,一旦选择不当就可能给企业带来很大的负面影响,造成巨大的损失。

3.确定渠道模式

企业在进行产品定位、明确目标市场后,在对影响网络分销渠道决策的因素进行分析的基础上,就需要进行渠道设计,确定具体的渠道模式。企业可根据前述产品的特点、企业战略目标的要求以及各种影响因素,决定采用哪种类型的分销渠道:网络直销还是网络间接销售。企业也可以在采用网络直销的同时开辟网络间接销售渠道。因为在目前买方市场条件下,通过多种渠道销售产品比通过一条渠道更容易实现"市场渗透",增加销售量。

(二)网络营销渠道建设

由于网上销售对象不同,因此网上销售渠道是有很大区别的。一般来说网上销售主要有两种方式,一种是 B2B,既企业对企业的模式,这种模式每次交易量很大、交易次数较少,并且购买方比较集中,因此网上销售渠道的建设重点是建设好订货系统,方便购买企业进行选择;由于企业一般信用较好,通过网上结算实现付款比较简单。另一方面,由于量大次数少,因此配送时可以进行专门运送,既可以保证速度也可以保证质量,减少中间环节造成的损失。第二种方式是 B2C,即企业对消费者模式,这种模式的每次交易量小、交易次数多,而且购买者非常分散,因此网上渠道建设的关键是结算系统和配送系统,这也是目前网上购物必须面对的门槛。

在具体建设网络营销渠道时,还要考虑到下面几个方面。

1.从消费者的角度来设计营销渠道

要采用消费者易于接受的方式来建设网络营销渠道。只有采用消费者比较放心,容易接受的方式才有可能吸引消费者使用网上购物,以克服网上购物的"虚"的感觉。如在我国,目前采用货到付款方式比较让人认可。

2.设计订货系统

设计订货系统时,要简单明了,不要让消费者填写太多的信息,而应该采用现在流行的"购物车"方式模拟超市,让消费者一边看物品比较选择,一边进行选购。在购物结束后,一次性进行结算。另外,订货系统还应该提供商品搜索和分类查找功能,以便于消费者在最短时间内找到需要的商品,同时还应对商品提供消费者想了解的信息,如性能、外形、品牌等重要信息。

3. 选择结算方式

在选择结算方式时，应考虑到目前实际发展的状况，尽量为消费者提供多种结算方式，同时还要考虑网上结算的安全性，对于不安全的直接结算方式，应换成间接的安全方式，如著名的 Amazon 网上书店就提供了多种支付方式，目前有信用卡支付、现金汇款或离线支票支付。关于信用卡结账的安全性，Amazon 做出了专门的安全消费保证，在其主页中有专门对安全可靠性的说明页，内容如下："安全技术：我们的安全服务软件是符合工业标准并且是现今安全贸易交易软件中最好的一个，它对你的所有个人信息进行加密，包括信用卡账号、姓名、地址等，因此这些信息在互联网网上传送时都是不可读的。"有了这些保证，如果顾客还是不放心使用，又怎么办呢？该公司还提供了另外一种方法。网页上会出现如下提示："还是不想用信用卡吗？没问题，只要你填一张在线表，填入你的信用卡的最后 5 位数字和它的到期日，一旦你提交了订单，你就会被提供一个电话号码，你能打此电话告诉我们你的信用卡的其余号码。"可见，Amazon 书店在提供用户订货方便和保证安全上下了不少工夫。

4. 建立完善的物流配送系统

消费者只有看到购买的商品到家后，才真正感到踏实，因此建设快速有效的配送服务系统是非常重要的。在现阶段我国配送体系还不成熟的时候，在进行网上销售时要考虑到该产品是否适合于目前的配送体系，正因如此，目前网上销售的商品大多是价值较少的不易损坏的商品，如图书、小件电子类产品等。

在渠道的设计过程中，还必须明确规定每个渠道成员的责任和权利，以约束各成员在交易过程中的行为。如生产企业向网络中间商提供及时供货保证、产品质量保证、退换货保证、价格折扣、广告促销协助、服务支持等；分销商要向生产者提供市场信息、各种统计资料，落实价格政策、保证服务水平、保证渠道信息传递的畅通等。在制定渠道成员的责任和权利时要仔细谨慎，要考虑多方面的因素，并取得有关方面的积极配合。

二、网络营销渠道管理

在选择好渠道的模式和确定了具体的渠道方案后，渠道就进入了一个相对成熟的阶段。这时企业还有一项十分重要的工作要做，那就是对渠道进行管理，必要时还要对渠道进行调整。

上游服务商对营销渠道的管理实质上就是要通过一系列的管理手段和方法，比如增加渠道成员合作，防范渠道成员冲突，鼓励渠道成员发展等，进而实现渠道成员之间关系和谐、渠道销售能力增强和整个营销体系功能最优、效率最大的目标。

2004 年初一门户网站授予上海一家实力网络营销服务商为其搜索引擎上海地区独家总代理，双方携手致力于打造引擎渠道示范模型，从而推广到全国，来规范整个搜索引擎分销渠道。从中可以看出渠道管理直接关系到渠道营销活动功能的发挥、服务质量等，营销渠道的管理重点在于渠道政策管理、渠道激励管理和渠道冲突管理。

(一)网络营销渠道政策管理

渠道政策对于渠道运作的规范与导向作用是不可忽视的,没有好的渠道政策也就不会有成功的渠道可言。渠道政策实际上关系着整个渠道的健康发展。

就服务商而言,它的营销渠道政策主要包含有市场区域划分政策、主打产品宣传政策、促销政策、价格体系政策、客户服务政策及渠道成员分成政策等,这些政策实际上形成一个整体的营销政策体系。

渠道政策管理的关键在于两点,一是制定科学的行之有效的渠道管理政策以保证整个营销体系的高质量的运转。二是对所有营销渠道成员都必须坚决执行已经制定好的政策,以保证渠道的畅通和对外服务的一致性。

(二)网络营销渠道激励管理

门户或服务商首先要明确地认识到渠道中间商是独立的经营实体,有自己的目标、利益和策略。中间商首先是客户的采购代理,然后才是门户或服务商的销售代理,只有企业客户愿意购买网络营销服务产品,中间商才有兴趣经营。因此,上游服务商应根据中间商的这些特点,采取必要措施,对其进行合理的渠道激励管理,以使整个营销体系达到最优化:

(1)根据中间商在营销体系中所起的作用合理分配利润。为提高中间商的积极性,可以制定便于量化管理的分级返点制度,便于加大对完成业务量较大者的激励。

(2)帮助中间商提高自身的发展能力,比如为中间商提供信息、技术咨询和定期提供产品培训,帮助中间商提高销售服务能力等。

(3)上游服务商和中间商之间保持稳定的长期伙伴关系。对一些业绩良好、市场拓展能力强、忠诚度高、积极贯彻落实上游服务商政策的中间商加大扶植力度和资源支持,帮其做大做强。

(三)网络营销渠道冲突管理

渠道冲突是指销售渠道成员因为实际存在的或感觉到的回报、政策或支持上的差异而相互敌对。

在网络营销中,由于互联网的运用,大大缩短了渠道的长度,减少了中间环节,同时互联网的开放性和自由性,也加强了渠道成员之间的沟通。这样互联网条件下的渠道冲突与传统渠道的情况相比有了明显的缓和。但是通过互联网,消费者要求与生产商建立直接的销售、生产商开设网络营销网站、新的具有宝贵信息资源的网上中介和创新商业模式,这些都让传统分销商感到了威胁,必然造成了网络营销渠道与传统营销渠道的冲突。

由于网络营销渠道和传统营销渠道的客户群体重叠会使得对传统的渠道成员的原有利润受到冲击,而且网络渠道携互联网之传播快速的优势及中间环节简化带来的价格优势,无疑都可能引发网络营销渠道与传统渠道之间的冲突。

企业必须明确其长远的渠道策略,通过对网络营销这一新渠道与传统渠道的有效细分和合理定位,综合内部资源和外部环境等多方面因素,充分发挥其互补性,不断调整其营销组合策略和强化对各种渠道的管理,引导各种渠道之间的合作与协同,企业要根据行业特点,消费者的心理行为,产品的特性,客户群体等诸多方面来解决渠道问题,实行多元化的营销渠道模式整合,动态地、发展地管理网络营销和传统营销间的渠道冲突,实现网络营销渠道与传统营销渠道的融合,以达到增强企业竞争力的目的。

第五节　网络营销中的物流

在网络营销中,顾客完成订货(包括下订单、付款等),只是网上交易的一部分工作,另一部分工作就是企业如何把商品送达顾客手中。对于那些可以直接在网络上传送的产品,如计算机软件、电子出版物、CD、图像、咨询服务等,可以通过网络以电子的方式直接发送给顾客,但绝大多数不可能用网络传送的实体性商品,仍要采用传统的送货方式完成从供应商到消费者的物流过程。

一、网络营销物流概念

物流是一个现代化的概念,由于它对商务活动的影响日益明显,越来越引起人们的注意。

物流是指物质实体从供应者向需求者的物理移动,它由一系列创造时间价值和空间价值的经济活动组成,包括运输、保管、配送、包装、装卸、流通加工及物流信息处理等多项基本活动。物流的作用是管理供应链,即从供应商到最终用户的价值增加的流程。因此,物流管理者的任务是协调供应商、采购代理、市场营销人员、渠道成员和顾客之间的关系。

网络营销物流是指基于信息流、商流、资金流网络化的物资或服务的配送活动,包括软体商品(或服务)的网络传送和实体商品(或服务)的物理传送。物流在网络营销活动中占据着重要地位,现代化的物流过程是网络营销活动不可缺少的部分,加强物流配送工作,是网络营销吸引顾客、提高运作质量的关键环节。

二、网络营销物流的特点

基于互联网技术的现代物流系统一般具有下面一些特点:

(一)顾客直接驱动

对于专业性公司,物流系统中的物流启动和运转都是围绕服务顾客而进行的。物流的启动是顾客的送货订单,顾客的需求是货物的及时送货上门。所以,现在的物流系统,都采用现代化的信息系统技术来保证物流中信息畅通,提高物流效率。

(二)全面服务性

由于产品构造的复杂性和使用的专业性,需要在物流服务内涵上进行扩展。以前货物送递只送到门口,现在要延展到桌面。特别是对于电子产品,需要为客户进行安装。另外,还有代收款服务。

(三)可跟踪性

顾客控制货物送货进度,需要了解货物最近送达的地方,以及什么时候送到目的地。因此,现在的物流系统通过互联网技术,允许顾客直接通过互联网了解产品的送货过程。如联邦快递公司允许顾客在互联网上输入货物编号就可以查询货物最近到达的地方,以及在什么时候收货人能收到货物。

三、物流的模式

从现阶段的形势来看,企业采取的物流模式主要有企业自营物流、第三方物流及物流企业联盟三种模式。

(一)自营物流模式

企业自身经营物流,称为自营物流。企业自己组织物流配送,可以自己掌握交易的最后环节,有利于控制交易时间。特别是在本城市内的配送上,企业组织自己的配送队伍可以减少向其他配送公司下达配送要求的手续,在网上接受订购之后可以立即进行简单的分区处理然后立即配送,这样往往使得当日配送、限时送达称为可能。有些网站提出的本城区1小时内送达也是建立在自身有一支可随时出动的配送队伍的基础上的。

(二)第三方物流模式

第三方物流模式的定义为:"物流渠道中的专业化物流中间人,以签订合同的方式,在一定时期内,为其他公司提供所有或某些方面的物流业务服务。"因此有时又被称作合同物流、物流外包。如美国的UPS公司和日本的佐川急都是国际著名的专门从事第三物流的企业。

(三)物流企业联盟模式

在B2C模式下,消费者所在地的分散和远距离是最常见的一种情况,一个物流企业不论多么强大,其物流网络也不可能覆盖所有地区。这就需要物流企业之间达成联盟,相互之间交流各种信息,实现资源共享,把国内(区域内)整个资源充分利用起来,保证以最快的速度把商品配送到顾客手中。

物流联盟的营销战略是建立一个合作平台,联盟成员之间相互依赖、分工明晰,通过增大物流量获得规模效益,降低成本,提高了他们的竞争能力和竞争效率,满足网络营销企业夸地区、全方位的物流服务要求。

思考题

1. 对企业来讲,网络营销渠道与传统营销渠道有何不同?网络营销渠道有哪些类型?
2. 网络营销渠道有何功能?
3. 网络中间商与传统的中间商存在哪些区别?

4. 网络市场中间商有哪些类型？

5. 如何筛选网络中间商？

6. 企业如何进行网络营销渠道的建设？

【阅读资料】

凡客诚品的二合一网络渠道策略

凡客诚品成立不到一年，但是每天接到的订单，高达 6 000 多单，每天的服装销售，更是高达 1.5 万件，2008 年销售额接近 5 亿。目前在新浪、腾讯、网易、搜狐等各大网站，以及迅雷等网络常用工具资讯条上，无处不见凡客诚品的销售踪影，其接触点之多超乎想象。如果这些接触点全部需要支付广告费，一定是一笔庞大的开支。凡客真的需要支付这么多的广告？他们的网络销售又是怎么开展的呢？

在传统的营销传播环境下，品牌营销传播活动仅仅作为 4P 营销组合中的一个环节，因此品牌消费行为的达成还受到渠道、价格、包装、促销等多重因素的影响。而通过网络平台的运用，能实现品牌传播和销售渠道的完美整合。网络平台在 4C 营销组合中的消费者(Consumer)、成本(Cost)、便利(Convenience)和沟通(Communication)四个环节全面发力。通过网络平台不仅能有效降低营销传播成本，而且便利于消费者卷入品牌互动，实现消费者与品牌之间的沟通，以及达成品牌购买行为。

在网络渠道部分，渠道的作用就在于产品的接触和产品销售。如果只有接触而没有销售，就是广告，广告效果会因为时间延迟而不能及时转化。如果能做到完整接触并且及时销售，这就是一条完美的渠道。按照这个标准，传统渠道中的电视直销起到了这样的作用，问题的关键在于电视时间长度的限制、高昂的费用、过高的折扣率使得能利用电视广告的企业非常有限。

凡客诚品的负责人陈年说：凡客注重互联网上的推广，在网络投放的广告占所有广告投放的 60% 以上。同时，凡客诚品利用网络的展示、接触和直接销售能力，实现了超过 PPG 的销售。陈年说："发展到目前的规模，凡客诚品在广告方面的投入不及 PPG 的十分之一，互联网推广以最佳的性价比让凡客诚品取胜，PPG 有 95% 的销售来自平面广告，这些平面媒体的店租太贵，而 VANCL 是一家 24 小时不打烊的商店，店租很便宜"。更重要的是广告的"卖点明确、制作精美"抓住了消费者的眼球，让其产品销售与品牌同步得到提升，如有一款制作清新自然的翻卷广告，符合了服装夏季季节特性。隐藏在凡客诚品网络营销深层次的推广策略则是"以 ROI 为核心"，即广告与销售投入产出比要合理。假如巨额广告投入没有得到应有的销售收入回报，凡客诚品就会沦为第二个"PPG"。PPG 花费了巨额的广告费，作为一家电子商务网站却过多的依靠高昂的平面媒体推广，广告并没有带来应有的销售收入，最终因广告资金链断裂而失败。因此电子商务网站的网络广告推广，必须要坚持"广告与销售投入产出比(ROI)"为基本评估标准。

凡客诚品在多家网络广告联盟上投放 CPS 广告，CPS 是指的按销售提成广告费用，许多个人站长在网站上投放了他们的广告。成立了自己的网站联盟，让广大站长和店长加入，根据销售额进行提成费用，这个形式也是属于 CPS。在媒体选择上不仅注重带来的流量，更要注重广告与销售的投入产出比。凡客发展出一套以 ROI 为考核标准，对门户、社区、CPS 联盟等进行优胜劣汰，量身定制出一套完全符合 VANCL 整体营销策略，保证了凡客诚品平稳快速成长。而且用销售的回报来支付广告的投入，这种方式在网络的平台上，把产品的输出和广告完美的结合起来，使得把每一家网站的接触点都作为自己的渠道去看待，这就是凡客成功之道，这就是我们所要学到的借助于网络进行渠道建设的非常有用的借鉴。

资料来源：中国广告网（http://www.cnad.com）

第九章 Chapter 9

网络营销促销

【学习目标】
1. 掌握网络促销的内涵、特点、作用。
2. 掌握网站推广的常用方法。
3. 掌握网络广告内涵、熟悉网络广告的类型及发布渠道。
4. 了解网络营销公共关系的优势及方法。
5. 掌握网上销售促进的形式。

第一节 网络营销促销概述

一、网络营销促销的内涵

促销也称促进销售,它是指营销人员通过各种方式将有关企业和产品的信息传递给目标顾客,以促进其了解、信赖,并达到刺激需求、促成购买、扩大销售目的的一系列活动。促销的实质是企业和客户之间针对企业、企业产品、客户需求的一种信息沟通的过程。现代企业经营过程中,不仅需要企业开发出优秀的产品,赋予其具有吸引力的价格,同时还要求企业能够及时的与其现有的和潜在的客户进行有效的沟通。

网络促销是指利用现代化的网络技术和方法向虚拟市场传递有关企业产品和服务的信息,以启发需求,引起消费者购买欲望和购买行为的各种活动。与传统的市场营销相比,网络促销与传统促销的目的是相同的,都是利用相关的手段向目标市场传递有关的产品和服务信息,达到引导消费者认识产品、激发消费者的购买欲望、影响消费者购买行为的目的。

(一)网络营销促销的特点

与传统的市场营销相比,由于网络促销所利用的信息传递工具是互联网络,所以,依附于网络技术的强大功能,网络促销也具有了一些有别于传统促销的特点。

1. 网络促销通过网络技术传递信息

网络促销是通过网络技术传递产品和服务的存在、性能、功效及特征等信息的。它是建立在现代计算机与通信技术基础之上的,并且随着计算机和网络技术的不断改进而改进。因此,网络促销不仅需要营销者熟悉传统的营销技巧,而且需要相应的计算机和网络技术知识,包括各种软件的操作和某些硬件的使用,成为复合型的现代营销人员。

2. 网络促销是在互联网这个虚拟市场上进行的

网络促销活动是在虚拟市场上进行的,这个虚拟市场就是互联网。互联网是一个媒体,是一个连接世界各国的大网络,它在虚拟的网络社会中聚集了具有不同法律背景、不同信仰的消费者,融合了不同国家的多种文化成分,显现出全新的无地域、时间限制的电子时空观。所以,从事网上促销的人员需要跳出实体市场的局限性,采用虚拟市场的思维方法,才能突破原有的文化局限,主动适应虚拟市场多元文化的要求。

3. 网络促销面向全球

互联网虚拟市场是全球性的。互联网虚拟市场的出现,将所有的企业,无论是大企业还是中小企业,都推向了一个全球统一的市场。传统的区域性市场的小圈子正在被一步步打破,全球性的竞争迫使每个企业都必须学会在全球统一的大市场上做生意,否则,这个企业就会被淘汰。

(二)网络营销促销与传统促销的区别

虽然传统促销和网络促销的作用都表现为让消费者认识产品,引导消费者的注意力和兴趣,激发消费者的购买欲望,以最终实现购买行为,但由于因特网强大的通信能力和覆盖面,使得网络促销在时间和空间上,在信息传播模式上,以及在顾客参与程度上,与传统的促销活动相比都发生了较大的变化。

1. 时空观念的变化

我们的社会现在正处于两种不同的时空观交替作用时期。在这个时期内,我们将要受到两种不同的时空观念的影响。也就是说,我们的生活和生产是建立在工业化社会顺序、精确的物理时空观的基础上的,而反映现代生活和生产(包括生产、经营、营销、管理等)的信息需求又是建立在网络化社会柔性可变、没有物理距离的时空环境之上的。以产品流通为例,传统的产品销售和消费者群体都有地理位置和区域的限制,而网络营销就突破了这个限制,使之成为全球范围的竞争;传统的产品订货都有一个时间的限制,而在网络上,订货和购买可能在任何时间进行。这就是现代最新的电子时空观(Cyber Space)。时间和空间观念的变化要求网络营销者随之调整自己的促销策略和具体实施方案。

2. 信息沟通方式的变化

市场交换活动是由买方和卖方共同实现的,为了保证这种商品交换活动顺利进行,买卖双方就必须相互沟通信息。卖方如果不了解买方的需求,就不可能生产和经营适销对路的产品;如果买方不了解卖方的供应信息,就不会采取购买行动。因此,任何促销都与信息的沟通息息相关,促销就是通过买卖双方信息沟通来实现的。在网络上可以传输多种媒体的信息,如文字、声音、图像等信息,多媒体信息处理技术提供了近似于现实交易过程中的各种商品表现形式,双向的、快捷的、互不见面的信息传播模式将买卖双方的意愿表达得淋漓尽致,也留给对方充分思考的时间。网络营销者需要掌握一系列新的促销方法和手段,促进买卖双方的交易。

3. 消费群体和消费行为的变化

在信息技术和网络环境的熏陶下,消费者的消费观念和消费行为都发生了很大的变化。在这一时期内个性化消费成为主流。不同的网络消费者因所处的社会经济环境不同而产生不同的需求,不同的网络消费者即使在同一需求层次上,他们的需求也会有所不同。上网购物者是个特殊的消费群体,由于网络技术的发展他们可以获得大量的商品信息,他们可以进行反复比较,使得他们的消费行为变得更加理性化。这些变化对传统的促销理论和模式会产生重要的影响。

4. 对网络促销的新认识

网络促销虽然与传统促销在促销观念和手段上有较大差别,但由于它们推销产品的目的是相同的,因此,整个促销过程的设计具有很多相似之处。所以,对于网络促销的理解,一方面应当站在全新的角度去认识这一新型的促销方式,理解这种依赖现代网络技术、与顾客不见面、完全通过 E-mail 交流思想和意愿的产品推销形式;另一方面则应当通过与传统促销的比较去体会两者之间的差别,吸收传统促销方式的整体设计思想和行之有效的促销技巧,打开网络促销的新局面。

二、网络营销促销形式

传统营销的促销组合是指企业根据促销的需要,对广告、销售促进、宣传推广和人员推销等主要促销方式进行的适当选择和综合的运用。网络营销中企业也应根据网上促销的需要综合利用网络营销的各种促销方式。与传统的促销方式相对应,网络促销主要有以下四种:网络广告、站点推广、销售促进和关系营销。

(一) 网络广告

网络广告是网络营销的主要促销方法之一,也是最直接的网络促销手段,网络广告已经形成了一个很有影响力的产业市场,因此企业的首选促销形式就是网络广告。网络广告类型很多,根据形式不同可以分为旗帜广告、E-mail 广告、移动广告、互动游戏式广告、关键字广告等。网络广告主要是借助网上知名站点(如 ISP 或者 ICP)、免费 E-mail 以及一些免费公开的交互站点(如新闻组、公告栏)发布企业的产品信息,对企业以及企业的产品进行宣传推广。网络广告作为有效而可控制的促销手段,被许多企业用于在网上进行新产品的推广、扩大企业知名度等。

(二)站点推广

网络营销站点推广就是利用各种网络营销策略扩大企业站点的知名度,吸引网上用户访问网站,起到宣传和推广企业以及企业产品的效果。站点推广主要有两类方法,一类是通过改进网站内容和服务,吸引用户访问,起到推广效果;另一类通过传统媒体或网络媒体来宣传推广站点。前一类方法,费用较低,而且容易稳定顾客访问,但推广速度比较慢;后一类方法,可以在短时间内扩大站点知名度,但花费费用不菲。

(三)网上销售促进

网上销售促进就是企业利用网络营销站点,采用一些销售促进方法如价格折扣、有奖销售、赠品促销等方式,来刺激顾客对产品的购买和消费。同时,还可以利用网络技术与顾客建立互动关系,了解顾客的需求和对产品的评价。

(四)关系营销

传统的营销是创造购买,是产品、价格、销售渠道和促销等营销因素的简单组合。而在当前激烈竞争的市场环境下,"建立各种关系"比"创造购买"更重要,因为企业追求的是长期盈利,要保持长期盈利能力那就要与顾客保持长期的关系。买卖双方的关系不应该是交战双方的关系,而应是长期合作的关系。此外,企业还应与供应商、分销商以及其他的合作者保持长期密切的关系。

关系营销是指借助互联网作为媒体和沟通渠道,通过与企业利益相关者,包括供应商、顾客、经销商、社会团体等建立良好的合作关系,为企业的经营管理营造良好的环境。

三、网络营销促销的作用

(一)告知功能

企业通过各种促销形式,能够把企业的产品、服务、价格、企业理念等信息通过互联网传递给目标消费者,引起他们的注意,同时也有助于消费者加深对产品的认识和记忆,增强购买的信心。

(二)说服功能

网络促销的目的在于通过各种有效的方式,解除目标公众对产品或服务的疑虑,说服目标公众坚定购买决心,以扩大本企业产品的销售。消费者购买心理的发展过程一般要经过未知—知名—理解—确信—购买五个阶段。企业通过网络促销活动对消费者进行说服和诱导,使之逐步地从知道本企业的产品—确信产品的优点—最终决定购买。例如,在同类产品中,许多产品都趋于同质化，在质量、功能等方面差别都不是很大，用户难以察觉。企业通过网络促销活动，宣传本企业产品区别于同类产品的特点，使消费者充分了解本企业产品的独特优势，认识到本企业的产品可能给他们带来的特殊效用和利益，进而乐于购买本企业的产品。

（三）反馈功能

利用网络促销的各种形式，企业不仅能够达到迅速传播信息的目的，同时还可以实现企业与顾客之间实时、异地的双向沟通，企业能够通过 E-mail、网站意见箱、BBS 等及时地收集和汇总顾客的需求和意见，迅速反馈给企业管理层。由于网络促销所获得的信息基本上都是文字资料、信息准确、可靠性强，对企业经营决策具有较大的参考价值。

（四）创造需求

运作良好的网络促销活动，不仅可以诱导需求，而且可以创造需求，发掘潜在的顾客，扩大销售量。特别是对新生事物感兴趣的网上顾客，容易被引导。

（五）稳定销售

由于某种原因，一个企业的产品销售量可能时高时低、波动很大，这是产品市场地位不稳的反映。企业通过适当的网络促销活动，树立良好的产品形象和企业形象，往往有可能改变用户对本企业产品的认识，使更多的用户形成对本企业产品的偏爱，达到稳定销售的目的。

四、网络营销促销的实施过程

实施网络营销促销策略是企业关注的一个重要问题，也是企业营销人员在网络营销工作中需要认真策划和完成的工作。每一个将要从事网络促销的营销人员都必须从传统营销促销观念中跳出来，摆正自己的位置，深入了解产品信息在网络上传播的特点，分析网络信息的接收对象的特点，设定合理的网络促销目标，通过科学的实施程序，打开网络促销的新局面。网络营销促销的实施过程可以通过以下几个步骤来逐步完成。

（一）确定网络促销对象

现代消费者需要的是个性化服务，网络为消费者服务提供了全新概念的工具，全天候、即时、互动这些性质迎合了现代消费者个性化的需求特征。但要使产品的销售真正得以实现，首先就必须分析市场，确定本企业产品的目标消费者，选择网络促销对象。所谓网络促销对象就是指那些在网络市场上的现实和潜在的消费者群体。企业的网络促销对象一般应锁定在以下三部分人员。

1. 产品的使用者

产品的使用者是指产品的实际使用者或消费者。这些顾客购买商品的主要原因是为了满足实际需求，所以企业一定要抓住这部分消费者，他们是企业促销对象的重要组成部分。如果企业能利用合理的促销方式抓住这一消费群体，将会为自己创造一个稳定的市场。

2. 产品购买的决策者

这里指实际决策购买产品的人。由于网络市场上的消费者大多都具有独立的决策和经济支付能力,所以,在许多情况下,产品的使用者和购买决策者是一致的,特别是在虚拟市场上更是如此。但随着网络产品的日益丰富和上网人群的不断扩大,有些产品市场上的产品的购买决策者和使用者则是分离的。例如,低龄上网者想要购买产品,最后决定购买的大多是他们的父母。因此,网络促销同样应当把购买决策者放在重要的位置上。

3. 产品购买的影响者

产品购买的影响者是指其看法或建议对最终购买决策可以产生一定影响的人。这个群体通过发表对产品的看法、建议或亲身的体会来影响消费者的购买决策。由于网络信息的传播能力巨大,因此,营销人员应该对这个群体加以关注。

(二)设计网络促销内容

网络促销的最终目标是引起需求,产生购买行为。这个最终目标是要通过设计具体的信息内容来实现的,所以设计网络促销内容对实现这个目标是十分重要的。消费者购买商品的过程是一个复杂的、多阶段的过程,在设计网络促销内容时,应当根据购买者目前所处的购买决策过程的不同阶段和产品所处的经济寿命周期的不同阶段来决定。

一般来讲,一种产品从投入市场开始到退出市场为止,大体上要经历四个阶段:投入期、成长期、成熟期和衰退期。应根据产品所处寿命周期的不同阶段的特点,来设计网络促销的内容。在新产品刚刚投入市场的阶段,是消费者对该种产品非常生疏的阶段,促销活动的内容应侧重于宣传产品的特点,引起消费者的注意。在成长期,该产品在市场上已有了一定的影响力,消费者已逐步认识和了解该产品,那么促销活动的内容则需要偏重于唤起消费者的购买欲望,同时,还需要创造品牌的知名度。当产品进入成熟阶段后,市场竞争变得十分激烈,促销活动的内容除了针对产品本身的宣传外,还需要对企业形象做大量的宣传工作,树立消费者对企业产品的信心。在产品的衰退阶段,促销活动的重点在于密切与消费者之间的感情沟通,通过各种让利促销,延长产品的生命周期。

(三)决定网络促销组合方式

网络促销活动主要是通过网络广告促销和网络站点促销两种促销方法展开。但由于企业的产品种类不同,销售对象不同,因此,促销方法与产品种类和销售对象之间将会产生多种网络促销的组合方式。究竟采用何种促销组合,企业应结合实际,根据网络广告促销和网络站点促销两种方法的特点和优势,根据自己产品的市场情况和消费者情况,扬长避短,合理组合,以达到最佳促销效果。

网络广告促销主要实施"推战略",其主要功能是将企业的产品推向市场,获得广大消费者的认可,如图9.1所示。网络站点促销主要实施"拉战略",其主要功能是将消费者牢牢地吸引过来,保持稳定的市场份额,如图9.2所示。

图9.1 网络广告促销的"推战略"

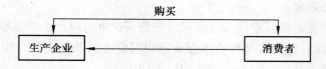

图9.2 网络站点促销的"拉战略"

一般说来,日用消费品,如化妆品、食品饮料、医药制品、家用电器等,网络广告促销的效果比较好。而大型机械产品、专用品则采用网络站点促销的方法比较有效。在产品的成长期,应侧重于网络广告促销,宣传产品的新性能、新特点。在产品的成熟期,则应加强自身站点的建设,树立企业形象,巩固已有市场。企业应当根据自身网络促销的能力确定两种网络促销方法配合使用的比例。

(四)制定网络促销预算方案

对企业网络促销进行预算必须处理好以下三个方面的问题。

1.明确网络促销的方法及组合的方法

因为不同的信息服务商,宣传的价格可能悬殊极大。这好比在不同的电视台上做广告。在中央电视台上做广告的价格远远高于在地方电视台上做广告的价格。而自己设立站点宣传价格最低,但宣传的覆盖面可能最小。所以,企业应在认真比较所选站点的服务质量和服务价格的基础上,选择适合于本企业产品质量和价格的信息服务站点。

2.明确网络促销的目标

企业实行网络促销的目标是为了宣传产品,还是宣传售后服务,或者是为了树立企业的形象?只有明确了网络促销目标后,才能据此策划投入内容的多少,包括文案的数量、图形的多少、色彩的复杂程度;投放时间的长短、频率和密度;广告宣传的位置、内容更换的时间间隔以及效果检测的方法等。这些细节确定好了,对整体的投资数额就有了预算的依据,与信息服务商谈判时也有了一定的把握。

3.明确网络促销的影响对象

就是需要明确该企业的产品信息希望传递给哪个群体、哪个层次、哪个范围。因为不同的站点有不同的服务对象、不同的服务费用,各个站点有较大的差别。有的站点侧重于中青年,有的站点侧重于学术界,有的站点侧重于产品消费者。一般来讲,侧重于学术交流的站点的服务费用较低,专门从事产品推销的站点的服务费用较高,而某些综合性的网络站点费用最高。企业促销人员应熟知自己产品的销售对象和销售范围,根据自己的产品选择适当的促销形式。

(五)衡量网络促销效果

任何企业都必须对已经实施的网络促销活动进行评价,一方面是为了衡量一下促销的实际效果是否达到了预期的促销目标,另一方面也是为了根据评价指标判断促销决策正确与否,及时总结经验、纠正错误。

对促销效果的评价主要依赖于两个方面的数据:一方面,可以利用互联网上的专业统计软件,及时对促销活动的好坏作出统计。例如,主页访问人数(Impression)、点击次数(Click-through)、千人广告成本(Cost Per-one-thousand Impression, CPM)等。利用这些统计数据可以了解自己在网上优势和不足,以便对网络促销方式和方法进行调整。因为网络宣传不像报纸或电视那样的媒体,难以确认实际阅读和观看的人数。在网上,你可以很容易地统计出你的站点的访问人数,也可以很容易地统计广告的阅览人数,甚至可以告诉访问者,他是第几个访问者。利用这些统计数字,网上促销人员可以了解自己在网上的优势与弱点,以及与其他促销者的差距。另一方面,评价要建立在对实际效果全面调查分析的基础上,可以通过产品销售量、利润、促销成本的变化,判断促销决策的正确性。同时,还应注意促销对象、促销内容、促销组合等方面与促销目标的因果关系的分析,以便对整个促销工作作出正确的决策。

(六)加强网络促销过程的综合管理

要在网络促销这个领域中取得成功,科学的管理起着极为重要的作用。在对网络促销效果正确评价的基础上,对偏离预期促销目标的活动进行调整是保证促销取得最佳效果的必不可少的一环。同时,在促销实施过程中,不断地进行信息沟通的协调,也是保证企业促销连续性、统一性的需要。

第二节 网络营销站点推广

一、站点推广概述

网络营销站点作为企业在网上市场进行营销活动的阵地,站点能否吸引广大消费者的注意、被广大消费者认可是企业开展网络营销成败的关键,也是网络营销的基础。站点推广就是通过对企业网络营销站点的宣传吸引用户访问,同时树立企业网上品牌形象,为企业的营销目标实现打下坚实基础。网站推广的目的在于让尽可能多的潜在用户了解并访问网站,从而利用网站实现向用户传递营销信息的目的,用户通过网站获得有关产品和公司的信息,为最终形成购买决策提供支持。站点推广是一系统性工作,它与企业营销目标是相一致的。

网站推广与传统的产品推广一样,需要进行系统安排和计划,应当遵循以下三个原则:

1. 注意效益/成本原则

站点推广必须进行投入，既然有投入，就应当考虑产出。所谓效益/成本原则也就是核算成本、计算盈利的原则。比如对增加一千个访问者带来的效益与成本费用进行比较，认真分析每一种投入产出是否是经济的、有效益的，当然效益不仅指短期利益，也包括长期利益，需进行综合考虑。

2. 稳妥慎重原则

欲速则不达，宁慢勿快，在网站还没有建设好而且不够稳定时，千万不要急于推广网站，应注意第一印象是非常重要的，网民给你的机会只有一次，因为网上资源太丰富了，这就是通常所说的网上特有的"注意力经济"、"眼球经济"。

3. 综合安排实施原则

因为网上推广手段很多，不同方式可以吸引不同的网民，因此多种渠道综合采用可以吸引更多网民到网站上来。

要吸引网民访问网站：首先必须让网民知道网站的存在以及它的特点，其次要能让网民能很容易找到网站的地址。对于第一个问题就是要扩大网站的知名度，第二个问题就是要建立"访问管道"，让网民能很容易地访问站点。这两点一般都是结合在一起进行操作的。一般来说，扩大网站知名度有传统媒体渠道和网上新兴媒体渠道两种方式，对于传统媒体渠道主要是借助报纸、电视和电台等方式推广网址，如现在一些著名的企业在发布广告时在公司标签栏增加了网址的内容，不再仅仅是传统的电话、地址等内容。目前比较常用的还是利用网上方式进行推广宣传，因为这种方式可以直接把网民吸引到自己网站，比较直接有效。

二、站点推广方法

（一）搜索引擎注册

搜索引擎注册是指利用搜索引擎、分类目录等具有在线检索信息功能的网络工具进行网站推广的方法。搜索引擎注册是最常用的网站推广方法之一。根据中国互联网络信息中心发布的《第 25 次中国互联网络发展状况统计报告》显示，目前搜索引擎的使用率为 73.3%，成为网民使用互联网的第三大应用。这表明，搜索引擎已成为互联网用户获取信息、得知新网站的主要途径。与其他的网站推广方法相比，搜索引擎注册具有经济、便捷、相对稳定的特点。因此，在著名的搜索引擎上注册并获得理想的排名是网络营销人员在网站设计过程中要考虑的问题之一。也可以说，注册搜索引擎是企业网站推广重要的第一步。

目前国内外有很多的搜索引擎，如 Google、Baidu、Yahoo!、Alexa 等。在进行搜索引擎注册时的关键之处：一是要选取人气最旺的搜索引擎，二是选择恰当的关键字，三是确保排名靠前。

目前主要的中文搜索引擎注册网站的地址见表 9.1。

表9.1 主要中文搜索引擎注册网站的地址

百度	http://www.baidu.com/search/url_submit.html
Google	http://www.google.com/addurl/?hl=zh-CN&continue=/addurl
搜狗	http://www.sogou.com/feedback/urlfeedback.php
有道	http://tellbot.youdao.com/report
中搜	http://ads.zhongsou.com/register/page.jsp

在搜索引擎上注册自己的站点步骤很简单,下面以我国人气最旺的百度网站为例,注册页面如图9.3所示,只需填写站点首页的地址,输入验证码,单击"提交网站"即可。

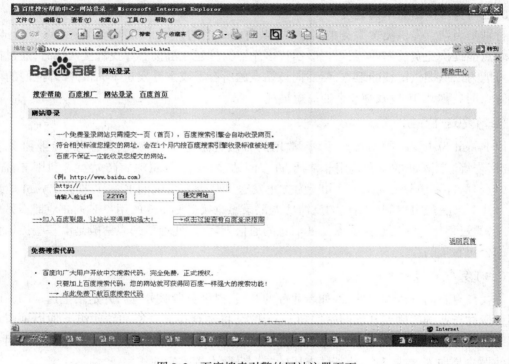

图9.3 百度搜索引擎的网站注册页面

(二)建立互惠链接

电子商务有两个隐含现象,即数字化和链接。数字化包括把文本、数据、声音和图像转化为字符流,它可以以惊人的速度从一个地方传输到另一个地方;链接是互联网的本质优势和功能。Web之所以成为网状,就在于它提供把站点关联在一起的超文本链接。从其本意讲,Web鼓励相关站点互相进行链接,实际上大多数站点都提供对相关站点的推荐导航服务。

所谓互惠链接是具有一定互补优势的网站之间的简单合作形式,即分别在自己的网站上放置对方网站的 Logo 或网站名称并设置对方网站的超级链接,使得用户可以从合作网站中发现自己的网站,达到互相推广的目的。一般建立链接有下面几种方式。

1. 在行业站点上申请链接

如果站点属于某些不同的商务组织,而这些组织建有会员站点,应及时向这些组织申请一个链接。

2. 申请交互链接

寻找一些与你的网站内容具有互补性的站点,并向它们提出进行交互链接的要求(尤其是要链接到站点的免费服务,如果提供这样的服务的话)。为通向其他站点的链接设立一个单独的页面,这样就不会使刚刚从前门请进来的顾客,转眼间就从后门溜到别人的站点上去了。

3. 在商务链接站点申请链接

特别是当站点提供免费服务的时候,可以向网络上的许多小型商务链接站点申请链接。只要站点能提供免费的东西,就可以吸引许多站点为你建立链接。寻找链接伙伴时,通过搜索寻找可能为站点提供链接的地方,然后向该站点的所有者或主管发送 E-mail,告诉他们的可以链接站点的名称、URL 以及 200 字的简短描述。

(三)发送 E-mail

以 E-mail 为主要的网站推广手段,常用的方法包括电子刊物、会员通信、专业服务商的 E-mail 广告等。E-mail 的发送费用非常低,许多网站都利用 E-mail 来宣传站点。利用 E-mail 来宣传站点时,首要任务是收集 E-mail。为防止发送一些令人反感的 E-mail,收集 E-mail 地址时要非常注意。一般可以利用站点的反馈功能记录愿意接受 E-mail 的用户 E-mail 地址。另外一种方式,通过租用一些愿意接受 E-mail 信息的通信列表,这些通信列表一般是由一些提供免费服务的公司收集的。

(四)发布新闻

寻找具有新闻价值的事件(例如新业务的开通、提供免费服务等),并定期把这样的新闻发送到你所在行业的印刷期刊和网站期刊上。其次,将站点在公告栏和新闻组上加以推广。互联网络使得具有相同专业兴趣的人们组成成千上万的具备很强针对性的公告栏和新闻组。比较好的做法是加入这些讨论,让邮件末尾的"签名档"发挥推广的作用。

(五)发布信息

通过互联网,不仅可以浏览到大量商业信息,同时还可以自己发布信息。在网上发布信息可以说是网络营销最简单的方式,网上有许多网站提供企业供求信息发布,并且多数为免费发布信息,有时这种简单的方式也会取得意想不到的效果。不过,最重要的是将有价值的信息及时发布在自己的网站上,以充分发挥网站的功能,比如新产品信息、优惠促销信息等。研究表明,大多数消费者访问制造商的网站是为了查找公司联系信息或产品基本信息,网站提供的有效信息越详细,用户的满意程度越高。如果一个网站的更新周期以季度为单位,甚至整年都是一个老面孔,自然不会受到用户欢迎,也很难取得好的网络营销效果。

(六)提供免费服务

人们都喜欢免费的东西。通过免费信息内容吸引人们访问你的网站,比单纯叫人来访问了解你的业务更有效。提供免费资源需要花费时间和精力,但对增加站点访问量非常有效。应当注意,所提供的免费服务应是与所销售的产品密切相关的,这样,所吸引来的访问者同时也就可以成为良好的业务对象。提供免费服务的同时,网站要提供多种链接方式将获取免费信息的用户注意力引向你销售的产品部分。

(七)发布网络广告

与传统的广告形式和效果相比,网络广告的制作更加方便,形式更加多样,效果更加生动。因此,网络广告已经成为企业在网上树立企业形象、建设产品品牌、推广企业网站的有效方式。比较廉价的做法是加入广告交换组织,广告交换组织通过不同站点的加盟,在不同站点交换显示广告,起到相互促进的作用。另外一种方式是在适当的站点上购买广告栏,发布网络广告。无论采用哪种方式都要保证整体推广策略的和谐一致。

(八)病毒性营销推广

病毒性营销方法并非传播病毒,而是利用用户之间的主动传播,让信息像病毒那样扩散,从而达到推广网站的目的,病毒性营销方法实质上是在为用户提供有价值的免费服务的同时,附加上一定的网站推广信息,常用的工具包括免费电子书、免费软件、免费FLASH作品、免费贺卡、免费邮箱、免费即时聊天工具等可以为用户获取信息、使用网络服务、娱乐等带来方便的工具和内容。如果应用得当,这种病毒性营销手段往往可以以极低的代价取得非常显著的效果。

【案例9.1】
时代营销网的病毒性营销网站推广案例

时代营销网(www.emarketer.cn)发布于2003年6月,是由国内知名网络顾问公司时代财富(www.fortuneage.com)经营的网络营销专业门户网站,提供网络营销与电子商务等领域的理论研究、实用方法、行业信息、网络营销服务企业供求信息发布,及研究学习互动服务。

由于时代营销并非一个营利性的商业网站,因此在网站推广方面也基本没有投入专门资金,主要考虑利用现有的网络营销资源进行推广,在网站发布初期就采用了一项病毒性营销的推广方法。由时代营销网编译、注释、制作的电子书《网站推广29种常用方法》就是作为病毒性营销工具而出现的。这部电子书对时代营销网站的推广发挥了相当大的作用。

这部电子书的原作者是美国电子商务顾问 Wilson 博士。1997 年 12 月 1 日,Wilson 博士发表了"23 Ways to Promote Your Site",该文章被广泛传播,成为网络营销方法经典文章之一。随着网络营销环境的不断发展变化,虽然文中所提到的一些方法至今仍然有效,但有些内容发生了重大变化,因此 Wilson 博士对该文进行了修订和补充,于 2003 年 6 月 4 日推出了最新版本的"29 Ways to Promote Your Website"。考虑到 Wilson 这篇文章具有较大的影响力,很容易得到快速传播,也就是说,具有了病毒性营销工具的特征,时代营销充分利用了这篇文章的病毒性推广价值。在看到最新文章发表后,时代营销当即与 Wilson 博士取得联系,征得原作者许可后,时代营销网工作人员将该文翻译为中文,并根据国内网络营销的现实情况和有关研究以"时代营销注"的形式,对原作中每种方法都给出注释和建议,为读者提供更为丰富的内容。时代营销网将"网站推广 29 种常用方法"制作为 exe 格式的电子书供免费下载。

电子书《网站推广 29 种常用方法》制作完成之后,分别在时代营销网站、网上营销新观察、专门提供电子书下载的网站"E 书时空"(www.eshunet.com)三个网站给出链接,尽管这三个网站都属于专业网站,访问量并不是很大,时代营销更是刚刚发布几天没有任何知名度的网站,但却取得了出人意料的效果:在电子书发布后的 10 天内已经有超过 2 万人下载! 也就是说,至少有 2 万人通过这部电子书中的信息知道了时代营销,其中很多人成为时代营销的早期的用户群体,时代营销网站也取得了比预期要好得多的推广效果。

(九)使用传统的促销媒介

使用传统的促销媒介来吸引访问站点也是一种常用方法,如在电视、电台、报纸、杂志等传统媒介上做广告,虽然其面向的观众并不都是企业产品的目标用户,但由于传统推广的受众面广,方式得到大家长期的认同,故在网站推广时需要沿用。

三、提高站点访问率的方法

站点访问率标志着一个站点被用户访问的次数,也从一个侧面反映了站点是否能够吸引用户的注意,被用户所熟知、所喜欢。提高站点的访问率是指能长期吸引用户访问站点,不是指某一段时间。许多网站通过一些推广方法吸引了大量的站点访问者,当推广结束后站点访问率急剧下降。因此,提高站点访问率关键是增加站点的回访率,根据统计,网站的 70% 都是一些固定访问用户。而增加网站的回访率关键是网站本身的内涵,也就是网站能否给访问的网民带来价值,因为网民对你给予的关注是付出了精力和时间的,甚至花费了一定的信息费用的,如果网站不能带来足够的价值给网民带来补偿,试想谁还会继续做亏本的买卖,因此增加网站给网民的价值是增加网站回访率的关键。

目前网站主要分为以下几类:

(1)内容信息类。主要为访问者提供各种信息、知识等有价值的内容,如新浪提供的新闻服务。

(2)中介服务类。主要通过网站架设桥梁为访问者提供某种服务,如网易提供的虚拟社区信息交流服务。

(3)电子商务类。这类站点主要是通过互联网作为开展商务活动的平台。这类站点一般有两种方式,一种是纯粹的网上电子商务企业,另一种是传统企业将其业务拓展到电子商务。

(4)其他。这类网站一般不是以盈利为目的,如个人网站、组织机构网站等,它们一般是结合自己的具体情况,开展网上信息交流活动。

根据不同类型的网站,要增加回访率需要采取不同的策略。对于内容信息类网站的目标就是起到一个媒体的作用,要扩大访问量主要是通过提供及时的信息和大容量的数据库检索服务;对于中介服务类,它的关键是要提供有特色的、别的网站所不具备、同时又是网民需要的服务;对于电子商务类,它的关键是为网民提供更便捷的网上购物渠道,更丰富的产品和优惠价格;对于传统企业将业务拓展到电子商务的站点,要注意遵循互联网的规律,传统市场优势品牌在网上不一定能吸引大量访问量,必须提供用户上网需要一些服务,如产品知识、网上直销、免费增值服务等。

此外,在增加网站回访率时,对网站设计要注意以下几点:

第一是速度,包括下载速度、回复速度、信息检索速度。在网上速度就是一切,如果下载速度过慢,访问者很容易失败,国外研究表明主页等待时间一般不能超过 8 s,否则访问者失去耐心认为访问失败。

第二是交互性,只有注重与访问者进行沟通才能锁定访问群,一般说来网站应建设有邮件列表以便及时进行沟通,同时建立网站新闻为以往访问者提供网站的最新动态。

第三是动态性,如果网站内容不及时定期进行更换,访问者肯定不会去看一张"旧报纸"。

第三节　网络营销广告

广告在营销活动中占据很重要的位置,对于许多公司而言,营销部分在广告上的预算也最多。互联网商业化以后,广告又有了一种新的媒体选择——互联网。目前,不论是在网上经营的网络企业还是在传统市场中开展业务的传统企业都不能不重视网络广告提供的巨大商机。

一、网络广告概述

(一)网络广告的含义

广告是确定的广告主以付费的方式运用大众传媒劝说公众的一种信息传播活动。网络广告,就是以互联网为载体,使用文字、图像、动画、声音等多媒体信息表示,由广告主自行或委托他人设计、制作并在网上发布,旨在推广产品以及服务的有偿信息传播活动。伴随着互联网的普及和企业信息化的推进,网络广告业近年来异军突起。

网络广告(Internet Advertisement)是传统营销广告在互联网环境下的延伸和发展,因此,它包括传统广告拥有的全部要素:广告主、广告媒体、广告受众、广告信息和广告费用,只在部分要素的内容上与传统广告有所区别。

(二)网络广告的发展

1.网络广告的发展现状

1994年10月是网络广告史上的里程碑,美国著名的Wired杂志推出了网络版的Hotwired(www.hotwired.com),在其网页上首次出现了AT&T公司等14家企业的旗帜广告,开创了网络广告的先河,揭开了网络广告蓬勃发展的序幕。最值得一提的,当时的网络广告点击率高达40%。继Hotwired之后,很多传统的媒体也纷纷上网,如有线电视CNN、《华尔街日报》都设立了自己的网站,刊载信息并经营互联网广告,如Yahoo!、Infoseek等,收入几乎全部都来自广告。互联网的媒体特性,促成了网络广告的诞生和发展,而且使其一开始就成为广告业的奇葩。根据IAB(Internet Advertising Buerau)的统计,1997年全球网络广告收入达到9.06亿美元,1998年网络广告收入就翻一番增长到19.6亿美元,并一举超过户外广告收入,占到当年总广告收入4%的份额,其中消费品类占27%、计算机类占23%、金融类占16%、电信类占11%、媒介类占7%。

美国的网络经济是全球网络经济的航向标。网络广告领域也不例外,因此对美国网络广告的发展状况的了解,也就在很大程度上反映了全球网络广告的整体发展状况。根据美国交互广告署(IAB)的统计,1996年美国网络广告业的总营业额为2.68亿美元,从1996~2000年,网络广告一直在以超高速增长,最高的增长率达到238%。随着网络泡沫的破裂,网络广告市场在2000~2002年期间进入调整期。在2000年第三季度,网络广告出现历史上的首次季度增长率下降,从第二季度的21亿美元下降到第三季度的19.5亿美元,下降幅度为6%,这也被认为是网络广告发展势头减弱甚至开始走向衰退的一种信号,不过2000年的增长率仍然达到了81%。从2001开始进入负增长时期,2002年的增长率达到有史以来的最低水平(-16%)。美国网络广告从2003年开始了新一轮的增长,2005年全年网络广告收入为125.4亿美元,2006年美国互联网广告收入达到169亿美元,2007年美国网络广告的总收入已经达到211.6亿美元。2008年美国网络广告市场增长10.6%,至234亿美元,第四季度为61亿美元,同比增长2.6%,也是美国网络广告市场首次突破60亿大关。不过,该数据也显示,按年增长率和季度增长率计算,美国网络广告市场2008年增速均放缓。而在2009年美国网络广告收入是224亿美元,下跌4.6%。根据iResearch的研究,2009年美国网络广告下跌的主要因素是经济危机。随着美国经济的逐步恢复,再加上网络用户的不断增长、网络广告形式的丰富等都推动着整个网络广告市场支出将呈现缓增长趋势,如图9.4所示。

2.网络广告在我国的发展

我国网络广告起步较晚,但发展较快。继1997年3月在Chinabyte网站(http//:www.chinabyte.com)上出现了第一个商业性网络广告后,1998年网络广告收入就达到了1 800万元,虽然仅占全年广告收入总额520亿元的很少比例,但惊人的增长速度足以证明其新生的力量。2000年我国网络广告已达到了4.9亿元人民币,2003年网络广告支出总额达到6.2亿元人民

图 9.4 2008～2014 年美国网络广告支出

币。2005 年中国互联网广告市场规模已达到 40.7 亿元,比 2004 年增长 77.1%,是 2001 年的 7.6 倍。据艾瑞市场咨询(iResearch)《2009～2010 年中国网络广告行业发展报告》数据显示,以运营商营收总和计算中国网络广告市场规模,2009 年中国网络广告市场规模突破 200 亿,达 206.1 亿元人民币,相比 2008 年同比增长 21.2%。并预测基于 2010 年中国经济的继续回调预期以及受益于足球世界杯、世博会以及冬奥会等一系列大型活动的推动,同时视频、社区等新媒体价值快速提升,2010 年中国网络广告收入规模将加速增长,预计整体收入规模将达 300 亿元,如图 9.5 所示。

目前,网络广告的形式已被越来越多的企业接受和采纳,网络广告主的数量出现了大幅度的增长,2001 年中国网络广告主有 1 004 家,2002 年有 910 家,2005 年中国网络广告主数量已增加到 27.6 万家,2006 年,网络广告主数量已达到 36.7 万,比 2005 年增长了 33%。越来越多的广告主计划减少在平面媒体、直邮等传统广告渠道方面的投资,增加对网络广告的投资。2008 年中国网络广告主数量据统计已经超过 60 万家,2009 年中国网络广告主的数量会达到 90 万家的规模。

同时网络广告也逐渐被网民们所关注,越来越多的人从依赖传统媒体发布个人供求信息转移到依托网络寻找自己所需信息。网络分类广告更优于平面媒体,它可以更加细致、精准、快速地让用户查找到自己需要的信息。由于网络的快捷便利性,越来越多的人认可互联网,现今网络呈现爆炸式增长,网络用户正呈指数性增长,截至 2009 年 12 月底,中国网民总人数达到 3.84 亿人,位居世界第一位。由此可见,巨大的潜在客户群必将促使网络广告展现无限广阔、美妙的发展前景。

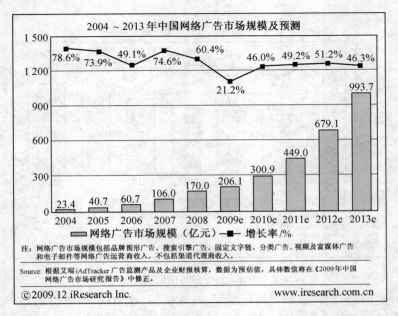

图 9.5　2004～2013 年中国网络广告市场规模及预测

二、网络广告与传统广告

(一) 网络广告的特点

与传统的三大媒体(报刊、广播、电视)广告及近来备受青睐的户外广告相比,网络广告具有得天独厚的优势,是实施现代营销媒体战略的重要部分。网络广告除了具有一般传统广告的特点之外,在以下几个方面呈现出了不同于传统媒体广告特点。

1. 交互性

网络媒体不同于其他媒体的典型特征之一在于其交互性。这种交互性在一定程度上改变了大众传播中信息的单向流动和反馈极少的现状,使信息发布者和接受者之间可以通过多种方式进行同步或异步交互。网络媒体的这个交互性特点也赋予了网络广告区别于传统广告的一个最突出的特点——交互性。

网络广告是一种交互式的广告。网络广告的出现使广告从过去传统的单向传播、受众被动地接受和选择信息,渐渐发展为互动模式,即受众可以对感兴趣的广告通过互联网深入了解更多的信息,甚至可以直接与商家进行建议咨询和交易洽谈,它是一对一的直接沟通,而商家也可以随时得到宝贵的用户反馈信息。这种网络广告方式促进了广告主与消费者双方的沟通友善化、个性化,这将有助于提高广告信息传播的准确性。

2. 快捷性

传统媒体广告从策划、制作到发布需要经过很多环节配合,制作成本较高,投放周期固定,一旦发布后信息内容就很难改变,即使可改动往往也需付出很大的经济代价,例如在杂志上刊登广告,如果发现有关部门的广告信息由于印刷的原因而出现错误,想改正的话,就要等到下一期刊物出版,这是一段相当长的时间,因为很有可能到时候广告已经过时了。而互联网具有随时更改信息的功能,网络广告可以按照需要随时变更可修改,甚至可以根据客户的特点修改广告内容,广告主在任何时间都可以随时调整价格、商品及其他信息,可以即时将最新的商品信息传播给消费者,就像股票交易大厅内时时滚动变化的股价一样。如网上一则有关电视机促销广告的电视机销售价格变动了,更改价格只需要一两分钟,而更改广告的成本则可以忽略不计。这样就可以很容易做到经营决策变化与广告变化之间的无延迟,同时节省大量的时间和费用。并且网络媒体也可以长久保存广告信息。广告主建立起有关商品的网站,可以一直保留,随时等待消费者查询,实现了实时性与持久性的统一。

3. 广泛性

广泛性的特点表现在以下几方面:

(1)传播范围的广泛性。网络连接着世界范围内的计算机,它是由遍及世界各地大大小小的各种网络按照统一的通信协议组成的一个全球性的信息传输网络。因此,网络广告的传播范围极其广泛,不受时空和地域的限制,可以通过国际互联网把广告信息24小时不间断地传播到世界各地。作为网络广告受众,只要具备上网条件,任何人在任何时间、任何地点都可以随时随意浏览广告信息。相比之下,传统的广告往往局限于一个国家、一个地区、一个时间段。网络广告尤其适合作为全球传播的手段,而且没有播出时间限制。

(2)信息内容的广泛性。传统广告由于受媒体的时间和版面的限制,其内容只能删繁就简,突出重点;而网络广告的信息承载量基本不受限制,网络上一个小小的广告条后面,广告主可以把自己的公司以及公司的所有商品和服务,包括商品的性能、价格、型号、外观形态等有必要向受众说明的一切详尽的信息制作成网页放在网站中,等待受众查询,以满足想进一步详细了解有关情况的用户的需要。可以说,费用一定的情况下(为在别的网站上存放广告条而必需的会费),广告主能够不受限制地增加广告信息,这是传统媒体无法想象的。

(3)广告形式的广泛性。网络广告从诞生之日起,就极其强调传播效能。网络广告比传统广告具有更多的科技含量,利用实时、动态、交互的网络特性呈现出一幅幅丰富多彩的画面,使网络广告的形式包括动态影像、文字、声音、图像、表格、动画、三维空间、虚拟现实等所有广告媒体的功能,满足人们求新、求变的心理,同时它们可以根据广告创意需要进行任意的组合创作,从而有助于最大限度地调动各种艺术表现手段,制作出形式多样、生动活泼、极具视听效果的广告,激发消费者的购买欲望。

4. 易衡性

这是网络广告有别传统广告的重要特点。运用传统媒体发布广告,广告效果往往难于评价,因为很难确切地知道有多少人接收到了你所发布的广告信息和反馈情况,只能通过估计、推测而不能精确统计。例如,报纸和杂志上刊登广告有多少人看到过就只能推测估计而不能准确统计,至于电视、广播广告等的受众人数就更难估计。而通过互联网发布广告就能很容易地准确统计出每条广告的访问人数,同时还可以利用网络的即时检测功能为广告主提供浏览这些广告的消费者的时间分布、地域分布和反映情况等,从而有助于广告主和广告商评估广告效果,进而审定他们的广告策略,随时修改广告的发布时间、创意、形式等。

5. 经济性

网络广告的经济性表现在两个方面:一是相对而言,网络广告的发布费用远较传统广告形式要低。获得相同的广告效应,网络广告的有效成本远远低于传统广告媒体。而且,网络广告还能以较低的成本进行修改和更新,这一点也可给广告主节约可观的成本。另一方面是指广告主花钱通过网络媒体发布广告的同时,也可以通过互换广告的形式,在自己的网页上,通过Banner链接等方式为其他站点或企业做广告而获得收益。网络广告的这种以收抵支,降低广告主负担的特点,是其他任何传统媒体广告所不具备的。

6. 针对性

网络广告的针对性包括两个方面:一是广告主可以有针对性地选择投放广告的目标市场。在互联网世界中,有着共同兴趣和爱好的人们往往聚合成一个一个的团体,无形中形成了市场细分后的目标顾客群,企业可以针对这些明确的目标市场,将特定的商品广告投放到有相应消费人群的地方,从而做到有的放矢,使广告信息和受众的相关程度大大提高。而信息受众也会因为广告信息与自己的专业相关而更加关注这类广告信息。另一方面,由于不同网络或同一网站的不同频道提供的内容或服务一般都有较大差别,消费者浏览往往根据自己的个性特点和喜好来浏览站点,有选择地接收广告信息,他们选择的是真正感兴趣的广告信息,故其在受众方面针对性也较强。

(二)网络广告与传统广告的比较

虽然网络广告有这么多的好处,但并不意味着传统媒体广告应该摒弃。传统媒体仍然具有其自身的优势,比如发行量大,这就是网络媒体目前还无法比拟的。网络媒体只是行销媒体的一环。正确的态度应该是将传统媒体与网络媒体整合运用,根据不同的需要,选择不同的方式,从而将行销传播的效益发挥到极限。由于网络广告运用了网络和计算机技术在互联网这个网络媒体中发布,因此与传统广告有了比较大的不同。

1. 网络广告与传统广告沟通模式的比较

有效的广告沟通必须要处理好三个沟通要素:与谁沟通,即目标受众是谁及他需要的是什么?怎样沟通,即沟通模式是怎样的?沟通的目标是什么?在这一点上传统广告与网络广告有所不同。

如图9.6和图9.7所示,在传统的广告沟通中,虽然明确了以上所说的三个要素,但发送者和接受者之间的信息传送和反馈是单向的、隔离的,同时存在着时差;而在网络广告中,发送者和接受者之间的信息传送和反馈却可以达到双向、互动和即时。

2. 特点比较

与传统广告相比,以网络和计算机技术为基础的网络广告除了强调有效沟通的三个要素

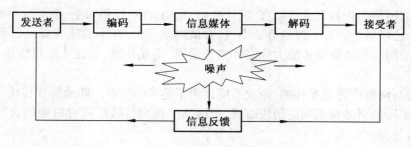

图9.6 传统广告沟通模式

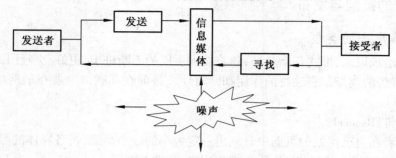

图9.7 网络广告沟通模式

外,还弥补了传统广告的一些缺憾,形成了自身的特点,表9.2是互联网媒体发布广告与传统媒体发布广告的比较。

表9.2 不同媒体发布广告比较

	纸介媒体	电视	互联网网站
时间	制作周期长,播报时间限制大	制作周期长,播报时间限制大	制作周期短,24小时无间断接纳读者,突破时间限制
空间	版面限制大	版面限制大	突破空间限制,自由度大
反馈效果	及时反应能力弱	及时反应能力弱	交互式服务,反馈手段便利及时,可提供细致的追踪报告
检索能力	差	无	独特的检索手段,保证资源多次利用
宣传形式	文字、画面	画面、声音	多媒体技术,文字、画面、声音相结合,实现动态、有趣的宣传
保存保管	保管归档工作量大	不能保管归档	可随时储存查询
读者投入度	一般	一般	高度集中
可统计性	不强	不强	强,统计结果及时、准确
可获取性	需订阅和等待送达	只是偶尔获取	上网后可随时获取
转发	转发不便,成本较高	不能转发	转发灵活,成本低
价格	中	高	低

综上对比,网络广告具有价格便宜、统计准确、互动交流、跨越时空、图形生动等功能,所以尝试网络广告已经成为一种必然趋势。不过,尝试网络广告,并不意味着就是摒弃传统媒体,相反,互动式的网络媒体应与传统大众媒体整合运用,相互补充,如此才能将行销传播的效益发挥到极限。

传统广告与网络广告是互补的,企业不应该为了追求时髦而一味地摒弃传统广告,应根据不同的顾客、不同的商品和不同的销售时机,把网络广告和传统广告有机地结合在一起,以达到最佳的广告效果。

三、网络广告的类型与发布

(一)网络广告的类型

网络广告出现以来,形式日新月异,随着技术手段的不断进步,更好、更吸引人的广告不断涌现,每一种广告的类型都有独特的作用和针对性。目前在互联网上发布的网络广告主要有以下几种类型。

1. 旗帜广告(Banner)

网络媒体者在自己网站的页面中分割出一定大小的一个画面(视各媒体的版面规划而定)发布广告,因其形状像一面旗帜,故称为旗帜广告,如图9.8所示。

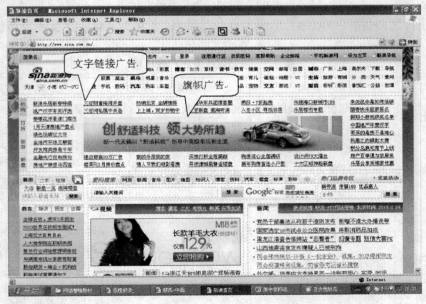

图9.8 旗帜广告、文字链接广告

旗帜广告允许客户用极简练的语言、图片介绍企业的产品或宣传企业形象。它又分为非链接型和链接型两种。非链接型旗帜广告不与广告主的主页或网站相链接,适用于产品品牌形象的树立;链接型旗帜广告与广告主的主页或网站相链接,浏览者可以点击,进而看到广告主想要传递的更详细信息,适用于有自己独立网站的广告主。为了吸引更多的浏览者注意并点选,旗帜广告通常利用多种多样的艺术形式进行处理,往往做成动画形式,具有跳动效果和霓虹灯的闪烁效果等,非常具有吸引力。此种广告重在树立企业的形象,扩大企业的知名度。

制作旗帜广告一般采用标准尺寸。1997年美国交互广告署(IAB)广泛调查了广告主、广告代理商和用户的意见,制定了旗帜广告的标准尺寸,包括:468×60像素(最常用)的全尺寸旗帜广告,392×72像素全尺寸带导航条旗帜广告,234×60像素半尺寸旗帜广告,120×240像素垂直旗帜广告等,参见图9.9所示。随着网络广告的不断发展,新形式和规格的网络广告不断出现,因此IAB也在不断颁布新的网络广告标准。2001年美国交互广告署(IAB)又发布了7种新的广告标准,见表9.3。

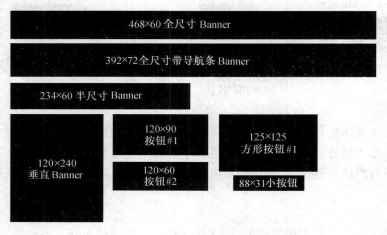

图9.9 旗帜广告的标准尺寸

表9.3 IAB新型网络广告规格

"摩天大楼"形	120×600
"宽摩天大楼"形	160×600
长方形	180×150
中长方形	300×250
大长方形	336×280
竖长方形	240×400
正方形弹出式	250×250

2. 按钮广告(Button)

按钮广告与旗帜广告大体相同,只是尺寸较小。按钮广告由于尺寸偏小、表现手法较简单,多用于提示性广告。通常是一个链接着公司的主页或站点的公司标志,希望浏览者主动来点选。按钮被放置在页面左右边缘，或灵活地穿插在各个栏目板块中间，目前常使用动态 GIF 或者 Flash 按钮广告，该广告形式费用低廉、效果佳，为了广告主所广泛使用。许多网站也在自己的网站上采用这种方式给自己的一些子栏目做广告，充分体现了网络利用现有资源宣传自身的优势。按钮广告的不足在于其被动性和有限性，它要求浏览者主动来点选，才能了解到有关企业或产品的更为详尽的信息，如图 9.10 所示。

图 9.10 按钮广告

3. 文字链接广告

文字链接广告采用文字标识的方式，单击后可以链接到相关网页，如图 9.8 所示。这种广告形式简单、价格低、效果较好，通常运用于分类栏目中。为了追求良好的广告效果，文字广告一般放置在热门站点首页的关键位置，借助浏览者对热门网站的访问，吸引他们关注和点击广告。

4. 赞助式广告

赞助式广告类似于传统广告中的赞助方式，这是一种广告主通过对网上各种活动的赞助，从而获得相应的网上广告宣传位或活动冠名资格。这种广告方式既可通过活动提高品牌知名度，又可得到独占的广告位置，保持广告宣传的独占性和持续性。通常分为三种赞助形式：内容赞助、节目赞助、节日赞助。内容赞助是指在广告商拟定的内容中放置广告并发布客户信息的一种赞助形式；节目赞助是指出资赞助网站特别推出的活动，在活动中放置广告并发布客户信息；节日赞助是指在特定的日期给予赞助，以此来获得广告内容的发布。赞助广告形式多样，广告主可根据自己所感兴趣的网站内容或网站节目进行赞助。

5. 关键词广告

关键词广告，是付费搜索引擎营销的一种形式，也可称为搜索引擎广告、付费搜索引擎关键词广告等，自 2002 年之后是网络广告中市场增长最快的网络广告模式。关键词广告的基本形式是：当用户利用某一关键词进行检索，在检索结果页面会出现与该关键词相关的广告内容，如图 9.11 所示。由于关键词广告是在特定关键词的检索时，才出现在搜索结果页面的显著位置，所以其针对性非常高，其效果比一般网络广告形式要好，因而获得快速发展。

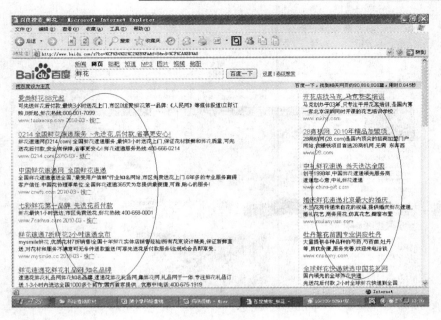

图 9.11 关键词广告

6. 弹出式广告

弹出式广告是指随着网页页面的打开会自动弹出一个新窗口来展示内容的网络广告,如图 9.12 所示。弹出式广告有两种表现形式,一种是当用户打开网页时马上弹出广告窗口,另一种是当用户离开网站时才弹出广告窗口。这种广告带有一定强迫性,除非能引起人们极大的兴趣,否则一般易引起网民的反感。

7. 墙纸式广告

把企业要表现的广告内容体现在墙纸上,并安排放在企业的网站或具有墙纸内容的网站上,以供感兴趣的人进行下载,如图 9.13 所示。

8. 分类广告

分类广告类似于报纸杂志中的分类广告,是一种专门提供广告信息服务的站点,在站点中提供出按照产品或企业等方法可以分类检索的相应广告信息,如图 9.14 所示。这种类型的广告对于那些想查找广告信息的访问者来说,无疑是一种快捷而有效的途径。

9. E-mail 广告

E-mail 广告一般可以采用两种格式,文本格式和 html 格式。通常采用的是文本格式,即把一段广告性的文字放置在新闻邮件或经许可的 E-mail 中间,也可以设置一个 URL,链接至广告主公司主页或提供产品或服务的特定页面。对于 html 格式的 E-mail 广告,可以插入图片,和网页上的网幅广告没有什么区别。

239

图 9.12 弹出式广告

图 9.13 墙纸广告

E-mail 广告具有针对性强、费用低廉的特点，且广告内容不受限制。巧妙使用 E-mail 广告，可以针对个人或群体发送特定的广告，这一点为其他网上广告方式所不及。

图9.14 分类广告

10.互动游戏式广告

互动游戏广告常常把广告预先设计在互动游戏中,在游戏开始、中间、结束的时候,广告都可随时出现,也可以利用游戏中的人物、情节来设计广告内容,从而引起游戏玩家的认同感。如图9.15所示,是 KFC 根据自己的产品所设计的一款对对碰的游戏。

11.移动广告

移动广告是一种可以在屏幕上移动的小型图片广告,如图9.16所示。它的设计出发点是为了避免旗帜广告、按钮型广告等比较呆板的缺点,更主动和有效地吸引浏览者的注意。但由于移动广告随着页面的移动会影响浏览者的视觉,所以设计不当的移动广告会引起浏览者的反感。为避免上述问题,可以改进移动广告的播放位置。

12.主页型广告

主页型广告是指将广告主所要发布的信息内容分门别类地制作成主页,置放在网络服务商的站点或企业自己建立的站点上。这种广告可以详细地介绍企业的各种信息,如企业营销发展规划、主要产品与技术特点、商品订单、年度财务报告、企业联盟、主要经营业绩、售后服务措施、联系办法等,从而使用户全方位地了解企业及企业的产品与服务。

13.撕页广告

一般出现在网页左上角或右下角,点击鼠标的自动"撕开"——广告画面得以展开。2至3秒后广告画面自动还原至80×80尺寸小图标,再次点击鼠标可重复观看。特点:形式新颖、内容丰富、视觉冲击强烈、配合声音效果、观赏度极佳。

241

图 9.15　KFC 的美食对对碰游戏

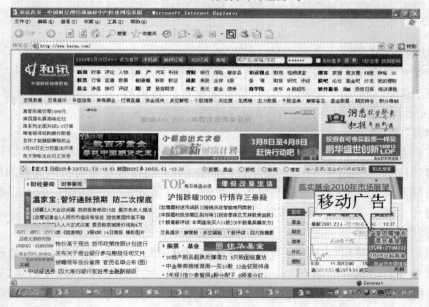

图 9.16　移动广告

(二)网络广告的发布途径

广告发布是指广告通过媒体展现出来。传统广告发布主要是通过广告代理制来实现的，即由广告主委托广告公司实施广告计划，广告媒介通过广告公司承揽广告业务。广告公司作为中介,既是广告客户的代理人,也是广告媒体的代理人。而在因特网上发布广告对广告主来说则有较大的选择余地,既可以通过广告代理商也可以自行发布广告。

网络广告的发布有多种方式,如何选择一种行之有效的广告发布形式,以取得最佳的效益,需要对网络广告的主要发布方式及特点有所了解。目前,应用得比较广泛的网络广告发布形式有以下几种。

1. 建立自己的网站或主页发布广告

建立自己的网站或主页并在上面发布广告,这是企业发布网络广告最简单、最常用的方式,也是企业网络营销发展的必然趋势。

在互联网建立自己的网站或主页,是企业树立形象、宣传产品的良好工具,是企业信息化建设的必然趋势。而且其他的网络广告形式,无论是黄页、工业名录、免费的互联网服务广告,还是网上报纸、新闻组,都提供了一种快速链接至公司主页的形式,所以说,在互联网上做广告,建立公司的网站或主页是最根本的。按照今后的发展趋势,一个公司的主页地址也会像公司的地址、名称、标志、电话、传真一样,是独有的,是公司的标志,将成为公司的无形资产。

2. 通过网络内容服务商(ICP)

由于 ICP 提供了大量的互联网用户需要的、感兴趣的、免费的信息服务,包括新闻、评论、生活、财经等内容,因此这些网站的访问量非常大,是网上最引人关注的站点,同时也提供了很多广告展位。广告发布商可在这些站点上发布广告。将广告发布在首页上自然是最好,但价格也是最贵的。在 ICP 网站上也提供了按各类主题划分的不同层次的页面,在这些页面上也者可发布广告,其价格较首页低但效果并不一定差,因为与广告内容相近的受众才是广告主最想吸引的。国内有许多这样的 ICP,如新浪、搜狐、网易、Chinabyte 等,这些网站是网络广告发布的主要阵地。

3. 利用专类销售网

这是一种专类产品直接在互联网上进行销售的方式。现在有越来越多的这样的网络出现,消费者只要在一张表中填上自己所需商品的类型、价位、制造者、型号等信息,按 Search(搜索)键,计算机屏幕上就可以马上出现完全满足你所需要的商品的各种细节,当然还包括何处可以购买到此种商品的信息。另外,消费者考虑购买该类商品时,很有可能首先通过此类网络进行查询,所以,对于该类商品的代理商和销售商来说,这是种很有效的互联网广告方式。代理商和销售商只要在网上注册,那么他所销售的商品细节就进入了网络的数据库中,也就有可能被消费者查询到。

4. 采用黄页形式

在互联网上有一些专门的用以查询检索服务的网络服务商站点,如 Infoseek、Excite 等。这些站点就如同电话黄页一样,按类别划分便于用户进行站点的查询。在其页面上,都会留出一定的位置给企业做广告。当用户在任一提供该服务的网站上搜索某一关键词信息时,在搜索结果的页面上会显示相关的关键词广告。采用该方式发布广告的优点是:一是针对性强,在查询的过程中都是以关键字区分的,所以广告的针对性较强;二是醒目,处于页面的明显处,较易为正在查询相关问题的用户所注意,容易成为用户浏览的首选。

5. 加入企业名录

一些政府机构或行业协会网站会将一些企业的信息融入他们的网站主页中。如由国家发展和改革委员会主管理,中国信息协会担任指导单位的中国工商网网站主页中就有"企业网站特别推荐"栏目,栏目以滚动名录的方式展示企业的名称,点击企业名称后可以链接到企业的网站主页上。

6. 借助网上报纸或杂志

大多数报纸和杂志都在互联网上建立自己的主页。而更有一些新兴的报纸与杂志,干脆脱离了传统的"纸"的媒体,完完全全地成为一种"网上报纸或杂志",每天访问的人数不断上升。对于注重广告宣传的公司,在这些网上杂志或报纸上做广告也是一个较好的传播渠道。

7. 利用网络虚拟社区和公告栏

虚拟社区、公告栏是网上比较流行的交流沟通渠道,任何用户只要遵循一定的礼仪都可以成为其成员。任何成员都可以在上面发表自己的观点和看法,因此,可以在虚拟社区和公告栏发表与公司产品相关的评论和建议,起到良好的口碑宣传作用。不同的虚拟社区、公告栏有不同的主题,因而在上面发布信息时一定要选对主题和注意遵循网络礼仪,以免适得其反。

8. 使用新闻组

新闻组与公告栏相似,是一种很好的讨论交流和分享信息的平台,是一种常见的互联网服务。人人都可以订阅它,成为新闻组的一员。成员可以在上面阅读大量的公告,也可以发表自己的公告,或者回复他人的公告。新闻组严格按内容分类,企业可以选择参与和企业产品相关的新闻组,在上面发表相关的建议和观点,这将是一种非常有效的、传播自己信息的渠道。与公告栏一样,新闻组发布信息也是免费的,同样也要遵守相应的网络礼仪。

9. E-mail 发布广告

E-mail 采用文本格式、HTML 或多媒体格式。把广告内容嵌入到经许可的 E-mail 中间或以 E-mail 方式直接发送方式,也可设置一个 URL,链接到广告主公司主页或提供产品或服务的特定页面。应用 E-mail 发布广告的优点在于:可准确地向目标消费群投放广告,节约广告成本;制作维护简单快捷,成本低;具有快速反应能力,能在短短几小时以内把广告信息传递给数10万目标消费群;对目标市场的覆盖率远高于其他形式的广告。

在利用 E-mail 发送广告时应注意:要事先得到用户的许可,如利用注册会员的方式;在发送的 E-mail 邮件广告时应明确发件人的地址,允许用户拒绝接收邮件。

10. 在广告交换网上发布广告

这种网站为加入网络的广告主之间首先提供互惠互利、互为免费的广告交换服务,以达到能以最小的投入在多个网络站点上发布广告的目的。当然参加广告交换网的企业必须有自己的网站。

四、网络广告的运作管理

网络广告的运作是指贯穿于广告策划及实施全过程的一系列活动。网络广告运作与传统广告运作有许多相似之处,但作为一种新的媒介,又有自身的特点。网络广告运作过程分为策划、实施和广告后的评估三个阶段,有效整合这三个阶段是网络广告运作成功的关键。

(一)网络广告策划

网络广告的策划在整个广告活动的过程处于核心地位,对广告活动的目的、内容起决定作用。包括对网络广告目标的定位、目标对象的定位、发布站点的定位和广告形式的定位。

1. 网络广告目标的定位

明确网络广告目标是为了指导网络广告的方向和进程,为广告评估提供标准和依据。网络广告是企业整体广告策略的重要组成部分。因此,在进行网络广告策划和运作之前,企业应该首先明确企业整体广告策略的目标定位,使网络广告与传统广告有机结合起来,共同实现广告目标。

企业的广告目标取决于企业的整个营销目标。广告目标指引着广告的方向,这一点在网络广告中也同样成立。随后进行的各种行动都取决于广告目标的确定。只有明确了这次 Web 广告活动的总体目标之后,广告策划者才能决定 Web 广告的内容、形式、创意,甚至包括网站的选择、广告对象的确定。例如,你的网络广告目标是要提高产品知名度,想让更多的人知道你的产品品牌,这时你的网络广告形式以旗帜式广告居多,广告对象的选择面要相对延展,同时也可能选择一个知名度较大的网站。

对于绝大多数网络广告作品来说,宣传的根本目的是劝说目标公众购买网络广告主的产品、劳务或提高网络广告主的知名度。因而网络广告的目标可分为第一目标和第二目标。第一目标是指广告对顾客的吸引,以提高产品知名度,推销品牌。它像传统媒体广告一样,实现的是以信息传播为手段来达到影响受众的目的,它包括顾客认可率、信任度、偏好度等。第二目标又叫根本目标,是获得受众的直接反应。这是网络广告与传统媒体广告所能达到目标的最大不同。受众主动操作性增强及授受之间互动性的传播方式使得 Web 广告能达到全新的传播效果,及时获取受众信息甚至最终促成其购买行为,达到销售的目的。网络广告的直接反应又包括:让受众来访问站点,从而让他们知道你的企业、产品在某一个 Web 站点上;让来访问站点的受众认识你的产品;填写一份调查表,配合你进行市场调查;使消费者购买产品,下定购单;让受众知道如何使用产品。

2. 网络广告目标对象的定位

网络广告活动是广告主通过互联网向网络广告对象(即全部上网网民)传递广告信息的过程。广告对象是哪部分人、有什么特点、如何接收和处理广告信息,都决定着网络广告的表现形式、广告的内容、具体站点的选择,也影响着最终的广告效果。只有让企业的合适用户来参与广告信息活动,才能使得广告效果得以最好发挥。

企业的产品特性是准确定位广告目标对象的关键。因为广告的目标对象是由企业的产品消费对象来决定的，网络营销人员要深入调查和分析目标群体的性别、年龄、职业、爱好、文化程度、素质水平、收入、生活方式、思想方式、消费心理、购买习惯、平时接触网络媒体的习惯等。了解了目标对象的特征，才能有的放矢地调整企业的营销策略。

在网络广告中，还要清楚了解目标对象的网络操作水平，这决定着网络广告表现时所能采用的技术程度和软件，针对那些熟悉网络操作技能的广告受众，可以采用较复杂的展现形式和增加广告的互动操作来提高网络广告的活泼性和趣味性。

由于现在开发的广告管理系统具有定向发布和定向反馈的功能，使得网络营销人员能更准确地了解广告目标对象的情况。企业在进行网络营销时，必须分析网络的既有群体与企业整体营销策略的目标市场之间的重合度有多大，以避免盲目的网络营销决策。企业应充分考虑网络广告目标对象的容量，这主要包括目标对象的人数、购买力及偏好。同时，还要考虑公司、产品及竞争对手在消费者心目中的形象。

3. 发布站点的定位

对网络广告来说其传播媒体主要是网络，网络站点的选择应当符合网络广告目标和策略。如何去选择一个合适的站点？衡量一个网站是否是一个适合做广告的站点有多种考虑因素：首先是网站的质量与技术力量以及由此决定的网站信誉。任何一个企业在从事网络广告时，都希望自己能找到一个较安全可靠的网站，否则，网站的破产倒闭也会殃及自己，这不仅浪费了广告费，而且有可能延误商机。其次是访问者的性质及数量。不同的站点有不同的受众对象，所以站点的选择对网络广告的最终影响很大，站点的选择应当同广告的目标受众有最大的重合。例如你想要发布一个少女用品的网络广告，而选择的站点是工程师们经常光顾的专业网站，尽管有许多人来浏览这个站点或好奇地点击了这个条幅广告，但最终广告效果却不大。第三，对网站管理水平的考察。一个好的网站也会因为管理水平的下降而导致衰落，比如某个网站的点击数在短时间内有大幅下降，那么及时查清其原因以调整广告预算是非常必要的。一个不规范的管理者会擅自更改你的广告位置、大小或播放时间，这往往是令人失望和生气的，为了避免这一点，就需先对网站进行考察，同时要签订必要的合同。合适的网络广告站点具有一些共同的特点：稳定的访问群、高点击率、覆盖面广、雄厚的技术基础、良好信誉度等。

4. 广告形式的定位

网络广告具体形式有旗帜广告、弹出式广告、互动式游戏广告、E-mail 广告、分类广告等。每一种形式都有其各自的特点和长处，网络广告策划中选择合适的广告形式是吸引受众、提高浏览率的可靠保证。例如，广告的目标是品牌推广，让更多的人知道、了解这个品牌的产品，那么 Web 广告形式可选择旗帜广告；若广告对象是 30 多岁的成熟女性，那么广告形式就可考虑用交流式的了。另外不同的广告形式其制作成本是不同的，因而要兼顾广告预算来确定广告形式。根据对网络广告从各方面的定位，形成网络广告策划计划书。

(二)网络广告的执行

网络广告的执行是把网络广告策划辅助与实践的过程,包括网络广告创意的设计、网络广告投入与预算的策划等。

1. 网络广告创意

网络广告创意的设计就是如何使企业的品牌、广告形式、诉求内容适合目标受众的要求,它是决定最后广告表现的关键,也是吸引受众注意并来浏览广告信息的决定性步骤。新颖巧妙的广告创意能够引发受众对产品的注意,唤起受众了解和尝试产品的兴趣,从而使广告商品在激烈竞争中处于有利的地位;恰当的广告创意能为企业塑造良好的形象,为将来新产品的推出奠定基础。

2. 网络广告投入与预算

广告投入是一项商业活动,对广告活动的费用开支计划的设计、安排及分配就是广告预算,它规定计划期内广告活动所需的经费,及在各项工作上的分配。对一个广告主来说,他总是力求以最小的成本去争取最大化的广告效果,要在投入与广告效果之间力求最优化,就必须对投入进行合理安排,以及对广告预算科学计量。

(三)网络广告的评估

1. 设计测试方案

在网络广告策划中,设计一个能全面检测的测试方案对广告最后效果的发挥起到重要的作用。测试方案的设计要根据本次广告策划中所规划的广告形式、广告内容、广告表现、广告创意及具体网站等方面来设计一个全方位的测试方案。测试的内容主要包括对技术的测试和广告内容的检测。技术的测试主要包括:

(1)检查广告能否在网络传输技术和接受技术上行得通。有时一则网络广告在广告制作者电脑上的显示和通过传输后在客户终端上显示的效果不一样,因而要对客户终端机的显示效果进行检测。

(2)对服务器的检测,以避免 Web 广告设计所用的语言、格式在服务器上不能得到正常的处理,以致影响最后的广告效果。

(3)测试网络传输技术,也就是对网络的传输速度的检测,防止因为广告信息存量太大而影响传输广告的效果。

(4)对内容的测试是检测网络广告内容与站点是否匹配、与法律是否冲突。例如广告内容是关于食品类产品的,但站点却选择了一个机械工程技术类的专业网站,这就是内容与网站的不匹配。内容的法律问题就是检察广告内容是否在法律规定的范围内,如香烟、色情广告就是违法的。

2. 网络广告效果监测

网络广告效果评估可以从网络广告的传播效果和实际产生的经济效果两个方面来进行。

网络广告的传播效果是指网络广告宣传对消费者消费心理和行为的影响程度。网络广告的传播效果可以用广告的被动浏览时间和次数、主动点击次数、与浏览者的交互行为等来衡量。通过对浏览者流量的统计,不仅可以精确地统计出每个网络广告被多少个浏览者看过,还可以知道这些浏览者查阅的时间分布和地域分布。这些给企业正确评估广告效果、调整广告的投放策略提供了准确的依据。

网络广告的经济效果是指通过网络广告宣传、对企业经济利益的影响。由于经济利益和销售情况的变化还受其他因素的影响,因此,很难对实际经济效果进行定量的评估。

在实际操作中,企业对网络广告进行效果评估时可以根据自己的能力和需要,选择采用以下三种方式来进行:通过第三方评估机构进行评估,通过访问统计软件进行统计评估,通过客户反馈情况进行统计评估。

第四节 网络营销公共关系

公共关系(Public Relations)是一种重要的促销工具,它通过与企业利益相关者包括供应商、雇员、顾客、股东、社会团体等建立良好的合作关系,为企业的经营管理营造良好的环境。通过实施公共关系策略企业可以培养消费者对企业产品和服务的信任和忠诚,提升企业在社会公众和消费者心目中的形象。网络公共关系与传统公共关系功能类似,只不过是借助互联网作为媒体和沟通渠道。

一、网络营销公共关系的优势

网络营销公共关系的目标、基本任务与传统的公共关系并无太大差异,但由于网络的开放性和互动性特征,使得网络营销公共关系相对于传统的公共关系具有以下方面的优势。

(一)增强了公关主体的主动性

在传统的企业公关中,企业的公关人员不能直接在报纸、杂志、电视、广播等传统媒介中发布新闻,只能将需发布的新闻交给记者,而由于报刊版面、电视播出时间的限制,很多企业新闻不能发布。记者和媒体充当"守门员"的角色,拥有发布新闻的巨大权利,他们可以根据自己的意志决定企业新闻消息的发布与否,同时还决定这则消息的表现风格甚至隐含内容等,在这方面,企业有很大程度的被动性。

网上的各种组织、团体、企业、个人都可以是网上公关主体,但网上公关主体主要是指网上企业。因为网络具有互动的特性,使网上企业在公关活动的任何环节中都能发挥主动作用。企业可通过网络论坛、BBS、新闻组、E-mail 等直接面向公众及时发布新闻,不受篇幅、媒体、时间与空间的限制,不需要通过新闻媒介的审批,避免消息被媒体干预,这是一次极为重要的革命。

(二)增强了公关客体的参与性

网络公共关系客体即网上消费者,是指与网上企业有实际或潜在利害关系或相互影响的个体或群体。网络公关客体主要出现在网络社区中。网络社区有两种类型:一类是围绕网上企业由利益驱动形成的垂直网络社区,它包括投资者、供应商、分销商、顾客、雇员及目标市场中的其他成员;另一类是围绕某一主题形成的横向网络社区,包括生产、销售类似产品或提供相似服务的其他企业或组织等。他们活动的主要场所是各类网络论坛、新闻组、邮件列表等。

在网络公共关系活动中,网络公关客体不是消极的、被影响、被作用的对象,他们的主动参与性大大增强,对网上企业的影响会更直接、更迅速,他们的意见、态度、观点和行为会迅速在网上扩散,对企业产生重大影响,甚至会决定企业的成败。因此,从事网络公共关系的人员必须充分认识到公关客体在网络公共关系活动中的重要性,事先控制信息传播的内容、方向、范围,监控公关客体的反应,及时采取有效措施,化解对企业的不良影响。

(三)能够实现"一对一"公关

网络作为公共关系传播的媒体,彻底改变了传统公共关系的信息传播方式。传统公共关系所采用的传播媒介,无论是报纸、杂志、电视还是广播,其传播方式都是大众传播,是单向的 $1:n$ 的沟通方式,企业与公众之间的沟通又由于受到传播媒介的限制而使传播的广度、功效、力度大大降低。而网络上的传播是双向互动式的,是 $1:1$ 的沟通。这种互动式的个体沟通方式使接收信息的消费群体在阅读信息的同时,可以与企业的有关人员或其他网民开展讨论,还可以对信息内容、信息的传播形式进行控制,使企业在传播信息时有必要根据消费群体的不同需要、不同的反应程度提供个性化的信息服务。

通过企业网站,企业可以收集到用户的 E-mail 地址。通过 E-mail 收发,还能帮助企业与用户建立"一对一"的公关关系。一对一公关能够针对用户个别需求,提供个性化服务,符合当今网络营销发展潮流。

(四)提高效能

开展网络公共关系使传播时空大为扩展。从传播空间上看,传统公共关系活动中所撰写的新闻稿件,受到版面、播放时间的制约,必须提纲挈领、简洁明了,有时,许多重要的信息只好忍痛割爱,消费者也很难从简短的新闻中获得完整的、感兴趣的信息。网络公共关系活动中没有这种限制,企业有足够的时间和空间传播内容详尽的信息,并可通过与其他相关信息的超链接增加信息容量,实现企业与消费者之间的即时互动。从传播时间上看,传统公共关系传播媒介都有固定的播放和发行时间,如报纸和杂志是按日、周、月等期限发行的,电视和广播虽然可以连续播映,但也有固定的栏目和时段分配,而在网络上可以全天 24 小时随时发布新闻,一有消息即可播出,不必为传统媒介的时间等问题大伤脑筋。

二、网络营销公共关系的方法

为实现网上公共关系目标,企业可以利用互联网开展下列各类公关活动。

(一)与网络新闻媒体合作

互联网被称为新兴的区别于报纸杂志、无线电广播、电视的第四类媒体。它吸引着越来越多的用户通过网上获取信息,因此互联网具有媒体功能。网络新闻媒体一般有两大类,一类是传统新闻媒体上网,通过互联网发布媒体信息,如报纸类的《光明日报》建立网上互联网电子版(http://www.gmw.cn),用户可以直接通过互联网获取报纸信息;电视台类的中央电视台(http://www.cctv.com)在网上发送新闻和报道;一些广播电台也纷纷通过互联网来播放电台节目。这些传统媒体上网,主要模式是将在传统媒体播放的节目进行数字化,转换成能在网上下载和浏览的格式,用户不用依靠传统渠道就可以直接通过互联网了解媒体报道信息。另一类媒体,是新兴的真正的网上媒体,他们没有传统媒体的依托,如一些 ICP 公司就属于这一类型。这类媒体一方面由于没有自己完整独立的采编人员获取新闻,要依赖传统媒体提供新闻稿源;另一方面,这些媒体也通过自己的优势挖掘新的信息来源,发布自己的新闻,如新浪网有自己的体育新闻记者在全国采编体育新闻,对于一些体育新闻报道可以在最快时间报道,可以说在事件结束同时新闻也就报道出去了。

对于前一类媒体,企业开展公共关系活动的手段与传统公共活动手段类似。不管是哪一类媒体,互联网出现后,企业与新闻媒体的合作可以更加密切了,可以充分利用互联网的信息交互特点更好地进行沟通。如传统媒体对企业进行报道获取资料,必须亲临现场,费用开支非常大。现在可以通过互联网实现远程沟通,突破过去地理位置障碍。为加强与媒体合作,企业可以通过互联网定期或不定期将企业的信息和有新闻价值的资料通过互联网直接发给媒体,与媒体保持紧密合作关系。企业也可以通过媒体的网站直接了解媒体关注的热点和报道重点,及时提供信息与媒体合作。

(二)宣传和推广产品

宣传和推广产品是网络公共关系重要职能之一。互联网最初是作为信息交流和沟通的平台,因此互联网上建设有类似社区性质的新闻组和公告栏。企业在利用一些直接促销工具时,可以采用一些软性的工具如讨论、介绍、展示等方法来宣传推广产品效果更好。在利用新闻组和公告栏宣传和推广产品时,要注意"有礼有节",要遵守网上虚拟社区的网络礼仪,同时发布信息时要注意方式,最好是以讨论和介绍的形式,以免引起社区成员的反感而适得其反。另一方面,企业要关注这些虚拟社区对企业以及企业产品的评价和讨论,及时采取措施应对突发事件。如 Intel 公司的奔腾芯片因为浮点运算出现错误,虽然概率非常低,但还是被一位数学家发现了,然后在网上发表了评论,Intel 公司知道后认为是小问题,不会对用户造成伤害,没有采取应对措施,结果这一评论在短短的几天时间内通过互联网传播到全球各个国家,新闻媒体也大加报道，Intel 的产品受到前所未有的挑战。后来，为挽回损失，Intel 公司投入 10 亿美元收回所有已出售产品，并向顾客道歉才将影响挽救回来。可见，互联网作为一种"10 倍速"力量，它是一双刃剑，企业必须注重互联网带来的一些负面影响。

（三）建立沟通渠道

企业的网络营销站点是企业与企业相关者建立沟通的重要渠道，通过网站企业可以与目标顾客直接进行沟通，帮助顾客了解产品信息，解答使用和维护过程中的难题，调查顾客的需求和对产品的评价，维系顾客忠诚度。同时，企业通过网站对企业自身以及产品、服务的介绍，让对企业感兴趣群体可以充分认识和了解企业，提高企业在公众中的透明度。企业通过互联网与消费者建立沟通渠道主要有这样一些方式：Web 页面展示、虚拟社区（公告栏）、新闻列表等。

三、网络营销公共关系材料的制作与发布

在实施网络公共关系活动之前，首先必须要进行网络公共材料的搜集与制作。主要有以下两种方式。

（一）电子推销信

网络营销公关中的一种常用形式是给新闻记者或编辑发送电子推销信，在信中简述新闻的内容及对他的请求（请求他写一篇文章或采访公司总裁，会见公司代表，参观一个新工艺等）。这就要求企业公共关系人员要与新闻记者或编辑建立起稳固的关系，通过多种途径搜集新闻记者和编辑的 E-mail 地址。企业一有新闻题材即给记者或编辑发送电子推销信，吸引记者关注企业动态，进而促成媒体报导相关企业新闻，扩大产品影响，提高企业知名度。制作和发布电子推销信应注意以下策略：

1. 内容简洁、明了

电子推销信写作首先要遵循简洁的原则，直切主题。电子推销信全文最好不要超过一个屏幕的大小。

2. 使用富有吸引力的主题

主题出现在记者 E-mail 收件箱的邮件列表中，新颖别致的主题容易吸引记者的兴趣，并进一步打开邮件。否则很可能会因不知来路被直接删除，甚至可能被加入到阻止发件人名单。

3. 电子推销信正文

正文应简述企业新闻的具体内容，并对记者提出请求，如请求记者采访公司总裁、会见公司代表、参观新工艺等。最后注明详细的联系方式，便于记者回复。

4. 发送电子推销信

根据记者的需要合理安排内容，不同的记者需要的信息重点也不相同，所以公司给所有的记者都发送内容重复的电子推销信不太合适。在发送电子推销信时，需考虑记者的目标公众

是以下哪一种:网络社区、垂直市场、零售商、分销商。记者的目标公众不一样,他所写文章的偏重点也不一样。如面向零售商的新闻记者要寻找的信息是制造商采用哪些激励的措施来刺激零售;面向广大消费者的记者则寻找他的读者感兴趣的新产品的信息;面向垂直市场的记者要了解介绍新产品对公司的股票有什么影响等,了解了记者的信息需求,可使公司的电子推销信更有效。

5.电子推销信范例

【案例9.2】

主题:启智公司新产品发布会

×××记者先生:

启智公司将于×月×日上午×时,在少年宫科技厅,发布两种面向3～8岁儿童的益智游戏软件,这两种游戏能向孩子们传授自然常识、社会常识,启发思维、增长智力。如果您想安排约见、参加发布会、浏览游戏或阅读相关新闻材料,请您给本公司信息部门发 E-mail:＊＊＊＊＊,或请打电话＊＊＊＊,或请访问本公司站点＊＊＊＊＊。

启智公司
×年×月×日

上例文章主题明确,简述了新产品的功能及目标市场,并请求记者给以关注。全文不到200字,言简意赅很有吸引力。

(二)互动式新闻稿

在传统媒体发布新闻,总是受到篇幅所限,新闻正文一般不超过两页,这是对大多数新闻的要求,几乎成了惯例。因为这个限制许多信息因此不能完全表达出来。在网络上没有这种限制,而且还可将新闻链接到其他相关信息上,用户在搜寻信息时,可能不仅对这则新闻感兴趣,还可能从这些链接中寻找更有用信息。这个性能使网上新闻稿的信息容量远远超过真实世界中的静态新闻稿。撰写互动式新闻稿应注意把握以下几点:

(1)文字链接。提供新闻稿中涉及的相关概念、术语、人物、事件、资料的更详细的解释资料,并将其与稿件正文建立超链接关系,方便用户浏览事件发展过程的更多信息。创建新闻稿到站点中过去的新闻稿及相关信息的链接,使记者能够获得事件发展过程的概貌及更多的信息。

(2)图片链接。创建新闻稿到相关图片的链接,在新闻稿中添加过多的图片会延长新闻稿的下载时间,影响浏览效果,但图片对记者是很多用的信息资源,这个链接能在记者需要的时候将他引导到相关的图片资源。

(3)在非常必要的时候可添加密码,只允许部分记者阅读新闻,但一般的情况下不采用这种战略。

(4)联系方式。在新闻稿页面底部添加企业的联系方式,包括详细地址、电话、E-mail 信箱、网址,并在 E-mail 信箱地址及网址上建立超链接,使记者能和企业的有关人员取得快速联系,实现记者和企业公关部门的即时互动。

第五节　网上销售促进

一、网上销售促进的含义

销售促进包括运用多种激励工具,这些工具多是短期的,设计出来用于刺激消费者或经销商对特定产品和服务较快或较大的购买。网上销售促进又叫在线营业推广,是指企业在网上运用各种短期诱因,鼓励消费者购买或销售企业产品或服务的网上促销活动。

二、网上销售促进的形式

（一）网上折价促销

折价亦称打折、折扣,是目前网上最常用的一种促销方式,是指企业对标价或成交价款实行降低部分价格或减少部分收款的促销方法。在传统的促销活动中,折扣是历史最为悠久但如今仍颇为风行的一项极为重要的促销手段。在网络促销中,折价也是最常用的一种促销方式。由于网上销售商品不能给人全面、直观的印象,也不可试用、触摸等,再加上配送成本和付款方式的复杂性等多种原因,使得目前消费者在网上购物的热情仍然要低于商场超市等传统购物场所。为了吸引消费者,网上商品的价格一般都要比传统购物场所的销售价格要低,幅度比较大的折扣可以促使消费者进行网上购物的尝试并做出购买决定。美国亚马逊网上书店对于许多种图书都实行了折扣销售,折扣率为 5%～40%。美国亚马逊网上书店将网络信息传递所节省的费用,通过折扣的形式转移到顾客身上,使顾客充分领略到现代交易方法的优越性,也使自己的书店成为世界上图书销售量最大的无国界书店。目前大部分网上销售商品都有不同程度的价格折扣,如当当书店等。

折价券是直接价格打折的一种变化形式,有些商品因在网上直接销售有一定的困难性,便结合传统营销方式,可从网上下载、打印折价券或直接填写优惠表单,到指定地点购买商品时可享受一定优惠,如肯德基、麦当劳、必胜客的电子优惠券。此法一举两得,第一可增加网站访问量,让更多的消费者了解企业;第二可促进销售。

（二）在线竞赛与抽奖

许多网站组织竞赛和抽奖不仅是为吸引眼球和客户不断光顾,还可以与客户共建网站内容,通过参与让客户对网站产生留恋和感情,建立长期的关系,形成良好的口碑。如果抽奖定期更新内容,客户就会时常返回查询是否获奖。

（三）网上抽奖促销

抽奖促销是网上应用较广泛的促销形式之一,是大部分网站乐意采用的促销方式。抽奖促销是以一个人或数人获得超出参加活动成本的奖品为手段进行商品或服务的促销,网上抽奖活动主要附加于网络调查、产品销售、扩大用户群、庆典、推广某项活动等。消费者或访问者通过填写问卷、注册、购买产品或参加网上活动等方式获得抽奖机会。

网上抽奖促销活动应注意的几点:第一,奖品要有诱惑力,可考虑大额、超值的产品吸引人们参加;第二,活动参加方式要简单化,网上抽奖活动要策划的有趣味性和容易参加,太过复杂和难度太大的活动较难吸引匆匆的访客;第三,抽奖结果的公正公平性,由于网络的虚拟性和参加者的广泛地域性,对抽奖结果的真实性要有一定的保证,应该及时请公证人员进行全程公证,并及时通过 E-mail、公告等形式向参加者通告活动进度和结果。

(四)免费促销

1. 免费使用促销

由于互联网的开放和自由,使得对于一些易于通过互联网传输的产品非常适合在网上进行免费使用促销。如许多软件厂商为吸引顾客购买软件产品,它允许顾客通过互联网下载产品,在试用一段时间后再决定是否购买。

2. 免费资源促销

免费资源促销主要目的是推广网站。免费资源促销可以说是互联网上最有效的取胜法宝。所谓免费资源促销就是通过为访问者无偿提供访问者感兴趣的各类资源,吸引访问者访问,提高站点流量,并从中获取收益。目前利用提供免费资源获取收益比较成功的站点很多,有提供某一类的信息服务的,如提供搜索引擎服务的 Yahoo! 和中国的 Sohu,提供网上实时新闻信息的新浪、Chinabyte 等,这类站点通过免费资源的吸引力,扩大站点的吸引力,使其站点具有传统媒体的作用,并通过发布网上广告来进行赢利。也有提供免费网上 E-mail 空间、个人站点空间的站点,如国内的 163.net 免费信箱和国外著名的 Hotmail.com 信箱,他们的用户数高达上千万用户,每天访问量相当巨大,具有很大广告作用。

由于互联网的主干部分是由国家投资和支持的,所以站点的使用成本很小。对于普通的网络"冲浪者"而言,获取免费的产品和服务是最大限度地减少开支的方法之一。所以,在网络促销过程中,为了吸引访问者,应当尽可能地提供一些免费的产品、服务和软件。

利用免费资源促销要注意下列问题:首先要考虑提供免费资源的目的是什么,有的是为形成媒体作用,有的是为扩大访问量形成品牌效应;其次要考虑提供什么样的免费资源,目前网上免费资源非常丰富,只有提供有特色的服务才可能成功,否则成为追随者,则永远不可能吸引访问者,因为网上的信息是开放的,要访问肯定是访问最好的,这就是网上赢家通吃原则;最后要考虑的你的收益是什么,世上没有免费的午餐,只有在允许范围之内,访问者是愿意付出一点的,当然不能是金钱,因此你的收益可能是通过访问者访问从广告主获取收益,或者通过访问者访问扩大你的品牌知名度,或者通过访问者访问扩大了你的电子商务收入。当然利益有短期和长期的,有有形和无形的,这都是需要综合考虑的,毕竟免费资源对站点来说不是免费的。

(五)网上赠品促销

赠品促销目前在网上的应用不算太多,一般情况下,在新产品推出试用、产品更新、对抗竞争品牌、开辟新市场的情况下,利用赠品促销可以达到比较好的促销效果。

赠品促销的优点:一是可以提升品牌和网站的知名度;二是鼓励人们经常访问网站以获得更多的优惠信息;三是能根据消费者索取赠品的热情程度而总结分析营销效果和产品本身的反应情况等。大部分网上销售商品都会在特定的时期附赠品。

赠品促销应注意赠品的选择:第一,不要选择次品、劣质品作为赠品,这样做可能会起到适得其反的作用;第二,明确促销目的,选择适当的能够吸引消费者的产品或服务;第三,注意时间和时机,注意赠品的时间性,如冬季不能赠送只在夏季才能用的物品,另外在危机公关等情况下也可考虑不计成本的赠品活动以挽回公关危机;第四,注意预算和市场需求,赠品要在能接受的预算内,不可过度赠送赠品而造成营销困境。

(六)网上积分促销

网上积分促销是企业基于顾客购买的数量给予的一种奖励,积分促销在网络上的应用比起传统营销方式操作起来更简单和容易。网上积分活动很容易通过编程和数据库等来实现,并且其结果可信度很高。积分促销一般设置价值较高的奖品,消费者通过多次购买或多次参加某项活动来增加积分,并可以根据自己的积分获得相应的奖品。积分促销可以增加上网者访问网站和参加某项活动的次数,可以增加上网者对网站的忠诚度,可以提高活动的知名度等。

(七)网上联合促销

由不同商家联合进行的促销活动称为联合促销,联合促销的产品或服务可以产生一定的优势互补、互相提升自身价值等效应。如果应用得当,联合促销可以起到相当好的促销效果,如汽车生产商可以和润滑油公司进行联合促销。

联合促销的优势在于:一是联合促销的成本费用由各方分摊,不但降低了各方促销的投资,而且可能收到更好的效果;二是联合促销有时能获得单独促销无法获得的效果;三是名牌商品的联合促销,可以借对方产品的知名度为自己增加新的消费群;四是弱势品牌如果能与强势品牌联合促销,可借对方的知名度提高自己的形象,带动弱势品牌的销售。但在实施联合促销时也存在一些问题:一是联合各方所承担的费用难以商定,利益冲突较难摆平,相互关系较难处理;二是促销活动的时间、地点、内容和方式较难统一,各方都希望选取对自己最有利的促销时间、地点、内容和方式;三是促销活动开始后,各方为了把顾客吸引到自己周围提高自己产品的销量,有可能互相拆台,使合作伙伴成为竞争对手;四是在联合促销活动中,要突出本企业或本企业产品的特色,有一定的难度。

以上7种网上促销活动是比较常见的方式,其他如节假日促销、事件促销等都可以与以上几种促销方式综合应用。但要想使促销活动达到良好的效果,必须事先进行市场分析和网上活动的可行性分析,并与整体营销计划结合,以实现预期的促销效果。

思考题

1. 什么是网络营销促销?它与传统促销有什么区别?
2. 网络促销的实施过程大致分为几个步骤来完成?
3. 常用的网站推广方法有哪些?
4. 与传统媒体广告相比,网络广告有哪些特点?
5. 常见的网络广告有哪些类型?网络广告的发布有哪些主要形式?
6. 什么是网络公共关系?如何利用互联网进行网络公关?
7. 网上销售促进主要有哪几种形式?(请列举出5种即可)

【阅读资料1】

弹出式广告还能继续弹出来吗?

谈起"弹出式"广告,相信大家都不会感到陌生。随着互联网的发展,弹出式广告也随之孕育而生,并且发展到了几乎无孔不入的地步,但同时也激起了许多网民的极大不满。即将出版的《商业周刊》日前撰文表示,随着人们对其厌恶程度的增加,弹出式广告要想继续生存下去,必须要在某种程度上取悦于网民,而不是像当前这样来激怒他们。

当人们浏览某网页时,网页会自动弹出一个很小的对话框。随后,该对话框或在屏幕上不断盘旋、或漂浮到屏幕的某一角落。当你试图关闭时,另一个会马上弹出来,这就是互联网上的"弹出式"广告。多年来,人们对这种"弹出式"广告的争论已经达到了白热化程度。广告商们之所以对这种新颖的广告方式情有独钟,是因为它可以迫使广大网民不得不浏览其广告内容,从而获得较好的广告效果。但广大网民对此早已是深恶痛绝了。

为了平息广大消费者心中的这股怨气,一些主要的互联网服务供应商日前纷纷向其客户提供阻挡这种弹出式广告的技术工具。美国在线、EarthLink 和 MSN 均表示,将在新近推出的网络服务中集成可阻挡弹出式广告的相关工具。同时,著名的搜索服务供应商 Google 也表示,将免费提供相关阻挡工具。

让我们再看看弹出式广告的市场份额。据预计,在 2003 年整个 83 亿美元的互联网广告收入中,弹出式广告仅占据5%的市场份额。有鉴于此,弹出式广告要想继续生存下去,必须要以一种新的形式出现,并以此来取悦于广大网民,而不是进一步去激发他们的不满情绪。

事实上,在阻挡弹出式广告问题上也使网络供应商们陷入两难境地。为了满足客户的要求,微软的 MSN 不得不提供阻挡弹出式广告的技术工具。与此同时,这些阻挡工具将不可避免地将本身所提供的弹出式广告封杀掉,这就有可能导致自身网络广告客户的流失。如 Google 采取了阻止弹出式广告的措施后,许多 Google 的网络广告客户就不得不选择其他的合作伙伴了。

与传统的条幅广告相比,弹出式广告的点击率为2%,相当于条幅广告点击率的4倍之多。正是基于此原因,才使诸如摩根大通、英国航空等网络广告大客户们仍然希望保留原来的弹出式广告,只不过在具体形式上会变得更温和些。其中最显著的变化是在浏览器被关闭时才弹出广告。另一点变化是广告的出现频率有所降低。如《纽约时报》网络版站点,读者在24小时内只能看到弹出式广告一次。

而在线旅游服务站点 Orbitz 则赋予了弹出式广告更多的趣味性。该公司去年与芝加哥 Otherwise 广告公司进行了合作,将其所发布的弹出式广告变成了一系列小游戏和谜语节目。比如有这样一则游戏型弹出式广告:屏幕上首先出现一只母鸡,如果你点击它的羽毛,这只母鸡就会下蛋,如果你再点击这只鸡蛋,就会进入 Orbitz 网站。目前,Orbitz 已经发布了 20 多种类似的游戏型弹出式广告,网站访问量得到了明显提高。

鉴于这种良好的广告效果,Orbitz 的这种做法目前已经变得越来越盛行。当前,包括游戏、博彩及旅游站点在内的企业纷纷效仿 Orbitz 此举,试图以此来拯救"骂名昭著"的弹出式广告市场。我们也希望 Orbitz 的创新能够重新挽回弹出式广告市场的生机。即便如此,弹出式广告要想获得永生,还必须获得更多的生存"资本"。

资料来源:http://tech.sina.com.cn/i/w/2003 - 12 - 03/1058263203.shtml

【阅读资料2】
欧莱雅——焕肤三部曲

1. 广告背景

中国女性一向致力于对于自身肌肤的美白护理,现在欧莱雅为此专门推出了 white perfect peel 美白焕肤套装,能够让使用者在家里只需要花 1 个月的时间,通过专业、集中的调理,实现完美净白肌肤。

同时,设置有奖注册和购物有礼的活动回报所有参加的网民,只要注册成为欧莱雅的会员,均有机会参加幸运抽奖,获得时尚手机大奖!整个推广在短期内迅速提升了欧莱雅网站的访问量和注册量,形成对欧莱雅新产品的关注,并促进了消费。

2. 活动设计

针对目前中国女性对于美白焕肤的追求,锁定目标受众,欧莱雅通过焕肤三部曲的在线动态演绎配合有奖注册活动提升目标用户的兴趣,同时选择非常有针对性的媒体,通过有效的广告投放聚集海量访问,成功获得预期目标。

3. 创意思路

通过对欧莱雅的品牌分析和本次产品的消费者洞察,Allyes 将本次推广的目标受众准确界定为"珍爱自己,了解品牌,紧跟时尚步骤"的都市白领女性。根据她们的网络行为习惯,制定出针对性很强的推广计划。本次推广的首要任务是吸引受众的关注和参与。

如何盘活人气是欧莱雅考虑的第二个问题,于是设计了一个带有皮肤测试功能的焕肤三部曲,测试她们是否适合该产品使用,很好地迎合了目标受众的兴趣点,在盘活人气的同时又促进了第二轮的主动传播。

让这些受众最大程度的成为欧莱雅的注册用户甚至是消费者是最根本的目标,本次推广采用的是最有效的方法——奖品刺激。通过时尚大奖的促进和购买产品即送搭配套装的活动刺激,促进了网民由基础访问者向注册用户,乃至消费用户的顺利转变。

4. 案例卖点

通过富有创意的产品介绍和使用流程展示,并结合有奖注册营造兴趣点;针对性的媒介策略,达到效果营销,实现用户注册数提升和极高的用户访问量。

5. 广告效果

通过本次推广,在短短的 1 个月活动期间,欧莱雅网站的网民访问量累计达到 800 万人次,非常好地达到了客户预期的推广目标。

6. 网络广告效果图

图 9.17 展示了欧莱雅网络广告效果图。

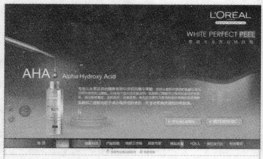

图 9.17　欧莱雅网络广告效果图

资料来源：http://allyes.blog.bokee.net/bloggermodule/blog_printEntry.do? id=367430

第十章 Chapter 10

网络营销服务

【学习目标】
1. 掌握网络营销服务的特征与分类。
2. 熟悉网络个性化服务的意义。
3. 了解网络营销服务的手段。

第一节 网络营销服务的分类与特征

服务是企业价值和利益的核心,是企业间竞争的焦点。网络的出现和发展,为企业提供了为顾客服务的全天候、即时、互动的平台,使企业服务的核心地位更加突出,更能为顾客提供个性化的服务,所以,越来越多的企业更加重视顾客服务,将网络顾客服务整合到企业的营销计划中,通过服务更好的满足顾客的需求。

一、网络营销服务的层次

营销大师科特勒将服务定义为:服务是一方能够向另一方提供的基本上是无形的任何活动或利益,并且不导致任何所有权的产生。它的产生可能与某种有形产品联系在一起,也可能毫无关联。网络营销服务是通过互联网来实现的服务,也有着同样的内涵,网络营销服务的本质是让顾客满意,要让顾客满意就是要满足顾客的需求,网络营销服务利用互联网的特性可以更好满足顾客不同层次的需求。顾客需求的层次由低到高依次为了解产品信息、解决问题、接触公司人员和了解整个过程。网络时代,顾客需求呈现出个性化和差异化特征,顾客为满足自己个性化的需求,需要全面、详细了解产品和服务信息,寻求出最能满足自己个性化需求的产品和服务。

在网络营销中，顾客同样会面临像产品安装、调试、试用和故障排除，以及有关产品的系统知识等许多问题，企业可以通过互联网了解顾客的问题所在，在网络上提供解决问题的方法；同时对企业的顾客进行训练，教会他们如何使用企业在网上为顾客提供的服务功能，如何通过互联网向其他顾客寻求帮助，如何利用网络自己解决遇到的问题。

网络顾客也需要像传统顾客服务一样，希望能得到企业的直接服务，在必要的时候与公司的有关人员直接接触，解决比较困难的问题，或面对面地询问一些特殊的信息，反馈他们的意见。

由于网络营销的双向互动的特征，顾客为满足个性化需求，还要求直接参与产品的设计、制造、运送整个过程。企业要实现个性化服务，就需要改造企业的业务流程，按照顾客需求来进行产品的设计、制造、改进、销售、配送和服务。

网上顾客服务需求四个方面的内容，不是完全独立的，它们之间是一种相互促进的关系。低层次的需求满足得越好，就越能推动更高层次的服务需求，对顾客的服务需求满足得越好，企业与顾客之间的关系就越密切。企业要通过互联网的特性去满足顾客不同层次的服务需求。

二、网络营销服务的分类

服务是企业围绕顾客需求而展开的，能够为顾客带来利益和满意，网络营销服务的本质也就是通过与顾客一系列的互动过程满足顾客的个性化需求，从而赢得顾客的满意，顾客是否满意是网络营销服务质量的唯一标准。

网络营销服务依据不同的划分标准，可以进行不同的分类。

(一)根据企业提供的产品和服务的比例分类

根据企业提供的产品和服务的比例，可以将服务分为四类：纯有形产品的伴随服务、伴随服务的有形产品、主要服务伴随小物品和小服务、纯服务。

1.纯有形产品的伴随服务

这是企业进行网上销售产品为主而伴随的对顾客的免费服务。包括销售前的产品信息咨询介绍、销售中的某些代办事务、销售后的技术支持等。例如网上灯具商店帮助客户设计室内灯光效果，指导购买，然后免费上门帮助安装等。

2.伴随服务的有形产品

这是一种以服务为主的网上产品的销售形式。例如异地网上购买鲜花，然后由网上花店送达顾客并代替问候指定的亲朋好友，就是这种网络营销服务的方式。此类供应包括有附带旨在提高对顾客的吸引力的一种或多种服务的有形商品。

普通产品的技术越复杂，它的销售就越发依靠其伴随的顾客服务的质量和效用。由于许多公司在其所出售的商品上获得的利润日益下降，它们不得不将更多的注意力转向通过服务来赚钱。

3. 主要服务伴随的小物品和小服务

这是一种以网上服务产品为主,在服务的过程中伴随提供给顾客馈赠性质的小礼品或额外的简单服务。例如顾客进行网上的寻医问药,然后会得到该网站赠送的医药小册子或代替联系就医等。

4. 纯服务

这是一种纯粹的网上服务产品的营销,不附带任何有形商品。例如,网络公司定期代替研究经济的学者收集整理某经济领域的信息和资料,然后以电子邮件的方式发给他,就是这样一种网络营销服务的类型。

对于网络营销服务,则可以简单划分为网上产品服务营销和服务产品营销。网上产品服务营销主要是指前面两类服务,服务是产品营销的一个有机组成部分。网上服务产品营销是指无形产品,可以直接通过互联网直接进行传输和消费的服务产品的营销活动。对于服务产品营销除了关注服务销售过程的服务外,还要针对服务产品的特点开展营销活动。

(二)根据网络营销交易的时间间隔分类

根据网络营销交易的时间间隔,可以将服务划分成销售前的服务、销售中的服务和销售后的服务。

1. 网上售前服务

企业网络营销售前服务是利用互联网进行市场调研,了解顾客的需求,向顾客提供相关的信息,以满足顾客的需要。所以,网上售前服务主要是提供信息服务。企业在产品销售之前,针对消费者的购物需求,通过网络向消费者开展诸如产品介绍、产品推荐、购物说明、协助决策等消费者教育与信息提供活动,网络营销售前服务的主要任务是向潜在的用户提供产品技术指标、产品性能、式样、价格、使用方法、功能、特色等全面有用的信息。

企业提供售前服务的方式主要有如下几种。

(1)通过自己网站宣传和介绍产品及相关信息

这种方式要求企业的网站必须有自己的特色和一定的知名度,否则很难吸引顾客注意,如在我国著名的海尔集团的网站(http://www.haier.cn/,其主页见图10.1)上,提供了海尔集团全系列产品的详细介绍,顾客只要点击相应产品,就可获得有关产品的功能、技术参数、产品相关知识等方面的详细信息,如图10.1所示。

(2)通过网上虚拟市场提供产品信息

如在我国著名的B2B模式的商人服务网站阿里巴巴(http://china.alibaba.com)上,企业可以免费在上面发布产品信息广告,提供产品样品,如图10.2所示。除了提供产品信息外,还应该提供产品相关信息,包括产品性能介绍和同类产品比较信息。为方便顾客准备购买,还应该介绍产品如何购买的信息,产品包含哪些服务,产品使用说明等。总之,提供的信息要足够能够满足准备购买的顾客的需要,使顾客对本企业的产品产生认同,并能够促成顾客购买,并在购买后可以放心使用。

图 10.1　海尔公司网站主页

图 10.2　阿里巴巴公司网站主页

为满足顾客的个性化需求,让顾客对企业服务更加满意,网络营销售前服务还应该提供顾客订货功能,顾客在订货时可以选择一些标准的产品,也可以根据自己偏好自行设计能满足自己需要的产品,让顾客直接参与营销过程。

网络售前服务是网络营销服务的开始,给顾客留下较好的第一印象,是企业取得成功的基础和关键。

2. 网上售中服务

网上售中服务主要是指销售过程中的服务。这类服务是指产品的买卖关系已经确定,等待产品送到指定地点的过程中的服务,如了解订单执行情况、产品运输情况等等。网上销售的一个特点是突破传统市场对地理位置的依赖和分割,因此网上销售的售中服务非常重要。因此,企业要在这一阶段的服务中,增加业务流程的透明度,方便顾客及时了解订单执行情况。设计网上销售网站时,在提供网上订货功能的同时,还要提供订单执行查询功能,使顾客可以随时查询商品是否送出,现在什么位置,何时可以送达等信息。

例如,美国的联邦快递(http://www.fedex.com),如图10.3所示,它通过其高效的邮件快递系统将邮件在递送中的中间环节信息都输送到计算机的数据库,客户可以直接通过互联网从网上查找邮件的最新动态。客户可以在两天内去网上查看其包裹到了哪一站、在什么时间采取什么步骤、投递不成的原因、在什么时间会采取下一步措施,直至收件人安全地收到包裹为止。客户不用打电话去问任何人,上述服务信息都可在网上获得,既让客户免于为查邮件而奔波查询,同时公司又大大减少邮件查询方面的开支,实现企业与顾客的共同增值。美国Dell公司(http://www.dell.com)每周约有几万客户通过其站点了解订单情况。这些客户如果通过电话接受服务,平均每个电话成本3～5美元,而通过网上接受服务,成本几乎为零。仅此一项,Dell每周就可节约6～10万美元。

3. 网上售后服务

网上售后服务就是借助互联网的直接沟通的优势,以便捷方式满足顾客对产品安装、技术支持和使用指导以及使用维护需求的客户服务方式。网上售后服务有两类,一类是基本的网上产品支持和技术服务;另一类是企业为满足顾客的附加需求提供的增值服务。

由于分工的日益专业化,使得一个产品的生产需要多个企业配合,因此产品的支持和技术也相对比较复杂。提供网上产品支持和技术服务,可以方便客户通过网站直接找到相应的企业或者专家寻求帮助,减少不必要的中间环节。如美国的波音公司通过其网站公布其零件供应商的联系方式,同时将有关技术资料放到网站,方便各地飞机维修人员及时索取最新资料和寻求技术帮助。为提高企业的竞争能力,许多企业在提供基本售后服务的同时,还提供一些增值性服务。

企业在这一阶段的服务中,必须做到服务方式和内容的灵活性、顾客获得售后服务的便捷性以及顾客接受服务的直接性,通过具体、细致、精确的解决问题的方法,满足顾客的服务需求,实现网络营销服务的增值,提升企业的竞争能力。

无论是那种类型的网络服务营销,服务营销的核心理念都是顾客满意和顾客忠诚,通过取

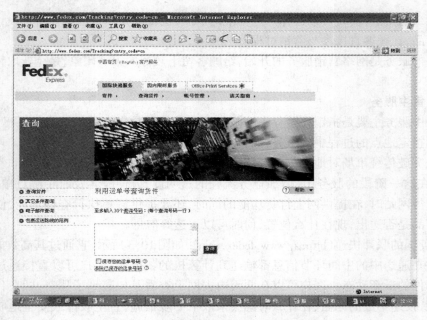

图10.3 联邦快递(中国)网站查询货件主页

得顾客的满意和忠诚来促进相互有利的交换,最终提高企业营销绩效和实现企业的长远目标。

三、网络营销服务的特征

服务区别于有形产品其主要特点有无形性、不可分离性、差异性、易消逝性等。网络服务也具有上述特点,但其内涵却发生了很大变化,具体体现在以下几个方面:

(一)增加顾客的感性认识

服务的最大局限在于服务的无形性和不可触摸性,由于服务产品本身的无形无质,企业向顾客提供服务时,顾客很难立即感觉到其利益所在,因此在进行服务营销时,经常使服务有形化,借助一系列的有形证据向顾客传递相关服务信息,通过一些有形展示将服务的内涵表现出来,以增强顾客的体验和感受,如软件商可以在网上提供软件试用,使顾客先行了解软件的功能,增强对其产品的感性认识。网络营销服务可以提供低成本的服务体验,减少顾客对产品的陌生感。

在网络营销服务中,顾客还可以通过获得服务的难易程度、响应时间和信息准确度等指标,比较容易地衡量服务的质量,增强顾客对服务的感知。

(二)突破时空不可分离性

服务的最大特点是生产和消费是同时进行的,生产与消费过程往往是紧密交织在一起的,顾客只有参与其中才能享用到服务,因此服务受到时间和空间的限制。顾客为寻求服务,往往需要花费大量时间去等待和奔波。而互联网的远程服务则可以突破服务的时空限制。如现在的远程医疗、远程教育、远程培训、远程订票等,通过互联网都可以实现企业为消费者提供跨越时间和空间的服务,给消费者带来的方便。

(三)提供更高层次的服务

顾客的消费需求是有层次的,当一个层次的需求得到满足后,高一层次的需求就产生了。传统服务的不可分离性使得顾客寻求服务受到限制,互联网的出现突破传统服务的限制。顾客可以通过互联网得到更高层次的服务,顾客不仅可以了解信息,还可以直接参与整个过程,能最大限度满足顾客的个性需求。

(四)顾客寻求服务的主动性增强

在以往的服务中,顾客往往是被动的接受企业所提供的服务,在网络营销服务中,顾客可以主动地向企业寻求服务,服务内容非常丰富,顾客通过互联网可以直接向企业提出要求,企业针对顾客的要求提供特定的一对一服务。而且企业也可以借助互联网低成本来满足顾客的一对一服务的需求,企业通过改变业务流程和管理方式,实现柔性化服务。

(五)服务成本效益提高

互联网的特点决定了网络营销服务的成本降低效益提高,一方面,企业通过互联网实现远程服务,扩大服务市场范围,突破了服务的时间限制,创造了更多的和新的市场机会;另一方面,企业通过互联网提供服务,可以增强企业与顾客之间关系,培养顾客忠诚度,减少企业的营销成本和费用,提高了服务的效益。因此,许多企业将网络营销服务作为企业在市场竞争中的重要手段。

第二节 网络营销个性化服务

随着社会和技术的发展,消费者需求发生了很大的变化,且越来越趋向个性化,如何为消费者提供个性化的服务,从而开发新顾客,留住老顾客,更好地满足消费需求,是企业面临的一个重要的课题。

一、网络营销个性化服务的含义

个性化服务(Customized Service)也叫定制服务,就是按照顾客要求提供特定服务。个性化服务是对于人性化的深度体验,它的实质就是针对性,即对不同的消费者采取不同的服务策略,提供不同的服务内容。

网络营销特点决定了它可以在以下三个方面为顾客提供个性化的服务。

(一)服务时空的个性化

服务时空的个性化是在人们希望的时间和希望的地点得到服务。互联网突破了传统的时间限制和空间限制,在时间上,互联网可以提供全天候的 24 小时服务,消费者可以根据自己的时间安排接受服务,在空间上,则可实现远程服务和移动服务。

(二)服务方式的个性化

企业可以通过互联网根据顾客的个人爱好提供更具特色的服务。假如你到 Dell 公司的网站购买 PC,你可以自己设计,然后由 Dell 公司根据你的要求迅速组装,从此改变了"企业提供什么,顾客接受什么"的传统方式,而变成了"顾客需要什么,企业生产什么"的新方式。

(三)服务内容的个性化

可以利用一些智能软件技术为用户提供专门服务。顾客可以根据自己的需要,选择自己需要的服务,不再是千篇一律、千人一面,而是各取所需、各得其所。

伴随个性化服务,会出现相应的问题。首先是隐私问题,网络消费者个人提交的需求信息、个人偏好和倾向,都是企业的一笔巨大的财富,大多数消费者又都不愿公开自己的这些"绝对隐私"信息,因此,企业在提供个性化服务时,必须注意采取一定的措施保护消费者的隐私信息,防止消费者隐私信息的泄露,更不能将这些隐私信息进行公开或者出卖。其次提供的个性化服务必须是消费者真正需要的,希望得到的。

二、网络营销个性化的信息服务

网络个性化服务中最典型的是信息服务,网站是一种影响面广、受众数量巨大的市场营销工具,网络上巨大的受众群体在语言、文化背景、消费水平、经济环境和意识形态,直至每个消费者具体的需求水平等方面存在着很大的差异,如何充分发挥互联网在动态交互方面的优势,向消费者提供不同的信息服务,从而满足不同消费者的不同需求,就成为企业个性化信息服务的一个重要问题。

(一)网络营销个性化的信息服务方式

目前网上提供的个性化服务,一般是企业根据消费者的知识结构、信息需求、行为方式和心理倾向等,有的放矢地为具体顾客创造符合个性需求的信息服务环境,将信息或服务化整为零或提供定时定量服务,让消费者根据自己的喜好去选择和组配,从而使网站在为大多数消费者服务的同时,变成能够一对一地满足消费者特殊需求的市场营销工具。

1.页面定制

Web 定制使预订者获得自己选择的多媒体信息,只需标准的 Web 浏览器。许多网站都推出了个性化页面服务,甚至一些政府网站也为用户推出了个性化页面定制服务,如"中国通州"政府门户网站(http://www.tz.gov.cn),可让用户定制个性化主页。用户注册成功后,可以根据自己的喜好定制显示结构和显示内容。用户定制以后,个人信息被服务器保存下来,以后访问该网址并注册成功后,用户看到的就是自己定制的内容。

2. 电子邮件定制方案

电子邮件营销在网络营销中已经被企业广泛的应用,为了更好地满足顾客的个性化需求,企业针对不同的顾客发送不同的电子邮件定制信息,实现对顾客的一对一的个性服务。

3. 需要客户端软件支持的定制服务

如 PointCast 公司(http://www.pointcast.com),通过运行在读者计算机上特制的软件包来接收新闻信息,这种软件以类似屏幕保护的形式出现在计算机上,而接收哪些信息是需要读者事先选择和定制的。这种方式与上述方式最大的不同在于,信息并不是驻留在服务器端的,而是通过网络实时推送到客户端,传输速度更快,让您察觉不出下载的时间。但客户端软件方式对计算机配置有较高的要求,在信息流动过程中可以借用客户端计算机的空间和系统资源。

(二)网上个性化信息服务应注意的问题

网上个性化服务是一种非常有效的网络营销策略,它是一个系统性工作,需要从方式上、内容上、技术上和资金上进行系统规划和配合,否则个性化服务是很难实现的。网上个性化服务需要注意以下问题:

(1)个性化服务是众多网站经营手段中的一种,是否适合于您的网站,应用在网站的哪个环节上,是需要具体情况具体分析的。

(2)应用个性化服务首先要做的是细分市场,细分目标群体,同时准确地确定不同群体的需求特点。

(3)市场细分的程度越高,需要投入到个性化服务中的成本也会相应提高,而且对网站的技术要求也更高,网站经营者要量力而行。

三、网上个性化服务的意义

按照营销的理论,企业通过目标市场的细分,把握目标市场的需求特点,从而按照目标市场需求的特点提供能为客户广泛接受的产品和服务是十分重要的。

企业通过网络营销活动可以对目标群体有准确的细分和定位,对他们的需求有全面准确的总结和概括,应用个性化服务这一营销方式就可以有效地吸引顾客。

另外,在网络的个性化服务中,电脑系统可以跟踪记录用户的操作习惯、常去的站点和网页类型、选择倾向、需求信息以及需求与需求之间的隐性关联等信息,据此可以更有针对性地提供用户所希望的信息,形成良性循环,使人们的生活离不开网络,而信息服务提供者也有利可图。系统在对用户信息进行分析综合后,可以抽象出一类特定的人,然后有针对性地发送个性化、目的性很强的广告;也可将这些信息进行提炼加工,用来指导生产商的生产;生产商据此可以将目标市场细化,生产出更多更具个性化的产品,并实现规模化生产和个人化产品/价格销售。这些信息还可卖给广告商,因为准确而具体的信息将为广告商节省一大笔市场调研费,从而使广告成本降低。总之,个性化服务对个人、对信息提供者都有益处。

第三节　网络营销服务的工具

网络营销服务的工具就是互联网，它包括以下几个具体的营销工具。

一、Web

互联网是人们谈论得最多的网上发明，是一个最好的市场营销工具，是开展网络营销的平台。产品展示是企业网站最基本的任务，顾客访问网站的目的之一是为了对公司的产品和服务进行深入的了解，所以企业要通过网站灵活地向顾客展示产品说明。网络信息只是给那些想看它们的人看，所以 Web 与电视广告不同，它不是把广告硬塞给观众，而是由他们自己来选择，因此企业要创建出足够有吸引力的、易于使用的网站，给那些访问者带来更多的方便。Web 与那些通过媒体(声音、图像)所作的虚夸的宣传相比要更安静、更具实用性。只要把有用的信息与足够多的图像结合起来，就能更有效地吸引顾客，更有效发挥它的作用。

二、E-mail 和邮件列表

E-mail 是一种重要的交流媒体，也是网络营销服务中的重要一环，已经成为企业进行顾客服务的强大工具，它在网络营销服务网站上出现的比例最高，它方便、快捷、经济且无时空限制，企业可以用它来加强与顾客之间的联系，及时了解顾客需求，满足顾客的需要。为此，企业要加强对电子邮件的管理，做到发出去的 E-mail 是积极的，有较多信息含量的，每封发出的 E-mail 至少要包含一定营销信息。顾客一般比较反感滥发的电子邮件，但对与自己相关的电子邮件还是非常感兴趣的。企业建立电子邮件列表，可以让顾客自由登记注册，然后定期向客户发布企业最新的信息，加强与客户联系。同时要确保邮路畅通，邮件要按照类别有专人受理，对顾客提出的问题要认真对待，及时做出回应。

邮件列表是最有效的一种 E-mail 形式，是一种重要的交流工具，利用它各种组织和个人之间就可以相互进行信息交流和信息发布。对企业来说，通过邮件列表可以直接将企业动态、产品信息、市场调查、售后服务、技术支持等一系列信息发送到目标顾客手中，并由这些用户形成一个高效的反馈系统，掌握更多的直接用户资源，保证宣传促销等活动收到良好的效果，更好的满足顾客的需要。

三、新闻组

通过新闻组，可以使企业所提供的产品或服务出现问题时得到及时解决，为客户排忧解难，大家在此交流也会感到很愉快。

为了更有效的通过新闻组回应用户关心的问题和发布公司的市场信息，你需要在公司里安排一些人作为公司的代言人，从而避免一些负面效果，更恳切的、更积极的、更有效的为客户服务,同时也可以通过他们让公司知道一些客户关心的问题。

四、推送技术

推送技术(Push Technology)是将信息传递给被连接用户的最现代化的方式。推送技术与 Web 非常相似。不同的是应用推送技术的人是订阅频道而不是进行 Web 浏览。用户可以通过频道定期收到新传来的信息,也可以按照自己的意愿来获取信息。Web 浏览是通过 Web 浏览器完成的,而推送技术的用户则是使用推送客户端软件来观看传来的信息。

五、常见问题解答(FAQ)

FAQ 是英文 Frequently Asked Questions 的缩写,中文意思就是"经常问到的问题",或者更通俗地叫做"常见问题解答"。它是一种在线帮助形式,帮助消费者直接从网上寻找常见问题的答案。FAQ 主要为网络消费者提供有关产品及企业情况等常见问题的解答,使他们能够迅速找到所需要的服务信息,同时也能够引发消费随意浏览的兴趣。

FAQ 是为了避免重复讨论同一个问题而设计的。以前,每个消费者就自己所需要的服务,会通过电话、传真邮件等方式反馈给企业,企业需要一一地进行服务,并在时间上会有些滞后。实际上企业在对消费者提出的某个问题经过一段时间的讨论和研究后,就解决方案会达成共识,把这些问题和答案汇总整理后,列在一起,制成页面或栏目,就形成了现在的 FAQ。通过 FAQ,企业能够为每个消费者提供及时的日常服务。

(一)FAQ 的设计

设计一个容易使用的 FAQ 需要注意:

1.保证 FAQ 的效用

首先,FAQ 设计的问题和解答都必须是消费者经常问到和碰到的,这就需要了解并掌握消费者关心的一些问题是什么;其次 FAQ 可以包括许多问题,但是要按照消费者提问频率的高低来排列,以节省顾客的搜寻时间;第三,要经常更新问题,回答客户提出的一些热点问题。

2.保证 FAQ 简单易用

客户寻找问题的解决答案时一般都比较急,如果经过多次查找还没有找到答案就可能失去耐心。为保证方便客户使用,首先 FAQ 应该提供搜索功能,客户通过输入关键字就可以直接找到有关问题答案;其次是问题较多时,可以采用分层目录式的结构来组织问题解答,但目录层次不能太多,最好不要超过四层;第三是将客户最经常问的问题放到前面,对于其他问题可以按照一定规律排列,常用方法是按字典顺序排列;第四是对于一些复杂问题,可以在问题之间加上链接,便于了解一个问题的同时可以方便地找到相关问题的答案。图 10.4、图 10.5 分别是中国人寿保险和交通银行的常见问题解答的页面,这两个网站的 FAQ 的设计就提供了搜索功能以及采用分层目录式结构把常见问题进行分类,方便消费者寻找问题的答案。

3. 注意 FAQ 的格式

设计问题时要简明扼要,问题的回答也要直接明了。一般说来,一个 FAQ 最好不要超过五行,其中问题占一行,回答不超过四行。

图 10.4　中国人寿保险网站上的常见问题解答

4. 注意 FAQ 的内容

一般客户比较喜欢问到的问题有这样一些:关于某产品的常见问题;关于产品升级常见问题;关于订货、送货和退货问题;关于付款问题等。另外,在 FAQ 中对产品信息和相关介绍要少一些,对于这部分内容可以通过链接将页面链接到产品信息的页面中去。

(二) FAQ 的创建

创建 FAQ 可分为两步。

1. 列出常见的问题

完成这一步通常是在网站测试或试运行阶段,就应组织人力,特别是工作在顾客服务第一线的员工,他们应该有非常具体而有意义的各种顾客常见问题。如果企业保存的详细的顾客服务资料,则只要对这些资料进行分析即可得出答案。或者模拟客户提出可能遇到的问题,并站在客户的角度给予解答,再将这些问题及解答进行合适的分类,与网站一同发布出去。

2. 问题的组织

精心组织、分类明确的 FAQ 才能方便顾客使用。许多公司的 FAQ 只是毫无章法的文本文件,它虽然包含了常见问题,但使用起来非常麻烦。要让一个 FAQ 使用方便,一是要对问题进行分类,这样即使问题很多也不会显得杂乱无章,顾客也很容易找到;二是要对问题进行及时

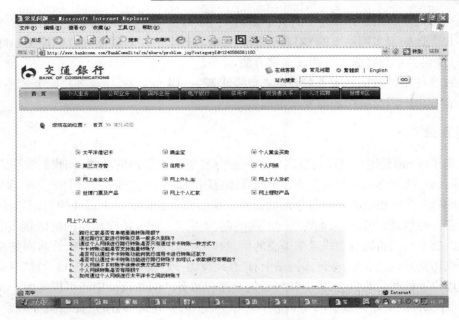

图 10.5　交通银行网站上的常见问题解答

的、必要的更新,这正是互联网的优势所在;三是要注意所提供的常见问题的详细程度和难度,这应当以满意为标准,可以利用超级链接将少数有需要的顾客引到更详细、更深入的资料上;四是排列要有顺序,既可以按字母排列,也可以按问题出现的频率进行排序,如果两种都能提供那就更好;五是要使顾客不至于在层层链接中失去方向,顾客应该能够很容易地寻找到问题的答案。

FAQ 应当分为两个层次:第一个层次面向潜在客户和新客户,向他们提供公司、产品等最基本问题的答案;第二个层次面向老客户,向他们提供更深更详细的技术细节、技术改进信息。

六、即时通信工具

即时通信指可以在线实时交流的工具,也就是通常所说的在线聊天工具,现在市面上流行的在线聊天工具主要有腾讯 QQ(图 10.6)和微软的 MSN。这些在线聊天工具除了文字聊天外,还能语音聊天、视频聊天,具有快速、高效的特点,使沟通很方便,可以大大拉近顾客和公司在空间上的距离,通过即时通信可以随时并及时回答顾客提出的问题,满足了顾客希望自己的提问得到即时回复的要求,是一种有效的网络营销服务方式。

图 10.6　QQ 登录界面

在具体方法上,不能简单地在网页下面留一个 QQ 或 MSN 号码,而是要用最方便的方法提供给客户。比如很多网站上的 QQ 漂浮框。无论网页上下左右移动,QQ 漂浮框始终在屏幕中间位置,使得客户与客服人员沟通非常方便。

需要注意的是即时信息服务对客服人员要求高、占用人工多,导致客户服务成本较高,因此在一些企业中的广泛应用还需要一个过程。

七、在线表单

在线表单(form)是用户可以通过浏览器向服务器端提交信息的功能,如我们常用的用户注册、在线联系、在线调查表等都是在线表单的具体应用形式。通过网站页面上的表单填写咨询内容,提交到网站,并由相应的客户服务人员处理。在线表单的作用与 E-mail 相似,不同的是它可以事先设定一些格式化的内容,如姓名、地址、问题、类别等(如图 10.7 所示的河南新飞电器有限公司的在线表单),因而通过在线表单提交的信息比 E-mail 方式更容易处理,许多网站都采用这种方式。利用交互式的表格,在许多网站上有"在线反馈"或"读者留言"的栏目,目的就是通过网络直接为用户进行产品的售前、售中和售后的全过程服务。网站设计中还可以考虑产品信息查询、驱动程序选择或疑难问题解答等内容。可以利用"信息查询"向用户提供服务政策、服务网点、在线支持、下载中心和服务产品等信息。在线表单主要用在客户注册和网络调查。

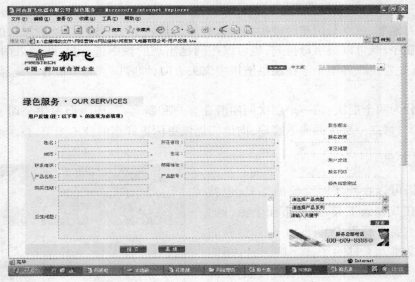

图 10.7 河南新飞电器有限公司的在线表单

八、留言单

留言单与表单类似,不同的地方是:表单上交后,其网站上没有痕迹,其他网民看不到你刚才递交的内容,而留言单是公开在网站上,任何网民都可以看到你的留言。网站管理员对每个网民的留言都要认真回复,这样才能赢得好声誉。图10.8、图10.9是海尔商城网站的留言板、留言单。

图10.8 海尔商城网站留言板

图10.9 海尔商场网站留言单

思考题

1. 如何对网络营销服务进行分类的?它们各自有何特点?
2. 如何理解网络营销个性化服务的意义?
3. 简述实施网络营销个性化服务应注意的问题。
4. 网络营销服务有哪些层次?各层次间存在什么样的关系?
5. 说出三种网络营销服务工具,并就此工具的运用举例做简要说明。

【阅读资料】

搜狐客户服务中心

随着科学技术的飞速发展和日益激烈的市场竞争,人们越来越感受到客户资源将是企业获胜的重要资源。在企业产品差异化逐渐减少的今天,客户服务的重要性已在绝大多数的企业中达成了共识。搜狐作为国内综合性门户网站之一,截至2001年9月,搜狐公司的注册用户数已达数千万。2000年在美国纳斯达克上市后,从一个国内知名企业发展成为一个国际品牌。搜狐的品牌优势已经建立起来,目前更需要做好用户保持和服务工作,提高广大网民对搜狐品牌的忠诚度,通过搜狐的优质服务进一步确立在门户网站中的优势。

一、基本情况

秉承公司承诺:"以全方位高质量的内容服务,先进的互联网产品,为广大网民提供最可以信赖的网上生活平台及倾听客户的需求,真诚地合作,以快捷的速度和周到的解决方案帮助客户成功,与客户共发展"。搜狐客户服务中心于2002年2月正式组建,组建初期员工不足10人,经过四年的建设,逐步发展到目前具有约60名员工的规模,并在制度、流程管理、员工培养等方面日渐成熟。搜狐客户服务中心以客户至上、服务为本、恪守承诺、尽心尽责为服务标准,为用户提供人性化的优质服务,服务内容包括:无线增值业务、邮箱产品、校友录、搜狐博客等等。只要用户给我们拨打热线电话、发送传真或邮件,即可感受到搜狐客户服务代表为用户提供的贴心服务。

在提供客户服务方面,通过集成统一的热线电话、传真、E-mail、BBS等渠道为搜狐用户和广大网民提供快速的咨询和业务处理服务,保证优质、高效、人性化的服务,从而提升搜狐用户的满意度和忠诚度,提高搜狐的品牌形象,最终实现提高搜狐产品市场占有率的目的。在客户服务过程中,我们将对客户信息和产品信息作详细记录,包括用户对公司产品使用、购买的反馈。通过对记录数据的汇总和分析得出对公司产品的改进和市场开发有用的数据和信息,体现客户服务中心的向公司其他部门提供情报的职能。并通过各种渠道提供服务,成为促进公司、客户、合作运营商等各方面沟通协调的桥梁。

二、部门管理

1. 业务分工清晰,岗位职责明确

客服中心对内服务于公司几大业务线,对外是所有使用搜狐产品的网民、个人、运营商和企业用户,因此对于员工的基本业务知识要求可谓是全面。

2. 绩效考核（激励措施）

搜狐客户服务中心在员工薪酬福利方面，实行分级考核薪资制度，其主要目的就是实现客户服务人员的薪资制度与日常工作表现、工作量、服务质量等相关考核挂钩，同时也为客户服务人员提供了一个向上发展的巨大空间。因此，客服中心制定了一系列的考核制度，如：《客服代表薪资分级制度说明》、《客户服务中心现场管理规定》、《客服中心考勤制度》、《服务质量奖惩条例》等，在员工关心的绩效考核体系中，明确、细化了各项奖罚措施。

3. 内部培训体系建设，促进服务品质的提升

搜狐客户服务中心强调人是质量的关键，我们的团队是一个学习型组织，即主张不断学习是持续改进和处于竞争领先地位的关键。利用培训开发员工的潜能，增加服务团队的竞争力和创新思维能力，改变传统的以命令分配工作的方式，不仅让员工知道应该做什么，还需要让他们了解应该如何做。通过各项培训学习，不断的探求给团队成员以新信息、新理念和更好服务技巧的方法。

在日常工作当中，搜狐客服提倡的学习方法即是：Learn and Study，并要求员工要时刻思考："我"的核心能力是什么？根据受理业务的不同，在专业能力方面，要求"我"必须在校友录、邮箱、无线增值或博客等领域成为最精通的专业人员。除掌握基本的专业知识外，还要具备更广泛的核心能力，即计划能力、执行能力、沟通能力、领导能力、管理能力等，通过各方面的学习和锻炼，让基层员工不断积累，提高自身的竞争优势。从新员工一入职开始，我们所上的第一堂课中，就反复向员工灌输想要高质量的生活，必须有自己的核心能力；想要自己的核心能力，必须不停地学习；而工作是最好的学习方式。

4. 独具特色的人才培养和输送制度

搜狐客户服务中心是以学习为主的部门，基于长远考虑，部门适时在内部启动了"人才培养制度"，通过制度实施，除加强客服团队本职工作的建设，最终目的将客服中心打造成为人才培养、储备基地，将员工培养成为具有行业专业的职业技能人才；人员培养与时俱进，逐步发展成为搜狐公司储备人才的基地，部门会分阶段从内部物色、选拔致力于公司发展，热爱搜狐的优秀综合素质人才推荐到其他部门学习，为公司创造更大的价值。

目前，从客服中心输送到公司其他部门和岗位的人员多达20余人，他们从事着市场策划、编辑、产品、网络信息安全员、行政助理等多种职务。由于在客服中心打下的扎实基础，输送出去的人员在新的岗位上一致得到用人部门的认可。

5. 丰富多彩的团队文化建设

对员工的承诺：与员工建立合作伙伴的关系，在企业文化、工作环境、薪酬福利、职业发展等各个方面充分尊重每个人的价值，将员工的发展与企业的发展融为一体，荣辱与共，共创辉煌。

搜狐客服中心正在逐渐成长，客户服务各项功能正在逐渐完善，与其他一些大型的客服中心相比，我们在客户服务过程中还有很多问题及不足，需要进一步改进与加强。但是，搜狐客户服务中心是一个年轻而富有活力的集体，一个学习的基地，相互交流的平台，借用员工自己的一句话：搜狐客服，不得不爱！

资料来源：案例网 http://www.anli.cc/networks/sohu/2009-04-03/6039.html

第十一章
Chapter 11

网络营销风险控制

【学习目标】
1. 了解网络营销风险的类型。
2. 掌握网络营销风险控制的方法。
3. 了解网络营销消费者的保护。
4. 熟悉网络营销的信用管理。

企业开展网络营销经营活动会产生很多风险和不安全因素,正确识别风险,分析风险及其危害,是开展网络营销工作,降低风险损失,提升企业竞争力的基础和前提。

第一节 网络营销经营风险控制

一、网络营销风险的类型

网络营销存在着多种类型的风险。

(一)网络技术风险

1.计算机病毒引起的风险

影响网络安全的一个重要因素是计算机病毒。所谓计算机病毒是指一种隐藏于计算机中,破坏其正常运行及存储于其中的文件,并且能够繁殖传播的程序。

原先病毒主要通过磁盘传播。1988年,在美国发生的互联网感染"蠕虫"病毒可能是第一起病毒攻击网络的事件。从那以后,网络病毒迅速通过在网上传输的 Word 文档传播,基于服务器或客户终端的杀毒软件对他们无能为力,而企业的防火墙(Firewall)只具有防止非法访问的作用,所以,加强对计算机病毒的防范是十分重要的。

2.网络犯罪引起的风险

除了一些别有用心的人通过编制病毒对企业网络进行恶性破坏以外,还有些被俗称为"黑客"的犯罪分子通过网络对企业进行骚扰,盗窃企业机密,以获取非法经济利益。黑客为了获取企业的商业秘密及重要的信息资源,采用源 IP 地址欺骗攻击进入企业网络营销网站和系统,盗取企业内部系统的 IP 地址和 E-mail 信息,进而获取企业的商业秘密及重要信息资源,有的攻击者还恶意篡改企业数据,特别是有些攻击者未经授权进入企业网络交易系统,使用非法手段删改和发送某些重要信息,造成企业网络营销中的信息风险。企业网络营销信息的丢失、交易信息的损坏等也可能引起企业网络营销的经营风险。如:网络线路问题引起的信息丢失,安全措施不当造成的信息丢失,另外还有网上交易者以合法身份进入系统,但发布的供求信息是虚假的,或以过去的老旧信息冒充当前的信息,以骗取钱款或货物,对这些信息的鉴别和监控是企业网络营销的一项非常重要的工作。

黑客对社会造成的危害极其严重,已经引起各国政府和治安机关的密切关注。

(二)由网络知识产权受到侵犯而带来的风险

网络侵犯知识产权的问题也是不容忽视的,网络营销服务对知识产权保护提出的新问题,主要体现在版权保护领域,而这一方面受到的侵犯也就形成了网络营销中人为风险的一大因素。

1.作品和录音制品在网络营销环境下传播的问题

世界知识产权组织对作品和录音制品的版权问题已有明确的规定,而在网上的盗版却非常隐蔽,如有些网站以链接的方式来复制,不直接盗版,他们主要采取链接合作的方式,和一些小网站主要是个人网站建立链接,由个人网站上载盗版的作品,在自己的网站上建立链接,其效果和盗版是一样的。

2.对作品和录音制品技术保密的问题

在网络营销环境下,对数字化作品和录音制品的复制变得更为简便易行,因此权利人为保护其作品不被复制和盗版,必须采取一些必要的加密的技术措施,而针对这些加密技术措施的解密行为,也将会直接导致对权利人合法权利的极大伤害,从而给网站带来一定的风险,增加不必要的负担。

3.作品和录音制品的权利管理信息问题

作品和录音制品的权利管理信息问题,《世界知识产权组织版权条约》(World Intellectual Property Organization Copyright Treaty,WCT)和《世界知识产权组织表演和录音制品条约》(WIPO Performances and Phonograms Treaty,WPPT)对此有明确的规定。

这里所讲的"权利管理信息",是指"识别作品、作品的作者、对作品拥有任何权利的所有人的信息,或有关作品使用的条款和条件的信息,和代表此种信息的任何数字或代码,各项信息均附于作品的每件复制品上或在作品向公众进行传播时出现"(WCT 第 12 条第 2 款),或指"识别表演者、表演者的表演、录音制品制作者、录音制品、对表演或录音制品拥有任何权利的所有人的信息,或有关使用表演或录音制品的条款和条件的信息,和代表此种信息的任何数字或代码,各项信息均附于录制的表演或录音制品的每件复制品上或在录制的表演或录音制品向公众提供时出现"(WPPT 第 19 条第 2 款)。在网络环境下,这种"权利管理信息"往往是以"数字或代码"的电子形式表达的,更容易被人更改、消除,造成侵权和盗版。因此对于未经许可的这类更改、消除"权利管理信息"的行为,特别是对这类"电子信息"的更改、消除,要严加禁止,这成为在网络环境下有效保护权利人合法权益的一个关键问题。

4. 数据库的保护问题

对于由可享有版权的作品构成的数据库,依照《伯尔尼公约》第 2 条第 5 款和第 2 条第 3 款的规定,可以作为汇编作品受到版权的保护。对于由包括不享有版权的"数据或其他材料"构成的数据库,依据世界贸易组织的《与贸易有关的知识产权协议》(TRIPs)第 10 条第 2 款规定,"只要其内容的选择或安排构成智力创作,即应予以保护",也就是说,可以作为汇编作品受到版权保护。WCT 第 5 条采用了与(TRIPs)第 10 条第 2 款基本完全相同的措辞。随着网络环境的发展和完善,数据库得到更为迅速的发展和更为广泛的应用。对于那些投资大,用途广,又不符合上述条件得不到版权保护的数据库,要求以法律给予切实保护的呼声日益强烈,在这方面走在前面的是欧盟和美国。1992 年 4 月,欧盟提出《欧共体关于数据库版权的指令草案》,1993 年发布;1995 年通过了《关于数据库法律保护的指令》,1996 年 3 月 11 日生效,率先采用特别权对那些存在实质性投入而构成的数据库提供法律保护。这一保护已经超出了版权的保护范围。根据 1996 年 2 月、1996 年 5 月欧盟和美国先后提出的建议,世界知识产权组织于 1996 年 8 月 30 日公布了《关于数据库的知识产权条约》实质性条款的基础提案,基本采用了欧盟和美国的建议,准备给数据库提供特别权的保护。这一提案原准备在 1996 年 12 月的会议上与 WCT、WPPT 同时讨论通过,但未能通过。1997 年以后又进行了多次讨论,仍未能通过。因此,对于数据库特别权的保护,至今仍是一个尚未得到解决的问题。

在网络营销中,侵犯知识产权造成的风险还包括因著作权、域名和注册商标及名称权的侵犯所带来的风险。

(三)网络信用风险

一是买方的信用风险,恶意透支、伪造信用卡、集团购买者有意拖延货款等,企业为此需要承担一定的经营风险;二是企业本身的信用风险,如企业不能保质、保量、按时发送客户购买的产品和服务,卖方在网上的信息不实,或者广告宣传中的有刻意夸大产品特点或功能,企业对消费者的承诺不能兑现,或者企业不能完全执行与集团购买者签订的合同,引起索赔或诉讼造成企业网络营销经营风险。

(四)内部安全管理的风险

内部安全管理缺乏必要的安全制度措施,有些工作人员职业道德修养不高,缺乏安全法纪教育,日常管理不到位,都对企业网络营销经营构成一定的风险。

(五)法律风险

由于企业网络营销及电子商务技术设计的先进性、超前性,其发展前景是广阔的,具有强大的生命力。正因为如此,与之相适应、相配套的法律法规却没有及时出台,企业在网络营销及电子商务的网络交易过程中,很大程度上要承担法律法规滞后而造成的风险。

二、网络营销风险的控制

无论出现上述哪种风险都将会给企业和消费者带来损失,因此,在企业进行网络营销的同时,必须进行风险控制。而网络安全技术措施、网络安全管理和信用体系、国家的有关法律法规是企业进行网络营销风险控制工作的基础和保证。

(一)网络营销风险控制的范围

网络营销风险的控制的核心和关键问题是交易的安全性,也是电子商务技术的难点。为了降低交易的风险性,必须从以下四个方面进行风险控制:

1.信息保密性

在网上交易中的商务信息均有保密的要求。

2.交易者身份的确定性

要使交易成功,网上交易的双方都需要识别和确认对方的身份,因此必须能够方便而可靠地确认对方身份。

3.不可否认性

由于商情的千变万化,交易一旦达成是不能被否认的。否则必须会损害一方的利益。

4.不可修改性

交易的文件是不可被修改的,网上交易文件也要能做到不可修改,以保障交易的严肃和公正。

(二)网络营销风险控制的方法

一个完整的网络交易安全体系,至少应包括以下三类措施,并且三者缺一不可。

1.实施技术防范措施

(1)信息加密技术

信息加密技术通过对信息的加密、解密,防止他人破译信息系统中的机密信息。在实际中应用最广泛的加密技术有两种:公共密钥和私用密钥。

(2)数字签名技术

将发送的文件与特定的密钥捆绑在一起发出,用以鉴别或确认电子信息的发送者是否名副其实,认证信息内容是否有效,确保数据的完整和真实。

(3)数字凭证技术

数字凭证是网络通信中标志通信双方身份信息的一系列数据。用于识别和确认网络交易者的身份和权限。数字凭证有三种类型：个人凭证、企业(服务器)凭证、软件(开发者)凭证。

(4)数字时间戳

时间戳是一个由专门机构提供的经过加密后形成的凭证文档。用于保证交易文件的日期和时间信息的安全。

(5)客户认证

客户认证技术包括身份认证和信息认证，分别用于鉴别用户身份以及保证通信双方的不可抵赖性、信息完整性。

(6)防火墙技术

防火墙是指一个由软件和硬件系统设备组合而成的，在内部网和外部网之间的界面上构造的保护屏障。所有的内部网和外部网之间的连接都必须经过此保护层，在此进行检查和连接，只有被授权的通信才能通过此保护层，从而防止非法入侵和非法使用该系统资源。

(7)防止"黑客"入侵

防范"黑客"的技术措施根据所选用的产品的不同，可以分为七类：包括网络安全检测设备、访问设备、浏览器/服务器软件、证书、商业软件、防火墙和安全工具包/软件。

(8)网络防病毒和杀病毒技术

在网关上设防，拒病毒于局域网之外。一旦有病毒感染，要使用网络反病毒技术进行杀毒，保证网络的安全。

2. 网络交易系统的安全管理制度

网络交易系统安全管理制度是用文字形式对各项安全要求所做的规定，它是保证企业网络营销取得成功的重要基础工作，是企业网络营销人员安全工作的规范和准则。这些制度应当包括人员管理制度、保密制度、跟踪审计稽核制度、网络系统日常维护制度等。

(1)人员管理制度

从事网络营销的人员，一方面必须具有传统市场营销的知识和经验，另一方面，又必须具有相应的计算机网络知识和操作技能。为保证网络营销系统的安全，要特别注意对企业网站和交易管理人员的教育和培训，加强内部工作人员的安全法纪教育，不断提高他们的法纪观念和职业道德素质。同时要通过下列基本的原则，加强对网络营销人员的管理，以确保网络营销系统的安全运行。

①双人负责原则：重要业务不要安排一个人单独管理，实行两人或多人相互制约的机制。

②任期有限原则：任何人不得长期担任与交易安全有关的职务。

③最小权限原则：明确规定只有网络管理员才可进行物理访问，只有网络人员才可进行软件安装工作。

(2)保密制度

网络营销涉及企业的市场、生产、财务、供应等多方面的机密,需要很好地划分信息的安全级别,确定安全防范重点,提出相应的保密措施。

保密工作的另一个重要的问题是对密钥的管理。大量的交易必然使用大量的密钥,密钥管理必须贯穿于密钥的产生、传递和销毁的全过程。密钥需要定期更换,否则可能使"黑客"通过积累密文增加破译机会。

(3)跟踪、审计、稽核制度

跟踪制度要求企业建立网络交易系统日志机制,用来记录系统运行的全过程。系统日志文件是自动生成的,它对系统的运行监督、维护分析、故障恢复,对于防止案件的发生或在发生案件后为侦破提供监督数据,都可以起到非常重要的作用。

审计制度包括经常对系统日志的检查、审核,及时查看对系统故意入侵行为的记录和对系统安全功能违反的记录,监控和处理各种安全事件,保存、维护和管理系统日志。

稽核制度是指工商管理、银行、税务人员利用计算机及网络系统,借助于稽核业务应用软件调阅、查询、审核、判断辖区内各电子商务参与单位业务经营活动的合理性、安全性,堵塞漏洞,保证电子商务交易安全,发出相应的警示或做出处理的一系列步骤及措施。

(4)网络系统的日常维护制度

网络系统的日常维护制度包括如下内容硬件设备维护、软件的日常管理和维护、数据备份制度、病毒防范制度、控制权限、高度警惕网络陷阱和其他应急措施等。

① 硬件设备维护。要求网络管理员必须建立系统设备档案。一般可用一个小型的数据库来完成这项功能,一旦某地设备发生故障,可便于网上查询。

② 软件的日常管理和维护。一个是支撑系统软件,包括操作系统 Unix 或 Windows NT,数据库 Oracle 或 Sybase,开发工具 PowerBuilder、Delphi 或 C 语言等。另一个是应用软件的维护,应用软件的管理和维护主要是版本控制。

③ 数据备份制度。对信息系统数据进行存储、备份和恢复,这种保护措施还包括对系统设备的备份。

④ 病毒防范制度。病毒在网络环境下具有更强的传染性,对网络交易的顺利进行和交易数据的妥善保存造成极大的威胁。防止病毒入侵的有效方法是:安装防病毒软件;不打开陌生地址的电子邮件;认真执行病毒定期清理制度。

⑤ 控制权限。可以将网络系统中易感染病毒的文件的属性、权限加以限制,对各终端用户,只许他们具有只读权限,断绝病毒入侵的渠道,从而达到预防的目的。

⑥ 高度警惕网络陷阱。网络上常常会出现各种非常诱人的广告及免费使用的承诺,在从事网络营销时对此应保持高度的警惕。

⑦ 应急措施。应急措施是指在计算机灾难事件,即紧急事件或安全事故发生时,利用应急辅助软件和应急设施,排除灾难和故障,保障计算机信息系统继续运行或紧急恢复。在启动网络营销业务时,就必须制定交易安全计划和应急方案,一旦发生意外,立即实施,最大限度地

减少损失,尽快恢复系统的正常工作。

3.网络营销交易安全的法律保障

网上交易安全的法律保护问题,涉及两个基本方面:第一,网上交易首先是一种商品交易,其安全问题应当通过民商法加以保护;第二,网上交易是通过计算机及其网络而实现的,其安全与否依赖于计算机及其网络自身的安全程度。

国家的法律法规是企业进行网络风险控制的制度保障。虽然有相关的网络安全技术作为网上经营的安全后盾,但是企业和消费者仍然对网上可能出现的个人隐私、交易合同执行、资金安全、知识产权保护等问题有所顾忌。这些问题的解决必须依据相关的法律法规,因此,建立完善的互联网法律法规体系是保证我国电子商务正常发展、控制企业网络营销风险的必要保障。

2005年4月1日正式开始实施的《中华人民共和国电子签名法》是我国第一部真正意义的电子商务法,它的颁布和实施极大地促进了我国电子商务的法制环境建设,为企业进行安全可信的电子交易提供了法律基础。

第二节 网络营销风险的消费者保护

在网络营销风险规避中,消费者权益保护问题得到了社会的广泛关注。网络营销中消费者权益保护涉及了两个方面的问题:消费者在网络交易过程中的权益保护和对消费者个人资料、隐私的保护。网络营销作为电子商务的重要组成部分,要加强对消费者权益的保护,从而保证网络营销的顺利发展。

一、消费者权益受到侵害的形式

虽然在网络营销中可以运用已有的消费者保护法对消费者权益进行保护,但由于网络交易的特殊性,如非面对面交易、对商品无感官认识等,使消费者在交易过程中承担了比传统交易更大的风险。

(一)虚假订单

一个假冒者可能以消费者的名字来订购商品,且有可能收到商品,而此时消费者却被要求付款或返还商品。

(二)个人信息的泄露

在信息透明度很高的互联网上,企业可以很容易地在消费者不知情的情况下获得消费者的个性化信息,而许多信息都是消费者不愿意透露的。当企业为自己利益利用或者透露消费者个人隐私信息时,就对消费者造成了伤害。更有甚者通过一些手段窃取消费者秘密的个人数据和身份数据。

根据研究，一些担心企业会使用他们个人资料的消费者不是停止在线购物，就是他们在网上的支出低于在其他方面的消费。

(三) 付款后不能收到商品

在要求付款后，销售人员不能及时将订单和钱款发给执行部门，因此，消费者不能收到商品。

(四) 垃圾邮件等的侵扰

由于网上信息发布非常方便，特别是随着 E-mail 的广泛使用，许多企业为了发布信息，经常硬性向消费者发送 E-mail 广告，造成对消费者的侵扰。这类电子邮件一般被称为垃圾邮件，引起了消费者的反感和不满，浪费了消费者的宝贵时间。

二、网络营销中对消费者的保护

目前，企业在网络营销过程中对消费者的保护要从下面几个方面进行考虑：

(一) 消费者隐私保护

网上客户资料对网站来说是一笔财富，根据拥有的客户资料，企业可以正确地分析消费者的需求和消费行为，及时提供适当的服务，并以此来增进企业与客户之间的关系。但对个人资料的不当使用和对个人隐私的随意传播、揭发以及由此而引起的网络纠纷也在不断骚扰着网络顾客，因此，企业在网络营销过程中应该严格约束自己的行为，以签约等方式在取得顾客同意的前提下，合理的使用客户的个人资料，并采取一定的技术手段保护顾客的个人隐私。

企业保护个人隐私的主要措施有如下三个方面：

(1) 让消费者在知情的情况下来收集消费者的个人信息，并承诺对个人信息保护和非公开商业化使用。

(2) 收集消费者的信息时，隐藏消费者信息的隐私部分，不包含消费者的个体识别信息(身份证号码、电话号码、姓名等)。

(3) 在使用方面，如果企业收集的消费者信息只限于企业内部分析使用，消费者一般都比较能接受；如果企业将收集的消费者信息出售，则就会造成对消费者隐私的侵犯，这是企业应当特别注意的。

(二) 消费者免受侵扰

企业发送 E-mail 时，为避免对消费者造成侵扰主要可以采用下面两种方式：

(1) 企业利用一些邮件列表公司，向那些愿意接收广告信息的消费者发送广告信息，采用这种方式要收取一定的费用。

(2) 在收集 E-mail 地址时要遵照消费者的意愿，只对愿意接收的消费者发送 E-mail，而且允许消费者取消对 E-mail 的接收。对消费者减少侵扰的最好方法是减少给消费者发送对消费者无用的 E-mail。

(三)提供真实可靠信息

企业在网上开展网络营销活动时,要注意提供的信息的真实可靠性。消费者对网站访问的动因一个是感兴趣,另一个是信任。企业在网络营销活动中提供一些不真实信息,对消费者造成损害,势必对企业自身造成负面影响。

(四)提供完善的售后服务

企业利用网络营销渠道销售产品时,要特别注意产品质量和提供完善的售后服务。消费者在网上购买产品,最担心的问题是无法现场检验产品的质量和感受产品的品质,因此,消费者在网上购物时,比较关心网站的信誉和售后服务。如果消费者在购买产品后,发现产品质量不符合要求,或者购买的产品与预期有很大差距,则可能给消费者带来不满足感。如果企业不能保证产品质量,同时又没有完善的售后服务,势必妨碍消费者利用网络营销渠道进行购物。

企业保护消费者既是保护消费者权益,同时也是保护自身权益。在互联网的虚拟市场中,企业实施网络营销活动,最大的挑战是树立网站的信誉,增强消费者对网站的信任。如果不采取积极措施保护消费者,消费者的反抗可能给企业带来致命的打击。

由于我国目前发展网络营销的环境还不是很完善,网上交易本身缺乏法律的认可和保护,因此,需要新的立法对消费者权益进行保护。对网络营销风险的控制,除了政府、企业方面的努力外,消费者自己仍需要相应的自我保护意识,以免自身权益受到侵犯,其中最主要的保护手段是充分利用法律手段维护自身权益。

第三节 网络营销的信用管理

随着网络营销在我国的迅速发展,一些违法违规、阻碍其发展的现象也相继出现,如:虚假交易、合同诈骗、网上拍卖哄抬标的、侵犯消费者合法权益等行为。为了保证我国网络营销的正常发展,国家必须在加强立法的同时,建立合理的网络营销信用管理体系。

一、网络信用管理的概念

信用管理是对信用风险进行识别、分析和评估,并在此基础上有效地控制风险和用最经济合理的方法综合处理风险。

网络营销的信用问题指的是在电子商务交易中由买方、卖方以及电子商务平台提供方构成的三方面互动的信用关系。

网络营销信用管理是指建立完善的电子商务法律法规和信用管理体系,规范网上经营,保证企业网上经营活动的正常进行。

二、建立网络营销信用管理体系的必要性

建立企业网络营销信用管理体系,将会更大程度地促进企业自身信用管理体系的建立,能

够规范网络营销的市场秩序,保证企业网络营销活动的正常进行,提升企业竞争力。

健全的信用体系是建立和维护企业信用、个人信用的前提,也是企业进行网上交易的基础。而企业在经营过程中的诚信程度又是其开展网络营销、赢得消费者信任、取得网上经营成功的关键因素。进入WTO之后,我国企业有了更多的与国际接轨的机会,利用网络营销是企业走向国际的一个良好选择。因此,建立完善的信用体系,有利于企业参与国际化的商务活动,有利于促进企业的网上经营获取更多的商业机会。

三、几种典型的信用模式

我国网上经营中主要以下几种较为典型的信用模式,即:中介人模式、担保人模式、网站经营模式和委托授权模式。

(一)中介人模式

中介人模式是将电子商务网站作为交易中介人,在达成交易协议后,购货方和销售方分别将货款和货物交给网站设在双方地域上的办事机构,网站确认无误后再将货款及货物交给对方。这种信用模式试图通过网站的管理机构来控制交易的全过程,虽然能在一定程度上减少商业欺诈、规避商业信用风险,但却增加了交易成本,并且需要网站具备一定的条件。

(二)担保人模式

担保人模式是以网站或网站的经营企业为交易各方提供担保,通过这种担保来解决交易过程中的信用风险问题。在这种形式中,存在一个核实、谈判的过程,因此会增加交易成本。

(三)网站经营模式

网站经营模式是通过建立网上商店的方式进行交易活动。即:由购买方将购买商品的货款支付到网站指定的账户上,网站收到购物款后给购买者发送货物。这种信用模式是单边的,是以网站的信誉为基础的,这种信用模式一般主要适用从事零售业的网站。

(四)委托授权经营模式

委托授权经营模式是网站通过建立交易规则,要求参与交易的当事人按预设条件在协议银行建立交易公共账户,网络计算机按预设的程序对交易资金进行管理,以确保交易在安全的状况下进行。这种信用模式中电子商务网站并不直接进入交易的过程,交易双方的信用保证是以银行的公平监督为基础的。

四、网络营销信用管理体系的建设

网络营销的信用体系是社会信用体系的重要组成部分。在企业进行网上经营的过程中,信息、交易、支付款、物流等每个环节都可能存在信用风险;同时无论是企业还是个人,作为交易对象也都有信用风险存在。因此,全社会都应该关注和积极开展电子商务信用体系的建设工作。这些工作包括:研究和制定交易规则、企业内部风险管理控制机制、客户和供应商的信用分析与管理、构建网上信用销售评估模型、建立合理的应收账款回收机制等等。此外,还要强化政府对企业电子商务的信用监管,探索电子商务信用体系的相关立法,积极开展对电子商务企业的征信和评级工作,制定和实施电子商务企业信用标识证制度等。

为改变目前我国电子商务信用工作不成熟的局面,加强中国电子商务企业的信用工作,中国电子商务协会于 2004 年底成立了"中国电子商务诚信联盟"(以下简称诚信联盟)。该联盟在各相关部委指导和支持下,以网站(www.ec315.org)为核心,联合业界优秀诚信互联网企业,对网站和企业的基本登记注册、资质、资信和管理、交易、服务状况进行权威披露、审核认可和评估,使与之进行交易的单位和其用户能通过本联盟获得可信的、动态的基本信息和包括网络公证、网上法律服务、网上仲裁以及其他在线委托等增值服务。"诚信联盟"将在电子商务交易者之间,电子商务经营者与其用户之间以及国际电子商务经营者间建立权威的、第三方的资质及信用评估平台,充分发挥中国电子商务协会在沟通政府与企业,组织联合企业及为企业服务的作用,发挥法律服务机制在电子商务信用体系建设中的作用,以此建立电子商务企业门户平台、资信平台和服务平台,增强电子商务的可信性、安全性和稳定性,保护交易各方的合法权益,大力推进电子商务在我国的发展。

思考题

1. 网络营销的风险包括哪些?
2. 如何进行网络营销风险的控制?
3. 网络营销的消费者保护有两大方面,试展开说明?
4. 为什么加强信用管理对开展网络营销非常重要?你有什么建议?
5. 网络知识产品的侵犯带来的风险主要有哪些方面?对保护网络知识产权,你有何建议?

【阅读资料】

搜狐侵犯短信著作权

"短信写手告搜狐侵犯著作权事件"始于 190 条短信。2005 年 1 月 31 日,短信写手傅战备与北京搜狐新时代信息技术有限公司签订了《短信合作协议》,授权在搜狐网站使用傅战备创作的 190 篇短信作品,供上网用户浏览及手机用户发送。2005 年 5 月,傅战备还通过金魔方文化公司将上述短信集编成书出版,书名为《我们俩》。一年协议期满后,傅战备多次要求搜狐停止使用其作品,但是搜狐并未停止,也未向他支付稿费。傅战备遂委托律师起诉搜狐,认为被告侵犯了他的著作权,要求搜狐停止侵权,赔偿损失 300 万元。上海市二中院对这起著作权侵权纠纷做出一审判决,判令被告北京搜狐互联网信息服务有限公司停止侵权、赔偿原告经济损失人民币 10 万元、在搜狐网站短信频道首页刊登 48 小时致歉声明。这起"短信侵权第一案"一直受到媒体的广泛关注,讨论点主要集中在索赔金额、网络维权等问题上。

媒体报道的四个阶段:

第一阶段:190 条短信的索赔

媒体最初的报道,主要集中在事件本身上。《每日经济新闻》以及《新闻晚报》都对短信写手傅战备向搜狐索赔300万元的事件做出了报道,《每日经济新闻》更把这一事件作为中国"短信侵权第一案"。

第二阶段:300万元索赔成争议焦点

傅战备委托律师起诉搜狐,要求搜狐停止侵权,赔偿损失300万元。而这300万元的巨额赔偿金,也成为媒体首先报道的焦点。

2007年3月6日,《每日经济新闻》报道了赔偿金的计算问题。原告代理律师、代索稿酬网负责人上海联业律师事务所王展律师表示,原告300万元的赔偿请求综合了原告短信的知名度、原告短信在网上的高点击率、搜狐公司短信收入、短信侵权的范围程度、侵权持续时间长短和主观过错大小等各方面因素考虑,具有充分的法律依据。搜狐公司是纳斯达克上市企业,根据其财务报表公布的短信收入,计算傅先生创作短信占短信总数的比例,故提出300万元索赔金额。

对此,搜狐公司方面却不能认同。2007年8月22日《解放日报》报道,搜狐认为,公司既不是搜狐网所有者,也不是经营者,只为搜狐互联网公司提供技术服务,不应成为被告。搜狐互联网公司则辩称,傅先生无法证明自己是这些短信作品的著作权人,且傅先生用于计算的财务报表是美国上市公司的,与国内公司无直接关系。

另外,搜狐公司也对管辖权问题提出来异议。原因在于,搜狐是北京的网站,而傅战备是浙江金华人,上海既非此案的案发地,也非原被告的住所地,为何要在上海起诉? 2007年8月22日上海《青年报》报道,搜狐一方在该案立案后提出,自己的住所地、计算机终端等设备所在地均在北京市海淀区,请求将案件移送对本案有管辖权的法院审理。而傅战备认为,其在家中通过PING方式获得www.sohu.com对应的服务器IP地址是61.152.234.75,再通过互联网登录IP地址查询网站www.123cha.com得知其所对应的服务器在上海同普路926号机房内,属于市二中院辖区。

最后,经过高院终审裁定,上海市二中院对本案具有管辖权,在该院审理符合法律规定。

第三阶段:是谁侵权

在这起事件中,庭审的焦点之一在于"著作权到底归谁"。2007年9月27日《中国知识产权报》报道,傅战备表示,其创作完成涉案190条短信,并以《我们俩》为书名出版发行。《我们俩》一书明确载明作者是"魔方",即原告,故原告是涉案190条短信的著作权人。而被告搜狐互联网公司辩称,与其签订《短信合作协议》的是案外人金魔方公司,协议中明确载明授权作品系金魔方公司拥有版权的《我们俩》,作为金魔方公司授权代表并在协议上签字的傅战备对此是明知的。故190条短信的著作权人应为金魔方公司。对此,该报引用了中国政法大学的周泽教授的观点,"对搜狐来讲,在合同期满后,仍使用著作权人享有权利的作品,属于侵权行为。即使不侵犯傅战备的著作权,也侵犯金魔方的著作权。在这一案中,无论谁主张权利,搜狐的侵权行为都成立。"

另外,"共同侵权"也成为媒体讨论的焦点。2007年10月29日《法制日报》也提出了这个疑问,而在之后的法院判决中,就共同侵权问题,合议庭查明搜狐互联网公司和搜狐新时代公司是两个不同的独立法人,搜狐网站的所有者和经营者的登记单位都是搜狐互联网公司,而非搜狐新时代公司。原告没有证据证明搜狐网站系两被告共同经营,也没有证据证明两被告存在共同的侵权故意和侵权行为。因此,对原告有关共同侵权的主张,事实和法律依据都不足,不予支持。

第四阶段:事件结果

2007年9月14日,网络短信侵权第一案一审落槌。根据《中国青年报》报道,上海市第二中级人民法院审理后认为,原告傅某是涉案190条短信的著作权人,搜狐互联网公司在合作期满后,未经原告许可,通过搜狐网站的短信频道向公众传播涉案190条短信,未署名、未支付报酬,侵犯了原告的署名权、信息网络传播权、获得报酬权。搜狐网站的所有者和经营者的登记单位都是搜狐互联网公司,原告没有证据证明搜狐网站由两公司共同经营,也没有证据证明两公司存在共同的侵权故意和侵权行为,故对这一主张不予支持。此外,因原告未能提供其实际损失的证据材料,被告的违法所得亦无法确定,法院在考虑了作品的创作价值,被告搜狐互联网公司侵权意图、时间、情节等综合因素后,酌情确定赔偿数额,判决:一、被告北京搜狐互联网信息服务有限公司立即停止通过搜狐网站的短信频道(sms.sohu.com)向公众传播原告享有著作权的190条短信的行为;二、被告北京搜狐互联网信息服务有限公司在本判决生效之日起10日内赔偿原告傅某包括合理开支在内的经济损失人民币10万元;三、被告北京搜狐互联网信息服务有限公司在本判决生效之日起10日内在搜狐网站的短信频道(sms.sohu.com)的首页连续48小时刊登声明,向原告傅某赔礼道歉,消除影响。

第五阶段:网络维权,长路漫漫,仍需努力

在这场"中国短信侵权第一案"之中,透露出来的最多的是呼吁"网络维权"的声音。2007年8月23日《新闻晚报》就对于网络维权为何步步维艰的问题进行了讨论。作为"双刃剑"的网络,让很多作家又爱又恨,因为网络中传播作品的同时,同时也侵犯了作家的权益。该报引述上海协力律师事务所知识产权事务中心主任游闽键律师的观点认为,网络的发达使互联网变成知识存在和传播的主要途径。作为一面双刃剑,网络在带来前所未有甚至过去无法想象的知识传播速度和便捷度的同时,也为新型侵权大开方便之门。

2007年10月9日《中国新闻出版报》报道,网络知识产权取证难等问题是很多原创作者诉讼侵权网站时不得不面对的问题。由于网络自身特点,在海量转载情况下,很难十分严格地保护版权,每个人都是多重身份,增加了版权保护的复杂性。面对侵权行为,结合技术手段进行搜索、追踪,但即便有了技术等支持,侵权取证过程仍很漫长。如果走到诉讼这一步,牵扯周期会很长,人力、物力等诉讼成本会很高,要说真的为争一口气并不容易。

为此,《新闻晚报》为网络经营者和权利受侵者提了个醒,根据法院统计,目前网络知识产权纠纷案中,50%的被告都是网络服务商。这说明,目前很多网络经营者知识产权的意识还比较淡薄,需要注意规范经营。网络服务商需要承担责任的情况一般是,未经过著作权人的允许,擅自将其作品作为网站内容参与经营活动,如在著作权人明确告知后,依然继续使用,那么无论是"斑竹"摘录还是一般网友转载,网络经营者都要承担侵权责任。网络侵权由于其技术特点,一旦删除侵权作品,就很难找到证据了。因此,法院特别提醒著作权人如发现网络侵权,可到公证部门对被侵权网页及内容进行公证,证据保全,以备日后法庭上作为证据举证。

2007年9月14日新华社报道,针对搜狐互联网公司法律意识淡漠,网站管理存在疏漏的现象,合议庭在判决书后附加了法官后语,建议该公司认真反思个案折射出的问题,同时建议曾经参与短信合作的搜狐新时代公司多一份责任感,以营造健康的网络环境。

资料来源:http://www.anli.cc/networks/sohu/2009-04-03/6034.html

参考文献

[1] 乌跃良.网络营销[M].大连:东北财经大学出版社,2009.
[2] 张卫东.网络营销理论与实践[M].北京:电子工业出版社,2009.
[3] 李蔚田,杨雪,孙恒有.网络营销实务[M].北京:北京大学出版社,2009.
[4] 黄敏学.网络营销[M].2版.武汉:武汉大学出版社,2007.
[5] 孔伟成,陈水芬.网络营销[M].6版.北京:高等教育出版社,2006.
[6] 陆川.网络营销实务[M].北京:对外经济贸易大学出版社,2008.
[7] 孟祥瑞.网络营销[M].上海:华东理工大学出版社,2005.
[8] 谷宝华,李创.网络营销[M].北京:北京大学出版社,2008.
[9] 郝戊,王刊良.网络营销[M].北京:机械工业出版社,2008.
[10] 胡理增.网络营销[M].2版.北京:中国物资出版社,2009.
[11] 费玉莲.网络营销[M].北京:科学出版社,2009.
[12] 瞿彭志.网络营销[M].2版.北京:高等教育出版社,2005.
[13] 冯英健.E-mail营销[M].北京:机械工业出版社,2003.
[14] 冯英健.网络营销基础与实践[M].3版.北京:清华大学出版社,2007.
[15] 支庆达,张理,张芷.网络营销[M].北京:中国水利水电出版社,2007.
[16] 宋文官,姜何,华迎.网络营销[M].北京:清华大学出版社,2008.
[17] 陈勋.网络营销与实训[M].北京:化学工业出版社,2009.
[18] 巢乃鹏,杜骏飞.网络广告原理与实务[M].福州:福建人民出版社,2005.
[19] 薛辛光.网络营销[M].北京:中国电力出版社,2005.
[20] 史达.网络营销[M].大连:东北财经大学出版社,2006.
[21] 刘茂福,戴克商.网络营销理论与实务[M].北京:清华大学出版社,2007.
[22] 吴健安.市场营销学[M].北京:高等教育出版社,2009.

读者反馈表

尊敬的读者：

您好！感谢您多年来对哈尔滨工业大学出版社的支持与厚爱！为了更好地满足您的需要，提供更好的服务，希望您对本书提出宝贵意见，将下表填好后，寄回我社或登录我社网站（http://hitpress.hit.edu.cn）进行填写。谢谢！您可享有的权益：

☆ 免费获得我社的最新图书书目 ☆ 可参加不定期的促销活动
☆ 解答阅读中遇到的问题 ☆ 购买此系列图书可优惠

读者信息
姓名＿＿＿＿ □先生 □女士 年龄＿＿＿＿ 学历＿＿＿＿
工作单位＿＿＿＿＿＿＿＿＿＿＿＿＿＿＿ 职务＿＿＿＿
E-mail ＿＿＿＿＿＿＿＿＿＿＿＿＿＿＿＿ 邮编＿＿＿＿
通讯地址＿＿＿＿＿＿＿＿＿＿＿＿＿＿＿＿＿＿＿＿＿
购书名称＿＿＿＿＿＿＿＿＿＿＿＿＿＿ 购书地点＿＿＿＿

1. 您对本书的评价

内容质量 □很好 □较好 □一般 □较差
封面设计 □很好 □一般 □较差
编排 □利于阅读 □一般 □较差
本书定价 □偏高 □合适 □偏低

2. 在您获取专业知识和专业信息的主要渠道中，排在前三位的是：
①＿＿＿＿＿＿ ②＿＿＿＿＿＿ ③＿＿＿＿＿＿
A. 网络 B. 期刊 C. 图书 D. 报纸 E. 电视 F. 会议 G. 内部交流 H. 其他：＿＿＿

3. 您认为编写最好的专业图书（国内外）

书名	著作者	出版社	出版日期	定价

4. 您是否愿意与我们合作，参与编写、编译、翻译图书？
＿＿＿＿＿＿＿＿＿＿＿＿＿＿＿＿＿＿＿＿＿＿＿＿＿＿＿＿＿＿＿

5. 您还需要阅读哪些图书？
＿＿＿＿＿＿＿＿＿＿＿＿＿＿＿＿＿＿＿＿＿＿＿＿＿＿＿＿＿＿＿

网址：http://hitpress.hit.edu.cn
技术支持与课件下载：网站课件下载区
服务邮箱 wenbinzh@hit.edu.cn duyanwell@163.com
邮购电话 0451-86281013 0451-86418760
组稿编辑及联系方式 赵文斌（0451-86281226） 杜燕（0451-86281408）
回寄地址：黑龙江省哈尔滨市南岗区复华四道街10号 哈尔滨工业大学出版社
邮编：150006 传真 0451-86414049